Corso MePa

GUIDA PRATICA E COMPLETA AL MEPA

CASA EDITRICE: FALAMESCA DANIELE

Capitolo 1: Registrazione e Autenticazione al Sistema di e-Procurement

Introduzione al Sistema di e-Procurement

Il Sistema di e-Procurement, accessibile tramite la piattaforma online www.acquistinretepa.it, rappresenta uno strumento fondamentale per la gestione degli acquisti nel settore pubblico. Per poter usufruire dei servizi offerti da questa piattaforma, è necessario completare una procedura di registrazione e successiva autenticazione. Questo capitolo delinea in maniera esaustiva i passaggi e le modalità attraverso cui cittadini, operatori economici e Pubbliche Amministrazioni possono accedere al sistema in modo sicuro e conforme alle normative vigenti.

La registrazione è un processo preliminare e personale che permette di creare un account sulla piattaforma. In alcuni casi specifici, la registrazione è propedeutica alla fase di Abilitazione, durante la quale l'utente specifica se intende operare per una Pubblica Amministrazione o come Operatore economico. È importante sottolineare che, a seconda del ruolo e della tipologia di utente, le funzionalità e i requisiti di accesso possono variare.

Utenti della Pubblica Amministrazione e Operatori Economici: Abilitazione e Operatività

Per i dipendenti della Pubblica Amministrazione (PA) che desiderano operare nel sistema come Punto Ordinante e/o Punto Istruttore, l'abilitazione è un passaggio obbligatorio. Questa fase consente loro di essere riconosciuti dal sistema con i ruoli specifici necessari per svolgere le proprie funzioni.

Gli Operatori economici, invece, devono abilitarsi esclusivamente per operare sui mercati telematici, quali il Mercato elettronico della Pubblica Amministrazione (MePA) e il Sistema dinamico di Acquisizione (SDAPA). Tuttavia, è importante notare che gli operatori economici possono rispondere alle gare pubblicate in Convenzione, Accordo quadro e altri bandi anche semplicemente come utenti registrati, senza necessariamente completare la fase di abilitazione.

Modalità di Autenticazione per Diverse Categorie di Utenti

Il sistema di e-Procurement prevede diverse modalità di autenticazione in base alla nazionalità dell'utente:

- Cittadini italiani: Possono accedere al portale autenticandosi tramite SPID (Sistema Pubblico di Identità Digitale), CIE (Carta d'Identità Elettronica) o CNS (Carta Nazionale dei Servizi).[1]

- Cittadini appartenenti ad altri Stati membri della Comunità Europea: Possono utilizzare il nodo eIDAS per autenticarsi con la propria identità digitale nazionale riconosciuta a livello europeo.

- Cittadini di paesi esteri non appartenenti alla Comunità Europea o non aderenti a eIDAS: Possono autenticarsi utilizzando una combinazione di login e password.

Come Accedere al Portale di e-Procurement

Il primo passo per interagire con il sistema di e-Procurement è accedere al portale online.

Procedura di Accesso

Per accedere al portale, è necessario seguire questi semplici passaggi:

1. Digitare l'indirizzo web www.acquistinretepa.it nel browser.

2. Selezionare l'opzione "ACCEDI" o "REGISTRATI" situata nel menu in alto a destra della pagina.

3. Scegliere la modalità di autenticazione desiderata tra quelle disponibili nel sistema.

4. Se si tratta del primo accesso, seguire la procedura di registrazione. In caso contrario, seguire le indicazioni del provider di identità digitale per accedere al proprio cruscotto personale.

È fondamentale essere consapevoli che le modalità di autenticazione sono stabilite dal Decreto Legislativo 36/2023, noto come il nuovo Codice degli Appalti. Questa normativa definisce i criteri essenziali di sicurezza per le piattaforme di e-Procurement, basandosi sulle Regole tecniche di Agid che stabiliscono gli standard tecnici obbligatori per garantire la conformità alle normative vigenti.

Modalità di Autenticazione e Registrazione per gli Utenti Italiani

I cittadini italiani dispongono di diverse opzioni per accedere al sistema di e-Procurement, ognuna con specifici livelli di sicurezza e procedure di registrazione.

SPID - Sistema Pubblico di Identità Digitale

Il Sistema Pubblico di Identità Digitale (SPID) è un sistema di autenticazione che permette ai cittadini italiani di accedere ai servizi online della Pubblica Amministrazione e dei privati aderenti utilizzando un'unica identità digitale. Questa identità è costituita da credenziali uniche (username e password) e, in alcuni casi, richiede un secondo fattore di autenticazione per garantire un maggiore livello di sicurezza. SPID semplifica l'accesso ai servizi online, eliminando la necessità di memorizzare molteplici combinazioni di username e password.

Livelli di Sicurezza SPID

SPID prevede tre livelli di sicurezza, conformi allo standard ISO/IEC:

- Livello 1: Offre un livello di sicurezza base e consente l'accesso tramite username e password. È indicato per servizi che non richiedono un elevato grado di protezione. Questo livello corrisponde al livello di garanzia LoA2 dello standard ISO-IEC 29115.

- Livello 2: Aumenta la sicurezza richiedendo un secondo fattore di autenticazione. Oltre a username e password, è necessario inserire un codice temporaneo (OTP) ricevuto via SMS o generato tramite un'app dedicata. Questo livello è adeguato per la maggior parte dei servizi offerti dalla Pubblica Amministrazione e corrisponde al livello di garanzia LoA3 dello standard ISO-IEC 29115.

- Livello 3: Rappresenta il livello di sicurezza più elevato. Richiede una forte identificazione dell'utente, solitamente tramite dispositivi di sicurezza fisici come smart card o token USB, oppure attraverso metodi biometrici. Questo livello è necessario per accedere a servizi che trattano dati sensibili o che richiedono una protezione particolarmente elevata e corrisponde al livello di garanzia LoA4 dello standard ISO-IEC 29115.

Ogni livello successivo include le misure di sicurezza del livello precedente, garantendo una protezione crescente dell'identità digitale dell'utente. Per la piattaforma Acquisti in Rete, è generalmente richiesto almeno il Livello 2 per la maggior parte dei servizi. Tuttavia, per alcuni servizi specifici, potrebbe essere necessario un livello di sicurezza superiore. È consigliabile consultare l'elenco dei servizi per verificare il livello richiesto.

Tipologie di SPID (Uso Personale e Professionale)

L'Agenzia per l'Italia Digitale (AgID) identifica quattro tipologie di SPID (avviso AgID N18v2):

- SPID persona fisica (tipo 1): Utilizzato dai cittadini per accedere ai servizi online della Pubblica Amministrazione e dei privati.

- SPID persona giuridica (tipo 2): Destinato alle aziende per accedere a servizi specifici, ma attualmente non utilizzabile sui portali della Pubblica Amministrazione.

- SPID persona fisica per uso professionale (tipo 3): Rivolto ai professionisti che utilizzano SPID per accedere ai servizi pubblici e privati per scopi lavorativi. Si tratta di una credenziale SPID per persona fisica che qualifica l'utilizzo a fini professionali.

- SPID persona giuridica per uso professionale (tipo 4): Pensato per le aziende che necessitano di gestire rapporti con enti pubblici e privati, combinando informazioni sulla persona fisica che lo utilizza e sull'azienda stessa.

Sulla piattaforma Acquisti in Rete, sono utilizzabili le tipologie 1, 3 e 4. Per utilizzare le tipologie 3 e 4, è necessario selezionare l'apposita casella "Utilizzo SPID per uso professionale" prima di cliccare sul pulsante di login.

CIE - Carta d'Identità Elettronica

La Carta d'Identità Elettronica (CIE) italiana non è solo un documento di riconoscimento personale, ma svolge anche un ruolo fondamentale nell'autenticazione ai servizi online. Dotata di un microchip RFID, la CIE permette ai cittadini di accedere in modo sicuro e digitale ai servizi della Pubblica Amministrazione. Questa funzionalità di autenticazione elettronica è cruciale per semplificare l'interazione dei cittadini con vari servizi statali, migliorando l'efficienza e riducendo la burocrazia. La sicurezza è garantita da sofisticate misure anti-falsificazione, rendendo la CIE un mezzo affidabile e protetto per l'identificazione online.

Livelli di Sicurezza CIE

Anche la CIE prevede tre livelli di sicurezza, conformi allo standard ISO/IEC:

- Livello 1: Autenticazione tramite username e password. Corrisponde al livello di garanzia LoA2 dello standard ISO-IEC 29115.

- Livello 2: Aumenta la sicurezza introducendo un secondo fattore di autenticazione, come un codice OTP o un QR code, oltre all'utilizzo di username e password. Non è necessario leggere fisicamente la CIE. Corrisponde al livello di garanzia LoA3 dello standard ISO-IEC 29115.

- Livello 3: È il livello più sicuro e richiede una forte identificazione dell'utente. Corrisponde al livello di garanzia LoA4 dello standard ISO-IEC 29115. Oltre all'autenticazione tramite username e password, prevede due modalità di autenticazione:

  - Modalità Desktop: L'autenticazione avviene tramite un computer utilizzando un lettore di smart card contactless e il software CIE.

  - Modalità Mobile e Desktop con Mobile: Si utilizza uno smartphone dotato di tecnologia NFC per leggere la CIE e l'app CieID, permettendo l'accesso ai servizi sia direttamente dallo smartphone che tramite un computer, usando lo smartphone come dispositivo di autenticazione.

Per la piattaforma Acquisti in Rete, è richiesto almeno il Livello 2 della CIE per la maggior parte dei servizi. Come per SPID, alcuni servizi specifici potrebbero richiedere un livello di sicurezza superiore. È consigliabile consultare l'elenco dei servizi.

Registrazione con SPID e CIE

Una volta effettuato l'accesso con SPID o CIE, il sistema recupera automaticamente le informazioni anagrafiche dal provider di identità digitale e compila i campi corrispondenti nel modulo di registrazione.

È fondamentale verificare e inserire tutti i campi obbligatori. In particolare, è possibile modificare l'indirizzo email e il numero di cellulare, inserendo contatti diversi da quelli forniti automaticamente dal provider. Dopo aver verificato le informazioni, è necessario completare la registrazione selezionando l'apposito pulsante.

Inoltre, durante la registrazione, è possibile indicare se si desidera ricevere comunicazioni dedicate alle Pubbliche Amministrazioni e/o agli Operatori economici. Questa preferenza può essere modificata anche in un secondo momento.

È importante sapere che i dati forniti dagli utenti sono trattati da Consip S.p.A. e dal Ministero dell'Economia e delle Finanze per consentire la registrazione, l'abilitazione e, di conseguenza, l'accesso e la partecipazione al Sistema di e-Procurement e ai vari servizi presenti sul portale. Questi dati possono essere utilizzati anche per l'invio di materiale informativo relativo al Programma di Razionalizzazione degli Acquisti. Le informazioni possono essere utilizzate dal MEF e da Consip S.p.A., anche in forma aggregata, per essere messe a disposizione di altre pubbliche amministrazioni, persone fisiche e giuridiche, anche come dati aperti. Per maggiori dettagli, è possibile consultare l'informativa sul trattamento dei dati personali.

CNS - Carta Nazionale dei Servizi

La Carta Nazionale dei Servizi (CNS) è uno strumento di identificazione online che consente l'accesso ai servizi online della Pubblica Amministrazione. Dotata di un microchip, la CNS può essere una smart card o una chiavetta USB. In entrambi i casi, contiene un certificato digitale di autenticazione del titolare, garantendo un'identificazione univoca. Essendo un documento di identificazione, può essere rilasciata da un Ente o da una Pubblica Amministrazione.

Livelli di Sicurezza CNS

L'accesso tramite CNS consente di accedere anche ai servizi della piattaforma che richiedono un livello di garanzia LoA4. Il livello di sicurezza offerto dalla CNS è il seguente:

- Livello 3: È il livello più sicuro e richiede una forte identificazione dell'utente. Corrisponde al livello di garanzia LoA4 dello standard ISO-IEC 29115.

Per utilizzare la Carta Nazionale dei Servizi, è necessario che sia collegata al computer tramite un lettore (nel caso di una smart card) o direttamente (nel caso di una chiavetta USB). Inoltre, è necessario che sul computer siano installati i driver della CNS forniti dall'Amministrazione emittente. È importante sapere che è possibile accedere ai servizi della piattaforma Acquisti in Rete anche utilizzando la Carta Nazionale dei Servizi Modello ATe.

CNS Abilitate all'Accesso

Per accedere con la CNS, è necessario selezionare "ENTRA CON CNS" con la tessera inserita nell'apposito slot. Verrà visualizzata una schermata per la scelta del certificato. È possibile visualizzare le informazioni del certificato selezionando "INFORMAZIONI SUL CERTIFICATO".

Nella finestra delle informazioni del certificato, nella scheda "GENERALE", sono presenti alcuni campi rilevanti. Se il valore del campo "rilasciato da" corrisponde a un certificato accreditato da AgID e la data nel campo "valido dal" non risulta scaduta, la CNS è da considerarsi funzionante. In caso contrario, verrà visualizzato un messaggio di errore che indica che il certificato contenuto nella CNS non è stato accettato o è scaduto e quindi non è più valido.

Vengono supportate tutte le CNS rilasciate dai provider accreditati da AgID. È possibile consultare l'elenco dei provider accreditati sul sito web di AgID.

Registrazione con CNS

Una volta effettuato l'accesso con CNS, il sistema recupera automaticamente il codice fiscale dell'utente dal provider. È quindi necessario inserire le informazioni anagrafiche mancanti, ovvero Nome e Cognome, nell'apposito modulo di registrazione.

È importante verificare i dati inseriti selezionando "CONTROLLA I DATI PERSONALI". Una volta avviata la verifica di coerenza con i campi compilati, comparirà un segno di spunta verde accanto al pulsante. In caso di mancata corrispondenza tra i dati inseriti e il codice fiscale, comparirà una finestra modale che avvisa l'utente. Tuttavia, è importante sapere che per completare la registrazione non è obbligatorio selezionare "CONTROLLA I DATI PERSONALI", e il messaggio mostrato nella finestra modale non impedisce la procedura.

Elenco dei Servizi che Richiedono un Livello di Autenticazione Elevato (LoA4)

Alcuni servizi specifici della piattaforma, data la loro elevata sensibilità e la necessità di proteggere informazioni particolarmente delicate, richiedono un livello di autenticazione LoA4 (ovvero SPID Livello 3 o CIE Livello 3). Il sistema evidenzierà la necessità di un livello di sicurezza superiore laddove richiesto.

Attualmente, l'unico servizio che richiede questo livello di sicurezza è la visualizzazione dei dati giudiziari nel Fascicolo virtuale dell'operatore economico.

Modalità di Autenticazione e Registrazione per gli Utenti Appartenenti agli Altri Stati Membri della Comunità Europea

Per gli utenti provenienti da altri Stati membri dell'Unione Europea, è possibile utilizzare il nodo eIDAS italiano per autenticarsi tramite la propria identità digitale nazionale riconosciuta a livello europeo.

eIDAS

Il nodo eIDAS italiano (realizzato nell'ambito del progetto Ficep - First Italian Crossborder eIDAS Proxy) è un'infrastruttura tecnologica che permette l'interoperabilità tra i sistemi di identità digitale dei paesi membri dell'Unione Europea, in conformità con il regolamento eIDAS. Questo nodo facilita l'accesso ai servizi online transfrontalieri, consentendo a cittadini e imprese di utilizzare la propria identità digitale nazionale (come la Carta d'Identità Elettronica in Italia) per accedere ai servizi digitali in altri paesi dell'UE. L'obiettivo è semplificare e rendere più sicuro l'accesso ai servizi digitali europei, promuovendo l'integrazione digitale all'interno dell'Unione Europea.

Primo Accesso con eIDAS

Al primo accesso con eIDAS, i nuovi utenti dovranno fornire alcune informazioni aggiuntive non raccolte dal proprio Identity Provider nazionale, tra cui:

- Dati personali, incluso un codice equivalente al codice fiscale italiano (preferibilmente lo stesso utilizzato per la firma digitale).

- Informazioni di contatto personali.

- Preferenze di comunicazione.

Inoltre, sarà necessario accettare i termini di utilizzo e le politiche sulla privacy per poter accedere e utilizzare la piattaforma.

Utenti Registrati Prima del 01/01/2024

Gli utenti che si sono registrati al portale prima del 1° gennaio 2024, al primo accesso tramite il nodo eIDAS, verranno riconosciuti dal sistema. Sarà richiesto loro di inserire la vecchia username e di completare le informazioni mancanti. La richiesta verrà verificata dal team di Acquisti in Rete che, previa accettazione, attiverà le nuove credenziali eIDAS collegandole al vecchio account. Questa procedura permette agli utenti di non perdere i dati e le operazioni precedentemente gestite nel sistema e di continuare a operare normalmente.

Registrazione con eIDAS

Per registrarsi con eIDAS, è necessario selezionare "LOGIN CON EIDAS". Una volta verificato dal portale che il codice eIDAS non è presente nel sistema, l'utente verrà reindirizzato alla pagina "Verifica utenti esteri". Qui, sarà necessario rispondere alla domanda "Sei già registrato al portale Acquistinrete?".

- Se si seleziona "Sì", sarà richiesto di inserire l'USERNAME utilizzato in precedenza. Un messaggio informerà l'utente dell'operazione di riconciliazione dati necessaria per verificare l'account. Cliccando su "CONFERMA", la procedura verrà completata.

- Se si seleziona "NO, VAI ALLA REGISTRAZIONE", l'utente verrà guidato attraverso la procedura di registrazione standard descritta nel paragrafo successivo relativo agli utenti extra-UE e italiani residenti all'estero.

Richiesta di Registrazione per Utenti Extra-UE, UE non eIDAS e Italiani Residenti all'Estero

Gli utenti che non appartengono a un paese dell'Unione Europea, che non sono ancora coperti da eIDAS, o che sono cittadini italiani residenti all'estero e impossibilitati ad autenticarsi con SPID, CIE, CNS o eIDAS, possono utilizzare una modalità di autenticazione personalizzata che prevede l'uso di credenziali di accesso (login e password).

È importante sapere che se un utente non italiano o non in possesso di un codice fiscale italiano deve produrre documenti firmati digitalmente, il valore del campo "Codice fiscale" deve coincidere con il codice identificativo legato alla firma digitale, in quanto sarà utilizzato per le verifiche relative ai documenti caricati nel sistema, oppure con un codice di riferimento analogo del proprio paese.

Nuova Registrazione

Per avviare una nuova registrazione, è necessario selezionare "SIGN UP" dalla finestra di login. Si aprirà una pagina dedicata dove sarà possibile inserire le informazioni richieste.

Form di Contatto

Il modulo di contatto da compilare è suddiviso in due sezioni principali:

- Dati anagrafici
- Contatti

Dati Anagrafici

Nella sezione "Dati anagrafici" è necessario fornire le seguenti informazioni:

- Nome: Inserire il proprio nome.
- Cognome: Inserire il proprio cognome.
- Altro Codice Identificativo: Fornire un codice identificativo equivalente al codice fiscale italiano (preferibilmente lo stesso utilizzato per la firma digitale).
- Data di Nascita: Indicare la propria data di nascita.

- Stato di Nascita: Specificare il paese in cui si è nati.

- Cittadinanza: Inserire la propria attuale nazionalità o stato di cittadinanza.

- Sesso: Indicare il proprio sesso scegliendo tra uomo e donna.

- Documenti richiesti: Selezionare il documento richiesto, in questo caso il passaporto.

Contatti

Nella sezione "Contatti" è necessario fornire le seguenti informazioni:

- E-mail: Inserire il proprio indirizzo email. È consigliabile non utilizzare un indirizzo PEC, ma qualora si decidesse di inserirlo, è necessario verificare che la casella sia abilitata alla ricezione di email da caselle di posta non certificata.

- Cellulare: Inserire il proprio numero di cellulare, includendo il prefisso internazionale.

- Username: Se si è già registrati al portale, specificare la propria username nell'apposito campo.

Una volta compilato il modulo con tutti i dati richiesti, è necessario selezionare "VALIDA". Si riceverà un codice OTP via email, che dovrà essere inserito come "Codice di verifica PIN" nella schermata successiva. Al termine della procedura, cliccare su "CONFERMA" per visualizzare il messaggio di esito della registrazione.

Per eventuali richieste di aiuto o informazioni, è possibile utilizzare l'indirizzo email impresaestera@consip.it o gli altri canali di supporto presenti nella sezione "Contatti" del portale. Successivamente, si riceverà un'email riepilogativa contenente i dati inseriti.

Cittadini Italiani Residenti all'Estero Privi di SPID, CIE, CNS o eIDAS

I cittadini italiani residenti all'estero che non possono autenticarsi con SPID, CIE, CNS o eIDAS, dopo aver compilato il modulo di richiesta di registrazione, devono scaricare il modulo disponibile sul portale, compilarlo, firmarlo digitalmente e inviarlo all'indirizzo email verificautentiesteri@consip.it.

Video-riconoscimento

Dopo aver compilato il modulo di registrazione, gli utenti extra-UE, UE non eIDAS e italiani residenti all'estero riceveranno un'email contenente un link per partecipare a una sessione di video-riconoscimento. Questa fase è necessaria per ottenere le credenziali di accesso (username e password) che garantiscono la corrispondenza tra l'identità digitale e la persona fisica.

È importante sottolineare che per questa fase della procedura è necessario avere un passaporto in corso di validità.

Dettaglio della Video-intervista

La procedura di video-riconoscimento si articola nei seguenti passaggi:

1. Ricezione email: L'utente riceverà un'email dall'indirizzo noreply-econtract@sixtema.it contenente il link per accedere alla video-intervista.

2. Pagina di benvenuto: Cliccando sul link, si accederà alla pagina di benvenuto della piattaforma di riconoscimento (Step 1). Selezionare "CONTINUE" per passare allo Step 2 e cliccare su "VERIFY DEVICE".

3. Check dispositivo: Il sistema verificherà la compatibilità e la qualità della video-chiamata.

4. Intervista: Terminato il controllo del dispositivo, selezionare "START RECOGNITION SESSION" per avviare il collegamento con un operatore. L'operatore chiederà una conferma delle generalità fornite nel modulo di registrazione e richiederà di mostrare il passaporto durante la videochiamata. L'intervista potrà svolgersi in lingua italiana o in lingua inglese.

In caso di esito positivo della verifica, le nuove credenziali di accesso alla piattaforma verranno inviate via email. Nel caso in cui venga rilevata l'esistenza di un account precedentemente creato con le stesse informazioni, quest'ultimo verrà riattivato.

Gestione dei Dati Personali

Una volta effettuato l'accesso al sistema, gli utenti possono gestire o aggiornare le proprie informazioni e i dati di registrazione selezionando "Cruscotto" > "Gestione profilo". In questa sezione sono riepilogate le generalità, i riferimenti e le dichiarazioni rilasciate dall'utente.

I Ruoli e i Profili degli Utenti PA e Impresa

Dopo aver completato la registrazione su Acquisti in Rete, è possibile passare alla fase di Abilitazione utente.

- Se si lavora per una PA, è necessario richiedere l'abilitazione per il profilo assegnato dalla propria Amministrazione: Punto ordinante, Punto istruttore o Operatore di verifica.

- Se si è un Operatore economico (Impresa o Libero professionista), è possibile richiedere l'abilitazione ai mercati telematici oppure partecipare direttamente alle gare come utente registrato in Convenzione/Accordo quadro e Altri bandi.

È importante ricordare che non è possibile accedere alla procedura di Abilitazione se prima non si è completata la registrazione al sistema.

Gestione delle Abilitazioni

Lo stato delle abilitazioni inviate e ottenute come utente PA o Operatore economico è disponibile nella sezione "Gestione Abilitazioni" presente nel menu laterale a sinistra della propria area personale. Questa sezione è accessibile a tutti gli utenti registrati al Portale Acquisti in Rete PA, indipendentemente dal profilo con cui hanno effettuato l'accesso, e consente di visualizzare lo stato corrente e le informazioni relative alle richieste di abilitazione.

È importante ricordare che, per gestire le attività operative sulla piattaforma:

- Come Legale Rappresentante, è possibile abilitare uno o più Collaboratori dal proprio "Cruscotto" > "Gestione abilitazioni".

- In qualità di Punto Ordinante, è possibile abilitare uno o più Punti Istruttori dal proprio "Cruscotto" > "Gestione abilitazioni".

I Collaboratori e i Punti Istruttori possono essere abilitati solo se sono già presenti sulla piattaforma come utenti registrati.

Ruoli nelle Procedure di Acquisto

Nel corso delle attività come utente di Acquisti in Rete, a seconda del profilo assegnato dalla propria Amministrazione (PO, PI, OV), è possibile essere nominati per ricoprire ruoli specifici nell'ambito delle procedure di gara svolte sulla piattaforma. I ruoli che possono essere attribuiti includono, ad esempio:

- Responsabile del procedimento

- Responsabile Unico di Progetto

- Presidente di commissione

- Commissario di gara

Gli incarichi eventualmente assegnati da un'Amministrazione sono riepilogati nella sezione "I tuoi ruoli nelle procedure d'acquisto", accessibile selezionando lo specifico ruolo di interesse.

Conclusione

La registrazione e l'autenticazione rappresentano i passaggi iniziali e fondamentali per poter accedere e operare all'interno del sistema di e-Procurement della Pubblica Amministrazione italiana. La piattaforma offre diverse modalità di accesso pensate per rispondere alle esigenze di cittadini italiani, utenti europei ed extra-UE, garantendo sempre un elevato livello di sicurezza e conformità normativa. Comprendere appieno le procedure e i requisiti per ogni tipologia di utente è cruciale per un'esperienza efficace e senza intoppi nell'utilizzo dei servizi online offerti da Acquisti in Rete PA.

Capitolo 2: Gestione dell'Abilitazione nel Sistema di e-Procurement per le Pubbliche Amministrazioni

Introduzione alla Procedura di Abilitazione

La procedura di **abilitazione** rappresenta un passaggio cruciale per gli utenti delle **Pubbliche Amministrazioni (PA)** che, dopo essersi registrati sulla piattaforma www.acquistinretepa.it, desiderano operare attivamente nel sistema di **e-Procurement**. Attraverso l'**abilitazione**, gli utenti possono creare uno o più profili che consentono loro di svolgere specifiche funzioni e utilizzare gli strumenti di acquisto messi a disposizione dal sistema. Questo capitolo esplora in dettaglio le diverse tipologie di **abilitazione** disponibili per gli utenti delle PA, le procedure per richiederle e gestirle, e le implicazioni di ciascuna azione.

L'**abilitazione** come utente di una Pubblica Amministrazione permette di assumere i ruoli di **Punto Ordinante (PO)**, **Punto Istruttore (PI)** oppure di **Operatore di Verifica Inadempimenti (OdV)** del "Servizio di verifica inadempimenti" fornito dall'Agenzia delle Entrate. La scelta del profilo di **abilitazione** dipende dalle responsabilità e dalle mansioni che l'utente è chiamato a svolgere all'interno della propria amministrazione.

Profili di Abilitazione per le Pubbliche Amministrazioni

Nello specifico, un utente di una PA può abilitarsi come:

- **Punto Ordinante (PO):** Questa figura è autorizzata a impegnare la spesa per conto del proprio Ente e dispone di un **kit di firma digitale** necessario per validare gli atti e le procedure di acquisto. Il **Punto Ordinante** ha la responsabilità principale nella gestione dei processi di approvvigionamento.

- **Punto Istruttore (PI):** Il **Punto Istruttore** svolge un ruolo di supporto al **Punto Ordinante**, assistendolo nello svolgimento delle attività e nell'utilizzo degli strumenti di acquisto e negoziazione presenti sulla piattaforma. Il **PI** non ha autonomia nell'impegno della spesa, ma è una figura chiave per l'operatività del sistema.

- **Operatore di Verifica Inadempimenti (OdV):** Questo profilo è autorizzato a effettuare le verifiche relative agli inadempimenti fiscali attraverso il servizio messo a disposizione dall'Agenzia delle Entrate – Riscossione. L'**OdV** svolge una funzione di controllo e verifica della regolarità fiscale degli operatori economici.

È inoltre possibile **subentrare** direttamente a un proprio predecessore già abilitato, mantenendo la continuità rispetto alle attività in corso. Questa opzione è disponibile per i profili di **Punto Ordinante** e **Operatore di Verifica**, ma non per il profilo di **Punto Istruttore**.

Trattamento dei Dati Personali Durante l'Abilitazione

Come per la fase di registrazione, i dati forniti dagli utenti durante la procedura di **abilitazione** sono trattati da Consip S.p.A. e dal Ministero dell'Economia e delle Finanze per consentire l'accesso e la partecipazione al Sistema di **e-Procurement** e ai vari servizi presenti sul portale. Questi dati possono essere utilizzati anche per l'invio di materiale informativo relativo al Programma di Razionalizzazione degli Acquisti. Le informazioni possono essere utilizzate dal MEF e da Consip S.p.A., anche in forma aggregata, per essere messe a disposizione di altre Pubbliche Amministrazioni, persone fisiche e giuridiche, anche come dati aperti. Per maggiori dettagli, è possibile consultare l'informativa sul trattamento dei dati personali disponibile sul portale.

Ruoli Specifici nelle Procedure di Gara

Oltre ai profili di **abilitazione**, nel corso delle attività come utente di Acquisti in Rete, un'Amministrazione può nominare un utente per ricoprire ruoli specifici nell'ambito delle procedure di gara svolte sulla piattaforma. Tali ruoli possono includere il **Responsabile del procedimento**, il **Presidente di commissione** e il **Commissario di gara**. Gli incarichi eventualmente assegnati sono riepilogati nella sezione "**I tuoi ruoli nelle procedure d'acquisto**", accessibile selezionando lo specifico ruolo di interesse nel proprio cruscotto.

L'Abilitazione per gli Utenti delle P.A.

La procedura di **abilitazione** per gli utenti delle Pubbliche Amministrazioni si distingue in due modalità principali: **Nuova Abilitazione** e **Subentro**. La scelta tra queste due opzioni dipende dalla situazione specifica dell'utente e del ruolo che deve ricoprire.

Nuova Abilitazione

La **Nuova Abilitazione** è la procedura da seguire quando un utente di una PA desidera ottenere per la prima volta un profilo operativo all'interno del sistema di **e-Procurement**.

Passaggi per la Nuova Abilitazione

1. **Accesso al Cruscotto:** Dopo aver completato la **registrazione** e aver effettuato l'accesso al portale, selezionare la voce **"Gestione Abilitazioni"** disponibile nel menu laterale a sinistra del proprio **Cruscotto**.

2. **Selezione Nuova Abilitazione:** Cliccare sul pulsante **"Nuova Abilitazione"**. Verrà richiesto di selezionare il profilo per il quale si sta chiedendo l'**abilitazione**:

   o PUNTO ORDINANTE

   o PUNTO ISTRUTTORE

   o OPERATORE DI VERIFICA INADEMPIMENTI

3. **Abilitazione come Punto Ordinante (PO):**

   o Selezionando **"PUNTO ORDINANTE"**, sarà necessario indicare l'ente per il quale si sta effettuando la richiesta. È possibile ricercare l'ente tramite il **Codice Fiscale** oppure per nome, avviando la ricerca per verificare se è già presente nel sistema.

   o Se l'ente è presente nell'elenco, è possibile associarsi direttamente. Per le organizzazioni più complesse, è possibile visualizzare la struttura dell'organigramma aziendale per individuare l'ufficio di interesse e associarsi direttamente ad esso.

   o Se l'ente non è censito, è possibile richiederne l'inserimento nella struttura organizzativa selezionando **"Inserisci Nuova Amministrazione"**. Sarà necessario inserire i dati e i contatti dell'ufficio. Per facilitare l'operazione, è consigliabile inserire il **Codice univoco ufficio IPA**, che permetterà la compilazione automatica (e successiva modifica, se necessario) dei campi sottostanti.

   o Una volta inviata la richiesta, risulterà nello stato **"in lavorazione"**. Per completarla, potrebbe essere necessario fornire documentazione integrativa, che verrà richiesta tramite l'area comunicazioni all'interno del dettaglio profilo (in tal caso, lo stato del profilo risulterà **"Azione richiesta"**).

4. **Abilitazione come Punto Istruttore (PI):**

   o Selezionando **"PUNTO ISTRUTTORE"**, sarà necessario cercare il **Punto Ordinante** a cui associarsi. Il **PO** deve essere un utente già abilitato per quel ruolo e può essere ricercato tramite i suoi dati anagrafici.

- Selezionare la freccia posizionata a destra del profilo del **PO** di interesse per continuare con la procedura di **abilitazione**.

- Inserire i propri dati di contatto, prestando particolare attenzione a validare l'indirizzo email. Per concludere la procedura, inserire il codice PIN ricevuto via email e selezionare il pulsante "INVIA RICHIESTA".

5. **Abilitazione come Operatore di Verifica Inadempimenti (OdV):**

- Selezionando "OPERATORE DI VERIFICA INADEMPIMENTI", la procedura è analoga a quella per il **Punto Ordinante**. È necessario indicare l'ente per il quale si sta effettuando la richiesta, ricercandolo tramite **Codice Fiscale** o per nome e verificando se è già presente nel sistema.

Subentro

Il **Subentro** è la procedura da seguire quando si desidera sostituire definitivamente un altro utente già abilitato come **Punto Ordinante** o come **Operatore di Verifica** per la propria Amministrazione. Questa operazione permette di ereditare lo storico delle attività concluse e di quelle in corso dell'utente sostituito e, solo per il profilo di **PO**, anche gli eventuali **PI** associati al profilo del predecessore. È importante sottolineare che non è prevista l'**abilitazione** con **subentro** per il ruolo di **Punto Istruttore**.

Passaggi per il Subentro

1. **Selezione Subentro:** Nella sezione "Gestione Abilitazioni", selezionare il pulsante "Subentro".

2. **Scelta del Profilo:** Selezionare il profilo per il quale si sta richiedendo il **subentro**:

   - PUNTO ORDINANTE

   - OPERATORE DI VERIFICA INADEMPIMENTI

3. **Subentro come Punto Ordinante (PO):**

   - Indicare i dati anagrafici dell'utente a cui si sta subentrando.

   - Una volta selezionato l'utente, inserire i dati relativi alla propria Amministrazione.

   - Per confermare la propria identità e continuare con la procedura, inserire il codice PIN che il sistema ha inviato via email.

- Per terminare la procedura, scaricare, firmare digitalmente (in modalità CAdES o PAdES) e allegare il file di **subentro** generato dal sistema. Una volta caricato l'allegato richiesto, selezionare "INVIA RICHIESTA".

4. **Subentro come Operatore di Verifica Inadempimenti (OdV):**

- La procedura è analoga a quella per il **subentro** come **Punto Ordinante**. È necessario indicare i dati anagrafici dell'utente a cui si sta subentrando.

Gestione delle Abilitazioni Utenti P.A.

La sezione "**Gestione Abilitazioni**" rappresenta il punto centrale per la visualizzazione e la gestione delle proprie richieste di **abilitazione** e dei profili attivi.

Visualizzazione delle Informazioni sulle Abilitazioni

Nella sezione "**Gestione Abilitazioni**", è possibile visualizzare le informazioni relative alle proprie richieste di **abilitazione**, l'elenco delle richieste e dei profili attivi, e per ciascuno di essi, il dettaglio dello stato per ogni Organizzazione. È inoltre possibile visualizzare tutte le richieste di **abilitazione** cancellate, rifiutate, annullate, scadute o revocate attivando l'opzione "**Mostra abilitazioni non attive**".

Delegare il Profilo (Solo per PO e OdV)

Gli utenti già abilitati come **Punto Ordinante** o come **Operatore di Verifica** hanno la possibilità di **delegare** temporaneamente le proprie attività a un altro utente registrato su Acquisti in Rete per un periodo definito (fino a un anno). È fondamentale che la persona a cui si desidera **delegare** le attività sia già un utente registrato sulla piattaforma.

Tipologie di Delega

È possibile scegliere tra due tipologie di **delega**:

- **Delega posticipata:** Il delegante può decidere autonomamente la data di inizio della **delega**.

- **Delega immediata:** La **delega** è attiva a partire dal giorno in cui viene effettuata la richiesta.

Procedura per la Delega

1. **Richiesta di Delega (PO):** Se si è un **PO**, accedere al dettaglio dell'**abilitazione** e selezionare il pulsante "**DELEGA**". Per effettuare la ricerca, indicare i dati

anagrafici dell'utente a cui si desidera **delegare** le proprie attività. Scegliere la tipologia di **delega** e inoltrare la richiesta.

2. **Annullamento della Delega:** È possibile annullare la richiesta di **delega** finché non viene accettata o rifiutata dal delegato designato. Se la richiesta è già stata accettata, la revoca può essere effettuata sia dal delegante che dal delegato.

3. **Accettazione della Delega:** L'utente che riceve la **delega** può visualizzare i dettagli accedendo a "**Gestione Abilitazioni**" e selezionando la specifica richiesta ricevuta. La pagina riporta le informazioni sul richiedente, la data della richiesta, i termini della **delega**, l'amministrazione di riferimento e i dati dell'ufficio. Per inserire i dati di contatto dell'ufficio, selezionare il pulsante "**PROCEDI**", compilare i campi e selezionare "**COMPLETA**". Il sistema verificherà la correttezza dei dati inseriti.

4. **Validazione della Delega:** Selezionare "**GENERA**" per generare il modulo da scaricare, firmare digitalmente (in modalità CAdES o PAdES) e ricaricare sul sistema per autorizzare la richiesta. Dopo aver selezionato il pulsante "**COMPLETA RICHIESTA**", il sistema effettuerà un controllo sull'estensione del file (solo ".pdf" è ammessa) e sulla validità della firma.

5. **Delega per Operatore di Verifica (OdV):** La procedura è simile a quella per il **PO**, con l'unica differenza che, in fase di accettazione della richiesta, l'utente può scegliere se utilizzare o meno la firma digitale. Se non si desidera utilizzare la firma digitale, è possibile firmare manualmente il modulo riepilogativo della richiesta di **delega** e inviarlo al di fuori del sistema.

Modificare i Dati della Tua Amministrazione

I **Punti Ordinanti** e gli **Operatori di Verifica** hanno la possibilità di segnalare variazioni relative ai dati del proprio ente di appartenenza utilizzando la funzione "**SEGNALA VARIAZIONE**" nella sezione "**Gestione Abilitazioni**".

Tipologie di Variazione Segnalabili

È possibile segnalare le seguenti tipologie di modifiche:

- **Variazione Anagrafica:** Quando l'ente subisce una modifica dei dati anagrafici (denominazione, indirizzo, Codice Fiscale).

- **Variazione Giuridica:** Quando l'ente subisce una modifica allo stato giuridico.

- **Fusione:** Quando due o più enti vengono accorpati.

- **Variazione Soppressione / Cancellazione:** Quando un ente cessa la propria attività.

In base alla tipologia di modifica selezionata, verrà visualizzata una specifica pagina per la compilazione dei dati relativi alla segnalazione. A seguito dell'invio, l'Ufficio Registrazioni valuterà la richiesta. È importante notare che un solo utente può inviare un'unica richiesta di "**Segnala Variazione**" alla volta, indipendentemente dalla tipologia. Una nuova segnalazione potrà essere presentata solo dopo che la precedente è stata gestita. La funzione "**Segnala variazione**" non deve essere utilizzata in caso di cambio di ente di appartenenza.

È importante ricordare che, nel caso in cui non si sia più in possesso dell'indirizzo email associato al profilo di **abilitazione** da eliminare, è necessario accedere al profilo da cancellare, visitare la sezione dei dati di contatto dell'ufficio e aggiornare l'indirizzo email ordinario. Successivamente, sarà possibile eliminare il profilo selezionando il tasto "**cancella abilitazione**" posizionato in alto a destra della schermata.

Trasferimento Attività PO

I **Punti Ordinanti** possono essere abilitati su diversi strumenti di acquisto disponibili sul Sistema di **e-Procurement**. Nella pagina "**Dettaglio abilitazione**" > "**strumenti di acquisto**", è possibile visualizzare l'elenco degli strumenti per i quali si risulta abilitati. Spostando l'interruttore presente per ogni strumento, è possibile attivare o disattivare la relativa **abilitazione**.

È possibile disattivare un determinato strumento per il quale si è abilitati e trasferire tutte le operazioni ad esso collegate e non ancora completate (come ad esempio RdO in Bozza, RdO ricevute in approvazione, RdO pubblicate) a un altro **Punto Ordinante** della stessa Amministrazione attivo sullo stesso strumento.

Nel caso in cui si scelga di non avviare il processo di trasferimento, lo strumento verrà disattivato e sarà possibile consultare solo le attività pendenti ad esso collegate.

Nel caso in cui si scelga di trasferire le attività:

- Se il **PO** destinatario accetta la richiesta di trasferimento, si perderà la possibilità di accedere, anche in consultazione, alle operazioni trasferite.

- Se il **PO** destinatario rifiuta la richiesta di trasferimento e di conseguenza non acquisisce alcuna attività, l'utente verrà disabilitato sullo strumento e potrà accedere solo in consultazione alle attività collegate allo strumento stesso.

L'operazione di trasferimento delle attività comporta degli effetti anche sugli eventuali PI associati allo strumento oggetto di disabilitazione. Infatti, verranno trasferite anche tutte le operazioni effettuate dagli stessi PI, che perderanno la possibilità di intervenire, anche in semplice consultazione, e non potranno compiere nuove attività collegate allo strumento disabilitato.

È importante sapere che non è possibile avviare la disabilitazione in presenza di un PI abilitato su un unico strumento di acquisto, che coincide proprio con lo strumento che si intende disabilitare. Se la richiesta di trasferimento delle operazioni non è ancora stata accettata o rifiutata dal PO designato, è possibile riattivare lo strumento di acquisto.

Cancella Abilitazione

Nel caso in cui si debba cambiare ufficio o cessare la propria attività con un determinato profilo, è possibile cancellare l'**abilitazione** a un profilo attivo (PO, PI, OdV) nella pagina di dettaglio di un'**abilitazione**. Questa è un'operazione irreversibile che comporta la perdita di tutte le attività collegate al profilo che si sta per cancellare.

Se si sta cancellando un profilo da PO, è importante ricordare che tale operazione comporta:

- La cancellazione dei PI associati.

- L'annullamento di eventuali **deleghe**.

In particolare, se la cancellazione dell'**abilitazione** avviene da parte di un utente delegato (PO o OdV), la **delega** in corso termina automaticamente e verrà ripristinato lo stato "**attivo**" dell'**abilitazione** dell'utente delegante, il quale potrà avviare una nuova richiesta di **delega**. È possibile subentrare a un profilo PO o OdV anche successivamente alla disabilitazione del relativo profilo da parte dell'utente precedente.

Cancella Registrazione

Se si desidera cancellare in modo irreversibile la propria utenza dal sistema, è necessario selezionare "**CANCELLA REGISTRAZIONE**", accessibile dalla pagina "**Dettaglio Utente**". La funzione "**Cancella Abilitazione**" permette di agire su un singolo profilo, mentre la funzione "**Cancella Registrazione**" comporta l'eliminazione di tutti i profili associati all'utenza.

Per cancellare la **registrazione**, selezionare "CONFERMA" e, nel passaggio successivo, inserire il PIN ricevuto via email. A seguito di questa operazione, non sarà più possibile accedere alla piattaforma con le credenziali precedenti.

Conclusione

La gestione dell'**abilitazione** nel sistema di **e-Procurement** per le Pubbliche Amministrazioni è un processo articolato che permette di definire con precisione i ruoli e le responsabilità degli utenti all'interno della piattaforma. La possibilità di richiedere nuove **abilitazioni**, subentrare a utenti precedenti, delegare profili, modificare i dati dell'amministrazione e, se necessario, cancellare l'**abilitazione** o l'intera **registrazione**, offre flessibilità e controllo agli utenti delle PA, garantendo al contempo la sicurezza e la tracciabilità delle operazioni svolte nel sistema.

Capitolo 3: Abilitazione ai Mercati Telematici per gli Operatori Economici

Introduzione all'Abilitazione per gli Operatori Economici

La procedura di **abilitazione** rappresenta un passo fondamentale per gli **Operatori Economici (OE)** che, dopo essersi registrati sulla piattaforma www.acquistinretepa.it, intendono operare attivamente nei **mercati telematici** gestiti da Consip. Questa procedura consente agli OE di partecipare ai bandi relativi a Beni, Servizi e Lavori del **Mercato Elettronico della Pubblica Amministrazione (MePA)** e a tutti i bandi del **Sistema Dinamico di Acquisizione (SDAPA)**.

Per potersi abilitare, l'Operatore Economico deve aver completato la fase di **registrazione**. La domanda di **abilitazione** deve essere necessariamente presentata e portata a termine dal **Legale Rappresentante (LR)** dell'OE. Il **Legale Rappresentante** ha inoltre la facoltà di nominare uno o più **Collaboratori**, autorizzati a svolgere una serie di attività operative per suo conto. È importante sottolineare che la procedura di **abilitazione** è identica sia per l'ammissione al MePA che allo SDAPA.

Differenza tra Registrazione e Abilitazione

È cruciale distinguere tra la **registrazione** e l'**abilitazione**. La **registrazione** è il processo iniziale che crea un account per l'utente sulla piattaforma. L'**abilitazione**, invece, è successiva alla **registrazione** ed è specificamente necessaria per operare sui **Mercati Telematici** (MePA e SDAPA). Per la semplice partecipazione a gare, convenzioni o accordi quadro, la sola **registrazione** è sufficiente per un Operatore Economico.

Come funziona e chi può abilitarsi

L'**abilitazione** di un Operatore Economico alla piattaforma www.acquistinretepa.it abilita due figure principali: il **Legale Rappresentante** e il **Collaboratore**.

Il Ruolo del Legale Rappresentante

Il **Legale Rappresentante** è il soggetto dotato dei poteri necessari per richiedere l'**abilitazione** sulla piattaforma di **e-Procurement** e agire in nome e per conto dell'OE. In generale, il **Legale Rappresentante** deve avere i poteri per compiere in nome e per conto dell'OE tutte le attività che possono essere svolte sul sistema, tra cui:

- La sottoscrizione dei relativi contratti.

- Il rilascio di dichiarazioni.

- La presentazione di autocertificazioni, dichiarazioni sostitutive di atti di notorietà, offerte e proposte, liste e cataloghi di beni/servizi.

- L'inoltro di istanze e domande, incluse le domande di Ammissione.

- La presentazione e/o la richiesta di documenti.

- Il rilascio, ove richieste, di quietanze, rinunce, garanzie e fideiussioni.

- La Negoziazione e la conclusione di contratti, in particolare attraverso la partecipazione alle apposite procedure previste dal sistema.

Per avviare la procedura di **abilitazione**, il **Legale Rappresentante** deve essere in possesso di:

- **Firma digitale:** È necessario disporre di una firma elettronica qualificata, acquistata presso uno dei Prestatori di servizi fiduciari qualificati (l'elenco è disponibile sul sito dell'AGID – Agenzia per l'Italia digitale).

- **Casella di posta elettronica certificata (PEC).**

- **Personal computer** collegato a internet e dotato di un browser compatibile (si consiglia di utilizzare le versioni più recenti).

- **Programma software** per la conversione in formato PDF dei file che compongono l'offerta.

Il Ruolo del Collaboratore

Il **Collaboratore** è il soggetto autorizzato dal **Legale Rappresentante** dell'OE allo svolgimento di una serie di attività operative in nome e per conto di quest'ultimo. Tali attività possono includere la predisposizione delle domande di partecipazione alle gare, la gestione degli ordini diretti e del catalogo prodotti.

Trattamento dei Dati Personali Durante l'Abilitazione (OE)

Analogamente alla procedura per le Pubbliche Amministrazioni, i dati forniti dagli Operatori Economici durante la fase di **abilitazione** sono trattati da Consip S.p.A. e dal Ministero dell'Economia e delle Finanze per consentire la **registrazione**, l'**abilitazione**, e la partecipazione al Sistema di **e-Procurement**. Questi dati possono essere utilizzati anche per l'invio di materiale informativo e, in forma aggregata, per essere messi a disposizione di altre Pubbliche Amministrazioni e soggetti terzi. L'informativa completa sul trattamento dei dati personali è consultabile sul portale.

Modalità di avvio della procedura di Abilitazione

Per avviare la procedura di **abilitazione** come Operatore Economico, è necessario selezionare la voce "**Vendi**" dal menu principale della piattaforma. Prima di procedere, è fondamentale prendere visione della documentazione relativa alla/e categoria/e a cui si desidera abilitarsi. I bandi del **Mercato Elettronico** e del **Sistema Dinamico di Acquisizione** sono infatti organizzati in categorie di **abilitazione**.

È importante notare che questa procedura di **abilitazione** deve essere utilizzata nel caso in cui l'Operatore Economico non sia mai stato abilitato al sistema dal **Legale Rappresentante**.

Documentazione bandi MePA e SDAPA

Per avviare la procedura, dopo aver selezionato "**Vendi**" dal menu principale, è possibile scegliere tra "**Mercato elettronico della PA**" o "**Sistema dinamico**" a seconda delle proprie esigenze. La procedura è identica per entrambi gli strumenti.

Nel corso della procedura di **abilitazione**, è possibile aggiungere alla domanda categorie sia dello stesso bando e strumento di Negoziazione, sia di altri bandi e strumenti (quindi sia MePA che SDAPA).

Nella sezione scelta, si trova l'elenco dei bandi dello strumento per il quale si sta effettuando la ricerca. Selezionando lo specifico bando, si accede alla documentazione di interesse. La documentazione specifica di ogni bando è disponibile in fondo alla pagina, nella sezione "**DOCUMENTAZIONE PER L'ABILITAZIONE**" (ad esempio, Regole del sistema di e-Procurement, Condizioni generali, Capitolati d'oneri, Capitolati tecnici, ecc.).

Procedura di Abilitazione Operatori Economici

Una volta consultata attentamente tutta la documentazione e verificato il possesso dei requisiti necessari, è possibile procedere con la domanda di **abilitazione**.

Scelta delle Categorie

All'interno della stessa schermata in cui è presente la documentazione, è necessario individuare la specifica categoria di interesse. È fondamentale navigare nel bando selezionando le apposite frecce ">" per aprire le vetrine delle categorie. È possibile selezionare tutte le categorie di interesse, tuttavia, per evitare potenziali errori di sistema, si consiglia di scegliere un numero limitato di categorie. Infine, selezionare "PARTECIPA". Successivamente, sarà possibile richiedere l'**abilitazione** per ulteriori categorie.

Individuazione dell'Operatore Economico che partecipa

Dalla lista degli Operatori Economici già presenti sul Sistema di **e-Procurement** (associati al profilo dell'utente), scegliere quello per cui si vuole richiedere l'**abilitazione**. In alternativa, è possibile aggiungere un nuovo Operatore Economico selezionando "**Avvia procedura**" in corrispondenza della domanda "**Vuoi partecipare con una nuova partita IVA?**".

Se all'interno del box si trova l'ulteriore sezione "**Vuoi partecipare per ....?**" e in corrispondenza il tasto "**Prosegui**", significa che l'Operatore Economico è già abilitato sul nuovo sistema ed è possibile aggiungere nuove categorie di **abilitazione** direttamente da qui, senza dover inserire nuovamente tutti i dati dell'impresa.

Grazie all'integrazione della piattaforma con Infocamere, alcune informazioni relative all'Operatore Economico potrebbero essere già precompilate. Il sistema propone le informazioni in base all'utente che sta compilando la domanda (che deve essere un **Legale Rappresentante**) e ai codici identificativi dell'Operatore Economico di riferimento (es. Partita IVA). In ogni caso, se i campi non fossero precompilati, è possibile compilarli manualmente, così come è possibile modificarli in caso di inesattezze.

Dati e dichiarazioni amministrative

Questa sezione è dedicata all'inserimento dei dati amministrativi e al rilascio delle dichiarazioni richieste per l'**abilitazione**.

Dati impresa

In base alla selezione effettuata nel passo precedente, nella sezione "**Dati Impresa**" i dati potranno essere precompilati (e modificabili) oppure sarà necessario inserire le informazioni generali relative all'organizzazione. Se si sta inserendo un nuovo Operatore Economico, è possibile individuarlo tramite Partita IVA o altro codice identificativo. Alla domanda "**Sei in possesso di una partita IVA italiana?**", è possibile rispondere "NO" nei seguenti casi, a titolo esemplificativo:

- Liberi professionisti senza Partita IVA.

- Imprese estere.

- Imprese che fanno parte di un Gruppo IVA.

Selezionando l'opzione "**NO**", nel campo "**Altro codice**" inserire il Codice Fiscale dell'Operatore Economico o, in assenza, quello della persona fisica che sta presentando domanda. Se si fa parte di un Gruppo IVA, indicare il Codice Fiscale del singolo Operatore Economico; la Partita IVA del gruppo potrà essere specificata nel successivo campo "**Partita IVA di fatturazione**". È inoltre possibile indicare i referenti dell'organizzazione aggiungendo i loro dati nella sezione "**Persone di contatto**". Per inserirli nel sistema, non è necessario che siano utenti registrati su Acquisti in Rete.

Dichiarazioni Impresa

Nella sezione "**Dichiarazioni Impresa**", sarà necessario rispondere progressivamente a tutte le domande amministrative richieste per la presentazione della domanda di **abilitazione**. La barra "**Stato compilazione modulo dati**" consente di monitorare l'avanzamento della compilazione della sezione. Per ciascuna domanda, si ha la possibilità di ottenere ulteriori informazioni, modificare la risposta prima di presentarla e cancellare le risposte eventualmente già inserite. Tramite il pulsante "**Salva**", è possibile proseguire alla domanda successiva. Se una domanda non è obbligatoria, è possibile saltarla con la freccia "**>**". Durante la compilazione della risposta, se previsto, è anche possibile allegare documentazione a supporto della dichiarazione rilasciata (dimensione massima per file: 20 MB). Tutta la documentazione a supporto deve essere caricata contestualmente all'interno della sezione "**Dichiarazioni Impresa**" in corrispondenza dei quesiti posti dal sistema (ad esempio, devono essere caricate tutte le sentenze relative ad eventuali condanne dei soggetti rilevanti).

Dati Legale Rappresentante

Nella sezione "**Dati Legale Rappresentante**", inserire le informazioni relative alla propria carica di **Legale Rappresentante** per l'Operatore Economico per cui si sta presentando la domanda di **abilitazione**. L'utenza che compila la domanda sarà identificata dal sistema come il **Legale Rappresentante** dell'OE. Solo dopo l'approvazione della domanda di **abilitazione**, l'utente risulterà abilitato sul nuovo sistema con il profilo di LR.

Dichiarazioni Legale Rappresentante

Al momento, la sezione "**Dichiarazioni Legale Rappresentante**" non è compilabile, in quanto non sono previste ulteriori dichiarazioni da inserire nella domanda di **abilitazione**. Pertanto, selezionare "**Avanti**" per accedere al passo successivo.

Categorie

Nella sezione "**Categorie**", sono riportate le categorie per le quali si sta richiedendo l'**abilitazione**. Nell'elenco si trova la categoria selezionata per avviare la partecipazione, ma in un'unica domanda è possibile aggiungere più di una categoria, anche afferenti a bandi e strumenti differenti. Selezionare la freccia ">" posta in corrispondenza della categoria per accedere al dettaglio delle informazioni e compilare le dichiarazioni merceologiche. Anche in questa sezione, la barra "**Stato compilazione modulo dati**" consente di monitorare l'avanzamento della compilazione. Tramite il pulsante "**Salva**", proseguire con la compilazione della sezione successiva. Una volta terminate le informazioni richieste, selezionare "**Partecipa**". Si tornerà automaticamente alla pagina di riepilogo delle Categorie oggetto della domanda di **abilitazione**. In questa sessione del procedimento è possibile visualizzare l'icona che indica il completamento della compilazione dei requisiti della categoria, il simbolo del cestino per eliminare le dichiarazioni inserite e la freccia ">" per accedere nuovamente alla sezione e modificare i dati relativi alla categoria prima di sottomettere la domanda di **abilitazione**. Se si desidera aggiungere un'altra categoria alla domanda di **abilitazione**, utilizzare i filtri per ricercare la categoria di interesse, accedere al dettaglio selezionando la freccia ">" e rispondere ai requisiti richiesti. Selezionare "**Avanti**" per proseguire alla successiva sezione di riepilogo della domanda. Una volta presentata la domanda, non sarà possibile né modificare né aggiungere altre categorie fino al momento in cui non si sarà abilitati. Da quel momento, eventuali modifiche potranno essere proposte accedendo alla sezione "**Gestione abilitazioni**" dal proprio **Cruscotto**.

Riepilogo - Documento di abilitazione, conferma e invio della domanda

Nella sezione "**Riepilogo**", è possibile verificare le dichiarazioni rese e i dati inseriti prima di finalizzare l'invio della domanda. Se sono state aggiunte categorie afferenti a bandi diversi, sarà disponibile un documento da firmare per ciascun bando. Per accedere a ciascuna sezione, selezionare il tasto "v". Accedere alla sezione "**Richieste di abilitazione**" per visualizzare i documenti disponibili per la firma. Firmare digitalmente il documento (in modalità CAdES o PAdES) senza modificarne il nome, per evitare eventuali manomissioni del file. Dopo aver allegato tutti i documenti, selezionare "**Termina**". Dopo aver inviato la domanda di **abilitazione**, sarà possibile monitorarne lo stato tramite la sezione "**Gestione abilitazioni**" del proprio **Cruscotto**. Solo il **Legale Rappresentante** può generare i documenti, firmarli digitalmente e inviare al sistema la domanda di **abilitazione**. L'utente che inizia la procedura deve necessariamente essere lo stesso che la porta a termine.

La Riassegnazione ed il Rifiuto

È possibile monitorare lo stato delle richieste di **abilitazione** presentate attraverso la sezione "**Gestione abilitazioni**" disponibile sul proprio **Cruscotto**. Nel caso in cui la domanda non vada a buon fine, questa può essere rifiutata o riassegnata. In entrambi i casi, si riceverà una comunicazione con le relative motivazioni nei messaggi contenuti nel proprio profilo (accessibile sempre da "**Gestione abilitazioni**") e tramite email di cortesia. Per le domande rifiutate, in corrispondenza del profilo è presente una bandierina rossa con la dicitura del rifiuto. Per le domande riassegnate, è presente una bandierina gialla con la dicitura "**In lavorazione**". Le domande rifiutate dovranno essere ripresentate ripetendo l'intero percorso di **abilitazione**. Le domande riassegnate, invece, potranno essere ripresentate modificando solo gli elementi indicati nella comunicazione. Per ripresentare una domanda riassegnata, è necessario accedere al dettaglio del profilo cliccando sulla freccia "**>**" posta sulla destra del profilo stesso. Espandendo la sezione "**Richieste**", è possibile visualizzare le domande riassegnate. Selezionando il pulsante "**Modifica**", si visualizzano le schermate dei dati inseriti con la possibilità di modificare e completare nuovamente la domanda, seguendo le stesse modalità operative della prima presentazione.

Gestione abilitazioni

La sezione "**Gestione Abilitazioni**" è fondamentale per monitorare lo stato delle richieste di **Abilitazione** presentate. In questa sezione, è inoltre possibile inviare richieste di modifica dei dati e delle dichiarazioni rese per conto dell'Operatore Economico o aggiungersi come ulteriore **Legale Rappresentante** di un Operatore Economico già abilitato. L'Operatore Economico ha l'onere di mantenere sempre aggiornate tutte le informazioni e i dati presenti nelle proprie dichiarazioni al fine di evitare contestazioni. Se si ricoprono uno o più ruoli per uno o più Operatori Economici, è possibile visualizzarli in questa sezione. Per ciascuno di essi è riportato lo stato di lavorazione delle richieste presentate. Alla prima richiesta di **abilitazione** e per le successive richieste di modifica dati e dichiarazioni dell'impresa, lo stato della richiesta risulterà "**In Lavorazione**" fino al termine delle attività di approvazione/rifiuto. L'icona della bandierina gialla in corrispondenza dello stato indica che è necessario monitorare la richiesta poiché potrebbe essere già stata riassegnata.

Dettaglio Profilo

Nella sezione "**Gestione Abilitazioni**", è possibile visualizzare per ogni Operatore Economico per cui è stata presentata la domanda di **abilitazione**: il proprio Ruolo rispetto all'organizzazione e lo stato del proprio Ruolo (es. Attivo). Se si hanno più profili, è possibile utilizzare i filtri per ricercare quello di interesse. Selezionare la freccia ">" per accedere al dettaglio del Profilo. Nella sezione "**Dettaglio profilo**", si visualizzano tutte le informazioni e le dichiarazioni rilasciate al momento della presentazione della domanda di **abilitazione** o quelle modificate successivamente. Per ciascuna sezione, è possibile accedere al dettaglio selezionando il tasto "**v**". È anche possibile accedere all'area "**Comunicazioni**" per inviare richieste di chiarimenti a Consip S.p.A. sull'**abilitazione** ai **Mercati Telematici** e visualizzare le relative risposte. Anche i messaggi di riassegnazione della domanda sono presenti in questa sezione.

Modifica dati relativi all'Operatore economico

Una volta approvata l'**Abilitazione**, è possibile modificare/aggiornare le informazioni relative all'Operatore Economico inserite in fase di richiesta. Per modificare le informazioni, è necessario accedere al dettaglio del proprio profilo dall'area "**Gestione abilitazione**". Da questa pagina è possibile modificare i dati e le dichiarazioni relative all'impresa, all'incarico del **Legale Rappresentante** e alle dichiarazioni commerciali. Le modifiche potranno essere effettuate esclusivamente dal **Legale Rappresentante**. I documenti per presentare la Modifica devono essere scaricati dal sistema senza aprirli direttamente nel browser e, una volta esaminati, possono essere firmati digitalmente e ricaricati nella sezione dedicata.

Modifica Dati e dichiarazioni impresa

Selezionando la freccia in corrispondenza della voce "**IMPRESA**" e poi, all'interno della sezione, la voce "**MODIFICA IMPRESA**", è possibile modificare tutti i dati relativi all'impresa, ad esclusione della Partita IVA.

Modifica Incarico

Nella sezione "**INCARICO**" (disponibile solo per il profilo del **Legale Rappresentante**), si visualizzano i dati relativi al proprio incarico di LR (come Carica ricoperta, Durata nomina, ecc.) ed è possibile aggiornarli/modificarli selezionando "**MODIFICA INCARICO**".

Modifica/Gestisci Categorie

Selezionando la freccia in corrispondenza della voce "**CATEGORIE**", all'interno della sezione è possibile visualizzare il dettaglio delle categorie per cui l'Operatore Economico è abilitato e monitorare lo stato delle richieste presentate. Selezionando la voce "**GESTISCI CATEGORIE**", è inoltre possibile aggiungere nuove categorie di **abilitazione** e modificare i dati relativi alle dichiarazioni commerciali. La colonna "**Associa/Disassocia**" definisce lo stato di operatività del proprio profilo sulla categoria. È possibile effettuare modifiche solo per le categorie su cui si risulta "**ATTIVO**". Per modificare le dichiarazioni commerciali, dopo aver selezionato "**GESTISCI CATEGORIE**", scegliere la categoria per la quale si desidera modificare le dichiarazioni commerciali e selezionare "**MODIFICA DATI COMMERCIALI**" per modificare le indicazioni relative al Fatturato Globale e ai Contratti analoghi, riportate nel "Capitolato d'oneri". Le dichiarazioni non hanno una scadenza temporale, ma è onere dell'utente mantenere sempre aggiornate tutte le informazioni e i dati presenti nelle dichiarazioni rese.

Richieste

Nella sezione "**Richieste**", sono riepilogate tutte le domande relative al proprio incarico di **Legale Rappresentante** e all'**abilitazione** dell'Operatore Economico. Le richieste in corso saranno visualizzate in questa sezione, con il relativo stato di lavorazione. È possibile utilizzare i filtri per visualizzare le richieste per tipologia, strumento e stato. Le richieste completate possono essere visualizzate selezionando "**Mostra richieste completate**". Se una richiesta è nello stato "**Riassegnata**", accedere al dettaglio e consultare la notifica relativa alla riassegnazione tramite il pulsante "**Comunicazioni**". Accedendo al dettaglio della domanda, selezionare il pulsante "**Modifica**" per inviare la modifica/integrazione richiesta. Selezionando "**Nuova abilitazione**", si avvia la procedura per chiedere l'**Abilitazione** a un'altra categoria (sia MePA che SDA), confermando direttamente le dichiarazioni già rilasciate. I passaggi sono gli stessi della prima domanda. Nella colonna "**Associa/Disassocia**", è possibile definire lo stato di operatività del proprio profilo per la gestione della specifica categoria, abilitando o disabilitando la propria operatività come **Legale Rappresentante** tramite le icone rossa (associato e operativo) e verde (non associato e non operativo). Utilizzare i filtri in alto nel box grigio per cercare le varie categorie in base allo strumento (MePA e SDAPA), al bando, al nome o alla data di **abilitazione**. Selezionare la freccia ">" in corrispondenza della specifica categoria per accedere al riepilogo delle dichiarazioni commerciali rese. È possibile richiedere eventuali modifiche tramite il pulsante "**Modifica Dati commerciali**".

Attraverso i tasti "V" e "Λ", si aprono le sezioni di dettaglio delle dichiarazioni. Dopo aver effettuato la modifica, selezionare "**Avanti**".

Collaboratori

Come **Legale Rappresentante**, è possibile associare all'Operatore Economico di interesse un nuovo **Collaboratore** e gestire quelli già nominati seguendo la procedura descritta nella pagina dedicata.

Area Comunicazioni

È possibile accedere all'Area Comunicazioni da "**Gestione abilitazioni**" > "**Dettaglio Profilo**" (selezionare la freccia "**>**" in corrispondenza dell'Organizzazione principale). In alto a destra è disponibile il pulsante "**Comunicazioni**" per accedere all'area dedicata. In questa sezione, è possibile inviare richieste di chiarimenti a Consip S.p.A. sull'ammissione ai mercati telematici e consultare tutte le relative risposte ricevute. Utilizzare i filtri per ricercare la comunicazione di interesse. Attraverso il filtro "**Argomento**", se si seleziona "**Dati e dichiarazioni commerciali**", si aggiunge alla ricerca il filtro per categoria. Selezionare la freccia "**>**" per accedere al dettaglio della comunicazione inviata da Consip S.p.A. ed eventualmente rispondere attraverso l'apposita funzionalità. Selezionare "**Nuova comunicazione**" per inviare un quesito indicando il relativo Argomento. Per l'argomento "**Dati e dichiarazioni commerciali**", è necessario specificare anche la/e categoria/e a cui fa riferimento la richiesta. Nella richiesta, definire l'oggetto del quesito in coerenza con il testo per semplificare la ricerca del messaggio dopo l'invio. Oltre al testo, è possibile aggiungere eventuali allegati (dimensione massima per singolo allegato: 20 MB).

Abilitazione come nuovo Legale Rappresentante

Per aggiungersi come ulteriore **Legale Rappresentante**, accedere alla sezione "**Gestione abilitazioni**" dal menu a sinistra del proprio **Cruscotto**. Questa funzione può essere utilizzata solo se l'Operatore Economico per cui si opera è già stato abilitato al sistema da un altro **Legale Rappresentante**. Avviare la procedura selezionando il pulsante "**Nuova abilitazione**" e successivamente "**Legale Rappresentante**". Questa procedura è ESCLUSIVAMENTE per aggiungere un **Legale Rappresentante** a un Operatore Economico già abilitato. Se l'impresa non è abilitata, consultare la guida relativa alla procedura di **Abilitazione** ai **Mercati Telematici**. Per prima cosa, è necessario individuare l'Operatore Economico per cui si vuole presentare richiesta, che deve essere già abilitato ad almeno una categoria dei **Mercati Telematici**. Nella fase di presentazione della richiesta, è possibile visualizzare i dati generali dell'OE, ma non le dichiarazioni fino al completamento positivo della procedura e all'**abilitazione** come **Legale Rappresentante**. Inserire i riferimenti della carica e della nomina con cui si dichiara di essere **Legale Rappresentante** dell'Operatore Economico. Al momento, la sezione "**Dichiarazioni Legale Rappresentante**" non è compilabile. Selezionare "**Avanti**" per accedere al passo successivo. Dopo aver inserito i dati, visualizzare le Categorie a cui l'Operatore Economico è già abilitato e indicare quelle per cui si vuole risultare operativi. Infine, nel "**Riepilogo**", è possibile rivedere le informazioni inserite, generare il documento di **abilitazione** come **Legale Rappresentante**, firmarlo digitalmente (in modalità CAdES o PAdES) e ricaricarlo al sistema. Tutti i documenti della domanda di **Abilitazione** generati dal sistema devono essere scaricati, salvati sul proprio personal computer e, una volta esaminati, firmati digitalmente e ricaricati. Dal profilo del Nuovo LR è possibile visualizzare tutto lo storico delle procedure del MePA e della SDAPA, sia quelle a cui l'impresa risulta invitata, sia quelle ancora in corso. Non è invece possibile accedere alle procedure ancora in "compilazione" iniziate dal precedente LR; in tal caso, è necessario effettuare una richiesta tramite il modulo "richiesta di cancellazione LR".

Cancellazione - Disabilitazione o Revoca

È possibile effettuare la procedura di cancellazione/disabilitazione dal **Mercato Elettronico** della propria impresa, anche per una sola categoria, fermi restando gli obblighi contrattuali in corso. La cancellazione può essere richiesta tramite un'apposita comunicazione, firmata digitalmente dal **Legale Rappresentante**, e inviata attraverso l'Area comunicazione (selezionare "**Gestione abilitazioni**", entrare nel profilo di interesse con il pulsante "**>**" e selezionare "**Comunicazioni**", "**Nuova comunicazione**" con argomento "**Dati e dichiarazione impresa**"). Utilizzare il modello disponibile sul portale per la richiesta di Disabilitazione. Dal momento della ricezione della richiesta, Consip S.P.A. provvederà alla disabilitazione (da tutto o dalla singola categoria). Durante questo periodo, non è possibile eliminare i prodotti dal catalogo. Come Operatore Economico, si ha anche la facoltà di chiedere la cancellazione/disabilitazione o revoca di un **Legale Rappresentante** che non ricopre più tale funzione. Richiedere la cancellazione tramite un'apposita comunicazione, firmata digitalmente dal **Legale Rappresentante** in carica, e inviata attraverso l'Area comunicazione (utilizzare il modello disponibile per la richiesta di cancellazione LR). La richiesta di cancellazione di un **Legale Rappresentante** deve pervenire da un altro **Legale Rappresentante** in carica, associato almeno a una categoria a cui era associato il precedente **Legale Rappresentante**. Per consentire la corretta cancellazione, è necessario assicurarsi che, per ogni categoria merceologica a cui l'Impresa risulta abilitata, vi sia un altro **Legale Rappresentante** associato alla medesima. È possibile utilizzare il PDF di richiesta di cancellazione LR per indicare le negoziazioni che il precedente LR aveva in compilazione e che i nuovi LR non possono vedere; le negoziazioni indicate verranno migrate.

Migrazione negoziazioni MePA, Sda e Gare in ASP

Il Sistema di **e-Procurement** è cambiato da Maggio 2022. Un nuovo **Legale Rappresentante** che subentra può richiedere la migrazione delle Negoziazioni dall'ambiente precedente sul suo profilo, relativamente a: MePA, SDA, Gare in ASP. La migrazione può essere richiesta tramite un'apposita comunicazione, firmata digitalmente dal **Legale Rappresentante** stesso, e inviata attraverso l'Area comunicazione. Accedere alla propria area personale, dal menu a sinistra "**Gestione abilitazioni**" entrare n

Migrazione delle negoziazioni derivanti da operazioni societarie

Testo incompleto nella fonte fornita.

Appendice

Requisiti di Ordine generale.

Informazioni non dettagliate nella fonte fornita.

Certificazioni di processo

Informazioni non dettagliate nella fonte fornita.

Conclusione

L'**abilitazione** ai **Mercati Telematici** per gli **Operatori Economici** è un processo strutturato che consente di accedere a importanti opportunità di business con la Pubblica Amministrazione. Comprendere i ruoli, le procedure e le responsabilità è fondamentale per una partecipazione efficace e conforme alle normative del sistema di **e-Procurement**. La gestione delle abilitazioni, la possibilità di modificare i dati e di interagire con Consip tramite l'area comunicazioni sono strumenti essenziali per mantenere aggiornato il proprio profilo e operare con successo all'interno del MePA e del SDAPA.

Capitolo 4: Gestione dei Ruoli nelle Procedure di Acquisto

Introduzione alla Sezione "I tuoi ruoli nelle procedure di acquisto"

La sezione "**I tuoi ruoli nelle procedure di acquisto**" rappresenta un'area cruciale all'interno del **Cruscotto** del sistema di **e-Procurement**. Questa sezione offre agli utenti una panoramica chiara e centralizzata di tutte le procedure di acquisto in cui sono stati designati per ricoprire uno o più ruoli specifici. Attraverso questa funzionalità, gli utenti possono facilmente accedere alle negoziazioni di loro interesse e gestire le fasi del processo di acquisto in base alle autorizzazioni e alle responsabilità associate al loro ruolo.

Questo capitolo esplorerà in dettaglio come accedere a questa sezione, come visualizzare e filtrare le procedure di acquisto, come gestire più ruoli all'interno della stessa negoziazione e come accedere ai dettagli specifici per svolgere le attività assegnate.

Accesso al Cruscotto e alla Sezione "I tuoi ruoli nelle procedure di acquisto"

Per iniziare a gestire i propri ruoli nelle procedure di acquisto, è necessario accedere al **Cruscotto** personale all'interno del sistema di **e-Procurement**. La modalità di accesso e la visualizzazione iniziale della sezione possono variare leggermente a seconda del profilo utente (registrato o abilitato).

Accesso come Utente Registrato

Se si accede al **Cruscotto** come utente semplicemente **registrato**, si verrà indirizzati direttamente all'elenco delle procedure di acquisto in cui si ricoprono dei ruoli. Questa visualizzazione immediata permette di avere subito sotto controllo le negoziazioni attive che richiedono la propria attenzione.

Accesso come Utente Abilitato

Se si accede al **Cruscotto** come utente **abilitato** (ad esempio, come Punto Ordinante, Punto Istruttore o Operatore di Verifica), la sezione "**I tuoi ruoli nelle procedure di acquisto**" potrebbe essere inizialmente nascosta. In questo caso, sarà necessario selezionare la freccia posta in corrispondenza di questa sezione per espandere l'elenco delle procedure avviate in cui si è coinvolti con uno specifico ruolo.

Visualizzazione dei Ruoli nelle Procedure di Acquisto

Una volta espansa la sezione "**I tuoi ruoli nelle procedure di acquisto**", si visualizzerà un elenco delle negoziazioni in corso e le relative autorizzazioni o ruoli assegnati all'utente. Ogni riga dell'elenco rappresenta una specifica procedura di acquisto e indica il ruolo o i ruoli che l'utente ricopre in essa.

Filtro e Ricerca delle Procedure

Per facilitare la ricerca e la gestione delle procedure di interesse, il sistema mette a disposizione diversi strumenti di filtro e ricerca:

- **Filtro per Strumento:** È possibile filtrare l'elenco delle negoziazioni in base allo strumento di acquisto utilizzato (ad esempio, Mercato Elettronico della PA - MePA, Sistema Dinamico di Acquisizione - SDAPA, Gare in ASP, ecc.). Selezionando uno specifico strumento dal menu a tendina, verranno visualizzate solo le procedure relative a tale strumento.

- **Filtro per Periodo:** È possibile filtrare le negoziazioni in base a un intervallo di tempo specifico. Questo può essere utile per concentrarsi sulle procedure avviate o concluse in un determinato periodo.

- **Ricerca per Numero Identificativo:** Se si conosce il numero identificativo di una specifica negoziazione, è possibile inserirlo nell'apposito campo e cliccare su "**CERCA**". Il sistema filtrerà l'elenco visualizzando solo la procedura corrispondente al numero inserito.

L'utilizzo combinato di questi filtri e della funzione di ricerca permette agli utenti di individuare rapidamente le procedure di acquisto di loro interesse, anche in presenza di un elevato numero di negoziazioni attive.

Gestione di Più Ruoli nella Stessa Negoziazione

In alcune circostanze, un utente potrebbe essere designato per ricoprire più ruoli all'interno della stessa procedura di acquisto. Ad esempio, un utente potrebbe essere sia il **Responsabile del Procedimento (RUP)** che il **Presidente di Commissione** per una determinata gara. In questi casi, il sistema potrebbe visualizzare la stessa negoziazione più volte nell'elenco, una per ciascun ruolo assegnato.

Per gestire una specifica fase della procedura di acquisto, è necessario selezionare il ruolo di interesse relativo a quella fase. Ad esempio, per gestire la fase di valutazione delle offerte come Presidente di Commissione, si dovrà selezionare la riga corrispondente alla negoziazione in cui si è designati come Presidente.

Accesso ai Dettagli della Negoziazione

Una volta individuata la procedura di acquisto e il ruolo di interesse, è possibile accedere ai dettagli specifici della negoziazione per utilizzare le funzionalità assegnate al profilo selezionato. Per fare ciò, è generalmente necessario selezionare la riga corrispondente alla negoziazione desiderata (ad esempio, cliccando sul titolo della negoziazione o su un apposito pulsante come una freccia o un'icona di dettaglio).

Accedendo ai dettagli della negoziazione, si aprirà una nuova pagina o una sezione all'interno del **Cruscotto** che conterrà tutte le informazioni relative alla procedura, come la descrizione dell'oggetto dell'acquisto, i documenti di gara, lo stato di avanzamento, le comunicazioni con gli operatori economici e le funzionalità specifiche per il ruolo selezionato (ad esempio, la possibilità di esaminare le offerte, rispondere a richieste di chiarimenti, verbalizzare le sedute di commissione, ecc.).

Gestione della Richiesta di Chiarimenti da Menu Rapido (per PO e PI)

È importante sottolineare che per alcune figure specifiche, come il **Punto Ordinante (PO)** e il **Punto Istruttore (PI)**, la gestione della **Richiesta di Chiarimenti** può essere effettuata in modo più rapido e diretto. Questi utenti hanno la possibilità di accedere e gestire le richieste di chiarimenti direttamente dal menu di riepilogo del **Cruscotto**, senza dover necessariamente passare attraverso la sezione "**I tuoi ruoli nelle procedure di acquisto**". Questa funzionalità mira a semplificare e velocizzare le operazioni più comuni per questi profili.

Conclusione

La sezione "**I tuoi ruoli nelle procedure di acquisto**" è uno strumento fondamentale per gli utenti del sistema di **e-Procurement** che ricoprono ruoli specifici nelle procedure di acquisto. Attraverso un'interfaccia intuitiva e funzionalità di filtro e ricerca avanzate, gli utenti possono facilmente monitorare e gestire le proprie responsabilità all'interno delle diverse negoziazioni. La possibilità di gestire più ruoli e di accedere ai dettagli specifici di ogni procedura garantisce un controllo efficace sull'intero processo di approvvigionamento.

Capitolo 5: Funzionalità del Responsabile del Procedimento nelle Gare ASP

Introduzione al Ruolo del Responsabile del Procedimento nelle Gare ASP

In seguito alla pubblicazione di una **Gara in ASP (Application Service Provider)** sulla piattaforma di **e-Procurement**, il **Responsabile del Procedimento (RdP)** assume un ruolo centrale nella gestione e nel monitoraggio delle diverse fasi della procedura. Questo capitolo si focalizzerà sulle specifiche funzionalità che il **RdP** può esercitare all'interno della piattaforma per garantire il corretto svolgimento della gara.

Le principali funzionalità a disposizione del **Responsabile del Procedimento** includono:

- **Monitoraggio della ricezione delle Richieste di Chiarimenti** e invio delle comunicazioni ai fornitori.
- **Gestione dei permessi e delle autorizzazioni** per altri utenti coinvolti nella procedura.
- Possibilità di disporre la **Sospensione della Gara/Lotto**.
- Possibilità di disporre la **Revoca della Gara/Lotto**.
- Effettuare **Modifiche** alla gara, sia di tipo strutturale che non strutturale.
- Creare una **Copia della Gara** per eventuali riutilizzi o modifiche successive.

Accesso al Sistema come Responsabile del Procedimento

Per accedere alle funzionalità dedicate, il **Responsabile del Procedimento** deve innanzitutto effettuare l'accesso al portale di **e-Procurement** utilizzando le proprie credenziali di autenticazione.

Navigazione al Cruscotto e alla Sezione "I tuoi ruoli nelle procedure di acquisto"

Una volta autenticato, l'utente verrà reindirizzato al proprio **Cruscotto**. Da qui, è necessario accedere alla sezione "**I tuoi ruoli nelle procedure di acquisto**". Se si è un soggetto abilitato, potrebbe essere necessario selezionare l'apposita freccia per visualizzare l'elenco delle procedure in cui si ricopre il ruolo di **Responsabile del Procedimento**.

Ricerca della Gara di Interesse

All'interno della sezione "**I tuoi ruoli nelle procedure di acquisto**", è possibile visualizzare l'elenco delle negoziazioni e le relative autorizzazioni. Per accedere alla pagina di dettaglio della **Gara in ASP** di interesse, è possibile ricercarla digitando il numero identificativo della procedura e il nome dell'iniziativa negli appositi campi.

Monitoraggio, Ricezione e Trasmissione delle Richieste di Chiarimenti e Invio di Comunicazioni

Durante il periodo di presentazione delle offerte da parte degli operatori economici, il **Responsabile del Procedimento** ha la responsabilità di gestire le **Richieste di Chiarimenti** pervenute dai fornitori.

Gestione delle Richieste di Chiarimenti

Per gestire le richieste, è necessario selezionare la voce "**RICHIESTA CHIARIMENTI**" all'interno della pagina di dettaglio della gara. Questa funzione è attiva fino al termine ultimo per la presentazione delle offerte.

Visualizzazione dell'Elenco delle Richieste

Dal menu laterale, selezionando nuovamente "**RICHIESTA CHIARIMENTI**", si accede all'elenco di tutte le richieste pervenute dagli **Operatori Economici**. Per ogni richiesta, vengono visualizzate le seguenti informazioni:

- Il nome dell'**Operatore Economico** che ha inviato la comunicazione.
- L'**oggetto** della richiesta.
- Il **numero di messaggi** ricevuti per quella specifica richiesta.
- Lo **stato** della comunicazione (ad esempio, "Da leggere" o "Letta").
- La **data di ricezione** della richiesta.

Dettaglio e Risposta alle Richieste

Per accedere al dettaglio di una specifica richiesta, è necessario selezionare la freccia corrispondente. All'interno della pagina "**Dettaglio Richiesta Chiarimenti**", è possibile leggere il testo della domanda inviata dall'operatore economico. Per fornire una risposta, è sufficiente utilizzare l'apposito box presente nella pagina e inserire il testo desiderato. È importante notare che la risposta inviata sarà visualizzata esclusivamente dall'**Operatore Economico** destinatario e rimarrà memorizzata nel sistema in coda alla richiesta originale.

Gestione delle Comunicazioni

Una volta scaduto il termine per la presentazione delle offerte, la funzionalità "RICHIESTA CHIARIMENTI" viene disattivata e si attiva la sezione "**Comunicazioni**" all'interno della pagina di dettaglio della gara. Questa sezione è organizzata in due sottosezioni: "**Messaggi**" e "**Notifiche**".

Sezione "Messaggi"

Nella sezione "**Messaggi**", il **Responsabile del Procedimento** può visualizzare tutte le comunicazioni inviate e ricevute attraverso il sistema di **e-Procurement**. È possibile cercare uno specifico messaggio utilizzando i filtri disponibili, tra cui:

- **Oggetto della Comunicazione**.
- **Data da** e **Data a** (per definire un intervallo temporale di ricerca).
- **Comunicazioni inviate** (per visualizzare solo i messaggi spediti).
- **Comunicazioni ricevute** (per visualizzare solo i messaggi in arrivo).
- **Comunicazioni non lette** (per identificare i messaggi che richiedono attenzione).

Dopo aver impostato i criteri di ricerca, è necessario selezionare "**FILTRA**". Per accedere al contenuto di un messaggio specifico, è sufficiente cliccare sulla freccia corrispondente. Verrà visualizzato il testo della comunicazione e gli eventuali allegati. È possibile scaricare gli allegati selezionando il nome dei singoli documenti.

Per rispondere a un messaggio ricevuto, è necessario selezionare "**Rispondi**", inserire il testo nella casella dedicata e, se necessario, allegare documenti tramite il pulsante "**AGGIUNGI FILE**". Per inviare la risposta, cliccare su "**INVIA**". In alternativa, è possibile annullare l'operazione e tornare al contenuto del messaggio selezionando "**ANNULLA**".

Sezione "Notifiche"

Nella sezione "**Notifiche**", il **Responsabile del Procedimento** visualizza le comunicazioni automatiche ricevute dal sistema in seguito a specifiche attività degli operatori economici, come l'invio o il ritiro di un'offerta. È possibile cercare le notifiche utilizzando i seguenti parametri di ricerca:

- **Categoria:** per filtrare i messaggi in base al tipo di comunicazione (ad esempio, "Invio Offerta", "Ritiro Offerta", ecc.).
- **Data da** e **Data a** (per definire un intervallo temporale).

- **Notifiche non lette** (per visualizzare solo le notifiche che non sono ancora state aperte).

Quando si riceve una nuova comunicazione (sia un messaggio che una notifica), viene visualizzato un punto esclamativo in corrispondenza della voce "**Comunicazioni**" nel menu.

Comunicazione di Apertura della Seduta Pubblica

Un'importante comunicazione che il **Responsabile del Procedimento** deve inviare è quella relativa all'apertura della seduta pubblica. Per fare ciò, è necessario seguire questi passaggi:

1. Selezionare "**COMUNICAZIONI**".

2. Accedere a "**Nuova Comunicazione**".

3. Formalizzare la comunicazione inserendo un oggetto chiaro (ad esempio, "Comunicazione di apertura della prima seduta pubblica") e il testo del messaggio, indicando la data e l'ora di apertura, nonché l'ufficio o la commissione responsabile. È importante ricordare che i concorrenti potranno partecipare alla seduta tramite accesso contestuale al sistema.

4. Aggiungere eventuali allegati selezionando "**SCEGLI FILE**".

5. Cliccare su "**INVIA**" per spedire la comunicazione a tutti gli utenti partecipanti alla gara.

È importante notare che per ogni comunicazione è possibile allegare file di dimensione massima di 6MB. Se i file da allegare hanno dimensioni superiori, è necessario inviare più comunicazioni separate.

Monitoraggio dello Stato delle Comunicazioni

Il sistema di **e-Procurement** genera automaticamente un **Rapporto di Consegna** per ogni comunicazione inviata, che permette al **Responsabile del Procedimento** di monitorare lo stato della spedizione. In questo rapporto, vengono visualizzati i seguenti dati:

- **Data di invio:** corrisponde alla data e all'ora in cui la comunicazione è stata spedita dal mittente e consegnata ai destinatari.

- **Letto/Non letto:** indica se il destinatario ha aperto la comunicazione ricevuta. In caso di lettura, viene visualizzata la data e l'ora in cui il primo tra gli utenti destinatari ha acceduto al contenuto del messaggio.

È fondamentale ricordare che i concorrenti possono rispondere esclusivamente alle comunicazioni che ricevono dalla stazione appaltante, utilizzando la funzione "RISPONDI" presente nei dettagli della comunicazione ricevuta. Lo scambio di messaggi può essere avviato solo dalla stazione appaltante, mentre gli operatori economici possono solo rispondere alle comunicazioni in arrivo.

Modifica della Gara

Il **Responsabile del Procedimento** ha la possibilità di modificare i dati di una **Gara in ASP** anche dopo la sua pubblicazione, selezionando l'opzione "**MODIFICA GARA**". È importante distinguere tra modifiche che incidono sulle attività di composizione e invio delle offerte (modifiche strutturali) e quelle che non hanno questo impatto (modifiche non strutturali).

Modifiche Strutturali

Le **modifiche strutturali** sono quelle che possono influenzare la preparazione e l'invio delle offerte da parte dei partecipanti. Per apportare queste modifiche, è necessario selezionare la modifica corrispondente e fornire una valida motivazione. Se le condizioni della gara lo permettono, la procedura e i relativi lotti acquisiscono lo stato "**In manutenzione**". In questa fase, è possibile modificare i seguenti elementi:

- **Dati principali:**
    - Descrizione della Gara.
- **Lotti:**
    - Denominazione Lotto.
    - Numero Lotto (con controllo sull'unicità).
    - Criterio di Aggiudicazione.
    - Punteggi di Lotto (modificabile solo se per il lotto non è stata mai aperta alcuna busta).
    - Numero decimali (modificabile solo se per il lotto non è stata mai aperta alcuna busta).

- Scheda Offerta:
    - Nome della Scheda.
    - Indicazioni per il fornitore.
    - Criterio di elaborazione della classifica (solo se si modificano anche i dati di offerta per il lotto in oggetto).
- Caratteristica:
    - Nome della caratteristica.
    - Regola di ammissione (solo se si modificano anche i dati di offerta per il lotto in oggetto).
    - Regola di valutazione.
    - Regola di controllo.
    - Altri parametri (modifica obbligatorietà e visibilità), solo se si modificano anche i dati di offerta per il lotto in oggetto.
    - Punteggi.
    - Altri parametri (modifica Indicazioni per il fornitore).
    - Inserimento di una nuova caratteristica (solo se si modificano anche i dati di offerta per il lotto in oggetto).
    - Rimozione di una caratteristica (solo se si modificano anche i dati di offerta per il lotto in oggetto).
    - Caratteristica sulla quale elaborare la classifica (solo se per il lotto non risulta essere stata aperta la prima busta).
    - Spostamento ordine caratteristiche.

Dopo aver apportato le modifiche desiderate, è necessario selezionare "**SALVA**" e successivamente "**CONFERMA MODIFICA**".

Modifiche Non Strutturali

Le **modifiche non strutturali** sono quelle che non incidono direttamente sulla composizione e l'invio delle offerte. Anche in questo caso, è necessario selezionare il tipo di modifica e fornire una motivazione. Le modifiche permesse includono:

- Dati principali:
  - Nome Gara.
  - Tipologia di contratto.
  - Categoria di vetrina.
  - Ente committente.
  - Responsabile del procedimento (modificabile solo se si possiede uno dei profili abilitati alla modifica).
- Lotti:
  - Indicazioni per il fornitore.
  - Nome lotto.
  - Indice di ordinamento.
  - CUP.
  - CPV prevalente.
  - Categoria DPCM.
  - Durata contratto.
  - Totale base d'asta.
  - Valore Lotto.
  - Punteggi di Lotto (modificabile solo se per il lotto non è stata mai aperta alcuna busta).
  - Numero decimali (modificabile solo se per il lotto non è stata mai aperta alcuna busta).
- Scheda Offerta:
  - Indicazioni per il fornitore.
  - Punteggi (solo se per il lotto non risulta essere stata aperta la prima busta).
- Caratteristica:
  - Indicazioni al fornitore.

- Punteggi (modificabile solo se per il lotto non è stata aperta la prima busta).

- Regole di valutazione (modificabile solo se non è stata aperta alcuna busta del lotto).

- Spostamento ordine caratteristiche.

- **Documentazione di Gara.**

- **Inviti.**

- **Date.**

Per confermare e salvare le modifiche apportate e sbloccare la gara, selezionare "**Conferma modifiche**". Per non salvare le modifiche e sbloccare la gara, selezionare "**Annulla modifiche**". È anche possibile salvare le modifiche senza sbloccare la gara selezionando "**Salva e blocca Offerta**", e apportare definitivamente le modifiche con "**SALVA MODIFICHE**". La funzione "**Gestisci modifiche**" permette di aggiungere eventuali sezioni oggetto di modifiche.

Verifica della Ricezione delle Offerte

Il **Responsabile del Procedimento** può accedere all'elenco delle offerte ricevute selezionando la voce "**OFFERTE PRESENTATE**" nel menu laterale a sinistra. In questa sezione, viene visualizzato l'elenco di tutti i concorrenti che hanno presentato un'offerta.

Dettaglio delle Offerte

Per accedere alle informazioni di dettaglio relative a un singolo concorrente, è necessario selezionare la freccia corrispondente. Nel dettaglio, è possibile visualizzare i lotti per i quali è presente un'offerta e la corrispondente forma di partecipazione (ad esempio, singolo operatore economico, consorzio, RTI, ecc.).

Filtro delle Offerte

È possibile filtrare le offerte presentate in base a diversi criteri di ricerca:

- **Denominazione concorrente.**

- **Forma di partecipazione.**

- **Lotti** per i quali è stata presentata un'offerta di partecipazione (ad esempio, tutti i lotti, lotto 1, lotto 2, ecc.).

Dopo aver definito i criteri di filtro, è necessario selezionare "FILTRA" per visualizzare i risultati desiderati.

Gestioni Autorizzazioni

Il **Responsabile del Procedimento** ha la responsabilità di gestire le autorizzazioni per altri utenti che devono visualizzare o operare sulla **Gara in ASP**. Questa gestione avviene tramite la sezione "**Gestione autorizzazioni**", disponibile nel menu di sinistra.

Autorizzazioni per le Diverse Fasi della Gara

In questa sezione, è possibile identificare e autorizzare i soggetti che possono:

- Visualizzare le **Richieste di Chiarimenti** pervenute sulla gara.

- Intervenire nella fase di **gestione delle Offerte** (ad esempio, per l'apertura e la valutazione delle buste).

- Essere autorizzati all'**Aggiudicazione della Gara** e alla **stipula del contratto**.

Il sistema individua automaticamente il profilo che ha pubblicato la gara (sia esso un **PO** o un **PI**). Il **Responsabile del Procedimento**, precedentemente inserito in fase di configurazione della gara, viene automaticamente indicato come soggetto autorizzato a visualizzare la funzionalità "**Richiesta Chiarimenti**".

Aggiunta di Utenti Autorizzati

Per aggiungere altri soggetti autorizzati, è necessario selezionare "**AGGIUNGI UTENTE**" in corrispondenza della sezione di interesse (ad esempio, "**Richiesta Chiarimenti**"). È possibile cercare un nuovo utente da autorizzare oppure selezionare un utente già autorizzato ad almeno un'altra sezione.

Autorizzazione per la Busta Amministrativa

Utilizzando "**AGGIUNGI UTENTE**" in corrispondenza di "**Busta Amministrativa**", è possibile aggiungere un utente registrato alla piattaforma per la gestione della specifica busta. È possibile ricercare l'utente inserendo nome, cognome e codice fiscale oppure selezionare un utente già inserito. È necessario indicare il ruolo dell'utente compilando il campo "**Tag di riferimento**" e autorizzarlo alla lettura e alla modifica selezionando "**ON**" nel campo "**Autorizzazione in scrittura**". Per completare l'inserimento, cliccare su "**AGGIUNGI PRIVILEGI**".

Autorizzazione per le Altre Fasi (Esame Offerte, Aggiudicazione, Stipula)

Utilizzando il pulsante "**AGGIUNGI UTENTE**" (in fondo alla pagina), è possibile autorizzare altri utenti ad essere operativi per tutte o per le singole fasi di "**Esame delle Offerte**", "**Aggiudicazione**" e "**Stipula**". Per le buste diverse da quella amministrativa, la finestra di compilazione è analoga.

Gestione delle Autorizzazioni per Singolo Lotto

È possibile gestire le autorizzazioni in modo specifico per ogni singolo lotto della gara, consentendo una maggiore granularità nel controllo degli accessi e delle operazioni.

Filtro delle Autorizzazioni

Nell'apposita sezione, è possibile "**FILTRA**" le autorizzazioni attribuite per sezione e ruolo, visualizzando menu differenti a seconda delle autorizzazioni associate a ciascun utente.

Conclusione

Le funzionalità a disposizione del **Responsabile del Procedimento** nella piattaforma di **e-Procurement** per la gestione di una **Gara in ASP** sono complete e permettono un controllo efficace su tutte le fasi della procedura. Dal monitoraggio delle comunicazioni alla gestione delle modifiche e delle autorizzazioni, il **RdP** ha gli strumenti necessari per garantire la trasparenza e la regolarità del processo di acquisto.

Capitolo 6: Il Ruolo e le Funzionalità del Responsabile Unico del Progetto (RUP)

Introduzione al Responsabile Unico del Progetto (RUP)

Il **Responsabile Unico del Progetto (RUP)**, figura centrale nell'ambito della normativa italiana in materia di contratti pubblici, riveste un ruolo di primaria importanza nella gestione e nel coordinamento delle procedure di acquisto. La sua nomina, obbligatoria per ogni intervento, è finalizzata a garantire l'efficacia, l'efficienza e la trasparenza dell'intero processo, dalla fase di programmazione fino alla completa esecuzione del contratto.

In particolare, il **RUP**, che deve possedere una specifica **certificazione rilasciata dall'ANAC (Autorità Nazionale Anticorruzione)**, svolge un ruolo cruciale nella comunicazione con i sistemi dell'ANAC attraverso la sezione dedicata "**Gestisci ANAC FORM/EFORM**" all'interno della piattaforma di **e-Procurement**. Questa sezione rappresenta uno strumento fondamentale per adempiere agli obblighi di comunicazione e trasparenza previsti dalla legge.

Oltre alla gestione diretta delle comunicazioni con l'ANAC, il **RUP** ha la facoltà di nominare ulteriori utenti all'interno del sistema per ricevere supporto nella gestione operativa delle singole attività procedurali. Questa possibilità di delega, pur mantenendo in capo al **RUP** la responsabilità finale, consente di distribuire il carico di lavoro e di sfruttare competenze specifiche presenti all'interno della struttura.

Funzionalità del RUP nella Sezione "Gestisci ANAC FORM/EFORM"

La sezione "**Gestisci ANAC FORM/EFORM**" offre al **Responsabile Unico del Progetto** una serie di funzionalità specifiche per la gestione delle comunicazioni e della documentazione richiesta dall'ANAC e dalla normativa vigente.

Delega di Attività sul Sistema

All'interno di questa sezione, il **RUP** ha la possibilità di **indicare gli utenti a cui delegare le attività operative sul sistema**. Questa funzionalità consente di coinvolgere altri professionisti o collaboratori nella gestione pratica delle diverse fasi della procedura di acquisto, come la compilazione di formulari o il caricamento di documenti. La delega di attività non trasferisce la responsabilità del procedimento, che rimane in capo al **RUP**, ma permette di ottimizzare il flusso di lavoro e di garantire una gestione più efficiente delle singole operazioni.

Scelta della Scheda ANAC

Il **RUP** ha la responsabilità di **scegliere la Scheda ANAC da utilizzare per la procedura in corso**. L'ANAC mette a disposizione diverse tipologie di schede, a seconda della natura, dell'importo e della complessità dell'appalto. La corretta selezione della scheda è fondamentale per garantire che le informazioni comunicate all'Autorità siano complete e conformi ai requisiti normativi. La piattaforma di **e-Procurement** dovrebbe guidare il **RUP** nella scelta della scheda più appropriata in base alle caratteristiche della gara.

Compilazione dell'ANAC FORM per la Pubblicazione sulla GURI

Una delle funzioni principali del **RUP** in questa sezione è la **compilazione dell'ANAC FORM** destinato alla **pubblicazione sulla Gazzetta Ufficiale della Repubblica Italiana (GURI)**. La pubblicazione sulla GURI è un adempimento obbligatorio per determinate tipologie di appalti e ha lo scopo di garantire la massima trasparenza e concorrenza nella selezione degli operatori economici. L'**ANAC FORM** richiede l'inserimento di una serie di informazioni dettagliate relative alla procedura di acquisto, all'oggetto del contratto, ai criteri di selezione e aggiudicazione, ai termini e alle condizioni. Il **RUP** deve compilare attentamente tutti i campi richiesti, assicurandosi della correttezza e della completezza dei dati inseriti.

Compilazione dell'eFORM per la Pubblicazione sulla GUCE

Per gli appalti che superano determinate soglie di valore, è inoltre necessario effettuare la **pubblicazione sulla Gazzetta Ufficiale dell'Unione Europea (GUCE)**. A tal fine, il **RUP** deve **compilare l'eFORM**, un formulario elettronico standardizzato a livello europeo. L'**eFORM** contiene informazioni simili all'**ANAC FORM** ma è strutturato in modo da essere facilmente comprensibile e utilizzabile a livello comunitario. La compilazione accurata dell'**eFORM** è essenziale per garantire la partecipazione di operatori economici provenienti da tutti i paesi dell'Unione Europea e per rispettare le normative comunitarie in materia di appalti pubblici.

Caricamento dell'European Single Procurement Document (ESPD)

L'**European Single Procurement Document (ESPD)**, noto anche come Documento di Gara Unico Europeo (DGUE), è un'autodichiarazione utilizzata dagli operatori economici per attestare il possesso dei requisiti di idoneità, di capacità economica e finanziaria e di capacità tecnica e professionale richiesti per la partecipazione a una procedura di appalto pubblico. Il **RUP**, nella sezione "**Gestisci ANAC FORM/EFORM**", ha la responsabilità di **caricare l'ESPD** all'interno del sistema. Questo documento sarà poi messo a disposizione degli operatori economici interessati a partecipare alla gara, che potranno compilarlo e presentarlo insieme alla propria offerta.

Comunicazione con la Piattaforma Contratti Pubblici (PCP)

Un'altra funzionalità fondamentale gestita dal **RUP** attraverso questa sezione è la **comunicazione con la Piattaforma Contratti Pubblici (PCP)**. La PCP è il sistema informatico dell'ANAC che centralizza la raccolta e la gestione dei dati relativi ai contratti pubblici. Il **RUP** utilizza questa piattaforma per diverse finalità, tra cui:

- **Richiesta del CIG (Codice Identificativo Gara):** Il CIG è un codice alfanumerico univoco che identifica in modo certo ogni singola procedura di acquisto. Il **RUP** deve richiedere l'assegnazione del CIG alla PCP prima di poter procedere con la pubblicazione del bando di gara.

- **Invio dei dati relativi alla procedura di acquisto:** Durante le diverse fasi della procedura, il **RUP** è tenuto a inviare una serie di dati e informazioni alla PCP, come l'aggiudicazione del contratto, l'importo finale, i tempi di esecuzione, eventuali modifiche o varianti.

La comunicazione tempestiva e corretta con la PCP è un obbligo normativo fondamentale per garantire la trasparenza e la tracciabilità di tutte le procedure di acquisto pubbliche.

Requisiti per la Comunicazione con la PCP

È importante sottolineare che per poter finalizzare l'invio delle comunicazioni alla **Piattaforma Contratti Pubblici (PCP)**, il **Responsabile Unico del Progetto (RUP)** deve soddisfare due requisiti fondamentali:

1. **Essere registrato su Acquisti in Rete:** La registrazione sulla piattaforma di **e-Procurement** è il prerequisito per poter accedere a tutte le funzionalità del sistema, inclusa la sezione "**Gestisci ANAC FORM/EFORM**".

2. **Essere censito sulla Piattaforma ANAC:** Il **RUP** deve essere preventivamente registrato e censito all'interno della piattaforma informatica dell'ANAC. Questo censimento permette di associare in modo univoco il **RUP** alle procedure di

acquisto di cui è responsabile e di garantire l'identificazione del soggetto che effettua le comunicazioni con la PCP.

Solo se entrambi questi requisiti sono soddisfatti, il **RUP** sarà in grado di completare correttamente le operazioni di richiesta del CIG e di invio dei dati alla PCP.

Importanza della Certificazione ANAC

La **certificazione ANAC** del **Responsabile Unico del Progetto** non è solo un requisito formale, ma attesta il possesso delle competenze e delle conoscenze necessarie per svolgere questo ruolo delicato e complesso. La certificazione garantisce che il **RUP** sia adeguatamente preparato in materia di normativa sugli appalti pubblici, di gestione dei progetti, di trasparenza e di prevenzione della corruzione.

Supporto Operativo al RUP

La possibilità per il **RUP** di nominare ulteriori utenti per ricevere supporto operativo è un aspetto importante per alleggerire il carico di lavoro e per beneficiare di competenze specifiche. Gli utenti delegati possono essere incaricati di compilare specifiche sezioni degli **ANAC FORM** o degli **eFORM**, di caricare documenti o di seguire particolari aspetti della procedura. Tuttavia, è fondamentale ribadire che la responsabilità finale della correttezza e della completezza delle comunicazioni con l'ANAC rimane in capo al **RUP**.

Flusso di Lavoro Tipico del RUP con ANAC e PCP

Un flusso di lavoro tipico per il **RUP** che utilizza la sezione "**Gestisci ANAC FORM/EFORM**" potrebbe includere le seguenti fasi:

1. **Accesso alla sezione:** Il **RUP** accede alla sezione dedicata all'interno della piattaforma di **e-Procurement**.

2. **Scelta della Scheda ANAC:** Il **RUP** seleziona la scheda ANAC appropriata per la procedura in corso.

3. **Compilazione dei Form:** Il **RUP** (o un utente delegato) compila l'**ANAC FORM** per la pubblicazione sulla GURI e l'**eFORM** per la pubblicazione sulla GUCE.

4. **Caricamento dell'ESPD:** Il **RUP** carica il documento ESPD all'interno del sistema.

5. **Richiesta del CIG:** Il **RUP** comunica con la PCP per richiedere l'assegnazione del Codice Identificativo Gara.

6. **Invio dei dati:** Durante le diverse fasi della procedura, il **RUP** invia i dati richiesti alla PCP.

7. **Monitoraggio:** Il **RUP** monitora lo stato delle comunicazioni con l'ANAC e la PCP, verificando che tutti gli adempimenti siano stati completati correttamente e nei tempi previsti.

Responsabilità del RUP

In sintesi, il **Responsabile Unico del Progetto (RUP)**, nell'ambito delle sue interazioni con i sistemi ANAC e PCP attraverso la piattaforma di **e-Procurement**, è responsabile di:

- Garantire la corretta e tempestiva comunicazione delle informazioni richieste dalla normativa.

- Selezionare la modulistica appropriata per ogni fase della procedura.

- Compilare accuratamente gli **ANAC FORM** e gli **eFORM**.

- Caricare la documentazione necessaria, come l'ESPD.

- Richiedere e gestire il Codice Identificativo Gara (CIG).

- Vigilare sul rispetto degli obblighi di trasparenza e di pubblicità.

Introduzione al Responsabile Unico del Progetto (RUP) (Espansione)

Come precedentemente introdotto, il **Responsabile Unico del Progetto (RUP)** incarna una figura cardine nel panorama degli appalti pubblici italiani. La sua esistenza e le sue attribuzioni sono sancite dalla normativa vigente, che ne sottolinea l'importanza per la conduzione trasparente, efficiente ed efficace di ogni procedura di acquisizione di beni, servizi o lavori da parte della Pubblica Amministrazione. La **certificazione ANAC (Autorità Nazionale Anticorruzione)**, requisito imprescindibile per ricoprire tale incarico, testimonia la competenza e la preparazione del professionista chiamato a gestire un processo spesso complesso e delicato.

All'interno del sistema di **e-Procurement**, il **RUP** interagisce in modo specifico con l'ANAC attraverso la sezione **"Gestisci ANAC FORM/EFORM"**. Questa interfaccia digitale non è semplicemente un canale di comunicazione, ma un vero e proprio strumento operativo che consente al **RUP** di adempiere a una serie di obblighi informativi e procedurali nei confronti dell'Autorità di vigilanza sui contratti pubblici. La capacità di gestire correttamente questa sezione è cruciale per la regolarità dell'intera procedura di acquisto e per evitare potenziali contestazioni o sanzioni.

La possibilità di delegare alcune attività operative a utenti di supporto rappresenta un elemento di flessibilità e di efficienza nella gestione del procedimento. Tuttavia, è fondamentale ribadire che la responsabilità ultima della corretta esecuzione di tutti gli adempimenti, inclusa la comunicazione con l'ANAC, rimane saldamente in capo al **Responsabile Unico del Progetto**.

Funzionalità del RUP nella Sezione "Gestisci ANAC FORM/EFORM" (Espansione)

Approfondiamo ora le singole funzionalità che la sezione **"Gestisci ANAC FORM/EFORM"** mette a disposizione del **Responsabile Unico del Progetto**.

Delega di Attività sul Sistema (Espansione)

La funzione di **delega di attività** è particolarmente utile in procedure complesse che richiedono la gestione di un grande volume di dati o la compilazione di numerose sezioni di formulari. Il **RUP** può individuare all'interno della propria struttura organizzativa professionisti con competenze specifiche (ad esempio, esperti legali, tecnici, amministrativi) e autorizzarli ad operare su determinate aree del sistema. È importante che il **RUP** definisca chiaramente l'ambito della delega e che mantenga un costante controllo sull'operato dei soggetti delegati. La piattaforma di **e-Procurement** dovrebbe fornire strumenti per tracciare le attività svolte dagli utenti delegati e per consentire al **RUP** di supervisionare l'intero processo.

Scelta della Scheda ANAC (Espansione)

La **scelta della Scheda ANAC** appropriata è un passaggio delicato che richiede una conoscenza approfondita della normativa vigente e delle specifiche caratteristiche della procedura di acquisto. L'ANAC aggiorna periodicamente le proprie schede e fornisce indicazioni dettagliate sul loro utilizzo. Il **RUP** deve consultare attentamente la documentazione fornita dall'ANAC e, in caso di dubbi, può avvalersi del supporto degli uffici legali o di esperti in materia di appalti pubblici. La piattaforma di **e-Procurement** dovrebbe integrare un sistema di supporto o di guida alla scelta della scheda corretta, magari attraverso un albero decisionale basato sulle informazioni inserite dal **RUP** relative alla gara.

Compilazione dell'ANAC FORM per la Pubblicazione sulla GURI (Espansione)

La **compilazione dell'ANAC FORM** per la **GURI** richiede precisione e attenzione ai dettagli. Ogni campo del formulario ha una specifica finalità informativa e deve essere compilato in modo esaustivo e veritiero. Il **RUP** deve raccogliere e verificare attentamente tutti i dati necessari prima di procedere con la compilazione, che può riguardare informazioni sull'ente appaltante, sull'oggetto dell'appalto, sull'importo stimato, sulla procedura scelta, sui criteri di partecipazione e di aggiudicazione, sui termini di presentazione delle offerte e sui contatti utili. La piattaforma di **e-Procurement** dovrebbe offrire funzionalità di validazione dei dati inseriti per segnalare eventuali errori o omissioni e per garantire la conformità del formulario ai requisiti dell'ANAC.

Compilazione dell'eFORM per la Pubblicazione sulla GUCE (Espansione)

Analogamente alla compilazione dell'**ANAC FORM**, la redazione dell'**eFORM** per la **GUCE** richiede un elevato livello di accuratezza. L'**eFORM** è strutturato in modo da rispettare gli standard europei e deve essere compilato in una delle lingue ufficiali dell'Unione Europea. Il **RUP** deve prestare particolare attenzione alla traduzione corretta dei termini tecnici e giuridici e alla coerenza delle informazioni fornite con quelle inserite nell'**ANAC FORM**. La piattaforma di **e-Procurement** potrebbe offrire funzionalità di supporto alla compilazione dell'**eFORM**, come la possibilità di importare automaticamente alcuni dati dall'**ANAC FORM** o la disponibilità di glossari multilingue.

Caricamento dell'European Single Procurement Document (ESPD) (Espansione)

Il **caricamento dell'ESPD** da parte del **RUP** è un passaggio fondamentale per consentire agli operatori economici di utilizzare questo strumento standardizzato. L'**ESPD** semplifica la fase di presentazione delle candidature e delle offerte, in quanto gli operatori economici possono compilare un unico documento in formato elettronico per attestare la propria idoneità a partecipare a diverse procedure di appalto in tutta l'Unione Europea. Il **RUP** deve assicurarsi che la versione dell'**ESPD** caricata sia quella corretta e aggiornata e che sia facilmente accessibile agli operatori economici interessati. La piattaforma di **e-Procurement** dovrebbe consentire il caricamento dell'**ESPD** in formati standard come XML.

Comunicazione con la Piattaforma Contratti Pubblici (PCP) (Espansione)

La **comunicazione con la PCP** è un processo continuo che accompagna l'intero ciclo di vita del contratto pubblico. La **richiesta del CIG** è il primo passo, ma il **RUP** è tenuto a inviare ulteriori dati e informazioni alla PCP anche nelle fasi successive, come l'aggiudicazione provvisoria e definitiva, la stipula del contratto, eventuali varianti o modifiche, i dati relativi all'esecuzione e al collaudo, e l'importo finale liquidato. La piattaforma di **e-Procurement** dovrebbe automatizzare il più possibile questo processo, magari attraverso l'integrazione con la PCP e la trasmissione automatica dei dati rilevanti in base alle azioni compiute dal **RUP** all'interno del sistema. È fondamentale che il **RUP** verifichi sempre l'esito delle comunicazioni con la PCP e che provveda a correggere eventuali errori o incongruenze.

Requisiti per la Comunicazione con la PCP (Espansione)

Come già accennato, la **registrazione su Acquisti in Rete** e il **censimento sulla Piattaforma ANAC** sono condizioni essenziali per poter interagire con la PCP. Il **RUP** deve assicurarsi di aver completato correttamente entrambe le procedure e che i propri dati siano aggiornati e coerenti su entrambe le piattaforme. Eventuali discrepanze potrebbero causare problemi nella trasmissione dei dati e ritardi nella procedura di acquisto.

Importanza della Certificazione ANAC (Espansione)

La **certificazione ANAC** del **RUP** non è solo una garanzia di competenza tecnica e giuridica, ma anche un elemento fondamentale per la credibilità e la legittimità dell'intera procedura di acquisto. Un **RUP** certificato è in grado di gestire con professionalità e trasparenza tutte le fasi del procedimento, inclusa la complessa interazione con i sistemi dell'ANAC.

Supporto Operativo al RUP (Espansione)

La nomina di utenti di supporto da parte del **RUP** deve avvenire nel rispetto delle normative interne dell'ente appaltante e delle disposizioni di legge in materia di responsabilità. È importante che il **RUP** individui figure professionali affidabili e competenti e che fornisca loro adeguate istruzioni e formazione sull'utilizzo della piattaforma di **e-Procurement** e sulle procedure da seguire.

Flusso di Lavoro Tipico del RUP con ANAC e PCP (Espansione)

Il flusso di lavoro descritto in precedenza può variare a seconda della tipologia e della complessità della procedura di acquisto. In alcuni casi, potrebbero essere necessari ulteriori adempimenti o comunicazioni con l'ANAC e la PCP. Il **RUP** deve consultare attentamente la normativa vigente e le istruzioni operative fornite dall'ANAC per assicurarsi di seguire correttamente tutti i passaggi richiesti.

Responsabilità del RUP (Espansione)

Le responsabilità del **RUP** in relazione alla gestione delle comunicazioni con l'ANAC e la PCP sono molteplici e di fondamentale importanza. Egli è il garante della correttezza e della completezza delle informazioni trasmesse, del rispetto dei termini e delle scadenze, e della conformità alle disposizioni normative. Un'attenta e scrupolosa gestione di questi adempimenti contribuisce in modo significativo alla prevenzione della corruzione e alla promozione della trasparenza nel settore degli appalti pubblici.

Conclusione (Espansione)

In conclusione, il **Responsabile Unico del Progetto (RUP)**, forte della sua **certificazione ANAC**, svolge un ruolo nevralgico nella gestione delle procedure di acquisto pubbliche, in particolare per quanto riguarda l'interazione con l'Autorità Nazionale Anticorruzione attraverso la sezione "**Gestisci ANAC FORM/EFORM**" della piattaforma di e-Procurement. La sua capacità di navigare con competenza tra le diverse funzionalità offerte dal sistema, di compilare accuratamente la modulistica richiesta, di comunicare efficacemente con la PCP e di avvalersi, ove necessario, del supporto di altri utenti, è essenziale per il successo della procedura e per il rispetto dei principi di legalità, trasparenza ed efficienza che devono guidare l'azione della Pubblica Amministrazione.

Capitolo 7: Gestione delle Autorizzazioni Propedeutiche all'Esame delle Offerte nelle RdO MePA

Introduzione alla Gestione delle Autorizzazioni nelle RdO MePA

La gestione delle autorizzazioni all'interno del **Mercato Elettronico della Pubblica Amministrazione (MePA)**, in particolare per le **Richieste d'Offerta (RdO)**, rappresenta un passaggio cruciale per garantire un processo di acquisto efficiente, trasparente e conforme alle normative. Prima di procedere con l'esame delle offerte pervenute, è fondamentale che il **Punto Ordinante (PO)** e il **Responsabile del Procedimento (RdP)** definiscano con precisione quali utenti del sistema sono autorizzati a visualizzare e operare sulle diverse fasi della negoziazione. Questo capitolo si focalizzerà sulle procedure e le funzionalità relative alla gestione delle autorizzazioni propedeutiche all'esame delle offerte nelle RdO MePA.

È importante ricordare che tutte le tipologie di RdO (Semplice, Evoluta, Confronto di Preventivi, Trattativa Diretta) possono essere create sia da un **Punto Ordinante (PO)** che da un **Punto Istruttore (PI)**. Tuttavia, le loro capacità di pubblicazione e le implicazioni sulla gestione delle autorizzazioni possono variare.

Creazione e Pubblicazione delle RdO: Ruoli e Responsabilità Iniziali

Comprendere i ruoli iniziali del **PO** e del **PI** nella creazione e pubblicazione delle RdO è fondamentale per capire come vengono gestite le autorizzazioni nelle fasi successive.

- Il **Punto Ordinante (PO)** ha la facoltà di pubblicare direttamente tutte le tipologie di RdO.

- Il **Punto Istruttore (PI)**, invece, può:

  o Pubblicare direttamente la **Trattativa Diretta**.

  o Pubblicare direttamente il **Confronto di Preventivi**.

  o Inviare in approvazione al **PO** di riferimento, oppure pubblicare direttamente la **RdO Semplice**.

o Inviare in approvazione al **PO** di riferimento, oppure pubblicare direttamente la **RdO Evoluta**.

È importante notare che il **PO**, nell'elenco delle RdO da completare, visualizza sia quelle da lui predisposte che, dopo la pubblicazione, quelle create dal **PI**. Tuttavia, le RdO create dal **PI** e ancora nello stato di "Bozza" non sono visibili al **PO** fino alla loro pubblicazione o invio per approvazione.

Gestione delle Richieste di Chiarimenti: Specifiche per RdO Semplice ed Evoluta create dal PI

La gestione delle **Richieste di Chiarimenti** nelle RdO Semplice ed Evoluta create dal **PI** presenta due scenari distinti:

- **Caso 1: Il PI pubblica direttamente la Negoziazione:** In questo caso, il gestore delle richieste di chiarimenti è automaticamente il **PI** stesso. Se si rende necessario autorizzare altri utenti a gestire questa funzionalità, sarà il **Responsabile del Procedimento (RdP)** indicato nell'iniziativa o il **PO** di riferimento a doverli autorizzare specificamente tra i soggetti abilitati alla gestione delle richieste di chiarimenti.

- **Caso 2: Il PI invia la Negoziazione in approvazione al PO, il quale la pubblica:** In questa situazione, il gestore delle richieste di chiarimenti è di default il **PO**. Di conseguenza, se il **PI** desidera gestire i chiarimenti, dovrà essere aggiunto dal **PO** o dal **RdP** tra gli utenti autorizzati.

In sintesi, chi pubblica la Negoziazione è automaticamente designato come gestore delle richieste di chiarimenti.

La Funzione di Gestione delle Autorizzazioni: Operatività e Accesso

Per poter gestire le fasi specifiche come l'esame delle offerte, è necessario utilizzare la funzione di **Gestione delle Autorizzazioni**. Il sistema designa automaticamente come **Responsabile del Procedimento (RdP)** e come **Soggetto Stipulante** il **PO** di riferimento (collegato al **PI**, se quest'ultimo ha creato l'iniziativa, o coincidente con il **PO** creatore). Questi soggetti possono essere modificati nella sezione "Ruoli" durante la fase di predisposizione della RdO.

Il ruolo di **RdP** conferisce la possibilità di gestire le richieste di chiarimenti e le autorizzazioni. Inoltre, il menu laterale del **RdP** include la funzione "**Offerte Presentate**".

L'accesso alla Negoziazione per il **RdP** avviene tramite il **Cruscotto** > "**I tuoi ruoli nelle procedure di acquisto**".

È importante sottolineare che i profili di **PO** e di **PI** non consentono, di default, la visualizzazione delle "**Offerte Presentate**" né l'accesso alla fase di "**Esame delle Offerte**".

Necessità di Autorizzazioni Specifiche per l'Esame delle Offerte

Per consentire al **PO** e al **PI** di gestire fasi specifiche come l'esame delle offerte, l'aggiudicazione e la stipula, è indispensabile l'attribuzione di autorizzazioni dedicate. Il **PI** e il **PO** possono accedere alla Negoziazione sia dal "**Riepilogo complessivo**" delle negoziazioni che dalla sezione "**I tuoi ruoli nelle procedure di acquisto**" per visualizzare le autorizzazioni di loro competenza.

Soggetti Abilitati alla Gestione delle Autorizzazioni

La gestione delle autorizzazioni è prerogativa del **Responsabile del Procedimento (RdP)** e del **Punto Ordinante (PO)**. In particolare, il **PO** ha la facoltà di gestire le autorizzazioni sia per le Negoziazioni pubblicate direttamente da lui che per quelle pubblicate dal **PI**.

È fondamentale notare che l'esame delle offerte, l'aggiudicazione e la stipula richiedono sempre una specifica autorizzazione. Invece, le operazioni di modifica, sospensione e revoca della Negoziazione possono essere gestite indifferentemente dal **PI** (se è stato lui a pubblicarla), dal **PO** di riferimento e dal **RdP**.

Visualizzazione della Voce di Menu "Offerte Presentate"

La voce di menu "**Offerte presentate**" è visibile sempre ed esclusivamente ai seguenti utenti:

- Il **RdP** della RdO.

- I **soggetti stipulanti** dell'RdO.

- Qualsiasi utente che disponga di un'autorizzazione, sia in visualizzazione che in modifica, su almeno una busta (di qualsiasi tipo).

- Qualsiasi utente che abbia l'autorizzazione per l'aggiudicazione di almeno un lotto.

- Qualsiasi utente che abbia l'autorizzazione per la stipula di almeno un lotto.

Inoltre, è importante ricordare che solamente nelle gare in **ASP (Application Service Provider)**, l'**RdP** può gestire le richieste di chiarimenti.

Come Gestire le Proprie Autorizzazioni: Guida per il RdP e il PO

Accesso alla Sezione di Gestione Autorizzazioni

Come **Responsabile del Procedimento**, dopo la pubblicazione della Negoziazione, è necessario accedere alla sezione "**I tuoi ruoli nelle procedure di acquisto**" per poter gestire le autorizzazioni.

- Se si accede al **Cruscotto** come utente **Registrato**, si viene indirizzati direttamente alla sezione "**I tuoi ruoli nelle procedure di acquisto**".

- Se si accede al **Cruscotto** come soggetto **Abilitato**, è necessario selezionare il pulsante freccia per visualizzare la sezione "**I tuoi ruoli nelle procedure di acquisto**".

Dopo aver cercato la RdO di interesse, il **RdP** deve selezionare il ruolo di "**RdP**" per poter gestire le autorizzazioni relative a quella specifica negoziazione.

Il **PO**, invece, se non ricopre anche il ruolo di **RdP**, deve accedere alla sezione di gestione delle autorizzazioni passando dal "**Riepilogo complessivo delle Negoziazioni**" e successivamente entrando nella specifica RdO.

Azioni Consentite nella Sezione Gestione Autorizzazioni

Nella sezione "**Gestione autorizzazioni**", sia il **PO** che il **RdP** hanno la possibilità di aggiungere diversi tipi di utenti con specifiche autorizzazioni:

- Uno o più utenti che, insieme al **RdP**, possono gestire le richieste di chiarimenti pervenute al sistema.

- Uno o più utenti per gestire l'esame delle offerte, l'esame delle buste (nella RdO Semplice e nella RdO Evoluta), l'aggiudicazione (nel Confronto di Preventivi, nella RdO Semplice e nella RdO Evoluta), e la stipula.

- Uno o più utenti ai fini della gestione della sola **Busta Amministrativa**, nella RdO Semplice e nella RdO Evoluta.

Gestione Dettagliata delle Autorizzazioni nella RdO Evoluta

La **RdO Evoluta** si distingue dalle altre tipologie di RdO per una gestione delle autorizzazioni più dettagliata e flessibile.

Autorizzazioni per la Busta Amministrativa

Sia nella **RdO Semplice** che nella **RdO Evoluta**, è possibile aggiungere uno o più utenti e autorizzarli alla gestione della **Busta Amministrativa**. Questa autorizzazione può essere concessa in sola lettura o anche con la possibilità di apportare modifiche (scrittura).

Autorizzazioni Specifiche per Lotto nella RdO Evoluta

Un'ulteriore specificità della **RdO Evoluta** è la possibilità di gestire le autorizzazioni per singolo lotto, oltre alla gestione per utente che è comune a tutte le altre tipologie di Negoziazione. Questa funzionalità consente di definire con precisione quali utenti possono operare su specifici lotti della RdO.

Aggiungere un Utente e Definire le Autorizzazioni nella RdO Evoluta

La schermata di "**Aggiungi Utente**" per una **RdO Evoluta** (e in modo simile per tutte le altre RdO) prevede i seguenti passaggi:

1. **Ricerca dell'Utente:** L'utente da autorizzare per una determinata fase o per tutte le sezioni viene ricercato inserendo il **Nome**, il **Cognome** e il **Codice Fiscale**, oppure selezionando un utente già inserito nel sistema.

2. **Tag di Riferimento (Ruolo):** Nel campo "**tag di riferimento**", è possibile scegliere un ruolo da attribuire all'utente. L'opzione "**Nuovo Ruolo**" permette di creare ruoli personalizzati, diversi da quelli previsti di default dal sistema.

3. **Autorizzazione in Scrittura:** Le autorizzazioni possono essere concesse per la sola lettura oppure anche per la scrittura, attivando il pulsante "**ON**" nel campo "**Autorizzazione in scrittura**".

4. **Definizione Specifiche Autorizzazioni (RdO Evoluta):** Per la **RdO Evoluta**, è necessario compilare i seguenti campi per definire in modo preciso l'autorizzazione:

   - **Lotti:** Indicare se l'autorizzazione si riferisce a uno specifico lotto o a tutti i lotti che compongono la RdO (questa opzione non è presente nelle altre tipologie di Negoziazione).

   - **Sezioni:** Scegliere tra le sezioni "**Aggiudicazione**", "**Stipula**", "**Esame Offerte**", oppure selezionare "**tutte le sezioni**".

   - **Buste:** Scegliere quale busta poter esaminare tra "**Busta Tecnica**", "**Busta Economica**" ed eventuale "**Busta Aggiuntiva**", oppure selezionare "**tutte le**

buste". Questo campo non è modificabile nel Confronto di Preventivi e nella Trattativa Diretta.

5. **Finalizzazione:** Selezionare il pulsante "**AGGIUNGI PRIVILEGI**" per completare l'inserimento dell'autorizzazione.

Visualizzazione Differenziata in Base alle Autorizzazioni

È fondamentale comprendere che, a seconda delle autorizzazioni associate al proprio profilo utente, si visualizzeranno menu e funzionalità differenti all'interno della piattaforma. Una corretta gestione delle autorizzazioni garantisce che ogni utente abbia accesso solo alle informazioni e alle funzioni necessarie per svolgere il proprio ruolo nel processo di acquisto.

Conclusione

La gestione delle autorizzazioni propedeutiche all'esame delle offerte nelle RdO MePA è un processo fondamentale per assicurare la fluidità e la correttezza della procedura di acquisto. La chiara definizione dei ruoli e delle responsabilità, unita alla corretta attribuzione delle autorizzazioni da parte del **PO** e del **RdP**, permette di evitare accessi non autorizzati e di garantire che l'esame delle offerte sia condotto in modo efficiente e trasparente da parte dei soggetti competenti. La granularità delle autorizzazioni, specialmente nella RdO Evoluta, consente di adattare il sistema alle specifiche esigenze di ogni procedura di acquisto.

Capitolo 8: Procedura di Acquisto da Catalogo (Ordine Diretto)

Introduzione all'Acquisto da Catalogo

La funzionalità di acquisto da Catalogo all'interno della piattaforma di **e-Procurement** consente alle Amministrazioni di ordinare beni e/o servizi direttamente dal Catalogo, in base alle proprie specifiche esigenze. Il Catalogo è costituito dagli articoli offerti dai fornitori aggiudicatari di **Convenzioni** e **Accordi Quadro** stipulati da Consip S.p.A., o dai fornitori abilitati al **Mercato Elettronico della P.A. (MePA)**.

È fondamentale ricordare che l'efficacia dell'ordine varia a seconda dello strumento di riferimento:

- **Convenzioni e Accordi Quadro:** L'ordine rappresenta il contratto attuativo degli impegni assunti dal fornitore aggiudicatario e diventa efficace dopo il decorso del termine stabilito nelle Condizioni Generali e nella documentazione dell'iniziativa di riferimento.

- **MePA:** Il contratto di fornitura si perfeziona nel momento in cui l'Ordine, conforme ai prerequisiti del Bando e all'offerta pubblicata a Catalogo dal fornitore, è sottoscritto e inviato dall'Amministrazione tramite il Portale.

L'acquisto a Catalogo in Convenzione e/o in Accordo Quadro, derivando da contratti già stipulati da Consip S.p.A., può presentare una struttura complessa, articolata in più fasi a seconda della tipologia di merce e delle specifiche caratteristiche contrattuali.

Ruoli Coinvolti nella Procedura di Acquisto da Catalogo

La gestione degli acquisti da catalogo sul Sistema di **e-Procurement** è affidata a due figure con ruoli distinti:

- **Punto Ordinante (PO):** È il soggetto dotato di "potere di firma", autorizzato a impegnare la spesa e a sottoscrivere contratti per conto dell'Amministrazione di appartenenza. Il **PO** deve possedere la firma digitale e può effettuare tutte le attività transazionali attraverso gli strumenti di acquisto disponibili sul sistema per i quali è abilitato.

- **Punto Istruttore (PI):** È il soggetto che può predisporre una bozza di Ordine diretto per il **Punto Ordinante** a cui è associato. Successivamente, il **PI** invia la bozza per approvazione al **PO**, il quale, dopo le opportune verifiche, può:

  - Sottoscriverla (eventualmente anche dopo averla modificata) con la firma digitale e inoltrarla al fornitore tramite il Sistema.

  - Inviarla nuovamente al **Punto Istruttore** per ulteriori modifiche.

Fasi della Procedura di Acquisto (Convenzioni e Accordi Quadro)

Le fasi di una procedura di acquisto da Catalogo in Convenzione o Accordo Quadro possono includere, a titolo esemplificativo:

- **Richiesta preliminare e Progettazione:** Fasi preliminari al contratto richieste per acquisti complessi (es. sopralluogo, progettazione).

- **Pre-contratto:** Fase precedente al contratto, un pre-ordine con indicazione dei valori che costituiranno il contratto con l'Operatore Economico (OE).

- **Ordine o Contratto (ad esecuzione immediata o differita):** Fase di stipula del contratto con l'OE, con esecuzione immediata o differita a seconda della fornitura.

- **Atti modificativi:** Variazioni del contratto stipulato all'interno della stessa procedura di acquisto.

- **Approvvigionamenti:** Ordine successivo a un precedente contratto o impegno di spesa, gestibile anche da un soggetto di un'Amministrazione diversa (autorizzata) da quella del **PO** stipulante.

- **Acquisti successivi:** Ordine successivo di un articolo vincolato a un precedente acquisto (es. toner dopo l'acquisto di una stampante in Convenzione).

Tutte queste fasi si concludono con l'accettazione o il rifiuto da parte dell'Operatore Economico e la loro presenza dipende dalle caratteristiche della fornitura e dalla specifica iniziativa di acquisto. La procedura di compilazione dei dati a Sistema rimane la medesima per tutte le fasi.

Pre-requisiti per l'Acquisto da Catalogo

Per finalizzare un acquisto da Catalogo, è necessario aver completato i seguenti pre-requisiti:

1. Effettuare la procedura di autenticazione alla piattaforma Acquisti in rete P.A.

2. Eseguire la procedura di Abilitazione come **Punto Ordinante (PO)** e/o **Punto Istruttore (PI)**.

3. Effettuare l'accesso all'area personale del portale.

Trovare il Prodotto di Interesse

È possibile ricercare beni e/o servizi nel Catalogo in tre diverse modalità:

Pulsante Cerca

Il pulsante "**Cerca**" è situato nel menu in alto a destra ed è accessibile in qualsiasi momento. La ricerca può essere effettuata per:

- Nome del prodotto (es. Notebook).

- Codice del prodotto.

Dopo la selezione, la piattaforma reindirizza all'offerta merceologica dei prodotti corrispondenti o alla scheda del prodotto specifico.

Pulsante Acquista

Selezionando la voce "**Acquista**" dal menu in alto, è possibile scegliere lo strumento di interesse e navigare tra le offerte attive. Utilizzare i filtri disponibili per perfezionare la ricerca e aggiungere il prodotto desiderato al **Carrello**.

Pulsante Aree Merceologiche

La voce "**Aree Merceologiche**" nel menu superiore permette di navigare tra le offerte tramite tre livelli merceologici a dettaglio crescente. Una volta individuato il prodotto/servizio, selezionare "**VAI AL CATALOGO**" per visualizzare l'intera offerta merceologica disponibile per il prodotto selezionato, in relazione ai diversi strumenti di acquisto. Utilizzare i filtri per perfezionare la ricerca e aggiungere il prodotto al **Carrello**.

È possibile effettuare acquisti a Catalogo in Convenzione, Accordo Quadro e/o Mercato elettronico della P.A. La principale differenza risiede nel fatto che, per la Convenzione, la predisposizione dell'ordine è l'unica modalità di acquisto prevista, mentre per il MePA e gli Accordi Quadro è una delle possibili opzioni.

Per approfondire le caratteristiche del prodotto/servizio, è possibile consultare la "SCHEDA RIASSUNTIVA DELL'INIZIATIVA" disponibile selezionando il nome dell'iniziativa dalla sezione "**Acquista**" dopo aver filtrato per le iniziative attive.

Aggiunta di un Prodotto al Carrello

Dopo aver individuato e aggiunto al **Carrello** il prodotto e/o servizio desiderato, è possibile:

- Attivare una nuova procedura di acquisto, se non è stato effettuato alcun acquisto in precedenza.

- Aggiungere il prodotto a una procedura di acquisto già avviata.

In entrambi i casi, la procedura di compilazione dei dati e l'invio dell'ordine rimangono invariati.

Acquisto Tramite una Nuova Procedura di Acquisto

Dal **Cruscotto**, selezionare il pulsante "**Carrello**" in alto per visualizzare la lista dei prodotti. Individuare il prodotto da acquistare e selezionare "**Crea Ordine**". Il Sistema aprirà la pagina "**Procedura di Acquisto**".

Acquisto Partendo da una Procedura Già Esistente

Se per l'articolo selezionato sono già state avviate procedure di acquisto (es. Richiesta preliminare, acquisti successivi), al momento dell'aggiunta al **Carrello** il Sistema mostrerà un messaggio di alert che consente di selezionare la procedura esistente tramite il pulsante "**Seleziona Procedura**". Selezionando "CONTINUA", si accede alla procedura che permette l'acquisto dell'articolo individuato.

Procedura di Acquisto

Una volta scelto il prodotto/servizio e aggiunto al **Carrello**, selezionare "**CREA ORDINE**" per iniziare la procedura.

Nella pagina "**Procedura di acquisto**" vengono visualizzati dati fondamentali per l'acquisto, tra cui il Numero della Procedura, l'Amministrazione richiedente, i dati del Fornitore, la data di creazione e l'ultima modifica dell'Ordine. Selezionando il nome dell'OE, si possono visualizzare maggiori dettagli sul Fornitore.

Dati Principali della Procedura

Nella pagina "**Procedura di acquisto**", inserire i **Dati Principali della Procedura**. I campi obbligatori sono contrassegnati con il simbolo "*". È possibile inserire il codice CUP (Codice Unico Progetto) e una **Descrizione Procedura** facoltativa per identificare internamente l'acquisto. Dopo aver inserito tutti i dati richiesti, selezionare "SALVA E CONTINUA".

I **Dati dell'amministrazione** e i **Dati generali dell'ufficio** presenti nell'istanza di fase non sono editabili e vengono popolati automaticamente con le informazioni relative all'ufficio del **PO** che gestisce la fase.

Per consentire al fornitore di fatturare elettronicamente, è necessario che nel profilo dell'Organizzazione sia presente il **codice univoco ufficio iPA**. Qualora non fosse inserito, il **PO** può provvedere accedendo al proprio profilo tramite "**Cruscotto > Gestione abilitazione > Profilo dell'organizzazione di riferimento > Dati generali dell'ufficio > Modifica**". Se l'organizzazione non dispone di un codice iPA, selezionare l'opzione "il mio ufficio non ha un codice univoco iPA".

Il menu laterale sinistro della pagina contiene sezioni propedeutiche, ovvero fasi potenziali della procedura di acquisto, che vengono sbloccate consecutivamente in base allo stato di avanzamento. Per acquisti complessi in Convenzione o Accordo Quadro, potrebbero essere necessarie fasi preliminari come richieste di fornitura o progettazioni. Il percorso della procedura è pre-impostato e il Sistema guida l'utente nella compilazione delle varie fasi possibili. Alcune sezioni potrebbero non essere necessarie o presenti a Sistema per il completamento della procedura. Dopo la compilazione, selezionare "SALVA" e poi "VALIDA E VAI AL RIEPILOGO".

La richiesta e la gestione del CIG devono essere eseguite dal RUP sulla piattaforma Acquisti in rete.

Dopo aver selezionato "VALIDA E VAI AL RIEPILOGO", se l'ufficio non ha un codice iPA, verrà visualizzata una modale di conferma. Se il campo relativo al codice iPA non è valorizzato a livello di ufficio, verrà visualizzata una specifica dicitura nel file PDF di riepilogo ordine.

Autorizzazioni

Tramite la sezione "**Autorizzazioni**", è possibile autorizzare altri **Punti Ordinanti** a gestire gli ordini sulla specifica Procedura di Acquisto. Tutti i **Punti Istruttori** dei **Punti Ordinanti** autorizzati potranno a loro volta operare sull'Ordine. È possibile utilizzare i filtri per abilitare gli utenti alle varie fasi e per ricercarli. Nel caso di approvvigionamenti, è possibile autorizzare anche utenti che non appartengono alla stessa Amministrazione.

Ordine in Composizione

Dopo aver salvato i dati inseriti, in una nuova pagina vengono visualizzati i dettagli della procedura compilata. L'Ordine risulterà ancora "**In composizione**" (bandierina gialla) fino al completamento della procedura.

Tramite il pulsante freccia, è possibile espandere il box informativo presente nella sezione superiore della pagina, contenente tutti i riferimenti della procedura.

In caso di aggiornamento delle configurazioni del Sistema, durante la composizione dell'Ordine, il Sistema potrebbe creare (previa conferma) una nuova versione aggiornata della fase corrente oppure indicare la necessità di validare nuovamente la fase. Tali comunicazioni avverranno tramite un messaggio sullo schermo. L'ID della procedura rimane lo stesso, mentre potrebbe variare l'ID relativo alla fase.

L'interfaccia della pagina è strutturata in:

- **Box informativo Creazione Ordine:** Contiene le informazioni fondamentali dell'ordine (Numero di procedura, Amministrazione, Fornitore, data di creazione, ecc.).

- **Box informazioni Stato dell'Ordine:** Descrive lo stato di avanzamento della procedura, con il relativo numero, date e limiti.

- **Box Azioni Disponibili:** Elenca le possibili attività da svolgere nella fase corrente.

Prima di poter validare l'ordine e finalizzare la procedura, è necessario salvare i dati inseriti.

Nella sezione "**Articoli principali**" sono elencati i beni/servizi oggetto dell'acquisto. È possibile aggiungere ulteriori articoli tramite il tasto "**AGGIUNGI**". Se disponibili, è possibile aggiungere anche "**articoli secondari**" correlati agli articoli primari. È possibile aggiungere all'ordine solo articoli venduti dallo stesso fornitore, anche se appartenenti a categorie differenti.

Compilare il box con le informazioni richieste sull'articolo, inclusa l'**Aliquota IVA** (visualizzabile tramite l'apposito pulsante). A seconda del prodotto/servizio, potrebbero essere presenti altri campi obbligatori (es. "Durata noleggio") e facoltativi.

Nel box "**Ulteriori Dati di Input**", è possibile specificare se per l'acquisto si utilizzano **Fondi PNRR**, indicando la percentuale di quota coperta. Le Amministrazioni soggette all'obbligo del **Nodo Smistamento Ordini (NSO)** dovranno inserire ulteriori informazioni nella sezione dedicata.

Nella sezione "**Indirizzi**", selezionare un indirizzo esistente o aggiungerne uno nuovo tramite il pulsante "**AGGIUNGI**". È possibile gestire e impostare un indirizzo predefinito nel proprio profilo (Cruscotto > Gestione abilitazioni).

È possibile utilizzare il campo "**Note**" per condividere informazioni con il Fornitore. Il campo "**Allegati**" è presente solo per alcune iniziative e può essere obbligatorio o facoltativo. Nel campo "**Numero ordine P.A.**", è possibile inserire un codice identificativo interno all'ente, che verrà concatenato al numero ordine di Acquisti in rete.

Dopo aver compilato le informazioni necessarie, utilizzare il tasto "**SALVA**" nella sezione "**Azioni disponibili**" e poi selezionare "**VALIDA E VAI AL RIEPILOGO**". Dalla sezione "**RIEPILOGO**", è possibile scaricare una bozza del file di Riepilogo per consultare i dati dell'Ordine prima di richiedere il CIG.

La richiesta del CIG

Il **CIG (Codice Identificativo Gara)** è un codice alfanumerico di 10 cifre che identifica univocamente gli elementi costitutivi delle gare d'appalto. Se per la procedura o la fase in corso non sussiste l'obbligo di richiesta del CIG, è possibile selezionare l'apposito comando e scegliere il codice di esenzione dal menu a tendina.

Il **Punto Ordinante/Punto Istruttore**, dopo aver validato la fase, avrà accesso al tasto "Gestisci AnacForm e eForm" nel menu a sinistra. Prima che il RUP (eventualmente coincidente con il PO/PI) possa inviare la richiesta del CIG, è necessario compilare tutti i campi obbligatori dell'iniziativa.

Nelle procedure di acquisto, dopo la validazione dell'ordine, il **PO/PI** potrà indicare se il RUP coincide con il PO stesso o selezionare un altro soggetto registrato alla piattaforma. PO/PI e RUP potranno anche indicare i soggetti autorizzati a gestire le sezioni Dati Anac, TED e ESPD, accessibili da "**I tuoi ruoli nelle procedure di acquisto**". Il PO/PI può direttamente indicare il RUP e compilare i dati per la richiesta del CIG dalla sezione "Gestisci Anacform e Eform".

Richiesta di Approvvigionamento

Se la Procedura di Acquisto prevede gli **Approvvigionamenti**, è possibile autorizzare anche **PO** che non appartengono alla stessa Amministrazione ad emettere Richieste di Approvvigionamento tramite la funzione "**Autorizzazioni**". Dopo aver effettuato l'accesso alla sezione "**Autorizzazioni**", selezionare "**AGGIUNGI**" e scegliere la fase "**RICHIESTA APPROVVIGIONAMENTO**" dal menu a tendina. Cercare la Pubblica Amministrazione per Denominazione o Codice Fiscale e poi cercare il **PO** da autorizzare utilizzando i campi e i filtri disponibili. Il **PO** autorizzato all'Approvvigionamento e i suoi **PI** potranno accedere alla Procedura d'acquisto dal **Cruscotto** selezionando "**Mostra tutte le procedure dell'Amministrazione**".

Acquisti successivi

Per accedere alla fase "**ACQUISTI SUCCESSIVI**", selezionare l'omonima fase all'interno della Procedura di Acquisto. In questa sezione è possibile consultare l'elenco degli Ordini relativi ad Acquisti successivi già emessi o creare un "**NUOVO ORDINE**". In caso di creazione di un nuovo ordine, il Sistema genera un nuovo Ordine che eredita automaticamente il CIG dell'Ordine principale. Per rimuovere il CIG ereditato e richiederne uno nuovo, selezionare l'icona a forma di matita vicino al CIG prima di selezionare "**VALIDA E VAI AL RIEPILOGO**". Dopo la rimozione, sarà possibile richiedere un nuovo CIG tramite la sezione "**Gestisci AnacForm e eForm**".

Area Messaggi

All'interno di ogni fase della Procedura di Acquisto, è possibile utilizzare l'**Area Messaggi** per dialogare con l'Operatore economico. L'Area Messaggi si attiva solo dopo l'invio dell'Ordine da parte della Pubblica Amministrazione. Sia l'OE che la P.A. possono avviare la conversazione sul Sistema. Le comunicazioni sugli ordini da parte di Acquisti in rete avvengono sempre tramite l'indirizzo email ordini@acquistinretepa.it.

Pagina di Riepilogo

Nella pagina "**Riepilogo**", vengono visualizzate tutte le informazioni relative all'Ordine. Lo stato dell'Ordine risulterà "**Pronto per l'invio**" (bandierina gialla).

- Se la fase non prevede la richiesta del CIG, è possibile scaricare e firmare digitalmente il file di Riepilogo.

- Se la fase prevede la richiesta del CIG ma non è ancora stato richiesto, è possibile scaricare e consultare una bozza del file di Riepilogo.

- Se la fase prevede la richiesta del CIG ed è già stato richiesto e ottenuto, selezionare "**Genera/Rigenera**" per ottenere una versione aggiornata del file di Riepilogo.

Se nel nome del file di Riepilogo è presente la dicitura "bozza", è necessario selezionare "**Genera/Rigenera**" per ottenere la versione definitiva.

Per finalizzare la procedura, scaricare e firmare digitalmente (in modalità CAdES o PAdES) il file generato dal Sistema e effettuare l'upload del Riepilogo di fase. Il Sistema verifica la Firma Digitale segnalando l'esito con un simbolo colorato. Il file generato ha una scadenza, superata la quale è necessario rigenerarlo.

Inviare l'ordine in approvazione al PO

Il **PI** non può inviare direttamente l'Ordine all'OE, ma deve inviarlo in approvazione al suo **PO** di riferimento selezionando "**INVIA IN APPROVAZIONE**".

Riassegnazione o Accettazione dell'ordine del PI

Il **PO** che riceve un ordine in approvazione può riassegnarlo al **PI** selezionando "**RIASSEGNA**". In alternativa, può accettare la proposta dell'ordine selezionando "**ACCETTA PROPOSTA ORDINE**" nella sezione di dettaglio.

Modifica, Annullamento o Proposta di Revoca dell'Ordine

Una volta inviato l'ordine, è possibile effettuare le seguenti operazioni:

Atto modificativo

Per le iniziative di acquisto che lo prevedono (Accordi Quadro o Convenzioni), in specifici casi è possibile, dopo l'accettazione dell'ordine da parte del fornitore, variare alcune caratteristiche del contratto tramite l'emissione di un "**Atto modificativo**" all'interno della procedura. Accedere alla fase "**ATTO MODIFICATO**" e selezionare "**NUOVO ATTO**". È possibile modificare le caratteristiche del contratto e inviare la variazione all'OE per accettazione. È anche possibile rimuovere il CIG ereditato e richiederne uno nuovo prima di validare e andare al riepilogo. Una volta accettato dall'OE, l'ordine inviato tramite l'Atto modificativo sostituisce il contratto precedente. Solo a questo punto la PA può emettere un nuovo atto modificativo, se necessario.

Annullamento

In alcuni casi, tra le azioni disponibili, è possibile "**Annullare**" l'Ordine precedentemente inviato all'Operatore Economico. Individuare l'Ordine inviato e selezionare il pulsante "**ANNULLA**". I termini per l'annullamento da parte del **PO**, l'accettazione e il rifiuto da parte dell'OE sono definiti nella documentazione dell'iniziativa. Dopo aver selezionato "**ANNULLA**", verrà visualizzato un messaggio di conferma con le opzioni "**ANNULLA**" e "**CONFERMA**". L'azione di annullamento non è reversibile. Dopo l'operazione, l'Ordine visualizzerà lo stato "**Annullato**".

Proposta di Revoca

Sia il **PO** che l'OE possono "**Proporre Revoca**" di un Ordine già accettato. L'azione di revoca è bilaterale e si formalizza solo con l'accettazione di entrambe le parti. Individuare l'Ordine inviato e selezionare "**PROPONI REVOCA**". Verrà visualizzato un messaggio di conferma con le opzioni "**ANNULLA**" e "**CONFERMA**". Il processo di revoca prevede l'accettazione della controparte. Dopo aver effettuato la proposta, l'Ordine visualizzerà lo stato "**Proposta di revoca inviata**". Solo quando l'Operatore Economico accetterà la proposta, l'ordine visualizzerà lo stato "**Revocato**".

Le tue Procedure di acquisto

È possibile visualizzare tutte le procedure di acquisto effettuate nel **Cruscotto**, selezionando la voce "**Acquisti**" nel menu laterale a sinistra. A seconda dello Strumento scelto, selezionare la procedura di interesse utilizzando i filtri disponibili. Attivando il comando "**Mostra tutte le procedure dell'amministrazione**" (sia come **PO** che come **PI**), è possibile visualizzare gli ordini del proprio ufficio. I filtri avanzati, accessibili tramite l'apposita freccia, consentono di ricercare gli ordini con un elevato livello di precisione, filtrando per stato, finestra temporale, ragione sociale del fornitore e partita IVA o altro codice identificativo. Attivando il comando "**Nodo Smistamento Ordini**", è possibile visualizzare solo le procedure che includono ordini NSO. Una volta impostati i filtri, compariranno i risultati correlati, con la possibilità di accedere ai dettagli di ogni ordine selezionando l'apposita freccia. Per cercare ordini predisposti sulla precedente piattaforma di **e-Procurement**, è possibile accedere tramite il proprio **Cruscotto** selezionando "**Ambiente precedente > Ordini**" in corrispondenza dello strumento Convenzione/Accordo quadro, oppure ricercare l'ordine inserendo il numero identificativo nel box di ricerca in alto a destra.

Capitolo 9: Ricezione e Gestione di un Acquisto a Catalogo (Lato Operatore Economico)

Introduzione alla Ricezione di un Ordine Diretto

Come **Operatore Economico (OE)**, la ricezione di un **Ordine d'acquisto diretto (ODA)** dal catalogo del **Mercato Elettronico della Pubblica Amministrazione (MePA)**, di una **Convenzione** o di un **Accordo Quadro** rappresenta una fase cruciale del processo di vendita. Al ricevimento di un nuovo ordine, il sistema invia automaticamente una notifica via e-mail all'indirizzo di posta elettronica registrato per il vostro account.

Ricerca della Procedura di Acquisto

Per poter gestire l'ordine ricevuto, è necessario individuarlo all'interno del proprio **Cruscotto** sulla piattaforma di **e-Procurement**. Dopo aver effettuato l'accesso, è possibile ricercare la procedura di acquisto di interesse attraverso diverse modalità:

- **Menu di spalla sinistra "Ordini diretti":** Selezionare questa voce di menu e successivamente lo strumento di acquisto di riferimento (MePA, Convenzione, Accordo Quadro).

- **Silos corrispondente allo strumento di interesse:** Nella pagina principale del Cruscotto, individuare il riquadro (silo) relativo allo strumento di acquisto (es. "Mercato Elettronico", "Convenzioni Consip", "Accordi Quadro") e selezionarlo.

- **Box di ricerca:** Utilizzare la barra di ricerca situata generalmente nella parte superiore della pagina, inserendo il numero dell'ordine o altri riferimenti utili per la sua identificazione.

È importante ricordare che, per la gestione degli ordini sul **Mercato elettronico**, il **Legale Rappresentante (LR)** può associare nuovi collaboratori all'Operatore Economico o delegare la gestione a collaboratori già nominati. Per quanto riguarda **Convenzioni** e

Accordi Quadro, le autorizzazioni per la gestione degli acquisti a catalogo vengono definite al momento della stipula del contratto. Eventuali modifiche richiedono un contatto con il referente dell'iniziativa.

Al momento della presa in carico dell'ordine, il sistema consente di gestire l'associazione di uno specifico utente LR/COL all'ordine tramite le operazioni di assegnazione e rimozione, facilitando l'organizzazione interna per la gestione dell'ordine.

Se si sceglie di accedere tramite il menu di spalla sinistra "**Ordini diretti**", dopo aver selezionato lo strumento di acquisto di interesse, è possibile affinare la ricerca delle procedure di acquisto utilizzando i filtri messi a disposizione dal sistema. Una volta effettuata la ricerca, i risultati possono essere visualizzati navigando tra le schede "**Procedure di Acquisto**" o "**Ordini**", a seconda della modalità di visualizzazione preferita.

Accettare o Rifiutare un Ordine

Come **Operatore Economico**, una volta individuato l'ordine ricevuto, è necessario procedere con l'**accettazione** o il **rifiuto**. Questa azione deve essere compiuta entro un limite di tempo specificato all'interno della Documentazione di iniziativa relativa allo strumento di acquisto. È fondamentale rispettare tali tempistiche, in quanto il sistema prevede l'**accettazione automatica** degli ordini una volta trascorso il termine indicato nella documentazione.

Per accettare o rifiutare un ordine, è necessario accedere alla pagina di dettaglio dell'ordine e individuare gli appositi pulsanti "**Accetta Ordine**" o "**Rifiuta Ordine**". In caso di rifiuto, potrebbe essere richiesto di specificare la motivazione.

Proposta di Revoca

Sia la **Pubblica Amministrazione (PA)** che l'**Operatore Economico (OE)** hanno la facoltà di proporre la **Revoca** di un Ordine che è già stato accettato. La revoca è un'azione bilaterale, il che significa che per essere formalizzata necessita dell'accettazione da parte di entrambe le parti coinvolte.

Per effettuare una proposta di Revoca, l'**Operatore Economico** deve individuare l'Ordine di interesse all'interno del proprio Cruscotto e selezionare il pulsante "**PROPONI REVOCA**". Dopo aver compiuto questa azione, lo stato dell'Ordine visualizzato sarà "**Proposta di revoca inviata**". La revoca diventerà effettiva solo quando la **PA** avrà a sua volta accettato la proposta.

Accettare o Rifiutare una Revoca

In alcuni casi, la **Pubblica Amministrazione** potrebbe decidere di avviare una procedura di revoca di un Ordine già accettato. In tal caso, l'**Operatore Economico** riceverà una notifica di proposta di revoca. Per prendere visione della proposta, è necessario accedere all'ordine interessato all'interno del proprio Cruscotto.

Nella pagina di dettaglio dell'ordine, l'**Operatore Economico** avrà la possibilità di **accettare** o **rifiutare** la proposta di revoca. In caso di **accettazione**, la **PA** visualizzerà l'ordine come "**revocato**". Qualora la proposta venga **rifiutata**, l'ordine tornerà allo stato "**accettato**", mantenendo la sua validità. A seguito dell'accettazione della proposta di revoca da parte dell'**Operatore Economico**, l'ordine risulterà definitivamente "**revocato**".

Area Messaggi

La sezione "**Area Messaggi**" rappresenta uno strumento fondamentale per la comunicazione diretta tra l'**Operatore Economico** e la **Pubblica Amministrazione** all'interno di ogni singola fase di una Procedura di acquisto. Questa funzionalità consente di scambiare informazioni, richiedere chiarimenti o fornire aggiornamenti relativi all'ordine.

Per avviare una nuova conversazione, è sufficiente selezionare il pulsante "**NUOVO MESSAGGIO**" all'interno della sezione "**Area Messaggi**" relativa alla procedura di acquisto di interesse.

È importante notare che tutti i messaggi inviati o ricevuti fino al 29 novembre 2024 sono disponibili, a partire dal 30 novembre 2024, all'interno dell'ultima fase avviata della Procedura di Acquisto e risultano contrassegnati come già letti. Anche all'interno della scheda "**Ordini**" presente nella sezione "**Ricerche Procedure d'acquisto**", la notifica dei messaggi relativi agli ordini specifici indicherà questi come già letti.

Le comunicazioni automatiche (via e-mail e notifica sul cruscotto) relative agli ordini effettuati con strumenti MEPA, Convenzione e Accordo Quadro includono informazioni specifiche quali: oggetto, contenuto e placeholder aggiuntivi. I placeholder inseriti nel corpo delle comunicazioni sono organizzati in forma tabellare su due colonne e comprendono informazioni dettagliate come la denominazione dell'amministrazione acquirente, il nome dell'ufficio, il numero dell'ordine, la data di invio dell'ordine, il nome e cognome del Punto Ordinante, la descrizione dell'ordine, lo strumento di acquisto e l'iniziativa o il bando di riferimento.

Si ricorda che le comunicazioni ufficiali sugli ordini da parte di Acquisti in rete avvengono sempre tramite l'indirizzo email ordini@acquistinretepa.it.

Riepilogo Vendite

Dal **Cruscotto**, selezionando la voce "**Riepilogo vendite**" presente nel menu di spalla sinistra, l'**Operatore Economico** può accedere allo strumento di generazione del "**Report vendite**" per l'anno in corso.

Per generare un report specifico, è possibile utilizzare i filtri messi a disposizione dal sistema per selezionare i dati di interesse. Una volta impostati i filtri desiderati, selezionare il pulsante "**GENERA**" per avviare la creazione del report.

Nel campo "**Stato richiesta**", è possibile visualizzare l'avanzamento della generazione del report. Selezionare "**AGGIORNA**" per verificare il passaggio di stato da "**Generazione in corso**" a "**Disponibile**". Quando il file sarà pronto, sarà possibile scaricare il report in formato Excel tramite l'apposito pulsante "**SCARICARE**".

È importante tenere presente che il tempo necessario per la generazione del report può variare in base alla tipologia di report richiesto e alla quantità di dati da elaborare. Il report generato si riferisce ai dati del giorno precedente la richiesta. Si consiglia di scaricare il report e salvarlo sul proprio PC per archiviarlo e consultarlo, in quanto ogni report rimane disponibile sul sistema solo per le successive 24 ore dalla sua generazione.

Una volta generato un report, non sarà possibile richiederne uno identico prima che siano trascorse 24 ore. Tuttavia, è possibile generare report diversi selezionando filtri differenti per ottenere analisi specifiche sulle vendite.

Conclusione

La ricezione e la gestione di un acquisto a catalogo da parte dell'Operatore Economico rappresentano un processo strutturato e ben definito all'interno della piattaforma MePA. Dalla notifica via e-mail alla gestione dell'ordine tramite il Cruscotto, passando per l'accettazione, il rifiuto, la gestione di eventuali revoche e la comunicazione con la Pubblica Amministrazione, ogni fase è supportata da funzionalità specifiche. Infine, lo strumento di Riepilogo Vendite offre all'Operatore Economico la possibilità di monitorare e analizzare le proprie performance di vendita all'interno del mercato della pubblica amministrazione.

Capitolo 10: Gestione delle Offerte a Catalogo (Lato Operatore Economico)

Introduzione alla Gestione del Catalogo nel Nuovo Sistema di e-Procurement

ATTENZIONE: La gestione del catalogo ha subito modifiche significative con il passaggio al nuovo sistema di **e-Procurement**. Per la gestione del catalogo relativa a tutte le iniziative di acquisto attivate sull'ambiente precedente, si prega di consultare [link alla sezione precedente].

In qualità di **Operatore Economico (OE)**, la gestione efficace del proprio catalogo è fondamentale per partecipare attivamente al **Mercato Elettronico della Pubblica Amministrazione (MePA)**, agli **Accordi Quadro (AQ)** e alle **Convenzioni**. Il nuovo sistema di **e-Procurement** mette a disposizione una sezione dedicata, accessibile dal **Cruscotto** dei Legali Rappresentanti e dei Collaboratori autorizzati, per gestire l'intero ciclo di vita delle offerte a catalogo.

Accesso all'Area di Gestione del Catalogo

Per accedere all'area dedicata alla gestione del catalogo, è necessario effettuare l'accesso al portale di **e-Procurement** utilizzando le credenziali di autenticazione fornite dal sistema.

Selezione Gestione Catalogo

Una volta effettuato l'accesso e visualizzato il **Cruscotto** della propria area personale, selezionare il pulsante **"GESTIONE CATALOGO"** situato nel menu laterale a sinistra. Questa azione avvierà il caricamento dell'interfaccia dedicata alla gestione del catalogo.

Attraverso questa funzionalità, è possibile gestire il catalogo delle offerte per tutti gli strumenti per i quali l'Operatore Economico risulta abilitato (MePA, AQ, Convenzioni). Tutte le attività, che includono l'inserimento, la modifica e la cancellazione di articoli, devono essere sottoposte a un processo di approvazione e successiva pubblicazione per diventare effettive. Inoltre, il sistema consente di aggiungere e gestire immagini o documenti da associare a uno o più articoli presenti nel catalogo.

L'accesso e l'utilizzo delle funzionalità di gestione del catalogo sono riservati a:

- **Legali Rappresentanti (LR)** associati alla categoria merceologica di interesse.

- **Collaboratori** autorizzati dal Legale Rappresentante a gestire il catalogo dell'Operatore Economico.

Per verificare le categorie merceologiche per le quali si risulta operativi, è possibile accedere alla sezione "**GESTIONE ABILITAZIONI**" dal **Cruscotto**, selezionare il dettaglio del profilo e navigare fino alla sezione "**Categorie > Gestisci Categorie**". In questa sezione, è possibile associarsi o dissociarsi da una categoria per la quale l'Operatore Economico è già abilitato.

La gestione del Catalogo del MePA è immediatamente operativa sui bandi entrati in vigore a partire dal 25 maggio 2022. Per continuare a gestire le offerte relative a Convenzioni e Accordi Quadro stipulati nell'ambiente precedente, è necessario utilizzare la sezione "**CATALOGO AMBIENTE PRECEDENTE**" situata in fondo al menu laterale a sinistra.

Il processo di gestione del catalogo è strutturato in tre fasi principali:

1. **FASE 1. Compilazione:** Riguarda l'inserimento degli attributi di un nuovo articolo, oppure la modifica o la cancellazione di uno o più articoli esistenti.

2. **FASE 2. Approvazione:** Consiste nell'invio per approvazione degli articoli di nuova inserzione, delle modifiche apportate a articoli già pubblicati o degli articoli che si desidera cancellare.

3. **FASE 3. Pubblicazione:** Dopo aver ottenuto l'approvazione, questa fase permette di inviare per la pubblicazione gli articoli inseriti, le modifiche o le cancellazioni.

Compilazione degli attributi di un articolo

La **FASE 1 - Compilazione degli attributi** può essere svolta compilando la scheda tecnica direttamente sulla piattaforma di **e-Procurement** oppure utilizzando un template appositamente predisposto. L'utilizzo del template consente di lavorare offline, scaricando, compilando e successivamente ricaricando il file sul sistema, come descritto nel capitolo dedicato alle "**Operazioni Massive**".

Gli Operatori Economici aggiudicatari di una Convenzione e/o di un Accordo quadro hanno la possibilità di gestire anche il caricamento degli articoli secondari, sia attraverso la piattaforma che tramite il file Excel esterno al sistema. In entrambi i casi, per gestire gli articoli secondari, sarà necessario indicare l'Id dell'articolo primario di riferimento, ove previsto.

Nel menu laterale sinistro della pagina "**Gestione Catalogo**", sono disponibili diverse voci per navigare e gestire il flusso di pubblicazione e gestione delle offerte:

- **Catalogo:** Permette di inserire nuovi articoli, ricercare, modificare o cancellare quelli già approvati o pubblicati. Cliccando sul nome della funzione, si accede direttamente alla pagina dedicata. È anche possibile ricercare e selezionare gli articoli per inviarli in approvazione e in pubblicazione.

- **Richieste di Approvazione:** Consente di consultare le richieste di approvazione inviate e monitorare il loro stato di avanzamento.

- **Offerte da Pubblicare:** Da questa sezione è possibile richiedere la pubblicazione di tutti gli articoli che risultano nello stato "Approvato" o "Approvato Consip".

- **Richieste di Pubblicazione:** Permette di firmare e caricare il documento necessario per procedere alla pubblicazione. È inoltre possibile monitorare lo stato di avanzamento della pubblicazione.

- **Operazioni Massive:** Consente di accedere per scaricare e utilizzare i template disponibili e gestire, con un'unica operazione, più articoli appartenenti alla stessa scheda di catalogo.

- **Repository Immagini:** Da qui è possibile aggiungere e gestire le immagini da associare a uno o più articoli del catalogo.

- **Repository Documenti:** Permette di aggiungere e gestire i documenti (es. schede tecniche, certificazioni) da associare a uno o più articoli del catalogo.

- **Gestione Aree di Consegna:** Consente di gestire e personalizzare le aree geografiche di consegna da associare a uno o più articoli del catalogo.

È fondamentale ricordare che le immagini, i documenti e le aree di consegna che si intendono associare agli articoli del catalogo devono essere sempre aggiunti al sistema prima dell'inserimento dell'offerta.

Aree di consegna, Immagini e documenti

Prima di procedere con l'inserimento di una nuova offerta, è consigliabile utilizzare le funzionalità del menu "**Gestione Catalogo**" per personalizzare le aree di consegna e aggiungere le immagini e i documenti che saranno associati agli articoli a catalogo. Cliccare sulle selezioni corrispondenti per gestire le rispettive funzionalità:

- Repository Immagini

- Repository Documenti

- Gestione Aree di Consegna

Inserire una nuova offerta

Dalla sezione "**Catalogo**", è possibile gestire il catalogo delle offerte per gli strumenti per i quali l'Operatore Economico risulta abilitato. È possibile inserire una nuova offerta oppure gestire gli articoli che si trovano in stato di approvazione, in pubblicazione o che sono già pubblicati e quindi visibili alle Pubbliche Amministrazioni.

Per avviare l'inserimento di un nuovo articolo a Catalogo, selezionare il pulsante "**Inserisci nuova offerta**".

Nella pagina successiva, utilizzare i filtri "**Codice Sigef**", "**Nome Iniziativa**", "**Lotto**", "**Ambiente**" e "**N.Ambiente**" per avviare la ricerca della Scheda Tecnica di un Accordo Quadro o di una Convenzione. I filtri disponibili possono variare a seconda dello Strumento selezionato. L'elenco visualizzato conterrà tutte le Categorie alle quali l'Operatore Economico è abilitato.

Selezionare, tra i risultati della ricerca, la Scheda Tecnica di interesse. Prima di procedere con la compilazione, è fondamentale consultare la documentazione specifica per la categoria selezionata. Per maggiori dettagli sulla compilazione delle schede tecniche, è possibile fare riferimento all'Appendice al Capitolato tecnico.

È possibile aggiungere una scheda tecnica all'elenco dei preferiti selezionando la stella posta accanto al nome. L'elenco delle schede tecniche preferite sarà disponibile nella sezione dedicata.

Al passo successivo, il sistema offre la possibilità di scegliere se compilare la scheda dell'articolo direttamente a Sistema oppure utilizzare il template Excel.

Si ricorda che, qualora si debbano associare immagini o documenti a uno o più articoli, è necessario caricarli nelle sezioni "**Repository immagini**" e "**Repository documenti**" prima di procedere con l'inserimento dell'offerta.

L'inserimento di una scheda tecnica può avvenire in due modi:

- **Caricare da Sistema:** Permette di avviare la compilazione della scheda tecnica direttamente sulla piattaforma.

- **Importa File:** Consente di scaricare e compilare il template Excel e successivamente caricarlo sul sistema.

Eventuali aggiornamenti delle schede tecniche utilizzabili per l'inserimento/modifica degli articoli saranno disponibili ogni mercoledì e venerdì dopo le ore 14:30. Pertanto, è consigliabile scaricare e utilizzare i template di inserimento/aggiornamento massivo dopo questi giorni per assicurarsi di utilizzare la versione più recente. In ogni caso, se un articolo o la sua bozza dovesse risultare obsoleto, il sistema lo segnalerà con il simbolo di un triangolo. Accedendo ai dettagli dell'articolo, sarà possibile prendere visione delle variazioni apportate alla scheda di riferimento. Nella sezione **"Altra Documentazione"** dei bandi Beni e Servizi è disponibile un documento che specifica quali schede tecniche sono state aggiornate.

Approvazione

La **FASE 2 - Approvazione** consente di verificare la coerenza degli attributi inseriti per gli articoli con quanto previsto dalla documentazione di riferimento. Questa fase è obbligatoria sia per i nuovi inserimenti che per le modifiche o le cancellazioni di articoli, indipendentemente dal metodo di lavorazione (direttamente a Sistema o tramite template).

Per avviare il processo di approvazione, è necessario ricercare i singoli articoli con stato **"In lavorazione"**. È possibile utilizzare lo strumento di ricerca, selezionando lo strumento di riferimento e cliccando su **"FILTRA"**.

È possibile selezionare anche più articoli contemporaneamente per inviarli in approvazione. È fondamentale assicurarsi di selezionare solo articoli che si trovano nello stato **"In lavorazione"** per poter visualizzare il pulsante **"RICHIEDI APPROVAZIONE"**, che apparirà immediatamente sotto il tasto **"FILTRA"** dopo la selezione.

A seconda dello stato degli articoli selezionati, è possibile compiere solo determinate attività. Il pulsante per l'azione possibile per lo stato degli articoli selezionati comparirà automaticamente subito sotto il tasto **"FILTRA"**. Se si selezionano articoli con stati diversi, comparirà solo l'azione compatibile con entrambi gli stati o non comparirà nulla se non ci sono attività compatibili.

Il simbolo "P" accanto a un articolo indica che si tratta dell'articolo primario. Questa caratteristica è presente solo per Convenzioni e Accordi quadro.

Selezionare il pulsante "RICHIEDI APPROVAZIONE" per inviare direttamente la richiesta.

Selezionando "Vai al dettaglio", è possibile visualizzare tutti gli articoli inclusi nella richiesta e verificarne lo stato di elaborazione.

In ogni momento, è possibile accedere alla sezione "RICHIESTE DI APPROVAZIONE", disponibile nel menu laterale a sinistra, per monitorare lo stato di lavorazione delle richieste inviate. Se lo stato è "In Approvazione Consip", è necessario attendere l'esito delle verifiche da parte di Consip. Se uno o più articoli risultano in errore, è possibile accedere al dettaglio per conoscerne la motivazione. L'errore su un singolo articolo non pregiudica l'approvazione degli altri articoli inclusi nella stessa richiesta, se questi risultano approvati.

Selezionare la freccia ">" accanto al singolo articolo per consultare gli eventuali errori di validazione. In caso di errore, è necessario correggerlo direttamente sull'articolo specifico e successivamente inviarlo nuovamente in approvazione. Nella pagina di dettaglio della richiesta di approvazione, accessibile tramite la freccia ">" sulla destra, è disponibile un riepilogo della richiesta.

Se il processo di approvazione è stato avviato dalla sezione "Operazioni Massive", selezionando l'ID dell'operazione si accede alla pagina corrispondente. In caso di errori, sono disponibili due tipi di REPORT:

- Un "Report Errori" automatico, posizionato in cima alla pagina, in formato .xls compresso in un file .zip, scaricabile. Questo report consente di visualizzare gli errori di tutti gli articoli inviati in approvazione con la specifica richiesta. Si tratta di un report semplificato che fornisce comunque il dettaglio della segnalazione d'errore per ogni articolo.

- Un "Report errori esteso", che deve essere richiesto. Questo report produce un file .xls che evidenzia e indica la motivazione degli errori riscontrati in ciascuna cella del file Excel caricato nell'"operazione massiva" corrispondente.

Per correggere gli errori, è necessario intervenire sui singoli articoli. Tornare alla sezione "Catalogo" e utilizzare i filtri o la stringa di ricerca per individuare l'articolo specifico, apportare le modifiche necessarie e selezionare il pulsante "SALVA". L'articolo tornerà allo stato "**In lavorazione**" e potrà essere selezionato per essere inviato nuovamente in approvazione.

Nel caso di articoli secondari, questi devono essere inviati in approvazione insieme all'articolo primario a cui sono collegati (se entrambi si trovano nello stato "In lavorazione"). In alternativa, gli articoli secondari possono essere inviati automaticamente in approvazione qualora l'articolo primario di riferimento si trovasse già nello stato "Pubblicato".

Pubblicazione

Per completare la procedura di inserimento, modifica o cancellazione di articoli, è necessario che gli articoli approvati vengano inviati alla **FASE 3 - Pubblicazione**. Questa fase è richiesta indipendentemente dal metodo di lavorazione degli articoli.

Per inviare una richiesta di pubblicazione, è possibile scegliere di avviarla:

- Dalla sezione "**Catalogo**", selezionando puntualmente (o tramite i filtri generati in base allo Strumento) gli articoli nello stato "**Approvato**" o "**Approvato Consip**" che si desidera pubblicare.

- Dalla sezione "**Offerte da Pubblicare**".

Richiesta di pubblicazione da Catalogo

Se si avvia la richiesta dalla sezione "**Catalogo**", utilizzare i filtri per selezionare lo Strumento e il Lotto di interesse (dal menu "**Ambiente**"). Selezionare "**FILTRA**" per visualizzare i risultati della ricerca. Dall'elenco degli articoli trovati, selezionare quelli che si desidera pubblicare, scegliendoli tra quelli nello stato "**Approvato**" o "**Approvato Consip**".

È possibile selezionare anche più articoli contemporaneamente per inviarli in pubblicazione. È fondamentale assicurarsi di selezionare solo articoli che si trovano nello stato "**Approvato**" o "**Approvato Consip**" per poter visualizzare il pulsante "**GENERA RICHIESTA PUBBLICAZIONE**". Selezionare questo pulsante per inviare direttamente la richiesta.

Richiesta di pubblicazione da Offerte da pubblicare

In alternativa alla procedura descritta, è possibile accedere direttamente alla sezione "**Offerte da Pubblicare**". In questa sezione vengono visualizzati esclusivamente gli articoli che si trovano nello stato "**Approvato**" o "**Approvato Consip**". Selezionare il pulsante

"GENERA RICHIESTA" per creare una richiesta contenente tutti gli articoli presenti nella pagina. Questa richiesta sarà poi visibile nella sezione "**Offerte da pubblicare**".

Monitoraggio delle Richieste di pubblicazione

Dalla sezione "**Richieste di pubblicazione**", è possibile monitorare lo stato delle richieste di pubblicazione generate.

Per le richieste che si trovano nello stato "**In Attesa di Firma**", selezionare "**ACCEDI**" al dettaglio, "**SCARICA**" il documento da firmare e successivamente "**CARICALO**" firmato digitalmente (in modalità CAdES o PAdES) dal Legale Rappresentante per avviare il processo di pubblicazione. Utilizzare prima il pulsante "**SFOGLIA**" per selezionare il file firmato e poi il pulsante "**ALLEGA**" per inviarlo.

È necessario che il file di pubblicazione sia firmato dal Legale Rappresentante abilitato per la categoria di riferimento. Il download e l'upload del file possono essere effettuati anche da un Collaboratore autorizzato.

Ricercare gli Articoli sul Tuo Catalogo

Dalla sezione "**Catalogo**", è possibile ricercare uno o più articoli utilizzando il box di ricerca posizionato in alto a destra della pagina. Per una descrizione dettagliata delle funzionalità di ricerca, si rimanda alla sezione specifica "**Ricercare gli Articoli sul Tuo Catalogo**".

Stato degli articoli

A seguito di una ricerca nel catalogo, il sistema visualizza un elenco di articoli con i relativi attributi. La colonna "**Stato**" è particolarmente utile per comprendere quali azioni è possibile intraprendere per ciascun articolo.

Modificare e cancellare articoli dal tuo catalogo

Una volta che un articolo è stato pubblicato, è possibile apportare modifiche tramite la procedura di modifica oppure procedere alla sua eliminazione definitiva attraverso la procedura di cancellazione degli articoli a catalogo.

Nel caso in cui Consip proceda a modificare la struttura delle schede tecniche, potrebbe essere necessario aggiornare i dettagli inseriti per gli articoli che fanno riferimento alla scheda tecnica modificata. Nell'elenco degli articoli della sezione "**Catalogo**", in corrispondenza dell'ID articolo che necessita di aggiornamento, viene visualizzata l'icona di un triangolo per segnalare che l'articolo fa riferimento a una versione obsoleta della scheda tecnica. Accedendo al dettaglio dell'articolo, è possibile visualizzare il riepilogo degli aggiornamenti apportati alla scheda tecnica.

In generale, se le richieste relative a un articolo vengono riassegnate o rifiutate, le motivazioni vengono sempre esplicitate all'interno del dettaglio dell'articolo.

È possibile effettuare la selezione multipla di articoli (fino a un massimo di 200, anche su più pagine) per gestire le varie fasi, come l'inoltro in approvazione/pubblicazione, inclusa la possibilità di cancellazione multipla per gli articoli che si trovano nello stato appropriato. Per verificare quali articoli consentono la selezione multipla per una specifica azione, consultare la tabella relativa allo stato degli articoli.

Operazioni Massive

La sezione "**Operazioni Massive**" del Catalogo consente di inserire, aggiornare o cancellare articoli a Catalogo utilizzando template predefiniti per ciascuna attività. Per informazioni dettagliate sull'utilizzo delle operazioni massive, si rimanda alla sezione specifica [link alla sezione Operazioni Massive].

Obblighi di corretta gestione del catalogo

Ai sensi dell'art. 37 delle Regole del Sistema di **e-Procurement**, l'Operatore Economico ha l'obbligo di garantire che i beni e i servizi offerti nel Catalogo siano conformi alla documentazione della procedura per cui ha ottenuto l'Abilitazione. È fondamentale verificare che il catalogo pubblicato non contenga:

- Offerte non pertinenti e non conformi al Capitolato tecnico e all'Appendice della propria Categoria di abilitazione.

- Offerte per le quali esiste già una scheda di catalogo a Sistema e che quindi non possono essere abilitate in un'altra scheda di catalogo.

- Offerte per le quali non è presente a Sistema e nella documentazione MePA una scheda di catalogo, in qualsiasi Categoria di abilitazione. Tali beni/servizi potranno essere negoziati esclusivamente tramite Trattativa Diretta (TD) o Richiesta d'Offerta (RdO).

- Offerte in contrasto con le previsioni contenute nella documentazione del MePA.

- Offerte che presentino una "fornitura a corpo" o "kit" laddove non espressamente indicato nella documentazione di riferimento.

- Offerte con preventivi rivolti a una determinata Stazione Appaltante.

- Offerte duplicate con prezzi diversi.

- Offerte che presentino prezzi manifestamente non congrui o adeguati, eccessivamente obsoleti, con prezzo soggetto a termine temporale scaduto oppure non comprensivi di componenti obbligatori.

- Offerte di beni contraffatti o che siano frutto di reati.

- Offerte che presentino un "limite di validità delle offerte a catalogo" superato, ovvero righe di catalogo dove, tra la data dell'inserimento/aggiornamento a catalogo e la data della rilevazione, sia intercorso un lasso di tempo maggiore rispetto a quanto previsto nell'Appendice del Capitolato tecnico di riferimento.

- Offerte che presentino un allegato (ove previsto) non conforme, diverso dalla scheda tecnica descrittiva del bene o del servizio che si intende abilitare.

Nel caso in cui vengano rilevati articoli a catalogo che non rispettano le regole di corretta gestione sopra indicate, questi verranno direttamente eliminati dal sistema. Il Legale Rappresentante associato alla categoria di cui fanno parte gli articoli eliminati riceverà una email di avviso contenente un file Excel con il dettaglio degli articoli oggetto di cancellazione.

Corretta gestione Allegati

L'Allegato non è obbligatorio per tutte le schede di catalogo e, se inserito, è considerato parte integrante della scheda stessa. Il contenuto dell'Allegato deve essere pertinente al Bene e/o Servizio offerto e non può contenere:

- Preventivi rivolti a una determinata Stazione Appaltante.

- Riferimenti alle spese di spedizione e trasporto che siano in contrasto con quanto stabilito dalle Condizioni generali di contratto (Art.10 Corrispettivo) e da quanto previsto dal Capitolato tecnico della Categoria.

- Riferimenti commerciali dell'impresa (loghi, contatti telefonici), documenti vuoti non contenenti alcuna indicazione tecnica.

Qualora siano presenti offerte in contrasto con la documentazione del bando e/o allegati non conformi a quanto sopra esposto, Consip S.p.A. potrà procedere alla cancellazione delle righe di catalogo non conformi, riservandosi altresì di adottare ogni più opportuna determinazione, inclusa l'apertura del procedimento di accertamento di violazione delle regole del Sistema di **e-Procurement** con le correlate e conseguenti sanzioni.

Nelle schede di Catalogo sono presenti valori predefiniti nei menu a tendina degli attributi. Questi valori possono essere ampliati inviando una richiesta a Consip S.p.A. attraverso l'area Comunicazioni del bando Beni o del bando Servizi, purché pertinenti alla scheda di Catalogo oggetto della richiesta.

Conclusione

La gestione delle offerte a catalogo nel nuovo sistema di **e-Procurement** è un processo fondamentale per gli Operatori Economici che desiderano operare efficacemente nel mercato della pubblica amministrazione. Comprendere le diverse fasi, gli strumenti disponibili e gli obblighi da rispettare è cruciale per garantire la conformità delle proprie offerte e massimizzare le opportunità di vendita.

Capitolo 11: Aggiornamento Tecnologico di Prodotti e Servizi a Catalogo (Lato Fornitore Aggiudicatario)

Introduzione all'Aggiornamento Tecnologico

In qualità di fornitore aggiudicatario di **Convenzioni** e/o **Accordi Quadro**, la piattaforma Acquistinretepa.it offre la possibilità di effettuare l'aggiornamento tecnologico dei prodotti e servizi presenti nel proprio catalogo. Questa funzionalità permette di mantenere le offerte allineate con le ultime innovazioni e le esigenze del mercato.

Ricorda: Prima di procedere con l'aggiornamento del catalogo a sistema, è fondamentale che il referente Consip dell'iniziativa richieda internamente la modifica delle Schede Tecniche, indicando i nuovi parametri da considerare.

Aggiornamento tecnologico dei prodotti e servizi a catalogo

Accesso alla Piattaforma

Per iniziare il processo di aggiornamento, **ACCEDI** alla tua area personale del portale Acquistinretepa.it utilizzando le modalità di autenticazione previste dal Sistema di **e-Procurement**.

Navigazione alla Gestione del Catalogo

Una volta effettuato l'accesso, nel **Cruscotto**, seleziona la voce "**GESTIONE CATALOGO**" dal menu laterale a sinistra.

Selezione Operazioni Massive

All'interno della sezione "**GESTIONE CATALOGO**", individua e seleziona la voce "**OPERAZIONI MASSIVE**". Questa sezione è dedicata alla gestione di più articoli contemporaneamente, inclusa la funzione di aggiornamento tecnologico.

Scegli la Scheda tecnica

Nella sezione "**OPERAZIONI MASSIVE**", utilizza i filtri disponibili per ricercare la **Scheda Tecnica** che desideri aggiornare. I filtri includono:

- **Strumento:** Seleziona lo strumento di acquisto (Convenzione o Accordo Quadro).

- **Categoria di interesse:** Indica la categoria merceologica del prodotto/servizio.
- **Scheda Tecnica primaria da aggiornare:** Seleziona la scheda tecnica principale che necessita dell'aggiornamento.

Selezionando "**Accordo Quadro**" o "**Convenzione**", il sistema mostrerà ulteriori filtri specifici:

- Codice Sigef
- Nome Iniziativa
- Lotto
- Ambiente
- N.Ambiente

Dopo aver impostato i filtri, seleziona la **Scheda Tecnica** del prodotto che intendi aggiornare (ad esempio, "pacemaker"). Il sistema scaricherà automaticamente anche gli articoli secondari collegati a questa scheda, che potranno essere aggiornati secondo le tue esigenze.

Scarica il template

Una volta selezionata la scheda tecnica, digita "**SCARICA IL TEMPLATE**" relativo all'operazione "**AGGIORNAMENTO**".

Il sistema genererà un file in formato .xls (ad esempio, "**Aggiornamento Scheda pacemaker**"). Scarica questo file sul tuo computer.

Aggiornamento del Template

Apri il template del file .xls scaricato e procedi con l'aggiornamento degli attributi di interesse. Completa tutte le celle che necessitano di essere aggiornate. Nell'ultima colonna a destra di ogni riga, indica "**SÌ**" se sei interessato ad aggiornare l'articolo corrispondente, oppure "**NO**" se non intendi modificarlo. Ripeti questa operazione per tutti i fogli di lavoro (tab) presenti nel template che necessitano di aggiornamento.

Importa il file

Una volta terminate le operazioni di aggiornamento nel template, ricarica il file sul sistema selezionando "**IMPORTA FILE**" presente nella funzione "**AGGIORNAMENTO**".

Genera la richiesta di pubblicazione

Filtra Operazione e Invia in Approvazione

Visualizza la sezione "**Filtra operazioni**". Utilizza i filtri disponibili per trovare l'operazione di aggiornamento appena caricata e verificare che sia andata a buon fine (lo stato dovrebbe indicare "Caricato correttamente"). Una volta verificato l'esito positivo, **INVIA** l'aggiornamento in approvazione a Consip.

Genera Richiesta di Pubblicazione e Carica il PDF Firmato

Dopo aver ricevuto l'approvazione da parte di Consip (lo stato dell'operazione passerà ad "Approvato Consip"), **GENERA** la richiesta di pubblicazione. A questo punto, dovrai caricare il file PDF firmato digitalmente in formato CAdES (.p7m).

Firma del PDF

Procedi con la firma del PDF seguendo alternativamente uno dei due percorsi indicati:

Percorso 1 - Pubblicazione a livello di iniziativa/Lotto/Scheda

1. Seleziona "**OFFERTE DA PUBBLICARE**" dal menu laterale.

2. **FILTRA** la ricerca indicando:

   o Lo strumento (Convenzione o Accordo Quadro).

   o Il codice Sigef dell'iniziativa.

   o Il nome dell'iniziativa.

   o L'ambiente/Lotto di interesse.

   o La Scheda Tecnica aggiornata.

3. Dopo aver selezionato la **Scheda Tecnica** di tuo interesse, digita "**GENERA RICHIESTA**".

Percorso 2 - Selezione dei singoli articoli da pubblicare

1. Accedi alla sezione "**CATALOGO**".

2. **FILTRA** la ricerca selezionando lo "**STRUMENTO**" (Convenzione o Accordo Quadro) e, in "**AMBIENTE**", scegli il "**LOTTO**" di tuo interesse.

3. Dopo aver digitato "**FILTRA**", visualizzerai i risultati nella pagina. Puoi scegliere il numero di risultati per pagina (15, 30 o 60).

4. Seleziona la **Scheda Tecnica** di tuo interesse.

5. Digita "SELEZIONA GLI ARTICOLI 'APPROVATO CONSIP' PRESENTI IN QUESTA PAGINA" che desideri pubblicare.

6. Infine, digita "GENERA RICHIESTA DI PUBBLICAZIONE".

Richiesta di pubblicazione

Accesso con Utenza del Legale Rappresentante

ACCEDI ad **Acquistinretepa** con l'utenza del **Legale Rappresentante** abilitato alla gestione del catalogo.

Navigazione alle Richieste di Pubblicazione

Seleziona nel menu a sinistra "GESTIONE CATALOGO" e successivamente "RICHIESTE DI PUBBLICAZIONE". Accedi alle richieste di pubblicazione articoli nello stato "In attesa di firma".

Scarica il PDF e allega il file

Download del PDF

Seleziona la richiesta di pubblicazione relativa all'aggiornamento tecnologico e SCARICA il PDF di pubblicazione articoli selezionando "DOWNLOAD".

Upload del File Firmato

Ricarica il documento PDF firmato digitalmente in formato CAdES (.p7m) digitando "SFOGLIA" per selezionare il file dal tuo computer e poi "ALLEGA" per caricarlo sul sistema.

Ricorda: Il PDF di pubblicazione articoli deve necessariamente essere scaricato e firmato dalla stessa postazione di lavoro.

Fine della procedura

Se l'operazione è stata completata correttamente, visualizzerai la richiesta di pubblicazione nello stato "Pubblicato".

Nel caso in cui il PDF risulti corrotto o non valido, il sistema restituirà il messaggio "Nessun file firmato allegato alla richiesta di pubblicazione". In questo caso, sarà necessario ripetere la procedura di download, firma e upload del file.

Conclusione

L'aggiornamento tecnologico dei prodotti e servizi a catalogo è un processo fondamentale per i fornitori aggiudicatari al fine di mantenere la competitività e l'attualità delle proprie offerte sulla piattaforma **Acquistinretepa.it**. Seguendo attentamente i passaggi descritti, è possibile completare l'aggiornamento in modo efficace e garantire che le Pubbliche Amministrazioni abbiano accesso alle versioni più recenti dei prodotti e servizi offerti.

Capitolo 12: NSO - Nodo Smistamento Ordini e Acquisti in Rete

Introduzione al NSO - Nodo Smistamento Ordini

Il **Nodo Smistamento Ordini (NSO)** è un sistema informativo istituito dalla **Ragioneria Generale dello Stato**. La sua funzione principale è quella di gestire il transito di tutti gli ordini che rientrano nel campo di applicazione del **Decreto Ministeriale 7 dicembre 2018**. Attraverso questo sistema, vengono validate e trasmesse le informazioni e i documenti relativi agli ordini tra i soggetti pubblici coinvolti (principalmente enti del Servizio Sanitario Nazionale) e i loro fornitori. Per approfondimenti normativi e tecnici, si rimanda alla sezione dedicata al NSO sul sito della Ragioneria Generale dello Stato.

Integrazione del NSO con Acquisti in Rete

La piattaforma **Acquisti in Rete** del **MePA** supporta pienamente l'utilizzo del servizio **NSO**, consentendo a:

- Tutti gli **Enti del Servizio Sanitario Nazionale (SSN)**.

- Tutti i soggetti (anche privati) che effettuano acquisti per conto degli enti del SSN.

- Tutti i fornitori di Beni e Servizi degli Enti del Servizio Sanitario Nazionale.

di integrare il servizio **NSO** direttamente all'interno delle **Procedure di acquisto**, facilitando la trasmissione degli ordini in conformità con la normativa vigente.

Guida all'acquisto a catalogo con NSO (per le Pubbliche Amministrazioni del settore Sanitario)

Le Pubbliche Amministrazioni del settore Sanitario che intendono acquistare Beni e Servizi attraverso il catalogo devono utilizzare il servizio **NSO**. Di seguito è illustrata la procedura:

1. Accesso al portale

Accedere al portale **Acquisti in Rete** e ricercare il bene o il servizio desiderato tramite la funzione "CERCA NEL PORTALE" nel **Cruscotto** oppure navigando tra le diverse **Aree Merceologiche**. Una volta individuato l'articolo, aggiungerlo al **Carrello**.

Procedere all'acquisto scegliendo tra due modalità:

- Avviare una Nuova procedura di acquisto.

- Aggiungere il prodotto a una procedura avviata precedentemente.

Ricorda: Se per l'articolo selezionato fossero già state avviate procedure di acquisto in precedenza, il sistema mostrerà un messaggio di avviso al momento dell'aggiunta al Carrello, consentendo di selezionare la procedura esistente.

2. Procedura di acquisto

Nella pagina della **Procedura di acquisto**, verificare le informazioni aggiunte e specificare i dettagli dell'acquisto (quantità, luogo di consegna, ecc.). Successivamente, selezionare "VALIDA e VAI AL RIEPILOGO". È possibile "SALVARE" la procedura per continuarla in un secondo momento oppure "ELIMINARE" la procedura se necessario.

All'interno della procedura di acquisto, la sezione "**Nodo Smistamento Ordini**" può assumere i seguenti valori, indicando lo stato dell'amministrazione rispetto all'obbligo NSO:

- **Amministrazione non soggetta a obbligo NSO:** L'ordine non transiterà attraverso il NSO.

- **Amministrazione soggetta a obbligo NSO - Acquisti in rete PA trasferirà l'ordine a NSO:** L'ordine verrà automaticamente trasmesso al NSO tramite la piattaforma.

- **Amministrazione soggetta a obbligo NSO - non verrà inviato l'ordine tramite Acquisti in rete PA:** L'ordine non verrà inviato al NSO tramite la piattaforma, a seguito di una specifica richiesta dell'amministrazione.

Ricorda: Se la tua Pubblica Amministrazione appartiene al Servizio Sanitario Nazionale, visualizzerai la sezione "**Codici Nodo Smistamento Ordini**". Consulta la pagina "**Gestione codici NSO PA**" per inserire o gestire i codici NSO della tua amministrazione.

All'interno della sezione "**Nodo Smistamento Ordini**", è possibile selezionare un **Codice NSO diverso** da quello impostato come preferito, cliccando sull'icona a forma di matita.

2.1 Codice NSO fornitore mancante

Se il fornitore selezionato non ha indicato un **Codice NSO preferito**, durante la fase di invio dell'Ordine, il sistema permetterà di "**SOLLECITARE**" il fornitore. Selezionare il pulsante "**SOLLECITA**" per inviare una notifica al fornitore (Legale Rappresentante o Operatore delegato) tramite email e tramite il portale (all'interno del **Cruscotto** personale).

3. Inviare Ordine

Una volta completata la procedura e verificati i dati, selezionare "**INVIA ORDINE**" per trasmettere l'ordine all'Operatore Economico.

Se prima dell'invio si desidera **MODIFICARE** i dati dell'Ordine, è necessario rivalidarlo come spiegato precedentemente (verificare i dati e selezionare "**VALIDA e VAI AL RIEPILOGO**").

Dopo aver inviato l'Ordine, lo stato sarà "**Ordine Inviato**". A questo punto, è necessario attendere la lavorazione da parte del NSO. Successivamente, l'Ordine può:

- **Essere inviato al Fornitore e quindi efficace.**
- **Riscontrare degli errori e quindi risultare inefficace.**
- **Essere validato, inviato ma non recapitato (l'ordine risulta comunque efficace).**

In tutti e tre i casi, il fornitore riceverà un'apposita notifica tramite email e tramite il portale.

4. Riepilogo

Nella pagina di **Riepilogo**, è possibile visualizzare il resoconto completo dell'Ordine. Per scaricare il documento generato in formato .pdf, selezionare il nome del documento.

Apporre la **firma digitale** al documento scaricato e ricaricarlo sul sistema selezionando "**Upload PDF**". Infine, trasmettere l'Ordine all'OE selezionando "**INVIA ORDINE**". Prima dell'invio, è ancora possibile **MODIFICARE** i dati immessi e, in tal caso, sarà necessario procedere nuovamente alla validazione dell'Ordine (scaricare il nuovo .pdf, firmarlo digitalmente e ricaricarlo sulla piattaforma di **e-Procurement**).

Da sapere: Il sistema consente di inviare un documento con una dimensione massima di 5 MB.

5. Revoca di un Ordine NSO

Il sistema **NSO** trasmette un Ordine di revoca nei seguenti casi:

- Viene accettata una proposta di revoca da parte del Punto Ordinante.

- Viene accettata una proposta di revoca da parte del Punto Istruttore.

- Viene annullato un Ordine dal Punto Ordinante.

Gestione codici NSO PA (per le Pubbliche Amministrazioni)

Per una corretta gestione degli ordini NSO inviati, è necessario indicare un **Codice accreditamento NSO**, che rappresenta il canale attraverso cui si desidera inviare gli ordini di approvvigionamento NSO.

Dopo aver effettuato l'accesso come **Punto Ordinante**, accedere alla sezione "GESTIONE ABILITAZIONI" del **Cruscotto**. Se la PA appartiene al Servizio Sanitario Nazionale, visualizzerà la sezione "**Codici Nodo Smistamento Ordini**".

Nota Bene: Le PA appartenenti al SSN che hanno comunicato di non avvalersi delle funzioni di Acquisti in Rete PA per effettuare l'Ordine non visualizzeranno questa sezione, ma troveranno un disclaimer informativo all'interno dei dati principali dell'Ordine.

All'interno della pagina di dettaglio dell'abilitazione, selezionare "**Codici Nodo Smistamento Ordini**" per accedere alla sezione di gestione dei codici degli ordini NSO.

Inserire un nuovo Codice NSO

Per inserire un nuovo codice, selezionare il pulsante "AGGIUNGI CODICE NSO". Nella finestra che si aprirà, inserire:

- Il proprio **Codice NSO da IPA**, oppure

- Il proprio **Codice NSO non IPA**.

Dopo aver inserito il codice, selezionare "**SALVA**".

Impostare un Codice NSO come preferito

Per impostare un Codice NSO come preferito, selezionare l'icona a forma di segnalibro in corrispondenza della riga del codice desiderato. È possibile impostare un solo codice preferito alla volta.

Cancellare un Codice NSO

Per cancellare un Codice NSO, selezionare l'icona a forma di cestino in corrispondenza della riga del codice da eliminare.

Gestione codici NSO Fornitore (per gli Operatori Economici)

Per una corretta gestione degli ordini NSO inviati dalle Pubbliche Amministrazioni, è necessario indicare un **Codice accreditamento NSO**, che rappresenta il canale attraverso il quale si desidera ricevere gli ordini di approvvigionamento NSO.

Dopo aver effettuato l'accesso come **Legale Rappresentante**, accedere alla sezione "GESTIONE ABILITAZIONI" del **Cruscotto**. Tra i servizi disponibili, selezionare "**Codice Accreditamento NSO**".

Nella sezione "**Codice Accreditamento NSO**", è possibile gestire il proprio codice NSO: inserire un nuovo codice tramite l'apposito pulsante, cancellare un codice NSO già presente oppure scegliere un codice NSO da impostare come preferito.

Inserire un nuovo Codice NSO

Per inserire un **NUOVO CODICE**, selezionare l'apposito pulsante. Nella finestra che si aprirà, inserire il proprio codice NSO rilasciato dal Nodo Smistamento Ordini, il proprio indirizzo PEPPOL o la propria PEC.

Nel campo "**Codice di Accreditamento**" è possibile inserire:

- Il proprio indirizzo NSO, ottenuto tramite l'accreditamento del canale sul sito FatturaPA, preceduto dal codice "**NSO0:**" (ad esempio NSO0:XXXXXX).

- Il proprio indirizzo PEPPOL, accreditato su NSO, preceduto dal codice "**0211:**" per la Partita IVA (ad esempio 0211:XXXXXXXXXXX) o "**0210:**" per il Codice Fiscale (ad esempio 0210:XXXXXXXXXXXXXXXX).

Impostare un Codice NSO come preferito

Per impostare un Codice di Accreditamento o una PEC come codice NSO preferito, selezionare l'icona a forma di stella (posta nella colonna "**Azioni**") in corrispondenza della riga desiderata. È possibile impostare come preferita una sola modalità di ricezione alla volta.

Cancellare un Codice NSO

Per cancellare un Codice di Accreditamento o una PEC, selezionare l'icona a forma di cestino (posta nella colonna "**Azioni**") in corrispondenza della riga da eliminare.

Conclusione

L'integrazione del **Nodo Smistamento Ordini (NSO)** con la piattaforma **Acquisti in Rete** rappresenta un elemento cruciale per la gestione degli acquisti nel settore sanitario. Sia le Pubbliche Amministrazioni che gli Operatori Economici devono comprendere le procedure e le funzionalità disponibili per garantire una corretta trasmissione e ricezione degli ordini in conformità con le normative vigenti.

Capitolo 13: Gestione dei Lotti per Fornitori Aggiudicatari di AQ e Convenzioni

Introduzione alla Gestione dei Lotti

Questa sezione descrive le operazioni che, in qualità di **Operatore Economico (OE)**, è possibile svolgere sulla piattaforma **Acquistinretepa.it** durante le fasi di attivazione e gestione di una **Convenzione** e di un **Accordo quadro** di cui si è risultati aggiudicatari.

1. Registrazione, modalità di autenticazione e abilitazione

Per iniziare, è necessario **ACCEDERE** o **REGISTRARSI** al Sistema di **e-Procurement** seguendo le indicazioni fornite nella pagina dedicata [link non fornito]. Dopo la registrazione, le attività operative potranno essere gestite in base al ruolo rappresentato per l'impresa aggiudicataria:

- **Legale Rappresentante:** Può operare con questo ruolo se già abilitato o abilitandosi ad almeno una categoria dei Mercati Telematici (**MePA**/SDAPA). Se non si è già abilitati o non si è interessati all'abilitazione al **MePA**/SDAPA, è necessario chiedere al referente Consip dell'iniziativa in attivazione di indirizzare la richiesta di abilitazione all'ufficio competente.

- **Collaboratore:** Può operare come Collaboratore solo se il Legale Rappresentante dell'impresa lo ha nominato e ha accettato la nomina.

Da sapere: Per maggiori dettagli sulle modalità di abilitazione ai Mercati Telematici, consultare [link non fornito]. Per informazioni sulla nomina del Collaboratore, consultare [link non fornito].

2. Gestione Ambienti e Autorizzazioni

Durante la fase di attivazione di una **Convenzione** e/o di un **Accordo quadro**, **Consip** configura uno o più ambienti per ciascun **Lotto**, a seconda delle modalità di acquisto previste (Ordine diretto e/o Negoziazione tramite Appalto Specifico).

Per gestire gli ambienti e le relative funzioni, è necessario **COMUNICARE** al referente Consip dell'iniziativa i seguenti dati:

- **Ragione Sociale** dell'impresa.

- **Partita IVA** dell'impresa.

- **Nome, Cognome, Codice Fiscale e ruolo nell'Impresa** (Legale Rappresentante o Collaboratore) degli utenti da autorizzare per ciascun ambiente.

Da sapere: In caso di aggiudicazione in forma aggregata, per ogni ambiente di cui si è aggiudicatari, sarà necessario comunicare la Partita IVA e la Ragione sociale della **Mandataria/Capofila** e di tutte le **Mandanti/Consorziate/Retiste**. La **Mandataria/Capofila** viene configurata a sistema come Titolare dell'ambiente e sarà l'intestataria di tutti i documenti generati (Catalogo, Ordini, Transaction Fee, Offerta tecnica, ecc.), nonché firmataria di Catalogo, Transaction Fee e Offerta.

All'interno dello stesso ambiente, è possibile autorizzare utenti diversi per le seguenti funzioni, a seconda dell'iniziativa e della modalità di acquisto prevista (Acquisto a catalogo e/o Appalto Specifico):

- **2.1 Gestione Catalogo:** Per i lotti che prevedono l'acquisto tramite ordini sul catalogo. È obbligatorio indicare almeno un utente **Legale Rappresentante** (che deve corrispondere al firmatario del Catalogo, appartenente alla **Mandataria/Capofila** in caso di aggiudicazione aggregata) ed è opzionale nominare uno o più **Collaboratori** (appartenenti alla **Mandataria/Capofila** e corrispondenti a chi invia il Catalogo, se diverso dal Legale Rappresentante). **Attenzione:** Se il Catalogo viene firmato da un Legale Rappresentante non autorizzato, il sistema non lo accetterà.

- **2.2 Gestione Ordini:** Per la gestione degli ambienti connessi agli acquisti sul catalogo. È obbligatorio indicare almeno un **Collaboratore** (in caso di aggiudicazione aggregata, può essere anche un solo utente per tutte le imprese) ed è opzionale nominare altri **Legali Rappresentanti** e **Collaboratori** (che possono appartenere sia a Imprese **Mandanti/Consorziate** che alla **Mandataria/Capofila**). **Attenzione:** Gli utenti non autorizzati non visualizzeranno né potranno gestire gli Ordini.

- **2.3 Gestione Negoziazioni:** Per i lotti che prevedono negoziazioni tramite la predisposizione di Appalti specifici. È obbligatorio indicare almeno un **Legale**

Rappresentate (appartenente alla **Mandataria/Capofila**). È opzionale nominare altri **Legali Rappresentanti** e **Collaboratori** (che possono appartenere sia all'Impresa **Mandataria/Capofila** che alle Imprese **Mandanti/Consorziate**). **Attenzione:** Gli utenti non autorizzati non avranno visibilità degli Appalti Specifici né potranno intervenire sulla procedura di partecipazione.

- **2.4 Gestione Transaction Fee:** Per le iniziative che prevedono l'invio dei flussi di fatturato per le transaction fee. È obbligatorio avere almeno un utente **Legale Rappresentante** (appartenente alla **Mandataria/Capofila** e corrispondente al firmatario del documento delle Transaction Fee). È opzionale indicare uno o più **Collaboratori** (che devono corrispondere a chi invia il documento, se diverso dal Legale Rappresentante). **Attenzione:** Gli utenti non autorizzati non potranno accedere in visualizzazione né inviare le Transaction Fee. Gli utenti non autorizzati alla gestione delle Transaction Fee, ma con almeno un'altra autorizzazione sull'ambiente, potranno visualizzarle.

- **2.5 Gestione Flussi Datamart:** Per le iniziative che prevedono l'invio dei flussi Datamart. È obbligatorio nominare almeno un utente **Legale Rappresentante** o **Collaboratore** (che può appartenere indifferentemente alla **Mandataria/Capofila** o a una delle Imprese **Mandanti**, ma deve corrispondere a chi invia il documento dei flussi). **Attenzione:** Gli utenti non autorizzati non potranno accedere in visualizzazione né inviare i Flussi. Gli utenti non autorizzati alla specifica funzione, ma con almeno un'altra autorizzazione sull'ambiente, potranno visualizzarli.

È possibile verificare l'elenco degli utenti autorizzati sui singoli ambienti accedendo al Sistema di **e-Procurement**. Dal **Cruscotto**, selezionare "**FLUSSI E TRANSACTION FEE**". Il sistema mostrerà l'elenco degli ambienti di cui si è aggiudicatari. È possibile effettuare la ricerca tramite filtri e selezionare la freccia in corrispondenza dell'ambiente di interesse per visualizzare i dettagli: Nome e cognome dell'utente, Ragione sociale e Partita IVA dell'impresa collegata, e il Tipo di autorizzazione (C=Catalogo, O=Ordini, N=Negoziazioni, T=Transaction FEE, F=Flussi).

Per integrare o modificare l'elenco degli autorizzati su un ambiente, è necessario comunicare al referente Consip dell'iniziativa i seguenti dati, rispettando le regole sopra descritte: Nome e cognome dell'utente, Codice fiscale, Ruolo (Legale Rappresentante/Collaboratore), e la Funzione da autorizzare.

3. Punti di accesso alle funzioni

Per accedere alle diverse funzioni relative alle Convenzioni e agli Accordi Quadro, è possibile seguire i seguenti percorsi dal **Cruscotto**:

- Dal menu a sinistra, selezionare "**GESTIONE CATALOGO**" oppure "**GESTIONE TRANSACTION FEE E FLUSSI**". Successivamente, selezionare lo strumento di interesse (**Convenzioni** o **Accordi quadro**) per visualizzare l'ambiente di Acquisto/Negoziazione su cui operare.

- Dal menu a sinistra, selezionare "**VENDITE**". Nel sottomenu, si troveranno i link agli "**Ordini Diretti ricevuti**" e alle "**Negoziazioni**" suddivise per tipologia di Strumento.

3.1 Accesso alle funzioni di Convenzioni e Accordi Quadro - ambiente precedente

Se si è aggiudicatari di un'iniziativa attivata prima di settembre 2023, è possibile accedere alle funzioni relative a tali iniziative tramite i link presenti nella parte centrale del **Cruscotto**, in corrispondenza dell'**Ambiente Precedente** delle **Convenzioni** o degli **Accordi Quadro**.

- **Ordini – Ambiente precedente - Convenzioni e Accordi quadro:** Questa funzione permette di consultare e gestire gli ordini emessi fino alla data di scadenza (per iniziative NON migrate) o alla data di migrazione (per iniziative migrate). Gli ordini emessi dopo l'eventuale migrazione sono accessibili tramite il link "**VENDITE**" nel menu a sinistra.

- **Partecipazioni (per invio transaction fee) – Ambiente precedente - Convenzioni e Accordi quadro:** Selezionando "**GARE AGGIUDICATE**", è possibile visualizzare l'elenco delle gare di cui si è aggiudicatari, pubblicate entro luglio 2023. Per le gare attivate prima di settembre 2023 e scadute senza migrazione, l'invio dei flussi di fatturato transaction fee avviene cliccando sul dettaglio della gara e poi su "**GESTIONE REPORT FATTURE**". Per le gare migrate, l'invio avviene tramite la funzione dedicata descritta precedentemente, anche per gli ordini emessi sulla vecchia piattaforma (in questo caso, il sistema potrebbe restituire un errore non bloccante per mancato riconoscimento del numero d'ordine, ma consentirà comunque la generazione della Dichiarazione).

- **Appalti specifici – Ambiente precedente (soli Accordi quadro con rilancio competitivo):** Questa funzione permette di consultare, gestire e, se i termini non sono scaduti, inviare offerte per tutti gli appalti specifici pubblicati entro la data di scadenza dell'AQ (se non migrato) o entro la data di migrazione. Gli appalti specifici pubblicati dopo l'eventuale migrazione sono accessibili tramite il link "**VENDITE**" nel menu a sinistra.

Conclusione

La gestione dei lotti per i fornitori aggiudicatari di Accordi Quadro e Convenzioni su **Acquistinretepa.it** richiede una chiara comprensione dei ruoli, delle autorizzazioni e dei punti di accesso alle diverse funzioni. La comunicazione con il referente Consip è fondamentale per la corretta configurazione degli ambienti e l'abilitazione degli utenti, garantendo un'operatività efficiente e conforme alle procedure stabilite.

Capitolo 14: Trattativa Diretta sul MePA

Introduzione alla Trattativa Diretta

La **Trattativa Diretta** è una modalità di acquisto disponibile all'interno del **Mercato Elettronico MePA** che consente alle Pubbliche Amministrazioni (PA) di avviare negoziati diretti con un singolo Operatore Economico (OE). Questa procedura semplificata è ideale per acquisizioni specifiche e mirate.

Per una panoramica completa di tutte le tipologie di Richieste di Offerta (RdO) disponibili sul MePA, si rimanda alla pagina dedicata [link non fornito]. Nei paragrafi successivi, verrà illustrato nel dettaglio l'iter che caratterizza le fasi della Negoziazione tramite Trattativa Diretta.

1. Avvio Negoziazione

L'avvio di una Negoziazione per un bando MePA può avvenire in diversi modi dal **Cruscotto**:

- Tramite il **link rapido Liste MePA**: Questa opzione permette di avviare la Negoziazione partendo da elenchi di preferenze precedentemente salvati (articoli, lista di Operatori Economici, categorie). È possibile scegliere uno o più elementi da questi elenchi per procedere con la creazione della Negoziazione.

- Tramite il **link rapido Avvia Negoziazione** presente nella sezione **Mercato Elettronico**.

Inoltre, è possibile avviare una Negoziazione accedendo alla pagina di riepilogo delle Richieste di Offerta (RdO):

- Dalla sezione **Mercato Elettronico > Negoziazioni**.

- Dal menu laterale di sinistra **Acquisti > Negoziazioni > MePA**.

In entrambi i casi, si accederà alla pagina di riepilogo di tutte le RdO, dove è possibile visualizzare le RdO in diversi stati:

- **In Bozza:** RdO predisposta e salvata, in attesa di pubblicazione.

- **In Approvazione:** RdO inviata al Punto Ordinante (PO) dal Punto Istruttore (PI).

- **Pubblicata:** RdO pubblicata, visibile agli Operatori Economici, con i termini per la presentazione dell'offerta non ancora scaduti.

Per visualizzare le RdO il cui iter è completo, selezionare il pulsante in alto a destra **RDO COMPLETE**. In questa sezione si trovano le RdO in stato:

- **Scaduta:** Termini di presentazione scaduti.

- **Deserta:** Nessuna offerta presentata.

- **In Esame:** Offerte presentate in fase di valutazione.

- **Aggiudicata:** Fase di aggiudicazione conclusa.

- **Sospesa:** Procedimento temporaneamente interrotto.

- **Revocata:** Procedimento definitivamente annullato.

- **Stipulata:** Contratto stipulato con l'Operatore Economico.

- **Chiusa:** RdO conclusa.

Per tornare alla lista delle RdO pre-pubblicazione, selezionare il pulsante **RDO DA COMPLETARE**, posizionato in alto a destra. Per creare una nuova Negoziazione, cliccare sul pulsante **NUOVA RDO**.

Da sapere: Se le Negoziazioni sono predisposte dal Punto Istruttore (PI), la gestione delle liste RdO da completare e RdO complete è accessibile sia al PI che al Punto Ordinante (PO). Se invece le RdO sono predisposte dal PO, sono visibili solamente al PO.

2. Tipologia RdO

Nella fase di creazione di una nuova RdO, il sistema permette di scegliere tra quattro diverse tipologie, in base alle esigenze dell'Amministrazione:

- **Trattativa Diretta:** Permette di negoziare direttamente con un unico Operatore Economico.

- **Confronto di preventivi:** Consente di invitare più di un Operatore Economico a presentare un preventivo.

- **RdO Semplice:** Permette di costruire una gara a lotto unico con criterio di aggiudicazione al "minor prezzo".

- **RdO Evoluta:** Permette di strutturare una gara in più lotti secondo il criterio di aggiudicazione al "minor prezzo" o al "miglior rapporto qualità prezzo".

Dopo aver selezionato "**Trattativa Diretta**" come tipologia di RdO, è possibile procedere con la predisposizione della Negoziazione.

Da sapere: Solo nella RdO Evoluta l'oggetto della Negoziazione può riguardare diverse categorie di abilitazione. Nelle altre tipologie, gli oggetti di Negoziazione devono fare riferimento alla stessa categoria.

3. Creazione Trattativa Diretta

La **Trattativa Diretta** è una delle quattro tipologie di Negoziazione RdO disponibili sul MePA. Questa modalità di acquisto consente di negoziare direttamente con un unico Operatore Economico all'interno del Mercato elettronico. L'offerta economica è sempre a corpo e l'oggetto della Negoziazione si riferisce a una delle categorie dei bandi del MePA.

La Trattativa Diretta può essere predisposta dal:

- **Punto Ordinante (PO).**

- **Punto Istruttore (PI)** associato a un Punto Ordinante, che può gestirla direttamente inviandola all'Operatore Economico designato.

Dopo la pubblicazione, altri utenti autorizzati possono intervenire per proseguirne la gestione.

3.1 Inserimento Parametri Essenziali

Selezionando "**Trattativa Diretta**" come tipologia di RdO, si accede a una pagina in cui è richiesto l'inserimento di alcune informazioni obbligatorie (contrassegnate dal simbolo "*").

- Nel campo **Nome Trattativa**, inserire un titolo descrittivo della Negoziazione.

- Nel menu a tendina **Tipologia di Appalto**, scegliere tra:

  - Appalto di forniture

  - Appalto di lavori

  - Appalto di servizi

  - Appalto misto

- Nella **Tipologia di procedura**, selezionare l'ambito normativo della Trattativa. Se si seleziona "Altro", si aprirà una finestra per inserire la specifica.

- Nel campo **Regolamento applicabile alla procedura telematica**, selezionare il complesso di regole di riferimento.

Infine, selezionare il pulsante **CREA TRATTATIVA DIRETTA** per generare la Negoziazione. In caso di necessità di modificare la tipologia di RdO, è possibile utilizzare i link presenti in basso alla pagina.

3.2 Inserimento Dati Principali

Dopo aver creato la Trattativa Diretta, si accede a una pagina contenente tutti gli elementi da inserire per predisporre la Negoziazione. Le voci presenti nel menu di sinistra guidano l'utente attraverso i diversi punti della pagina.

Nella sezione **Dati Principali**, si trovano i dati inseriti al momento della creazione della Trattativa. I campi contrassegnati con il simbolo possono essere modificati.

Nella **Trattativa Diretta** non è prevista alcuna scheda tecnica. Per descrivere l'oggetto della Negoziazione, è possibile utilizzare il box **Descrizione della fornitura**. In alternativa, scorrendo la pagina, è possibile allegare la documentazione in cui l'oggetto della Trattativa Diretta viene dettagliato.

Nel campo **Formulazione dell'offerta economica**, scegliere la modalità con cui l'Operatore Economico potrà presentare l'offerta:

- **Percentuali a ribasso:** L'offerta dell'Operatore Economico è espressa in termini di percentuale di sconto rispetto a una quantità economica data. In questo caso, è necessario inserire:

    o Il nome del parametro.

    o Il peso (il peso totale dei parametri deve essere pari a 1).

    o Le cifre decimali che potrà comprendere l'offerta economica. È possibile inserire più parametri aggiuntivi cliccando su **AGGIUNGI ULTERIORE PARAMETRO.**

- **Valore economico:** L'offerta dell'Operatore Economico è espressa in termini di quantità economica monetaria. In questo caso, è necessario indicare anche l'importo da ribassare e le cifre decimali dell'offerta economica.

3.3 La richiesta del CIG

Il **CIG (Codice Identificativo di Gara)** è un codice alfanumerico di 10 cifre obbligatorio che identifica in maniera univoca gli elementi costitutivi delle gare d'appalto.

Nella Trattativa Diretta, è possibile procedere con la richiesta del CIG nel momento dell'esame delle offerte. È disponibile un comando per omettere il codice CIG, scegliendo il relativo codice di esenzione dal menu a tendina. Per utilizzare questa opzione, è obbligatorio indicare l'eventuale esenzione e selezionare la specifica del caso dal menu a tendina. Si raccomanda di compilare tutti i campi obbligatori dell'iniziativa prima di inviare la richiesta del CIG.

Per ulteriori informazioni, consultare le risorse sull'integrazione con la Piattaforma dei Contratti Pubblici di Anac [link non fornito] e il filmato dimostrativo sulla procedura di richiesta del CIG su Acquisti in rete [link non fornito].

Nota bene: Per visionare i materiali di supporto Schede ANAC, cliccare qui [link non fornito].

In questa sezione, è anche possibile inserire il **CUP (Codice Unico di Progetto)**, se applicabile.

Il **CPV (Common Procurement Vocabulary)** è un codice obbligatorio. Tramite il pulsante **Cerca CPV**, è possibile effettuare la ricerca per categoria di abilitazione oppure direttamente per codice CPV. È possibile inserire un massimo di 100 codici CPV appartenenti alla stessa categoria merceologica. In caso di più CPV, è possibile specificare il peso di ognuno nella Negoziazione oppure indicare il CPV principale tra quelli facenti parte della richiesta del CIG. È fondamentale inserire CPV della stessa categoria, altrimenti il sistema si bloccherà al momento della pubblicazione.

Nel campo **Importo oggetto di offerta**, scegliere tra **Base d'asta** ed **importo presunto**. Il sistema non impedirà l'inserimento di offerte di valore superiore. Nel campo **Valore in euro**, indicare l'importo di riferimento della negoziazione. Nel campo **Oneri per la sicurezza non soggetti a ribasso**, indicare l'importo di eventuali oneri applicabili. Nel campo **Termini di pagamento**, specificare i termini stabiliti. Nel box **Dati di consegna e fatturazione**, specificare i dettagli relativi (via, città, cap, aliquota IVA).

3.4 Input Fornitori

In questa sezione si trovano le opzioni di configurazione del procedimento che dipendono dal valore, dall'oggetto e dalla tipologia dell'affidamento. È possibile selezionare le opzioni pertinenti alla propria procedura.

3.5 Definizione dei Ruoli

In caso di creazione di una nuova Negoziazione, il **Responsabile del Procedimento (RdP)** e il **Soggetto Stipulante** sono preimpostati automaticamente dal sistema con il Punto Ordinante. Se si utilizza la funzione di **Copia RdO**, è necessario specificare RdP e Soggetto Stipulante. In questa sezione è possibile modificarli o indicarli.

È possibile indicare un solo Responsabile del Procedimento, e i suoi dati anagrafici sono obbligatori. Il Soggetto Stipulante può essere uno solo nella Trattativa Diretta e nel Confronto di Preventivi, mentre è possibile aggiungere più soggetti stipulanti nella RdO Semplice e nella RdO Evoluta.

Nel caso di Negoziazione gestita per conto di terzi, è necessario indicare che l'ente committente non coincide con la Stazione Appaltante e specificarne il Nome.

Da sapere: Sia il Responsabile del Procedimento che il Soggetto Stipulante devono essere registrati alla piattaforma di **e-Procurement**. Per cercare un soggetto da inserire, è necessario utilizzare i suoi dati personali (Nome, Cognome, Codice Fiscale).

3.6 Inserimento Date

Nella sezione **Date**, indicare le seguenti informazioni:

- **Termine ultimo presentazione offerta:** Data e ora entro cui l'Operatore Economico può presentare l'offerta.

- **Limite stipula contratto:** Data e ora entro cui l'Operatore Economico deve tenere vincolata l'offerta. La conferma in una data successiva è a sua discrezione.

- **Limite consegna beni/decorrenza servizi:** Termine a partire dal quale possono essere consegnati i beni o decorrere i servizi. È possibile impostare questo termine come data da calendario oppure come numero di giorni successivi alla stipula.

3.7 Documenti

Il sistema propone automaticamente un unico documento: l'offerta economica. A seconda delle esigenze, è possibile richiedere e/o inserire ulteriore documentazione a supporto dell'Operatore Economico nella presentazione dell'offerta (es. disciplinari, capitolati, richieste di costi della sicurezza, di costi della manodopera, ecc.).

Per aggiungere la documentazione, accettare il disclaimer e selezionare il pulsante **AGGIUNGI DOCUMENTAZIONE**.

Da sapere: Si consiglia di caricare file con una dimensione massima di 16 MB per garantire il buon funzionamento delle operazioni.

La documentazione aggiuntiva può essere di tre tipi:

- **Documentazione da produrre:** Documenti che si richiedono all'Operatore Economico. Per questa tipologia, è necessario inserire una descrizione, il tipo di richiesta, la modalità di invio, l'obbligatorietà e se il documento deve essere firmato digitalmente o meno. È possibile allegare un fac-simile come esempio per l'OE.

- **Documentazione da reinviare:** Documenti che l'Operatore Economico deve a sua volta reinviare. In questo caso, è necessario inserire la descrizione, la tipologia di richiesta, la modalità di invio, l'obbligatorietà, la firma digitale e allegare il documento che deve essere reinviato dall'OE.

- **Documentazione da consultare:** Documenti utili all'Operatore Economico per la presentazione dell'offerta. È possibile allegare un documento oppure inserire un URL.

Da sapere: Ricordare che è possibile inserire solamente un URL appartenente al registro IPA.

È possibile inserire più documenti come fac-simile tramite il tasto **SFOGLIA**, confermando con **AGGIUNGI I DOCUMENTI SELEZIONATI**. Gli OE visualizzeranno più righe documentali che si differenzieranno solo per il fac-simile allegato.

Ricordare di cliccare sul pulsante **SALVA**, in alto a destra della pagina, prima di selezionare **AGGIUNGI DOCUMENTI** per evitare di perdere i dati inseriti.

3.8 Invito Operatore Economico

Nella **Trattativa Diretta**, è possibile invitare un solo Operatore Economico, il quale deve essere abilitato sulla piattaforma di **e-Procurement** per il bando e la categoria di riferimento del CPV inserito.

Ricercare l'Operatore Economico da invitare attraverso la partita IVA/altro codice identificativo oppure attraverso la ragione sociale.

Selezionare il link **Visualizza elenco** per visualizzare l'Operatore Economico inserito. Tramite il pulsante **AZZERA ELENCO**, è possibile eliminarlo.

3.9 Salvataggio e Pubblicazione

Dopo aver compilato tutti i campi, selezionare il pulsante **SALVA** e successivamente il pulsante **PUBBLICA**, entrambi collocati in alto a destra della pagina.

Nel caso di richiesta del CIG, dopo aver compilato tutti i campi richiesti, selezionare direttamente il tasto **PUBBLICA**, senza il tasto **SALVA**. Dopo la richiesta del CIG, sarà possibile esclusivamente gestire la documentazione, senza poter modificare gli altri campi della negoziazione.

Con il pulsante **SALVA**, tutti i dati vengono salvati in stato "**Bozza**". La Trattativa salvata sarà disponibile nella pagina di riepilogo delle RdO da Completare (**Cruscotto > Negoziazioni > MePA – RdO da Completare**).

Con il pulsante **PUBBLICA**, la Trattativa Diretta viene inviata all'Operatore Economico. Una volta pubblicata, sarà disponibile nella pagina **RdO da Completare**.

Da sapere: La Trattativa Diretta può essere pubblicata dal PO oppure, se è predisposta dal PI, direttamente dal PI.

4. Riepilogo RdO post pubblicazione

Dopo la pubblicazione, è possibile accedere alla Trattativa Diretta dal **Cruscotto** tramite due percorsi:

- Finestra **Mercato elettronico > Negoziazioni**.
- Menu di sinistra > Sezione **Acquisti > Negoziazioni > MePA**.

Si accederà così alla pagina **RdO da completare**, dove è possibile consultare le RdO pubblicate con i termini di presentazione delle offerte non ancora scaduti. Le RdO da completare e le RdO complete sono elencate in ordine cronologico di modifica decrescente.

Dalla sezione **ulteriori filtri Rdo**, è possibile filtrare per:

- Nome RdO

- Data ultima modifica

- Stato

- Tipologia (es.: Trattativa Diretta)

Selezionando la Trattativa Diretta pubblicata di interesse, si accederà alla pagina di **Riepilogo RdO** con il menu di consultazione.

4.1 Gestione autorizzazioni

Nel menu di sinistra, selezionando **GESTIONE AUTORIZZAZIONI**, è possibile visualizzare:

- I soggetti autorizzati a intervenire nelle fasi di esame dell'offerta e di stipula della Trattativa.

- I soggetti che possono gestire le richieste di chiarimenti.

- La possibilità di aggiungere ulteriori utenti.

Il sistema individua automaticamente il Responsabile del Procedimento e l'utente che predispone la Negoziazione (PO o PI) come soggetti autorizzati a visualizzare la funzionalità di richiesta chiarimenti. È possibile aggiungere altri soggetti autorizzati selezionando il pulsante **AGGIUNGI UTENTE** in corrispondenza di **Richiesta chiarimenti**. Nel caso di RdO predisposta dal PI, affinché il PO possa gestire le richieste di chiarimenti, deve aggiungersi tra i soggetti autorizzati.

Da sapere: Il PO e il Responsabile del Procedimento possono gestire le autorizzazioni.

È possibile utilizzare il pulsante **AGGIUNGI UTENTE**, presente in fondo alla pagina, per aggiungere un utente (già registrato al portale di **e-Procurement**) ed eventualmente autorizzarlo a intervenire nelle fasi successive della Trattativa. Il comando a tendina **TAG DI RIFERIMENTO** è semplicemente un'etichetta che indica il ruolo. Affinché il nuovo utente possa operare nella RdO, inserire **ON** nel campo **Autorizzazione in scrittura**, altrimenti potrà solamente visualizzare il riepilogo. Nel campo **sezioni**, è possibile scegliere se autorizzare l'utente alla fase di esame offerte, alla fase di stipula o a entrambe le fasi. Il campo **buste**, a differenza delle RdO semplici e delle RdO evolute, per la Trattativa Diretta e il Confronto di Preventivi non è editabile. A seconda delle autorizzazioni attribuite, si visualizzano menu e funzionalità differenti.

Da sapere: Affinché un utente possa visualizzare la sezione **ESAME DELLE OFFERTE**, dovrà necessariamente essere attribuita la specifica autorizzazione.

4.2 Riepilogo RdO

Selezionando la voce del menu RIEPILOGO RDO, si accede alla sezione in cui vengono riepilogati tutti i dati inseriti durante la predisposizione della Trattativa.

È indicato il tipo di RdO predisposto e la descrizione inserita al momento della creazione. È possibile selezionare e scaricare il file in formato PDF, presente sulla destra, che sintetizza tutte le informazioni inserite in precedenza.

Se, nella pagina di Riepilogo RdO, si seleziona **Dati Principali**, è possibile visualizzare le informazioni riguardanti il numero della RdO (attribuito automaticamente dal sistema), il nome della Trattativa, la tipologia di contratto, la tipologia di procedura scelta e il regolamento applicabile.

La voce **Ruoli** riporta i nominativi del Soggetto Stipulante, del Responsabile del Procedimento ed eventuali ulteriori utenti autorizzati.

La voce **Date** consente di visualizzare la data di pubblicazione della Trattativa, i termini stabiliti per la presentazione delle offerte, la stipula e la consegna dei beni/decorrenza dei servizi.

La voce **Dettaglio** riporta il criterio di aggiudicazione scelto, i codici CIG e CPV, l'importo presunto della fornitura e ulteriori informazioni che caratterizzano la procedura.

La voce **Richieste** schematizza la documentazione richiesta all'Operatore Economico.

Selezionare **Documentazione di Gara** per visualizzare la documentazione inserita nella Trattativa pubblicata.

Infine, selezionare **Inviti** per visualizzare l'Operatore Economico invitato.

4.3 Richiesta chiarimenti

La sezione **Richiesta Chiarimenti** permette di gestire eventuali richieste inviate al sistema dall'Operatore Economico. Tali richieste possono essere gestite dall'utente che crea l'iniziativa (PI o PO), dal RdP e da eventuali altri soggetti autorizzati (se è il PI che crea la RdO, per gestire i chiarimenti il PO deve essere aggiunto tra gli autorizzati). La funzione è attiva fino alla scadenza del termine di presentazione dell'offerta.

Dal menu laterale, selezionare **Richiesta Chiarimenti** per accedere alla pagina con l'elenco delle richieste ricevute. Per ogni richiesta, sono associate le seguenti informazioni: il nome dell'Operatore Economico, l'oggetto, il numero di messaggi ricevuti, lo stato della comunicazione (Da leggere/Letta) e la data di ricezione.

Per accedere al dettaglio di una specifica richiesta, selezionare la freccia corrispondente. La pagina di **Dettaglio Richiesta Chiarimenti** permette di leggere la richiesta ricevuta da un OE e di rispondere al singolo operatore.

Da sapere: È possibile caricare come documento da consultare un documento contenente le risposte a tutte le richieste di chiarimenti degli OE, in modo che sia visibile a tutti. Per caricare questo documento, utilizzare la funzione di **Modifica RdO** (modifica non strutturale). Fino alla scadenza dei termini di presentazione dell'offerta, è necessario inviare comunicazioni alle imprese extra-sistema; successivamente, sarà possibile utilizzare le **Comunicazioni** della RdO stessa.

4.4 Comunicazioni

Grazie alla sezione **Comunicazioni**, è possibile inviare comunicazioni dopo la pubblicazione della Trattativa, nello specifico, dopo la scadenza dei termini di presentazione delle offerte. Fino a quel momento, se necessario, è possibile inviare comunicazioni extra-sistema oppure aggiungendo documenti dalla sezione **Modifica RdO**. Ricordare che ciascun documento allegato può avere una dimensione massima di 20 MB.

Selezionare il pulsante **RAPPORTO DI CONSEGNA** per avere informazioni sulla lettura del messaggio stesso. La data e l'ora di consegna al destinatario sono visualizzate sopra il pulsante.

Da sapere: Un soggetto autorizzato all'esame delle offerte può inviare comunicazioni. Se si desidera che altri soggetti, anch'essi autorizzati all'esame delle offerte, possano visualizzare la comunicazione inviata e la relativa risposta, è necessario inserirli in CC (copia conoscenza) prima di inviare la comunicazione. Il soggetto che ha pubblicato la RdO e quello impostato come RdP potranno automaticamente visualizzare le comunicazioni.

4.5 Revoca RdO/lotto

Nella sezione **Revoca RdO/lotto**, è possibile revocare la Trattativa Diretta definitivamente e con effetto immediato.

Da sapere: La revoca può essere effettuata dal PO e dal Responsabile del Procedimento. Il PI può revocare la Trattativa Diretta solo nel caso in cui l'abbia predisposta.

Selezionare il pulsante **REVOCA** per revocare la Trattativa Diretta. Il pulsante **ANNULLA** permette di tornare indietro e annullare l'azione.

4.6 Modifica RdO

Nella sezione **Modifica RdO**, è possibile modificare la Trattativa Diretta. Le modifiche possono essere strutturali o non strutturali, a seconda che incidano o meno sulle attività di composizione e presentazione delle offerte. Nel caso della Trattativa Diretta, è possibile apportare solo modifiche non strutturali.

Le modifiche non strutturali sono visibili dal momento in cui vengono effettuate. Come per la revoca, anche la modifica di una RdO può essere operata dal PO, dal Responsabile del Procedimento e dal PI (solo con la relativa approvazione).

Le modifiche non strutturali riguardano:

- Nome RdO

- Tipologia di appalto

- CUP

- CPV

- Ente Committente

- Responsabile del Procedimento

- Soggetto Stipulante

- Date della negoziazione

- Documenti

Da sapere: Il menu di riepilogo è dinamico: le voci variano a seconda della fase della Negoziazione e delle autorizzazioni attribuite all'utente. Ad esempio, la voce **Modifica RdO** è presente poco dopo la pubblicazione della Trattativa Diretta.

Dopo aver apportato le modifiche, selezionare il pulsante **SALVA** per salvare le modifiche e poi **CONFERMA MODIFICA**. In caso di mancata selezione di **CONFERMA MODIFICA**, la Trattativa passa allo stato "In Manutenzione". Nel caso di modifiche non strutturali sulla Trattativa Diretta, l'OE potrà comunque presentare offerta. Per ripristinare la Negoziazione, la persona che ha iniziato la modifica deve rientrare nella sezione **Modifica RdO** e ripetere la procedura digitando **CONFERMA MODIFICA**. È possibile modificare la Negoziazione anche dopo la presentazione dell'offerta da parte dell'Operatore Economico.

4.7 Copia RdO

È possibile accedere alla sezione **Copia RdO**, collocata nel menu di sinistra, per copiare la Trattativa Diretta e le relative informazioni. In questo modo, è possibile creare una nuova Trattativa Diretta che erediterà le informazioni principali di quella già pubblicata. Se era stato invitato un OE, lo si ritroverà nella nuova RdO. Non saranno copiate invece la parte documentale né i soggetti indicati come RdP, Soggetto Stipulante o altri autorizzati. La RdO copiata sarà disponibile nella pagina **RdO da Completare** nello stato "Bozza".

5. Perfezionamento Trattativa Diretta

Nei paragrafi precedenti, è stata analizzata la Trattativa Diretta fino alla sua pubblicazione, esaminando nel dettaglio le singole voci del menu di riepilogo. Nei successivi paragrafi, verranno approfondite le fasi finali della Negoziazione.

5.1 I tuoi ruoli nelle procedure di acquisto

Dopo la pubblicazione della Trattativa Diretta, è possibile visualizzare la voce **I tuoi ruoli nelle procedure di acquisto**, disponibile dal **Cruscotto**, per gestire le fasi successive della Negoziazione, quali la richiesta di chiarimenti, l'esame delle offerte e la stipula.

Da sapere: Il PO può gestire la richiesta dei chiarimenti direttamente dal menu di Riepilogo; deve passare dalla sezione **I tuoi ruoli nelle procedure di acquisto** in caso di RdO predisposta dal PI con previa autorizzazione. Allo stesso modo, il PI può accedere direttamente alla funzione di Richiesta Chiarimenti solo se ha la specifica predisposizione.

Se si accede alla propria area personale esclusivamente come utente Registrato, è possibile accedere direttamente alla sezione **I tuoi ruoli nelle procedure di acquisto**. Se si accede come utente Abilitato, selezionare il pulsante freccia per visualizzare l'elenco. Selezionando sul pulsante freccia, compare un elenco di RdO con le relative autorizzazioni.

È possibile utilizzare il filtro **Strumento** e il filtro **Periodo selezionato** per trovare la Trattativa Diretta di interesse, oppure inserire il numero identificativo della Trattativa nell'apposito campo e selezionare il pulsante **CERCA**. Per la stessa RdO, è possibile avere più ruoli in base alle autorizzazioni attribuite al proprio profilo. In caso di più ruoli, è necessario selezionarne uno specifico per poter gestire una determinata fase.

Accedendo alla Trattativa Diretta pubblicata, a seconda del profilo autorizzativo, nel menu di riepilogo si attivano delle sezioni aggiuntive.

5.2 Offerte presentate

Con la voce **Offerte presentate**, è possibile visualizzare le informazioni relative sia all'offerta presentata che all'Operatore Economico. In questa sezione, è possibile verificare se e quando l'Operatore Economico invitato ha presentato l'offerta.

Se l'OE ha presentato l'offerta, è possibile visualizzare il numero identificativo dell'offerta, la data e l'ora di presentazione. Nel menu a tendina, sono riportate alcune informazioni relative all'Operatore Economico, tra cui: Ragione sociale, Forma di partecipazione e Partita IVA.

Selezionando la denominazione del concorrente, si apre una finestra con le informazioni di base: la denominazione sociale, la sede legale, i recapiti e la posizione geografica.

Selezionando la voce **Richieste**, è possibile visualizzare le informazioni rilasciate in fase di abilitazione sul MePA, tra cui i bandi e le categorie a cui si è abilitati, con le eventuali modifiche. Inoltre, è possibile visualizzare e scaricare i file PDF delle richieste effettuate dagli Operatori Economici per ciascun argomento di riferimento.

Da sapere: Gli Operatori Economici hanno la possibilità di ritirare l'offerta e di ripresentarla fino alla scadenza del termine di presentazione delle offerte.

5.3 Esame Offerte

Dopo la scadenza del termine di presentazione delle offerte, nel menu di Riepilogo (per gli utenti autorizzati), si aggiungono le funzionalità di **Esame Offerte** e **Stipula**.

Nella sezione **Esame Offerte**, selezionare la denominazione dell'Operatore Economico per accedere alle informazioni relative all'abilitazione sul Mercato Elettronico MePA. Selezionare il pulsante **VAI ALL'OFFERTA** per esaminare l'offerta presentata dall'Operatore Economico.

È possibile decidere di rifiutare l'offerta presentata oppure di procedere alla stipula, utilizzando gli appositi pulsanti presenti in fondo alla pagina (**Rifiuta** e **Vai alla stipula**).

5.4 Stipula

Esaminata l'offerta, se si decide di stipulare il contratto, selezionare il pulsante VAI ALLA STIPULA dalla sezione Esame Offerte. Dalla sezione Stipula, selezionare PROCEDI ALLA STIPULA.

Inserire le seguenti informazioni:

- Data di stipula

- Data di attivazione del contratto

- Durata (inserire 0 se non è prevista una durata, ad esempio per prodotti)

- Valore in euro (IVA esclusa)

Selezionare la modalità preferita per la generazione del documento di stipula:

- **Documento di stipula generato automaticamente dal sistema:** Il sistema genererà un documento completo delle informazioni necessarie, che dovrà essere scaricato, firmato digitalmente e caricato sul sistema.

- **Contratto prodotto dalla Stazione Appaltante:** Permette di caricare un proprio documento contrattuale.

Selezionare **SFOGLIA** per caricare il documento di stipula firmato digitalmente e successivamente il pulsante **ALLEGA**. Il sistema effettua un controllo sulla validità della firma digitale del documento.

Ultimato il caricamento, è possibile procedere alla stipula utilizzando il pulsante STIPULA.

In caso di necessità di annullare/modificare la stipula, è possibile utilizzare l'apposita funzionalità **ANNULLA STIPULA** e ripetere la procedura.

Da sapere: L'Operatore Economico riceve una notifica dell'operazione di stipula effettuata a sistema, ma non riceve automaticamente il documento. È possibile inviare il documento di stipula tramite la sezione **COMUNICAZIONI** oppure extra-sistema.

Conclusione

La Trattativa Diretta rappresenta uno strumento agile ed efficace per le Pubbliche Amministrazioni che necessitano di acquisire beni o servizi specifici da un unico fornitore. La piattaforma MePA offre un'interfaccia intuitiva che guida l'utente attraverso tutte le fasi del processo, dalla creazione dell'RdO fino alla stipula del contratto.

Capitolo 15: Rispondere alle RdO sul MePA come Operatore Economico

Introduzione: Partecipare alle Negoziazioni della Pubblica Amministrazione

La piattaforma di e-Procurement offre agli Operatori Economici (OE) diverse opportunità di Negoziazione con le Pubbliche Amministrazioni (PA). Queste opportunità possono derivare da iniziative degli stessi OE (attraverso proposte di Acquisto a Catalogo), da iniziative delle PA (tramite affidamenti diretti o coinvolgendo più OE abilitati nelle Categorie MePA), oppure attraverso vere e proprie gare sotto la soglia comunitaria.

Questo capitolo si concentrerà sulle modalità di risposta alle Negoziazioni predisposte dalle PA, alle quali gli Operatori Economici possono partecipare attraverso vari tipi di Richiesta di Offerta (RdO): Trattativa Diretta, Confronto di Preventivi, RdO Semplice e RdO Evoluta.

È importante sottolineare che, mentre nella Trattativa Diretta il rapporto è tra una PA e un singolo Operatore Economico, nelle altre tipologie di RdO è prevista la partecipazione potenziale di una pluralità di OE. In ogni caso, per presentare un'offerta, è necessario essere stati ammessi alla/e Categoria/e del Bando/i oggetto della Negoziazione in questione.

1. Le Negoziazioni

Cruscotto RdO

Dal **Cruscotto**, è possibile accedere al Riepilogo di tutte le RdO attraverso:

- La sezione **Mercato Elettronico > Negoziazioni**.
- Il menu laterale di sinistra **Vendite > Negoziazioni > MePA**.

In entrambi i casi, si visualizzerà una schermata che permette di visionare tutte le RdO disponibili.

2. Riepilogo delle RdO

Tipologie RdO

Da questa schermata, sia il Legale Rappresentante che il Collaboratore dell'Operatore Economico hanno la possibilità di visualizzare tutte le RdO a cui possono partecipare e a cui stanno già partecipando.

Ricorda: Non è sufficiente che l'Operatore Economico sia abilitato alle categorie oggetto della RdO. Per poterle gestire, è necessario che il Legale Rappresentante sia associato alla specifica categoria e che il Collaboratore sia autorizzato a operare. Per maggiori dettagli, consultare la pagina del Profilo di abilitazione relativa alle categorie [link non fornito].

La schermata di riepilogo è divisa in:

- **RdO a cui sei stato invitato:** Sono le RdO per cui l'OE ha ricevuto un invito diretto. Solo l'OE invitato può visualizzarle e solo se abilitato al Bando/Categoria oggetto della Negoziazione può essere invitato.

- **RdO a cui hai partecipato:** Sono le RdO alle quali l'OE ha già partecipato, indipendentemente dal fatto che fossero ad invito o aperte.

- **RdO Aperte:** Sono visibili a tutti gli OE abilitati al Bando/Categoria oggetto della Negoziazione, che possono presentare un'offerta.

Sono disponibili diverse funzionalità per la gestione delle RdO:

Partecipazione tramite PIN

Inserimento PIN

In caso di forma di partecipazione multipla a una RdO (es.: RTI, Consorzio...), attraverso il tasto **PARTECIPA TRAMITE PIN**, il Legale Rappresentante o un Collaboratore inserito nella lista dei compilatori dell'iniziativa può compilare i dati richiesti della procedura inserendo un "PIN di accesso". Per le RdO ad inviti, il PIN va inserito da questa schermata; per le RdO aperte, il PIN va inserito direttamente nella schermata di partecipazione alla RdO.

Generazione file xls per tipologia di RdO inviti/aperte e filtro per RdO in scadenza

Estrazione file elenco RdO e filtro RdO in scadenza

È possibile scaricare, sia per le RdO a cui si è stati invitati che per le RdO Aperte, un file in formato Excel contenente i dettagli delle negoziazioni (ID, PA di riferimento, regione, importo, ecc.). Il sistema tiene traccia della data di generazione, consentendo di scaricare nuovamente e rigenerare il file aggiornato.

Dal simbolo dell'imbuto, selezionando il link mostrato a sistema, si apre l'elenco corrispondente alla specifica tab visualizzata, filtrato per le sole RdO che risultano in scadenza nella data corrente. È necessario quindi posizionarsi prima sulla sezione "RdO a cui sei stato invitato" o "RdO Aperte" e poi usare il filtro. Selezionando ulteriormente il link, il sistema annullerà il filtro impostato, visualizzando l'elenco corrispondente alla tab in cui ci si trovava.

Filtri generali e filtri avanzati

Filtri generali e avanzati

Sono disponibili filtri per:

- Nome Negoziazione
- Numero Negoziazione
- Stato dell'Offerta

Selezionare **Filtri avanzati** per effettuare la ricerca tramite ulteriori variabili (es. tipologia RdO, bando, categoria, PA, regione, importo, ecc.).

Da sapere: Per azzerare i filtri, selezionare il pulsante **ANNULLA**. Ricordare che, per applicare i filtri selezionati, è necessario prima aver selezionato la sezione corrispondente ("RdO a cui sei stato invitato", "RdO a cui hai partecipato" o "RdO Aperte"); il filtro verrà applicato sulla specifica sezione.

Sezioni del riepilogo RdO

Sezioni del riepilogo RdO

La schermata consente di scegliere tra tre diverse sezioni: una per le RdO a cui si è stati invitati, una per le RdO a cui si è partecipato e una relativa alle RdO Aperte. Ciascuna sezione contiene il relativo elenco e le informazioni di dettaglio relative alle singole negoziazioni. Selezionando le varie diciture e i simboli, è possibile scoprire le informazioni fondamentali (es.: ID, tipo, descrizione, importo, categoria, dettaglio PA, ecc.). Il colore del pallino in corrispondenza dello "Stato della negoziazione" indica se c'è ancora la possibilità di partecipare (verde) o se tale possibilità è terminata (rosso). Sono inoltre indicate le date di pubblicazione e di scadenza del termine di presentazione delle offerte.

In ciascuna sezione, è possibile ordinare i risultati per "Numero RdO", "Data inizio/fine presentazione offerte" ed "Importo". Selezionare il simbolo a sinistra della dicitura scelta per cambiare l'orientamento dell'ordinamento.

Inoltre, è possibile visualizzare con "**Mostra solo negoziazioni attive**" solo le RdO in stato Pubblicata, In Esame, Aggiudicata e Stipulata.

Stato offerta nella sezione RdO a cui hai partecipato

In particolare, nella sezione **RdO a cui hai partecipato**, è possibile visualizzare a sinistra l'icona relativa alla negoziazione, che indica lo stato della propria offerta. Per entrare nel dettaglio della negoziazione, selezionare il simbolo ">".

Da sapere: Una volta entrati nel dettaglio di una RdO, è possibile visualizzare il Riepilogo, chiedere chiarimenti e iniziare una partecipazione. Una volta iniziata una partecipazione, la RdO viene visualizzata nella sezione **RdO a cui hai partecipato** e non sarà più presente nelle altre sezioni. Ricordare che, se la RdO ha più lotti, una volta iniziata/presentata la partecipazione per un lotto, la RdO si troverà nella sezione **RdO a cui hai partecipato**. Per partecipare ad altri lotti, è necessario rientrare in questa sezione.

3. Trattativa Diretta e Confronto di Preventivi

La procedura di risposta a una Trattativa Diretta o a un Confronto di Preventivi è realizzata attraverso gli stessi identici passi.

3.1 Riepilogo

Pagina di Riepilogo

Entrando nel dettaglio di una di queste Negoziazioni, si visualizza il suo **Riepilogo** e si ha la possibilità di scaricare un PDF contenente i dati fondamentali della procedura.

In alto a destra della pagina, si trova sempre l'indicazione relativa allo stato della RdO. Nelle varie sezioni, si trovano le informazioni specifiche utili alla valutazione dell'iniziativa:

- **Dati Principali:** Identificativo della RdO, Bando abilitativo di riferimento, tipologia di Negoziazione e soggetti di riferimento.

- **Date:** Le date dell'iniziativa con il dettaglio delle scadenze: entro quando è possibile presentare l'offerta e fino a quando si rimane vincolati una volta presentata.

- **Dettaglio:** Criterio di aggiudicazione, CIG, CPV e categoria di abilitazione.

- **Documentazione:** L'elenco dei documenti di riferimento per l'iniziativa.

Da sapere: Per visionare o scaricare la documentazione, è sufficiente selezionare lo specifico documento. Il requisito, cioè l'oggetto della Negoziazione, viene rappresentato dalla PA nella documentazione o nella descrizione della RdO.

3.2 Richiesta di chiarimenti

Richiesta chiarimenti RdO

Dal menu a sinistra, selezionando la voce **Richiesta di chiarimenti**, si ha la possibilità di chiarire eventuali dubbi inviando un messaggio alla Pubblica Amministrazione di riferimento. È possibile farlo entro la scadenza dei termini visualizzabili nella sezione **Date** del Riepilogo. È disponibile un limite di 30.000 caratteri per il messaggio.

Dettaglio richiesta chiarimenti RdO

Al momento della risposta da parte della PA, si riceve una notifica a sistema e una e-mail di cortesia con un link diretto per visualizzare la risposta. In alternativa, è possibile accedere a questa sezione per visualizzare il messaggio inviato dalla PA.

Da sapere: La PA, invece di rispondere direttamente, può pubblicare le risposte a tutte le richieste di chiarimenti direttamente nei documenti da consultare, accessibili dal riepilogo RdO.

3.3 Comunicazioni

Messaggi e notifiche delle Comunicazioni

Nella sezione **Comunicazioni**, si ha accesso a due tipologie diverse di messaggistica: **Messaggi** e **Notifiche**.

- **Messaggi:** Dopo la scadenza dei termini di presentazione delle offerte, la PA può inviare un messaggio, anche corredato di allegato, al quale è possibile rispondere.

- **Notifiche:** Sono disponibili le notifiche di sistema relative all'iniziativa (invito, eventuali modifiche apportate alla RdO, ricevuta di invio offerta, messaggio di stipula).

Da sapere: La Notifica di Ricevuta di invio offerta contiene un PDF che conferma la presentazione a sistema dell'offerta e l'elenco dei documenti presentati. Il messaggio di stipula, che notifica l'avvenuta stipula a sistema da parte della PA, non contiene il documento di stipula firmato dalla PA, che verrà inviato tramite apposita comunicazione o extra-sistema.

3.4 Le Tue Procedure

Avvia nuova procedura

Dalla sezione **Le tue procedure**, è possibile elaborare la partecipazione all'iniziativa.

È possibile selezionare il pulsante **AVVIA NUOVA PROCEDURA** nei seguenti casi:

- Nel caso di utente con profilo Legale Rappresentante abilitato ad almeno una delle categorie oggetto della RdO.

- Nel caso di utente con profilo Collaboratore associato ad almeno una delle categorie oggetto della RdO, autorizzato alla specifica area di lavoro ("Offerta RDO").

In ogni momento, è possibile interrompere la compilazione della procedura di offerta e riprenderla in un secondo momento, sempre entro i termini di presentazione delle offerte.

Compilatori

Compilatori

Una volta selezionata la voce **Avvia nuova procedura**, appare la schermata che consente di personalizzare la propria offerta. Dal menu laterale di sinistra, si accede alle sezioni da compilare; la prima è quella relativa ai **Compilatori**.

È possibile visualizzare i soggetti di riferimento dell'Operatore Economico che possono interagire nell'iniziativa, potendoli eventualmente disattivare su questa specifica RdO. Solo coloro che sono presenti in questo elenco potranno avere un ruolo in questa iniziativa. Tutti gli utenti presenti nella lista dei compilatori avranno gli stessi permessi sulla compilazione del passo **Documentazione amministrativa**.

Da sapere: Qualsiasi utente impresa associato alla categoria della RdO (sia esso LR che Collaboratore) può iniziare una partecipazione. Se si desidera che altri possano gestire la partecipazione, è necessario inserire tali soggetti tra i compilatori attivi, flaggando l'apposita spunta nella sezione compilatori della partecipazione alla singola iniziativa.

Documenti firmati digitalmente

Il sistema consente di presentare offerta allegando documenti firmati con tutte le modalità di firma (CAdES e PAdES). Si informa che, nel caso in cui i file non siano firmati in formato CAdES (.p7m), il sistema mostrerà un messaggio di attenzione (warning), ma consentirà comunque di presentare l'offerta. La Stazione Appaltante procederà successivamente, in fase di esame delle offerte, alla verifica della validità della firma digitale.

Documentazione amministrativa

Documentazione amministrativa

Nella sezione **Documentazione amministrativa**, si ha la possibilità di aprire la Gara per verificare se e quali documenti sono richiesti. All'interno della sezione, si trovano le indicazioni sull'obbligatorietà o meno delle richieste e i pulsanti per cercare e allegare il documento da caricare.

Selezionare il pulsante **VALIDA** prima di procedere alla sezione successiva.

Da sapere: Nella Trattativa Diretta e nel Confronto di Preventivi, la "forma di partecipazione" prevista e consentita dal sistema è esclusivamente quella di singolo operatore economico.

Offerta

Offerta

In questa sezione, è possibile specificare la propria offerta. Selezionare il pulsante "freccia" per entrare nel dettaglio della compilazione. Procedere alla compilazione dei campi seguendo la sequenza indicata:

1. Inserire il valore offerto per la Negoziazione.

2. Selezionare **SALVA**. Solo salvando l'informazione del valore offerto, il documento di offerta economica generato dal sistema sarà disponibile.

3. Procedere all'inserimento della documentazione tecnica (se presente) e di quella economica (sempre necessaria).

Dettaglio offerta

Selezionare il pulsante "freccia" specifico di ogni voce per accedere nel dettaglio della documentazione richiesta. All'interno della sezione, si trovano le indicazioni sull'obbligatorietà o meno delle richieste, i pulsanti per effettuare una ricerca e le voci da selezionare per allegare il documento da caricare. In fondo alla pagina, si trovano le informazioni che possono caratterizzare il documento. Prima di procedere alla sezione successiva, cliccare sul pulsante VALIDA.

Da sapere: Dopo aver caricato tutti i documenti di offerta, selezionare il pulsante VALIDA. Non è necessario selezionare nuovamente SALVA. Cliccando su SALVA, si indica di aver apportato una modifica al valore dell'offerta, e il sistema cancellerà i documenti generati e caricati, in modo che sia possibile rigenerarli per recepire le variazioni.

Riepilogo e invio

Riepilogo e invio offerta

Una volta completate le sezioni precedenti e selezionato VALIDA in ciascuna di esse, è possibile procedere all'invio. Per accedere al dettaglio del riepilogo, selezionare il pulsante "freccia" specifico di ogni singola sezione. In conclusione, selezionare il pulsante INVIA OFFERTA per presentare la propria offerta alla PA.

Da sapere: Una volta inviata l'offerta, nella sezione **Comunicazioni** della negoziazione si riceve una **Notifica di ricevuta di invio offerta**, che contiene un PDF che conferma la presentazione a sistema dell'offerta e l'elenco dei documenti presentati.

Ritira busta

In ogni caso, entro la scadenza dei termini di presentazione dell'offerta, dal menu a tendina (icona con tre punti disposti in senso verticale) in corrispondenza della partecipazione, è possibile ritirare la busta e presentare una nuova offerta. La nuova offerta può essere presentata entrando in modifica nella precedente e portandola a compimento.

Da sapere: In caso di stipula, il sistema invia un'apposita notifica nella sezione **Comunicazioni** della Negoziazione. La notifica non contiene il documento di stipula, ma fornisce solo la notizia; è compito della PA inviare a parte il documento.

4. RdO Semplice

La procedura di risposta a una Richiesta di Offerta (RdO) Semplice è molto simile a quella delle altre tipologie di Negoziazione.

4.1 Riepilogo

Pagina di Riepilogo RdO Semplice

Entrando nel dettaglio di una RdO Semplice, si visualizza il suo **Riepilogo** e si ha la possibilità di scaricare un PDF contenente i dati fondamentali della procedura.

In alto a destra della pagina, si trova sempre l'indicazione relativa allo stato della RdO. Nelle varie sezioni, si trovano le informazioni specifiche utili alla valutazione dell'iniziativa:

- **Dati Principali:** Identificativo della RdO, Bando abilitativo di riferimento, tipologia di Negoziazione e soggetti di riferimento.

- **Date:** Le date dell'iniziativa con il dettaglio delle scadenze: entro quando è possibile presentare l'offerta e fino a quando si rimane vincolati una volta presentata.

- **Dettaglio:** Criterio di aggiudicazione, CIG, CPV e categoria di abilitazione.

- **Documentazione:** L'elenco dei documenti di riferimento per l'iniziativa.

Da sapere: Per visionare o scaricare la documentazione, è sufficiente selezionare lo specifico documento. Il requisito, cioè l'oggetto della Negoziazione, viene rappresentato dalla PA nella documentazione o nella descrizione della RdO.

4.2 Richiesta di chiarimenti

Richiesta chiarimenti RdO

Dal menu a sinistra, selezionando la voce **Richiesta di chiarimenti**, si ha la possibilità di chiarire eventuali dubbi inviando un messaggio alla Pubblica Amministrazione di riferimento. È possibile farlo entro la scadenza dei termini visualizzabili nella sezione **Date** del Riepilogo. È disponibile un limite di 30.000 caratteri per il messaggio.

Dettaglio richiesta chiarimenti Rd

Al momento della risposta da parte della PA, si riceve una notifica a sistema e una e-mail di cortesia con un link diretto per visualizzare la risposta. In alternativa, è possibile accedere a questa sezione per visualizzare il messaggio inviato dalla PA.

4.3 Comunicazioni

Messaggi e notifiche delle Comunicazioni

Nella sezione **Comunicazioni**, si ha accesso a due tipologie diverse di messaggistica: **Messaggi** e **Notifiche**.

- **Messaggi:** Dopo la scadenza dei termini di presentazione delle offerte, la PA può inviare un messaggio, anche corredato di allegato, al quale è possibile rispondere.

- **Notifiche:** Sono disponibili le notifiche di sistema relative all'iniziativa (invito, eventuali modifiche apportate alla RdO, ricevuta di invio offerta, messaggio di stipula).

Da sapere: La Notifica di Ricevuta di invio offerta contiene un PDF che conferma la presentazione a sistema dell'offerta e l'elenco dei documenti presentati. Il messaggio di stipula, che notifica l'avvenuta stipula a sistema da parte della PA, non contiene il documento di stipula firmato dalla PA, che verrà inviato tramite apposita comunicazione o extra-sistema.

4.4 Le Tue Procedure

Avvia nuova procedura

Dalla sezione **Le tue procedure**, è possibile elaborare la partecipazione all'iniziativa.

È possibile selezionare il pulsante **AVVIA NUOVA PROCEDURA** nei seguenti casi:

- Nel caso di utente con profilo Legale Rappresentante abilitato ad almeno una delle categorie oggetto della RdO.

- Nel caso di utente con profilo Collaboratore associato ad almeno una delle categorie oggetto della RdO, autorizzato alla specifica area di lavoro ("Offerta RDO").

Inserimento PIN partecipazione

Tramite il pulsante **PARTECIPA TRAMITE PIN**, si ha la possibilità di gestire una partecipazione multipla (es.: RTI, Consorzi, ecc.). Per le RdO aperte, è possibile inserire il PIN in questa schermata. Per le RdO ad invito, il pulsante non è presente in questa pagina, ma sarà possibile inserirlo direttamente nella schermata del Riepilogo complessivo delle Negoziazioni MePA ad inviti.

In ogni momento, è possibile interrompere la compilazione della procedura di offerta e riprenderla in un secondo momento, sempre entro i termini di presentazione delle offerte.

Compilatori

Compilatori RdO

Una volta selezionata la voce **Avvia nuova procedura**, appare la schermata che consente di personalizzare la propria offerta. Dal menu laterale di sinistra, si accede alle sezioni da compilare; la prima è quella relativa ai **Compilatori**.

È possibile visualizzare i soggetti di riferimento dell'Operatore Economico che possono interagire nell'iniziativa, potendoli eventualmente disattivare su questa specifica RdO. Solo coloro che saranno in questo elenco potranno avere un ruolo in questa iniziativa. Selezionando la voce **Mostra PIN**, si visualizza il PIN di partecipazione a questa iniziativa, che dovrà essere indicato agli eventuali altri partecipanti in forma multipla. Ciascun compilatore può visualizzare esclusivamente i compilatori dell'Operatore Economico di appartenenza ma, se consentito dalle impostazioni configurate dalla PA, ha la possibilità di allegare documenti per tutti gli OE che fanno riferimento alla forma di partecipazione scelta. Tutti gli utenti presenti nella lista dei compilatori avranno gli stessi permessi sulla compilazione del passo **Documentazione amministrativa**.

Da sapere: Qualsiasi utente impresa associato alla categoria della RdO (sia esso LR che Collaboratore) può iniziare una partecipazione. Se si desidera che altri possano gestire la partecipazione, è necessario inserire tali soggetti tra i compilatori attivi, flaggando l'apposita spunta nella sezione compilatori della partecipazione alla singola iniziativa.

Forma di partecipazione

Forma di partecipazione RdO

Nella sezione **Forma di partecipazione**, indicare con quale tra le forme proposte nel menu a tendina si presenteranno le offerte.

Forma di partecipazione - Singola

Forma di partecipazione singola

Per il Singolo Operatore Economico, le informazioni vengono riportate automaticamente dal sistema. Eventualmente, si ha la possibilità di effettuare l'avvalimento. Se selezionato con l'apposito disclaimer, il sistema mostrerà un menu a tendina dal quale sarà possibile ricercare gli OE ausiliari di cui ci si può avvalere (tra quelli abilitati alla categoria di riferimento). Prima di procedere alla sezione successiva, selezionare il pulsante **SALVA**.

Forma di partecipazione - Multipla

Forma di partecipazione multipla

Per effettuare una partecipazione in forma multipla, inserire la denominazione concorrente e selezionare il pulsante **SALVA** per salvare i dati inseriti a sistema. Tramite il tasto **MODIFICA**, è eventualmente possibile effettuare delle variazioni. Le modifiche effettuate nella sezione **Forma di partecipazione** hanno conseguenze sull'intera procedura di partecipazione. All'interno della scelta del lotto per cui si presenta offerta, si andranno a specificare gli altri partecipanti della forma di partecipazione indicata. Prima di procedere alla sezione successiva, selezionare il pulsante **SALVA**.

Scelta del lotto

Scelta del lotto

Nella sezione **Scelta del lotto**, selezionare per prima cosa la check box in riferimento al lotto di interesse, successivamente cliccare sul pulsante **SALVA**. Una volta effettuato il salvataggio della scelta del lotto, selezionare il pulsante freccia in corrispondenza del lotto scelto.

Scelta del lotto - partecipazione singola

In caso di forma di Partecipazione singola, è possibile selezionare il pulsante **VALIDA** e passare alla sezione successiva.

Inserimento partecipante

In caso di forma di Partecipazione multipla, inserire i riferimenti degli altri partecipanti con il pulsante **AGGIUNGI UN NUOVO ELEMENTO** e selezionare nuovamente la forma di partecipazione. Inserire il ruolo e la denominazione degli altri Operatori Economici. Ripetere questa azione per tutti gli OE da inserire. Si ha anche la possibilità di inserire ulteriori partecipazioni multiple all'interno di un partecipante.

Inserimento ulteriori partecipanti

Ricordare che è necessario sempre cliccare sul tasto **VALIDA** per scegliere il lotto, anche per verificare e validare la struttura del raggruppamento.

Documenti firmati digitalmente

Il sistema consente di presentare offerta allegando documenti firmati con tutte le modalità di firma (CAdES e PAdES). Si informa che, nel caso in cui i file non siano firmati in formato CAdES (.p7m), il sistema mostrerà un messaggio di attenzione (warning), ma consentirà comunque di presentare l'offerta. La Stazione Appaltante procederà successivamente, in fase di esame delle offerte, alla verifica della validità della firma digitale.

Documentazione amministrativa

Documentazione amministrativa

Nella sezione **Documentazione amministrativa**, prendere visione delle richieste di carattere amministrativo. Si ha la possibilità di aprire la Gara per verificare se e quali documenti sono richiesti. All'interno della sezione, si trovano le indicazioni sull'obbligatorietà o meno delle richieste e i pulsanti per cercare e allegare il documento da caricare. Inoltre, è disponibile il pulsante **Aggiungi documenti** per mettere a disposizione della PA ulteriore specifica documentazione. Prima di procedere alla sezione successiva, selezionare il pulsante **VALIDA**.

Offerta

Offerta

In questa sezione, è possibile specificare la propria offerta. Selezionare il pulsante "freccia" per entrare nel dettaglio della compilazione. Procedere alla compilazione dei campi seguendo la sequenza indicata:

1. Inserire il valore offerto per la Negoziazione.

2. Selezionare **SALVA**. Solo salvando l'informazione del valore offerto, il documento di offerta economica generato dal sistema sarà disponibile.

3. Procedere all'inserimento della documentazione tecnica (se presente) e di quella economica (sempre necessaria).

Offerta Tecnica - Economica

Per accedere nel dettaglio della documentazione richiesta, selezionare la freccia corrispondente e aprire tutte le successive. All'interno della sezione, si troveranno le indicazioni sull'obbligatorietà o meno delle richieste, i tasti per cercare e allegare il documento da caricare (presente sul proprio dispositivo) e, in fondo alla pagina, le informazioni che possono caratterizzare il documento. Prima di procedere alla sezione successiva, cliccare sul pulsante **VALIDA**.

Da sapere: Il tasto **SALVA** consente di memorizzare i dati che poi verranno inseriti nei documenti generati dal sistema e che andranno firmati e ricaricati. Ogni volta che si clicca su **SALVA**, si intende che sono stati inseriti/modificati i dati dell'offerta e si vuole generare o rigenerare i documenti. Una volta consolidati e caricati i documenti, è necessario cliccare su **VALIDA** per continuare nella presentazione dell'offerta.

Riepilogo e invio

Invio offerta

Una volta completate le sezioni precedenti e selezionato **VALIDA** in ciascuna di esse, è possibile procedere all'invio. Per accedere al dettaglio del riepilogo, selezionare il pulsante freccia specifico di ogni singola sezione. In conclusione, selezionare il pulsante **INVIA OFFERTA** per presentare la propria offerta alla PA.

Da sapere: Una volta inviata l'offerta, nella sezione **Comunicazioni** della negoziazione si riceve una **Notifica di ricevuta di invio offerta**, che contiene un PDF che conferma la presentazione a sistema dell'offerta e l'elenco dei documenti presentati.

Ritira busta

In ogni caso, entro la scadenza dei termini di presentazione dell'offerta, dal menu a tendina (icona con tre punti disposti in senso verticale) in corrispondenza della partecipazione, è possibile ritirare la busta e presentare una nuova offerta.

Seduta pubblica

Seduta pubblica

Da questa sezione, è possibile partecipare alle sedute pubbliche di apertura delle offerte. Possono partecipare coloro i quali sono stati identificati in partecipazione come compilatori relativi agli Operatori Economici partecipanti oppure che hanno inserito le credenziali di accesso dopo i termini di presentazione offerta della Gara. Verificare la lista degli utenti che possono accedere alla seduta pubblica e, qualora sia necessario, è possibile gestire la lista rimuovendo delle utenze e rigenerando il PIN. Selezionare il pulsante **ACCEDI** per accedere alla seduta pubblica.

Ricorda: Il pulsante **ACCEDI** è disponibile solo dal momento in cui la PA avvia l'esame delle offerte.

Le informazioni a cui si ha accesso riguardano:

- l'identità dei concorrenti e i riferimenti principali dei documenti inviati dagli stessi;

- gli eventuali punteggi assegnati alle offerte;

- il dettaglio dei prezzi/sconti offerti in gara;

- eventuali esclusioni;

- graduatoria;

- aggiudicazioni;

- stipule.

Queste informazioni sono fruibili in sola visualizzazione e in modalità incrementale. Non saranno mai mostrati né resi disponibili documenti inviati dai concorrenti in Gara.

Entrando nella seduta pubblica, sono disponibili due sezioni:

Seduta pubblica: offerte presentate

OFFERTE PRESENTATE;

Seduta pubblica: esame offerte

ESAME OFFERTE.

Da sapere: In caso di stipula, il sistema invia una specifica notifica nella sezione **Comunicazioni** della Negoziazione. La notifica non contiene il documento di stipula, ma ne fornisce solo notizia; la PA invierà a parte il documento.

5. RdO Evoluta

5.1 Riepilogo

Riepilogo

La procedura di risposta a una Richiesta di Offerta (RdO) Evoluta è molto simile a quella delle altre tipologie di Negoziazione.

Nello specifico, la RdO Evoluta è l'unica tipologia di Negoziazione che può articolarsi in più lotti, avere criteri di aggiudicazione diversi e riguardare oggetti di Negoziazione che spaziano su più categorie di abilitazione.

Entrando nel dettaglio di una di queste Negoziazioni, si visualizza il suo **Riepilogo** e si ha la possibilità di scaricare un PDF contenente i dati fondamentali della procedura.

In alto a destra della pagina, si trova sempre l'indicazione relativa allo stato della RdO. Nelle varie sezioni, si trovano le informazioni specifiche utili alla valutazione dell'iniziativa:

- **Dati Principali:** Identificativo della RdO, Bando abilitativo di riferimento, tipologia di Negoziazione e soggetti di riferimento.

- **Date:** Le date dell'iniziativa con il dettaglio delle scadenze: entro quando è possibile presentare l'offerta e fino a quando si rimane vincolati una volta presentata.

- **Dettaglio:** Criterio di aggiudicazione, CIG, CPV e categoria di abilitazione.

- **Documentazione:** L'elenco dei documenti di riferimento per l'iniziativa.

Da sapere: Per visionare o scaricare la documentazione, è sufficiente selezionare lo specifico documento. Il requisito, cioè l'oggetto della Negoziazione, viene rappresentato dalla PA nella documentazione o nella descrizione della RdO.

5.2 Richiesta di chiarimenti

Richiesta chiarimenti RdO

Dal menu a sinistra, selezionando la voce **Richiesta di chiarimenti**, si ha la possibilità di chiarire eventuali dubbi inviando un messaggio alla Pubblica Amministrazione di riferimento. È possibile farlo entro la scadenza dei termini visualizzabili nella sezione **Date** del Riepilogo. È disponibile un limite di 30.000 caratteri per il messaggio.

Dettaglio richiesta chiarimenti RdO

Al momento della risposta da parte della PA, si riceve una notifica a sistema e una e-mail di cortesia con un link diretto per visualizzare la risposta. In alternativa, è possibile accedere a questa sezione per visualizzare il messaggio inviato dalla PA.

5.3 Comunicazioni

Messaggi e notifiche delle Comunicazioni

Nella sezione **Comunicazioni**, si ha accesso a due tipologie diverse di messaggistica: **Messaggi** e **Notifiche**.

- **Messaggi:** Dopo la scadenza dei termini di presentazione delle offerte, la PA può inviare un messaggio, anche corredato di allegato, al quale è possibile rispondere.

- **Notifiche:** Sono disponibili le notifiche di sistema relative all'iniziativa (invito, eventuali modifiche apportate alla RdO, ricevuta di invio offerta, messaggio di stipula).

Da sapere: La Notifica di Ricevuta di invio offerta contiene un PDF che conferma la presentazione a sistema dell'offerta e l'elenco dei documenti presentati. Il messaggio di stipula, che notifica l'avvenuta stipula a sistema da parte della PA, non contiene il documento di stipula firmato dalla PA, che verrà inviato tramite apposita comunicazione o extra-sistema.

5.4 Le Tue Procedure

Avvia nuova procedura

Dalla sezione **Le tue procedure**, è possibile elaborare la partecipazione all'iniziativa.

È possibile selezionare il pulsante **AVVIA NUOVA PROCEDURA** nei seguenti casi:

- Nel caso di utente con profilo Legale Rappresentante abilitato ad almeno una delle categorie oggetto della RdO.

- Nel caso di utente con profilo Collaboratore associato ad almeno una delle categorie oggetto della RdO, autorizzato alla specifica area di lavoro ("Offerta RDO").

Compilatori

Simile alla RdO Semplice.

Forma di partecipazione

Simile alla RdO Semplice.

Forma di partecipazione - Singola

Simile alla RdO Semplice.

Forma di partecipazione - Multipla

Simile alla RdO Semplice.

Scelta del lotto

Nella RdO Evoluta, la sezione **Scelta del lotto** permette di selezionare uno o più lotti a cui si intende partecipare. Per ogni lotto, potrebbero essere richieste informazioni specifiche e documentazione dedicata. Dopo aver selezionato i lotti di interesse e cliccato su **SALVA**, sarà necessario accedere al dettaglio di ciascun lotto selezionato tramite il pulsante freccia per completare le informazioni richieste (eventuali partecipanti in caso di partecipazione multipla) e validare la scelta.

Documenti firmati digitalmente

Simile alla RdO Semplice.

Documentazione amministrativa

Simile alla RdO Semplice. Potrebbe essere richiesta documentazione specifica per ciascun lotto.

Offerta

Nella RdO Evoluta, la sezione **Offerta** permetterà di specificare l'offerta economica e caricare la documentazione tecnica ed economica per ciascun lotto selezionato. La compilazione seguirà una logica simile a quella della RdO Semplice, ma sarà necessario prestare attenzione ai requisiti specifici di ogni lotto, che potrebbero avere criteri di valutazione diversi (minor prezzo o miglior rapporto qualità/prezzo).

Riepilogo e invio

Simile alla RdO Semplice, ma il riepilogo e l'invio potrebbero essere organizzati per lotto, permettendo di verificare e inviare le offerte per ciascun lotto separatamente o in un'unica operazione.

5.5 Seduta pubblica

Simile alla RdO Semplice, ma la seduta pubblica per una RdO Evoluta potrebbe essere organizzata per lotto, con l'apertura e la valutazione delle offerte che avvengono separatamente per ciascun lotto. Le informazioni visualizzate saranno relative allo specifico lotto esaminato.

Conclusione: Navigare il MePA per Rispondere alle RdO

Come Operatore Economico, rispondere efficacemente alle RdO sul MePA richiede una comprensione chiara delle diverse tipologie di negoziazione e delle procedure specifiche per ciascuna. Dalla Trattativa Diretta al Confronto di Preventivi, dalla RdO Semplice alla RdO Evoluta, ogni modalità presenta le sue peculiarità. È fondamentale essere abilitati alle categorie corrette, seguire attentamente le scadenze, compilare con precisione tutte le sezioni richieste e utilizzare le funzionalità di comunicazione per chiarire eventuali dubbi. La piattaforma MePA offre gli strumenti necessari per partecipare attivamente alle opportunità di business con la Pubblica Amministrazione.

Capitolo 16: Gestire un Confronto di Preventivi sul MePA come Pubblica Amministrazione

Introduzione: Il Confronto di Preventivi come Strumento di Negoziazione

Il Confronto di Preventivi rappresenta una modalità di Negoziazione efficiente all'interno del Mercato Elettronico della Pubblica Amministrazione (MePA), che consente alle stazioni appaltanti di invitare più Operatori Economici (OE) a presentare le proprie offerte per una specifica categoria di beni o servizi. A differenza della Trattativa Diretta, il Confronto di Preventivi apre la competizione a più fornitori, garantendo potenzialmente condizioni più vantaggiose per la PA. Questa procedura, sempre basata sull'invito, si concentra su una singola categoria merceologica presente nei bandi MePA.

Questo capitolo guiderà l'utente della Pubblica Amministrazione attraverso le fasi di creazione e gestione di un Confronto di Preventivi sul MePA, dalla sua ideazione fino alla stipula del contratto.

1. Avvio Negoziazione

L'avvio di una Negoziazione per un bando MePA può avvenire in diverse modalità:

Cruscotto

- Selezionando il link rapido **Liste MePA**.

- Selezionando il link rapido **Avvia Negoziazione** dalla sezione **Mercato Elettronico**.

Liste MePA

Selezionando **Liste MePA**, è possibile avviare la Negoziazione partendo da elenchi di preferenze già salvati (articoli, lista di Operatori Economici, categorie). Scegliere uno o più elementi e procedere con la creazione della Negoziazione.

Negoziazioni

Selezionando **Negoziazioni** all'interno del menu, è possibile scegliere direttamente la tipologia di Negoziazione da predisporre.

Riepilogo delle RdO

In alternativa, dal **Cruscotto**, è possibile avviare una Negoziazione accedendo alla pagina di **Riepilogo delle RdO**:

- Dalla sezione **Mercato elettronico > Negoziazioni**.

- Dal menu laterale di sinistra **Acquisti > Negoziazioni > MePA**.

In entrambi i casi, si accede alla pagina di Riepilogo di tutte le RdO, dove è possibile visualizzare le RdO da completare, ovvero quelle nei seguenti stati:

- **In Bozza:** RdO predisposta e salvata, in attesa di pubblicazione.

- **In Approvazione:** RdO inviata al Punto Ordinante (PO) dal Punto Istruttore (PI).

- **Pubblicata:** RdO pubblicata, visibile agli Operatori Economici, con "termini presentazione offerta" non scaduti.

Per visualizzare le RdO in stato **Scaduta**, **Deserta**, **In Esame**, **Aggiudicata**, **Sospesa**, **Revocata**, **Stipulata** o **Chiusa**, selezionare il pulsante in alto a destra **RDO COMPLETE**. Per tornare alla lista delle RdO pre-pubblicazione, selezionare **RDO DA COMPLETARE**. Per avviare una nuova Negoziazione, cliccare sul pulsante **NUOVA RDO**.

Da sapere: Se le Negoziazioni sono predisposte dal PI, la gestione delle liste RdO da completare e RdO complete è accessibile sia al PI che al PO. Se le RdO sono predisposte dal PO, sono visibili solo al PO.

2. Tipologia RdO

Tilogie RdO

In base alle esigenze della propria Amministrazione, è possibile scegliere tra quattro tipologie di Negoziazioni:

- **Trattativa Diretta:** Per negoziare direttamente con un unico Operatore Economico.

- **Confronto di preventivi:** Per invitare più di un Operatore Economico.

- **Rdo Semplice:** Per costruire una gara a lotto unico al "minor prezzo".

- **RdO Evoluta:** Per strutturare la gara in più lotti secondo il criterio di aggiudicazione a "minor prezzo" o di "miglior rapporto qualità prezzo".

Dopo aver selezionato la tipologia di RdO di interesse, è possibile iniziare a predisporre la Negoziazione.

Da sapere: Solo nella RdO Evoluta l'oggetto della Negoziazione può riguardare categorie diverse; nelle altre tipologie, gli oggetti di Negoziazione devono fare riferimento alla stessa categoria di abilitazione.

3. Creazione Confronto di Preventivi

Il Confronto di Preventivi è una delle quattro tipologie di Negoziazione disponibili. Si tratta di una modalità di acquisto che permette di invitare più Operatori Economici presenti nel Mercato elettronico MePA. L'offerta economica è sempre a corpo, e l'oggetto della Negoziazione può essere una delle categorie dei bandi del MePA, pur inserendo più Codici CPV (Common Procurement Vocabulary).

Il Confronto di Preventivi può essere predisposto dal Punto Ordinante (PO) oppure dal Punto Istruttore (PI) associato, che può inviarlo direttamente agli Operatori Economici invitati. Dopo la pubblicazione, altri utenti autorizzati possono intervenire per proseguirne la gestione.

3.1 Inserimento Parametri Essenziali

Crea confronto di preventivi

Dopo aver selezionato **Confronto di Preventivi** come tipologia di RdO da predisporre, si accede a una pagina dove è richiesto l'inserimento di alcune informazioni base.

- Nel campo **Nome Confronto di Preventivi**, inserire il titolo descrittivo della Negoziazione.

- Nel menu a tendina **Tipologia di appalto**, scegliere tra i tipi di appalto proposti quello in cui rientra la Negoziazione:

    o Appalto di forniture

    o Appalto di lavori

    o Appalto di servizi

    o Appalto misto

- Nella **Tipologia di procedura**, selezionare la voce "indagine di mercato".

- Nel **Regolamento applicabile alla procedura telematica**, selezionare il complesso di regole di riferimento.

Selezionare il pulsante **CREA CONFRONTO DI PREVENTIVI** per generare la Negoziazione. In caso di necessità di modificare la tipologia di RdO, utilizzare i link presenti in basso alla pagina.

3.2 Inserimento Dati Principali

Dati Principali

Dopo aver inserito i dati nella prima pagina di riferimento del Confronto di Preventivi, si accede a un'altra pagina dove è possibile inserire tutti i dati fondamentali per predisporre correttamente la Negoziazione. Le voci presenti nel menu laterale di sinistra indirizzano direttamente ai punti corrispondenti all'interno della pagina.

Nella sezione **Dati Principali**, si trovano i dati inseriti al momento della creazione del Confronto di Preventivi. Quelli contrassegnati con il simbolo possono essere modificati.

Dati

Nel Confronto di Preventivi non è prevista alcuna scheda tecnica. Utilizzare il box **Descrizione della fornitura** per definire l'oggetto della Negoziazione. In alternativa, scorrendo la pagina, è possibile allegare la documentazione in cui si dettaglia l'oggetto del Confronto di Preventivi.

Nel campo **Formulazione dell'offerta economica**, è possibile scegliere la modalità con cui l'Operatore Economico può presentare l'offerta:

- **PERCENTUALI A RIBASSO:** L'offerta dell'Operatore Economico è espressa in termini di percentuale di sconto rispetto a una quantità economica data.

- **VALORE ECONOMICO:** L'offerta dell'Operatore Economico è espressa in termini di quantità economica monetaria.

Percentuali a ribasso

Se si predispone l'offerta secondo le **PERCENTUALI A RIBASSO**, il sistema chiede di inserire obbligatoriamente alcuni parametri:

- Il nome del parametro.

- Il peso.

- Le cifre decimali dell'offerta economica.

Con il pulsante **AGGIUNGI ULTERIORE PARAMETRO**, è possibile inserire parametri aggiuntivi e il loro relativo peso, tenendo presente che il peso complessivo deve essere su base 1 (la somma dei pesi deve fare 1).

Se, invece, si sceglie di definire l'offerta attraverso il **VALORE ECONOMICO**, indicare anche l'importo da ribassare e le cifre decimali dell'offerta economica.

3.3 La richiesta del CIG

Il **CIG - Codice Identificativo di Gara** è un codice alfanumerico di 10 cifre che consente di identificare in maniera univoca gli elementi costitutivi delle gare d'appalto ed è obbligatorio. Nel Confronto di Preventivi, è possibile procedere con la richiesta del CIG nel momento dell'esame delle offerte.

È possibile selezionare il comando che permette di omettere il codice CIG, scegliendo dal menu a tendina il relativo codice di esenzione. Per utilizzare il flag, è obbligatorio indicare l'eventuale esenzione dall'obbligo di richiesta del CIG e selezionare dal menu a tendina la specifica del caso. Prima di inviare la richiesta del CIG, è opportuno aver compilato tutti i campi obbligatori dell'iniziativa.

Consultare le informazioni sull'integrazione con la Piattaforma dei Contratti Pubblici di Anac [link non fornito]. Per ulteriori dettagli sulla procedura di richiesta del CIG su Acquisti in rete, consultare il filmato dimostrativo [link non fornito].

Nota bene: Per visionare i materiali di supporto Schede ANAC, CLICCA QUI [link non fornito].

Inoltre, in questa sezione, è possibile eventualmente inserire il **CUP - Codice Unico di Progetto**.

CPV

Il **CPV - Common Procurement Vocabulary** è obbligatorio. Attraverso il pulsante **Cerca CPV**, è possibile effettuare la ricerca per categoria di abilitazione oppure direttamente per CPV. È possibile inserire massimo 100 CPV appartenenti alla stessa categoria merceologica. In caso di più CPV, è possibile specificare il peso di ognuno nella Negoziazione oppure specificare il CPV principale tra quelli facenti parte della richiesta del CIG. È necessario inserire CPV della stessa categoria, altrimenti il sistema si bloccherà al momento della pubblicazione.

- Nel campo **Importo oggetto di offerta**, scegliere tra **Base d'asta** ed **importo presunto**, fermo restando che il sistema non impedirà l'inserimento di offerte di valore superiore.

- Nel campo **Valore in euro**, indicare l'importo di riferimento della negoziazione.

- Nel campo **Oneri per la sicurezza non soggetti a ribasso**, indicare l'importo di eventuali oneri applicabili.

- Nel campo **Termini di pagamento**, specificare i termini di pagamento stabiliti in base alle proprie esigenze.

- Nel box **Dati di consegna e fatturazione**, specificare i dati di consegna e di fatturazione (via, città, cap, aliquota IVA).

3.4 Input Fornitori

In questa sezione, si trovano le opzioni di configurazione del procedimento che dipendono dal valore, dall'oggetto e dalla tipologia dell'affidamento. È possibile selezionare quelle pertinenti alla propria procedura.

3.5 Definizione dei ruoli

Ruoli

In caso di creazione di una nuova Negoziazione, il **Responsabile del Procedimento (RdP)** e il **Soggetto Stipulante** sono preimpostati automaticamente dal sistema con il Punto Ordinante. Se si utilizza la funzione di **Copia RdO**, è necessario specificare il RdP e il Soggetto Stipulante. In questa sezione, è possibile modificarli/indicarli.

È possibile indicare solamente un Responsabile del Procedimento; i suoi dati anagrafici sono obbligatori. Il Soggetto Stipulante può essere uno solo nella Trattativa Diretta e nel Confronto di Preventivi; è invece possibile aggiungere altre persone come Soggetti Stipulanti nella RdO Semplice e nella RdO Evoluta.

Da sapere: Sia il Responsabile del Procedimento che il Soggetto Stipulante devono essere utenti registrati alla piattaforma di e-Procurement. Per cercare un soggetto da inserire come Responsabile del Procedimento o Soggetto Stipulante, è necessario farlo attraverso i suoi dati personali (Nome, Cognome, Codice Fiscale).

Qualora l'ente committente coincida con la Stazione Appaltante, quest'ultima sarà identificata automaticamente con l'ente di appartenenza del PO anche nel caso in cui la

Negoziazione sia predisposta dal PI. Nel caso di Negoziazione gestita per conto di terzi, indicare che l'ente committente non coincide con la Stazione Appaltante e specificare il Nome.

3.6 Inserimento Date

Date

Nella sezione **Date**, indicare le seguenti informazioni:

- **Termine ultimo presentazione offerta:** Data e ora entro le quali gli Operatori Economici possono presentare l'offerta.

- **Limite stipula contratto:** Data e ora entro le quali l'Operatore Economico deve tenere vincolata l'offerta. È a sua discrezione confermarla in una data successiva.

- **Limite consegna beni/decorrenza servizi:** Termine a partire dal quale possono essere consegnati i beni o decorrere i servizi. È possibile scegliere se impostare questo termine come data da calendario oppure come numero di giorni successivi alla stipula.

3.7 Documenti

Documentazione

Il sistema propone automaticamente un unico documento: l'offerta economica. A seconda delle proprie esigenze, è possibile richiedere e/o inserire ulteriore documentazione a supporto degli Operatori Economici nella presentazione dell'offerta (es. disciplinari, capitolati, richieste di costi della sicurezza, di costi della manodopera, ecc.).

Per aggiungere la documentazione, accettare il disclaimer e selezionare il pulsante **AGGIUNGI DOCUMENTAZIONE.**

Da sapere: Si consiglia di caricare file con una dimensione massima di 16 MB per garantire il buon funzionamento delle operazioni.

Tipologia Documentazione

La documentazione aggiuntiva può essere di tre tipi:

- **Documentazione da produrre:** È possibile richiedere agli Operatori Economici ulteriori documenti. Inserire una descrizione, il tipo di richiesta, la modalità di invio, l'obbligatorietà e infine se il documento deve essere firmato digitalmente o meno. È possibile allegare un fac-simile per fornire un esempio agli Operatori Economici.

- **Documentazione da reinviare:** È possibile allegare documenti che gli Operatori Economici a loro volta devono reinviare. In questo caso, è necessario inserire un fac-simile di riferimento, la descrizione, la tipologia di richiesta, la modalità di invio, l'obbligatorietà o meno del documento e la firma digitale. Allegare il documento che deve essere reinviato agli Operatori Economici.

- **Documentazione da consultare:** È possibile allegare un documento oppure inserire un URL utile agli Operatori Economici nella presentazione dell'offerta.

Da sapere: Ricordare che è possibile inserire solamente un URL appartenente al registro IPA; altrimenti, il sistema restituirà un messaggio di errore. Tramite il tasto **SFOGLIA**, è possibile inserire più documenti come fac-simile, confermando con il pulsante **AGGIUNGI I DOCUMENTI SELEZIONATI** per andare avanti. Gli OE, in questo caso, vedranno più righe documentali che si differenzieranno solo per il fac-simile allegato. Selezionare il pulsante **SALVA**, collocato in alto a destra della pagina, prima di premere il tasto **AGGIUNGI DOCUMENTI** per evitare di perdere tutti i dati inseriti finora.

3.8 Operatori Economici invitati

Inviti

Nell'ambito del Confronto di Preventivi, è possibile invitare più Operatori Economici abilitati sul MePA per il bando e la categoria di riferimento del CPV inserito. È possibile effettuare la ricerca degli Operatori Economici da invitare dalla sezione **SCEGLI**, selezionando alternativamente:

- **Scegli singolo operatore economico:** È possibile scegliere singolarmente gli Operatori Economici da invitare, effettuando una ricerca per Partita IVA/altro codice identificativo o per ragione sociale. Saranno visualizzabili gli Operatori Economici abilitati sul MePA per la categoria oggetto di Negoziazione, ad esclusione di quelli già inseriti nella lista degli invitati.

- **Scegli da una tua lista di fornitori:** È possibile scegliere gli Operatori Economici da invitare da una lista di preferiti precedentemente creata, selezionando **Visualizza elenco** posizionato in corrispondenza di **Scegli da una tua lista di Fornitori**. In questo caso, il sistema porterà alla pagina **Liste MePA**, dove è possibile selezionare gli Operatori abilitati alla categoria di riferimento e inseriti all'interno di una lista creata in precedenza. Prima di cliccare su **Visualizza elenco**, ricordarsi di salvare i dati già inseriti selezionando il pulsante **SALVA** in alto a destra.

Azzera elenco

Il link **Visualizza elenco** permette di visualizzare gli Operatori Economici inseriti nell'elenco degli invitati, e attraverso il pulsante **AZZERA ELENCO**, è possibile eliminarli tutti. Se è necessario eliminare solo uno o più Operatori Economici, selezionare il/i nominativo/i e cliccare su **RIMUOVI DALLA LISTA**. Solamente gli Operatori Economici inseriti nella lista potranno partecipare al Confronto di Preventivi che si sta predisponendo.

3.9 Salvataggio e Pubblicazione

Dopo aver compilato tutti i campi, selezionare il pulsante **SALVA** e successivamente il pulsante **PUBBLICA**, entrambi collocati in alto a destra della pagina.

Nel caso di richiesta del CIG, dopo aver compilato tutti i campi richiesti, selezionare direttamente il tasto **PUBBLICA**, senza il tasto **SALVA**. Dopo la richiesta del CIG, sarà possibile esclusivamente gestire la documentazione, senza effettuare modifiche degli altri campi della negoziazione.

Con il pulsante **SALVA**, si salvano tutti i dati in "Bozza". Il Confronto di Preventivi salvato si troverà nella pagina di riepilogo delle RdO da Completare (**Cruscotto > Negoziazioni > MePA – RdO da Completare**).

Con il pulsante **PUBBLICA**, si invia il Confronto di Preventivi agli Operatori Economici invitati. Una volta pubblicato, lo si troverà nella pagina **RdO da Completare**.

Da sapere: Il Confronto di Preventivi può essere pubblicato dal PO oppure, se è predisposto dal PI, direttamente dal PI.

4. Riepilogo RdO post pubblicazione

RdO da completare

È possibile accedere ai Confronti di Preventivi pubblicati attraverso due percorsi, partendo dal **Cruscotto**:

- Finestra **Mercato elettronico > Negoziazioni**
- Menu di sinistra > Sezione **Acquisti > Negoziazioni > MePA**

Si accederà così alla pagina **RdO da completare**, dove è possibile consultare le RdO già pubblicate i cui termini di presentazione delle offerte non sono ancora scaduti. Sia le RdO da completare che le RdO complete sono elencate secondo l'ordine cronologico di modifica decrescente.

Dalla sezione "**ulteriori filtri RdO**", è possibile filtrare le Negoziazioni per:

- Nome RdO

- Data ultima modifica

- Stato

- Tipologia (es.: Confronto di Preventivi)

Riepilogo CdP

Selezionato il Confronto di Preventivi di interesse, si accede a una pagina di **Riepilogo RdO**, in cui a sinistra è presente un menu di consultazione. Questo menu riepiloga la negoziazione e permette di intervenire solo in determinate sezioni.

5. Gestione Autorizzazioni

Gestione autorizzazioni

Selezionare **Gestione autorizzazioni** dal menu laterale di sinistra per visualizzare i soggetti autorizzati a intervenire nelle fasi di esame dell'offerta e di stipula del Confronto di Preventivi. In questa sezione, è possibile aggiungere ulteriori utenti nella fase di gestione della negoziazione e aggiungere i soggetti che possono gestire le richieste di chiarimenti.

Da sapere: Il PO ed il Responsabile del Procedimento possono gestire le autorizzazioni. Il sistema individua automaticamente l'utente che predispone la Negoziazione (PO o PI) e il Responsabile del Procedimento come soggetti autorizzati a visualizzare la funzionalità di richiesta chiarimenti. È possibile aggiungere altri soggetti autorizzati selezionando il pulsante AGGIUNGI UTENTE in corrispondenza di **Richiesta chiarimenti**. Nel caso di RdO predisposta dal PI, affinché il PO possa gestire le richieste di chiarimenti, deve aggiungersi tra i soggetti autorizzati.

Aggiungi utente

Con il pulsante **AGGIUNGI UTENTE**, è possibile aggiungere un utente registrato alla piattaforma di e-Procurement ed eventualmente autorizzarlo a intervenire nelle fasi successive del Confronto di Preventivi. Ricordare che il tag di riferimento è un'etichetta che indica il ruolo. Affinché il nuovo utente possa operare nella RdO in questione, è necessario inserire **ON** nel campo **Autorizzazione in scrittura**; altrimenti, potrà solamente visualizzare il Riepilogo. Nel campo **Sezioni**, è possibile scegliere se autorizzarlo solo ad una o alcune sezioni o a tutte le sezioni: a seconda delle autorizzazioni attribuite, si visualizzano menu e funzionalità differenti.

Da sapere: Attribuire la specifica autorizzazione affinché l'utente selezionato visualizzi la sezione "Esame delle Offerte".

6. Riepilogo RDO

Pagina Riepilogo RdO

Selezionare la voce del menu **RIEPILOGO RDO** per accedere alla sezione in cui vengono riepilogati tutti i dati inseriti durante la predisposizione del Confronto di Preventivi.

Esempio file pdf

È indicato il tipo di RdO predisposto e la descrizione inserita al momento della creazione della Negoziazione. È possibile selezionare e scaricare il file in formato PDF, che si trova sulla destra, che sintetizza tutte le informazioni inserite in precedenza.

Dati principali

Se, nella pagina di **Riepilogo RdO**, si seleziona **Dati Principali**, è possibile visualizzare le informazioni riguardanti il numero della RdO attribuito automaticamente dal sistema, il nome dato al Confronto di Preventivi, la tipologia di contratto in cui rientra la Negoziazione, la tipologia di procedura scelta e il regolamento applicabile alla procedura telematica.

Ruoli

La voce **Ruoli** riporta i nominativi del Soggetto Stipulante, del Responsabile del Procedimento ed eventuali ulteriori utenti autorizzati.

Date

La voce **Date** consente di visualizzare la data di pubblicazione del Confronto di Preventivi (coincidente con la data di inizio presentazione delle offerte), i termini stabiliti per la presentazione delle offerte, la stipula e la consegna dei beni/decorrenza dei servizi.

Dettaglio

La voce **Dettaglio** riporta:

- Il criterio di aggiudicazione scelto.

- I codici CIG o la causale di esclusione indicata in fase di predisposizione.

- Il codice CPV.

- L'importo presunto della fornitura.

- Ulteriori informazioni che caratterizzano la procedura.

Richieste

La voce **Richieste** schematizza la documentazione richiesta agli Operatori Economici invitati.

Documentazione di Gara

Selezionare **Documentazione di Gara** per visualizzare la documentazione che è stata inserita nel Confronto di Preventivi pubblicato.

Inviti

Infine, selezionare **Inviti** per visualizzare gli Operatori Economici invitati.

6.1 Richiesta Chiarimenti

Richiesta Chiarimenti

La sezione **Richiesta Chiarimenti** permette di gestire eventuali richieste inviate a sistema dagli Operatori Economici. Tali richieste possono essere gestite dall'utente che crea l'iniziativa (PI o PO), dal RdP e da eventuali altri soggetti autorizzati. La funzione è attiva fino alla scadenza del termine di presentazione dell'offerta.

Dal menu laterale, selezionare **Richiesta Chiarimenti** per accedere alla pagina in cui è presente l'elenco delle richieste di chiarimenti ricevute. Ad ogni richiesta sono associate le seguenti informazioni:

- Il nome degli Operatori Economici.

- L'oggetto.

- Il numero di messaggi ricevuti.

- Lo stato della comunicazione (Da leggere/Letta).

- La data di ricezione.

Per accedere al dettaglio di una determinata richiesta, selezionare sulla freccia corrispondente. La pagina di **Dettaglio Richiesta Chiarimenti** permette di leggere le richieste ricevute dagli OE e di rispondere ad ogni singolo Operatore Economico che ha fatto la richiesta.

Da sapere: Ricordare che è possibile caricare come documento da consultare un documento contenente le risposte a tutte le richieste di chiarimenti degli OE, in modo tale che sia visibile a tutti. Per caricare questo documento, è utilizzabile la funzione di **Modifica RdO** (modifica non strutturale). Fino alla scadenza dei termini di presentazione offerta, sarà necessario inviare comunicazioni alle imprese extra-sistema; successivamente, sarà possibile utilizzare le **Comunicazioni** della RdO stessa.

6.2 Comunicazioni

Comunicazioni

Grazie alla sezione **Comunicazioni**, si ha la possibilità di inviare un messaggio dopo la pubblicazione del Confronto di Preventivi, nello specifico, dopo la scadenza dei termini di presentazione delle offerte. Fino a quel momento, se fosse necessario inviare una comunicazione, è possibile farlo extra-sistema oppure aggiungendo documenti dalla sezione **Modifica RdO**. Ricordare che ciascun documento aggiunto come allegato può avere una dimensione massima di 20 MB. Selezionare il pulsante **RAPPORTO DI CONSEGNA** per avere informazioni riguardo la lettura del messaggio stesso; la data e l'ora di consegna al destinatario sono quelle visualizzate sopra il tasto **Rapporto di Consegna**.

Da sapere: Un soggetto autorizzato all'esame delle offerte può inviare comunicazioni. Se si desidera che altri soggetti, anche loro autorizzati all'esame delle offerte, possano visualizzare la comunicazione inviata e la relativa risposta, è necessario inserirli in cc (copia conoscenza) prima di inviare la comunicazione. Il soggetto che ha pubblicato la RdO e quello impostato come RdP potranno automaticamente visualizzare le comunicazioni.

6.3 Revoca RdO/lotto

Revoca RdO

Nella sezione **Revoca RdO/lotto**, è possibile revocare il Confronto di Preventivi definitivamente e con effetto immediato. Selezionare il pulsante **REVOCA** per revocare il

Confronto di Preventivi; il pulsante **ANNULLA** consente invece di tornare indietro e annullare l'azione.

Da sapere: La revoca può essere effettuata dal PO e dal Responsabile del Procedimento. Il PI può revocare il Confronto di Preventivi solo nel caso in cui l'abbia predisposto.

6.4 Modifica RdO

Modifica RdO

Nella sezione **Modifica RdO**, è possibile modificare il Confronto di Preventivi. Le modifiche possono essere strutturali o non strutturali, a seconda che incidano o meno sulle attività di composizione e presentazione delle offerte. Nel caso del Confronto di Preventivi, è possibile apportare solo modifiche non strutturali. Le modifiche non strutturali sono visibili dal momento in cui vengono effettuate. Come per la revoca, anche la modifica di una RdO può essere operata dal PO, dal Responsabile del Procedimento e dal PI (solo con la relativa approvazione).

Le modifiche non strutturali riguardano:

- Nome RdO
- Tipologia di appalto
- CUP
- CPV
- Ente Committente
- Responsabile del Procedimento
- Soggetto stipulante
- Date della negoziazione
- Documenti

Da sapere: Il menu di riepilogo è un menu dinamico: le voci variano a seconda della fase della Negoziazione e delle autorizzazioni attribuite all'utente. Per esempio, la voce **Modifica RdO** è presente poco dopo la pubblicazione del Confronto di Preventivi.

Modifica non strutturale

Dopo aver apportato le dovute modifiche, selezionare il pulsante **SALVA** per salvare le modifiche effettuate e successivamente selezionare **CONFERMA MODIFICA**. In caso di mancata selezione del pulsante **CONFERMA MODIFICA**, il Confronto tra Preventivi passa allo stato "In Manutenzione". Nel caso di modifiche Non strutturali sul Confronto tra Preventivi, gli OE potranno comunque presentare le offerte. In questo caso, per ripristinare la Negoziazione, è necessario che la persona che aveva iniziato la modifica rientri nella sezione **Modifica RdO** e ripeta la procedura digitando **CONFERMA MODIFICA**. È possibile modificare la Negoziazione anche dopo la presentazione dell'offerta da parte di qualche Operatore Economico.

6.5 Copia RdO

È possibile accedere alla sezione **Copia RdO**, collocata nel menu di sinistra, per copiare il Confronto di Preventivi e le relative informazioni. In questo modo, è possibile creare un nuovo Confronto di Preventivi che eredita le informazioni principali di quelli già pubblicati. Se sono stati invitati degli OE, li si ritroverà nella nuova RdO; non saranno invece copiate né la parte documentale né i soggetti indicati come RdP, Soggetto Stipulante o altri autorizzati. La RdO copiata si troverà nella pagina **RdO da Completare** nello stato "Bozza".

7. Esame Offerte e Stipula

7.1 I tuoi ruoli nelle procedure di acquisto

Freccia menu

Dopo la pubblicazione del Confronto di Preventivi, è possibile visualizzare la voce **I tuoi ruoli nelle procedure di acquisto**, disponibile dal **Cruscotto**, per gestire le fasi successive della Negoziazione, quali la richiesta di chiarimenti, l'esame delle offerte e la stipula.

Da sapere: Il PO può gestire la richiesta dei chiarimenti direttamente dal menu di Riepilogo; deve passare dalla sezione **I tuoi ruoli nelle procedure di acquisto** in caso di RdO predisposta dal PI con previa autorizzazione. Allo stesso modo, il PI può accedere direttamente alla funzione di Richiesta Chiarimenti solo se ha la specifica predisposizione. Se si effettua l'accesso alla propria area personale esclusivamente come utente Registrato, è possibile accedere direttamente alla sezione **I tuoi ruoli nelle procedure di acquisto**. Se si effettua l'accesso alla propria area personale come utente Abilitato, selezionare il pulsante freccia per visualizzare la sezione **I tuoi ruoli nelle procedure di acquisto**. Selezionando sul pulsante freccia, compare un elenco di RdO con le relative autorizzazioni.

Elenco RdO

È possibile utilizzare il filtro **Strumento** e il filtro **Periodo selezionato** per trovare il Confronto di Preventivi di interesse, oppure è possibile inserire nell'apposito campo il numero identificativo della Negoziazione e selezionare il pulsante **CERCA**. Per la stessa RdO, è possibile avere più ruoli in base alle autorizzazioni attribuite al proprio profilo. Nel caso di più ruoli, è necessario selezionarne uno specifico per poter gestire una determinata fase. Accedendo al Confronto di Preventivi pubblicato, a seconda del profilo autorizzativo, nel menu di riepilogo si attivano delle sezioni aggiuntive.

7.2 Offerte presentate

Offerte presentate

Con la voce **Offerte presentate**, è possibile visualizzare le informazioni relative sia all'offerta presentata che agli Operatori Economici. In questa sezione, si verifica se e quando gli Operatori Economici invitati hanno presentato l'offerta. Per gli Operatori Economici invitati che hanno presentato l'offerta, è possibile visualizzare il numero identificativo dell'offerta presentata, la data e l'ora di presentazione.

Nel menu a tendina, sono riportate alcune informazioni relative a uno specifico Operatore Economico, tra cui:

- Ragione sociale
- Forma di partecipazione
- Partita IVA

Selezionando la denominazione del concorrente, si apre una finestra con le informazioni di base: la denominazione sociale, la sede legale, i recapiti, la posizione geografica.

Richieste su RdO

Selezionando la voce **Richieste**, è possibile visualizzare le informazioni rilasciate in fase di abilitazione sul MePA, tra le quali i bandi e le categorie a cui si è abilitati, con le eventuali modifiche. Inoltre, è anche possibile visualizzare e scaricare i file PDF delle richieste effettuate dagli Operatori Economici per ciascun argomento di riferimento.

Da sapere: Gli Operatori Economici hanno la possibilità di ritirare l'offerta e di ripresentarla fino alla scadenza del termine di presentazione delle offerte.

7.3 Esame Offerte

Esame Offerte CdP

Dopo la scadenza del termine di presentazione delle offerte, nel menu di Riepilogo, è disponibile la funzione **Esame Offerte**, esclusivamente per gli utenti autorizzati. Accedere alla pagina selezionando la voce **Esame Offerte** dal menu di sinistra. In questa sezione, si visualizza l'elenco dei concorrenti che hanno presentato l'offerta. Selezionare la denominazione di un concorrente per visualizzare le informazioni relative all'abilitazione sul Mercato Elettronico MePA.

Esame Busta

Se si seleziona il pulsante **VAI ALL'OFFERTA**, in corrispondenza di ogni Operatore Economico, si esamina la documentazione economica presentata. Come accade nella Trattativa Diretta, anche nel Confronto di Preventivi, i campi documentazione amministrativa e documentazione tecnica possono essere vuoti.

Dopo aver esaminato le offerte presentate, nella sezione **Esame offerte**, selezionare il pulsante **GRADUATORIA** per visualizzare l'elenco degli Operatori Economici che hanno presentato offerta e il valore delle rispettive offerte economiche (espresso in termini di valore economico dell'offerta o percentuale di ribasso, a seconda del criterio di formulazione dell'offerta economica scelto in fase di predisposizione della Negoziazione).

A questo punto, è possibile proporre l'aggiudicazione, selezionando il pulsante **PROPONI AGGIUDICAZIONE**.

Mostra Graduatoria

Nel caso in cui si debba effettuare una modifica alla graduatoria, è possibile selezionare il pulsante **MOSTRA GRADUATORIA** per visualizzare nuovamente la schermata con l'elenco degli OE partecipanti e le relative offerte.

7.4 Aggiudicazione

Dopo aver proposto l'aggiudicazione, il sistema richiederà di inserire gli estremi della delibera di aggiudicazione. Sarà necessario indicare il numero e la data della delibera. Una volta inseriti questi dati, sarà possibile procedere con l'aggiudicazione definitiva selezionando l'apposito pulsante. Il sistema invierà una notifica di aggiudicazione agli Operatori Economici partecipanti.

7.5 Stipula

Una volta effettuata l'aggiudicazione, la fase successiva è la stipula del contratto con l'Operatore Economico aggiudicatario. La procedura di stipula può variare a seconda delle impostazioni della singola RdO e delle normative vigenti. Generalmente, la piattaforma MePA permette di caricare il documento contrattuale firmato digitalmente da entrambe le parti. Il sistema invierà una notifica di stipula sia alla PA che all'Operatore Economico.

Conclusione: Efficienza e Trasparenza nel Confronto di Preventivi

Il Confronto di Preventivi sul MePA rappresenta uno strumento efficace per le Pubbliche Amministrazioni che desiderano ottenere le migliori offerte dal mercato per specifiche categorie di beni o servizi, garantendo al contempo trasparenza e concorrenza tra gli Operatori Economici. Seguendo attentamente le fasi descritte in questo capitolo, gli utenti della PA potranno gestire con successo questa tipologia di negoziazione, ottimizzando i propri processi di acquisto.

Capitolo 17: Rispondere a un Confronto di Preventivi sul MePA come Operatore Economico

Introduzione: Ricevere un Invito a un Confronto di Preventivi

Come Operatore Economico abilitato al Mercato Elettronico della Pubblica Amministrazione (MePA), potresti ricevere un invito a partecipare a un **Confronto di Preventivi**. Questa modalità di Negoziazione, avviata dalla Pubblica Amministrazione (PA), coinvolge più Operatori Economici abilitati per la categoria di beni o servizi oggetto della richiesta. Per poter presentare un'offerta, è fondamentale essere stati ammessi alla/e Categoria/e del Bando/i specificati nell'invito. Questo capitolo ti guiderà attraverso i passaggi necessari per rispondere efficacemente a un Confronto di Preventivi sul MePA.

1. Le Negoziazioni

Cruscotto RdO

Dal tuo **Cruscotto**, puoi accedere al **Riepilogo di tutte le RdO** attraverso:

- La sezione **Mercato Elettronico > Negoziazioni**.

- Il menu laterale di sinistra **Vendite > Negoziazioni > MePA**.

In entrambi i casi, visualizzerai una schermata contenente l'elenco di tutte le RdO a cui puoi partecipare o stai partecipando.

2. Riepilogo delle RdO

Tipologie RdO

In questa schermata, in qualità di Legale Rappresentante o Collaboratore autorizzato, potrai visualizzare tutte le RdO a cui sei abilitato a partecipare. Ricorda che per poter gestire una RdO, non è sufficiente che l'Operatore Economico sia abilitato alle categorie oggetto della richiesta, ma è necessario che il Legale Rappresentante sia associato alla specifica categoria e che il Collaboratore sia autorizzato a operare.

La schermata è divisa in diverse sezioni:

- **RdO a cui sei stato invitato:** Qui troverai le RdO per le quali hai ricevuto un invito diretto. Solo tu, in quanto OE invitato e abilitato al Bando/Categoria oggetto della Negoziazione, potrai visualizzarle. Un Confronto di Preventivi a cui sei stato invitato sarà presente in questa sezione.

- **RdO a cui hai partecipato:** Questa sezione elenca le RdO alle quali hai già partecipato, indipendentemente dal fatto che fossero ad invito o aperte. Una volta iniziata la procedura di risposta a un Confronto di Preventivi, lo troverai qui.

- **RdO Aperte:** Questa sezione mostra le RdO visibili a tutti gli OE abilitati per il Bando/Categoria oggetto della Negoziazione.

Hai diverse funzionalità a tua disposizione, tra cui la possibilità di partecipare tramite PIN (utile in caso di forme di partecipazione multipla), generare file Excel con l'elenco delle RdO e utilizzare filtri generali e avanzati per trovare rapidamente le iniziative di tuo interesse.

Per entrare nel dettaglio di un Confronto di Preventivi a cui sei stato invitato, individua la RdO nella sezione "RdO a cui sei stato invitato" e seleziona il simbolo ">" corrispondente.

Da sapere: Una volta entrato nel dettaglio di una RdO e iniziata la partecipazione, visualizzerai la RdO nella sezione "RdO a cui hai partecipato" e non la troverai più nelle altre sezioni.

3. Trattativa Diretta e Confronto di Preventivi

Riepilogo

La procedura di risposta a un **Confronto di Preventivi** è molto simile a quella per una Trattativa Diretta. Una volta entrato nel dettaglio della Negoziazione, visualizzerai la pagina di **Riepilogo**, dove potrai scaricare un file PDF contenente i dati fondamentali della procedura.

In alto a destra della pagina, troverai sempre l'indicazione relativa allo stato della RdO. Nelle varie sezioni, saranno disponibili informazioni specifiche utili per valutare l'iniziativa:

- **Dati Principali:** Identificativo della RdO, Bando abilitativo di riferimento, tipologia di Negoziazione (in questo caso, Confronto di Preventivi) e soggetti di riferimento della PA.

- **Date:** Le date importanti dell'iniziativa, con il dettaglio delle scadenze entro cui puoi presentare l'offerta e fino a quando rimani vincolato una volta presentata.

- **Dettaglio:** Il criterio di aggiudicazione, il Codice Identificativo di Gara (CIG), il Codice CPV e la categoria di abilitazione richiesta.

- **Documentazione:** L'elenco dei documenti di riferimento per l'iniziativa predisposti dalla PA.

Da sapere: Per visualizzare o scaricare la documentazione, è sufficiente selezionare il documento specifico. Il requisito, ovvero l'oggetto della Negoziazione, è solitamente descritto nella documentazione o nella descrizione della RdO.

Richiesta di chiarimenti

Dal menu a sinistra, selezionando la voce **Richiesta di chiarimenti**, avrai la possibilità di porre domande e chiarire eventuali dubbi inviando un messaggio alla Pubblica Amministrazione di riferimento. Hai tempo per inviare chiarimenti fino alla scadenza dei termini indicata nella sezione **Date** del **Riepilogo**. Potrai scrivere un messaggio di massimo 30.000 caratteri.

Al momento della risposta da parte della PA, riceverai una notifica sul sistema e un'e-mail di cortesia con un link diretto per visualizzare la risposta. In alternativa, potrai accedere a questa sezione per leggere il messaggio inviato dalla PA.

Da sapere: La PA, invece di rispondere direttamente a ogni singola richiesta, potrebbe pubblicare le risposte a tutte le richieste di chiarimenti direttamente nella sezione dei documenti da consultare, accessibile dal riepilogo della RdO.

Comunicazioni

Nella sezione **Comunicazioni**, avrai accesso a due diverse tipologie di messaggistica:

- **Messaggi:** Dopo la scadenza dei termini per la presentazione delle offerte, la PA potrà inviarti un messaggio, eventualmente corredato di allegati, a cui potrai rispondere.

- **Notifiche:** Qui troverai le notifiche di sistema relative all'iniziativa, come l'invito a partecipare, eventuali modifiche apportate alla RdO, la ricevuta di invio dell'offerta e il messaggio di stipula (se l'offerta verrà accettata).

Da sapere: La **Notifica di Ricevuta di invio offerta** contiene un PDF che conferma la presentazione della tua offerta al sistema e l'elenco dei documenti che hai allegato. Il messaggio di stipula ti informa che la PA ha completato la stipula sul sistema, ma non contiene il documento firmato, che solitamente viene inviato tramite apposita comunicazione o al di fuori del sistema.

Le Tue Procedure

Avvia nuova procedura

Dalla sezione **Le tue procedure**, potrai elaborare la tua partecipazione al Confronto di Preventivi. Per fare ciò, dovrai selezionare il pulsante **AVVIA NUOVA PROCEDURA** se:

- Sei un utente con profilo **Legale Rappresentante** abilitato ad almeno una delle categorie oggetto della RdO.

- Sei un utente con profilo **Collaboratore** associato ad almeno una delle categorie oggetto della RdO e autorizzato alla specifica area di lavoro ("Offerta RDO").

Potrai interrompere la compilazione della procedura di offerta in qualsiasi momento e riprenderla in un secondo momento, sempre entro i termini di presentazione delle offerte.

Compilatori

Una volta selezionato **Avvia nuova procedura**, apparirà la schermata che ti consentirà di personalizzare la tua offerta. Dal menu laterale di sinistra, potrai accedere alle diverse sezioni da compilare, a partire da quella relativa ai **Compilatori**. Qui potrai visualizzare i soggetti di riferimento del tuo Operatore Economico che possono interagire con questa specifica iniziativa e, se necessario, disattivarli per questa RdO. Solo coloro che sono presenti in questo elenco potranno avere un ruolo attivo nella compilazione dell'offerta. Tutti gli utenti presenti nella lista dei compilatori avranno gli stessi permessi per la compilazione della sezione relativa alla Documentazione amministrativa.

Da sapere: Qualsiasi utente (Legale Rappresentante o Collaboratore) associato alla categoria della RdO può iniziare la partecipazione. Se si desidera che altri utenti della propria organizzazione possano gestire la partecipazione, è necessario inserirli tra i compilatori attivi, semplicemente selezionando l'apposita spunta nella sezione "Compilatori" della partecipazione alla singola iniziativa.

Documenti firmati digitalmente

Il sistema MePA consente di presentare offerte allegando documenti firmati digitalmente con tutte le modalità di firma elettronica qualificata (CAdES e PAdES). Nel caso in cui i file non siano firmati in formato CAdES (.p7m), il sistema mostrerà un messaggio di avviso, ma ti consentirà comunque di presentare l'offerta. La validità della firma digitale sarà verificata dalla Stazione Appaltante in fase di esame delle offerte.

Documentazione amministrativa

Nella sezione **Documentazione amministrativa**, potrai prendere visione di eventuali documenti amministrativi richiesti dalla PA. All'interno della sezione, troverai indicazioni sull'obbligatorietà o meno dei documenti richiesti e i pulsanti per cercare e allegare i file necessari. Ricorda di selezionare il pulsante **VALIDA** prima di procedere alla sezione successiva.

Da sapere: Nella Trattativa Diretta e nel Confronto di Preventivi, la "forma di partecipazione" prevista e consentita dal sistema è esclusivamente quella di singolo operatore economico.

Offerta

In questa sezione, potrai specificare la tua offerta economica. Seleziona il pulsante "freccia" per accedere al dettaglio della compilazione. Segui la sequenza indicata:

1. Inserisci il valore della tua offerta per la Negoziazione.

2. Seleziona **SALVA**. Solo dopo aver salvato il valore offerto, il sistema renderà disponibile il documento di offerta economica generato automaticamente.

3. Procedi con l'inserimento della documentazione tecnica (se richiesta) e della documentazione economica (sempre necessaria).

Per accedere al dettaglio della documentazione richiesta, seleziona il pulsante "freccia" specifico di ogni voce. All'interno della sezione, troverai indicazioni sull'obbligatorietà dei documenti, i pulsanti per la ricerca e l'allegamento dei file, e le informazioni che caratterizzano i documenti richiesti. Prima di procedere alla sezione successiva, clicca sul pulsante **VALIDA**.

Da sapere: Dopo aver caricato tutti i documenti dell'offerta, seleziona il pulsante **VALIDA**. Non è necessario selezionare nuovamente **SALVA**, a meno che tu non abbia apportato modifiche al valore dell'offerta. In tal caso, selezionando **SALVA**, il sistema potrebbe cancellare i documenti precedentemente caricati, richiedendoti di rigenerarli per recepire le modifiche.

Riepilogo e invio

Una volta completate tutte le sezioni precedenti e selezionato **VALIDA** in ciascuna di esse, potrai procedere all'invio della tua offerta. Per accedere al dettaglio del riepilogo, seleziona il pulsante "freccia" specifico di ogni singola sezione. Infine, seleziona il pulsante **INVIA OFFERTA** per presentare la tua offerta alla Pubblica Amministrazione.

Da sapere: Dopo aver inviato l'offerta, riceverai una **Notifica di ricevuta di invio offerta** nella sezione **Comunicazioni** della negoziazione. Questa notifica conterrà un PDF che conferma l'avvenuta presentazione della tua offerta al sistema e l'elenco dei documenti che hai allegato.

In ogni caso, entro la scadenza dei termini di presentazione dell'offerta, potrai ritirare la tua offerta tramite l'icona con tre punti verticali (dot menu) in corrispondenza della tua partecipazione e presentarne una nuova, modificando la precedente e completandola.

Da sapere: In caso di aggiudicazione e successiva stipula, il sistema invierà un'apposita notifica nella sezione **Comunicazioni** della Negoziazione. Questa notifica ti informerà dell'avvenuta stipula da parte della PA, ma non conterrà il documento di stipula firmato, che ti verrà inviato separatamente dalla PA.

Conclusione: Presentare un'Offerta Competitiva

Rispondere a un Confronto di Preventivi sul MePA richiede attenzione e precisione in ogni fase, dalla lettura attenta della documentazione alla compilazione accurata dell'offerta. Seguendo i passaggi descritti in questo capitolo, potrai presentare un'offerta competitiva e aumentare le tue possibilità di aggiudicarti la fornitura di beni o servizi richiesti dalla Pubblica Amministrazione. Ricorda sempre di rispettare le scadenze e di utilizzare la sezione "Richiesta di chiarimenti" per risolvere eventuali dubbi.

Capitolo 18: Gestire una Richiesta di Offerta (RdO) Semplice come Pubblica Amministrazione

Introduzione: Predisporre una Gara Sotto Soglia con RdO Semplice

Come utente della Pubblica Amministrazione (PA), la piattaforma di e-Procurement MePA ti offre la possibilità di predisporre gare sotto soglia comunitaria attraverso diverse tipologie di Negoziazione. Tra queste, la **Richiesta di Offerta (RdO) Semplice** rappresenta uno strumento efficace per l'acquisizione di beni e servizi tramite un confronto concorrenziale tra Operatori Economici (OE) abilitati. A differenza della RdO Evoluta, la RdO Semplice si caratterizza per la presenza di un unico lotto e l'aggiudicazione basata sul criterio del Minor Prezzo. Questo capitolo ti guiderà passo dopo passo nella creazione e gestione di una RdO Semplice sulla piattaforma MePA.

1. Avvio Negoziazione

Cruscotto

L'avvio di una Negoziazione per un bando MePA può avvenire selezionando:

- Il link rapido **Liste MePA**.

- Il link rapido **Avvia Negoziazione** dalla sezione **Mercato Elettronico**.

Liste MePA

Seleziona **Liste MePA** per avviare la Negoziazione partendo da elenchi di preferenze già salvati (articoli, lista di Operatori Economici, categorie): scegli uno o più elementi e procedi con la creazione della Negoziazione. Inoltre, puoi selezionare direttamente **Negoziazioni** all'interno del menu per scegliere la tipologia di Negoziazione da predisporre.

Cruscotto

In alternativa, dal **Cruscotto**, puoi avviare una Negoziazione accedendo alla pagina di **Riepilogo delle RdO**:

- Dalla sezione **Mercato Elettronico > Negoziazioni**.

- Dal menu laterale di sinistra **Acquisti > Negoziazioni > MePA**.

In entrambi i casi, accederai alla pagina di riepilogo di tutte le RdO. In particolare, visualizzerai le RdO da completare, ossia quelle nei seguenti stati:

- **In Bozza:** RdO predisposta e salvata, in attesa di pubblicazione.

- **In Approvazione:** RdO inviata al Punto Ordinante (PO) dal Punto Istruttore (PI).

- **Pubblicata:** RdO pubblicata, visibile agli Operatori Economici, con "termini presentazione offerta" non scaduti.

Elenco RdO

Seleziona il pulsante in alto a destra **RDO COMPLETE** per visualizzare le RdO in stato:

- **Scaduta:** RdO i cui termini di presentazione sono giunti a scadenza.

- **Deserta:** RdO per cui non è stata presentata alcuna offerta.

- **In Esame:** RdO in fase di valutazione delle offerte presentate.

- **Aggiudicata:** RdO per cui si è conclusa la fase di aggiudicazione.

- **Sospesa:** RdO per cui il procedimento è stato temporaneamente sospeso.

- **Revocata:** RdO per cui il procedimento è stato definitivamente revocato.

- **Stipulata:** RdO stipulata con l'Operatore Economico.

- **Chiusa:** RdO conclusa.

Per tornare indietro alla lista di RdO pre-pubblicazione, seleziona il pulsante in alto a destra **RDO DA COMPLETARE**. Per avviare una nuova Negoziazione, seleziona il pulsante **NUOVA RDO**.

Da sapere: Se le Negoziazioni sono predisposte dal PI, la gestione delle liste RdO da completare e RdO complete è accessibile sia al PI che al PO. In alternativa, qualora le RdO siano predisposte dal PO, sono visibili solamente al PO.

2. Tipologia RdO

Tipologia RdO

In base alle esigenze della tua Amministrazione, hai la possibilità di scegliere fra quattro tipologie di Negoziazioni:

- **Trattativa Diretta:** Puoi negoziare direttamente con un unico Operatore Economico.

- **Confronto di preventivi:** Puoi invitare più di un Operatore Economico.

- **RdO Semplice:** Puoi costruire una gara a lotto unico al "minor prezzo".

- **RdO Evoluta:** Puoi strutturare la tua gara in più lotti sia con criterio di aggiudicazione a "minor prezzo" che "miglior rapporto qualità prezzo".

Per maggiori informazioni, consulta la sezione dedicata ai **Tipi di RdO**. Dopo aver selezionato la tipologia di RdO di tuo interesse, puoi iniziare a predisporre la Negoziazione.

Da sapere: Solo nella **RdO Evoluta** l'oggetto della Negoziazione può riguardare categorie diverse; nelle altre tipologie, gli oggetti di Negoziazione devono fare riferimento alla stessa categoria di abilitazione.

3. Creazione RdO Semplice

La **RdO Semplice** è una tipologia di gara realizzata esclusivamente con un unico lotto e aggiudicata al **Minor Prezzo**.

3.1 Inserimento Parametri Essenziali

Una volta scelta come tipologia di Negoziazione la **RdO Semplice**, accedi alla pagina nella quale si richiede l'inserimento di alcune informazioni base. Nel menu a tendina **Tipologia di appalto**, puoi scegliere tra i tipi di appalto proposti quello in cui rientra la Negoziazione che stai predisponendo, tra cui:

- Appalto di forniture.

- Appalto di lavori.

- Appalto di servizi.

- Appalto misto.

Nella **Tipologia di procedura**, scegli l'ambito normativo in cui rientra la RdO Semplice. Se selezioni "Altro", si apre una finestra per inserire la specifica.

Nel **Regolamento applicabile alla procedura telematica**, seleziona il complesso di regole di riferimento. Nel menu a tendina **Modalità selezione dei fornitori da invitare**, scegli tra:

- **RdO Aperta:** Se vuoi rendere visibile la RdO tra le RdO Aperte. In questo caso, avranno la possibilità di partecipare tutti gli Operatori Economici abilitati sul MePA per la categoria oggetto di Negoziazione, entro i termini di presentazione delle offerte.

RdO Aperte Ti ricordiamo che sono le stazioni appaltanti che devono valutare l'utilizzo delle RDO aperte sul MEPA alla luce di quanto previsto per i contratti sottosoglia dall'art. 50 del d. lgs. n. 36 del 2023; l'utilizzo di tale funzionalità rientra nella responsabilità esclusiva delle stesse stazioni appaltanti.

Come riportato all'art. 6 delle Regole del Sistema di e-Procurement della Pubblica Amministrazione, "...Il Punto Ordinante, e per esso la stazione appaltante, rimane unico ed esclusivo responsabile delle attività, degli atti compiuti, dei contratti stipulati e, in generale, dei procedimenti posti in essere nel Sistema, anche ai sensi e per gli effetti della legge n. 241/1990 e s.m.i. La stazione appaltante agisce in piena e completa autonomia e indipendenza ed è l'unica responsabile della corretta scelta ed applicazione delle procedure di selezione del contraente previste dalla normativa ad essa applicabile, nonché degli adempimenti pubblicitari, procedurali e documentali e, in generale, di tutti gli adempimenti che si rendessero necessari ai sensi della normativa applicabile in occasione della selezione e della scelta dell'Operatore Economico, dell'utilizzo degli Strumenti di Acquisto e Negoziazione, dei beni, servizi e lavori acquisiti e della stipula del relativo Contratto..."

- **Selezione degli Operatori Economici da invitare:** Se vuoi scegliere tra gli OE abilitati alla categoria oggetto della RdO, quali invitare alla presentazione delle offerte.

Seleziona il pulsante **CREA RDO** per generare la Negoziazione che hai iniziato a predisporre. Nel caso tu abbia necessità di modificare la tipologia di RdO, puoi utilizzare i link che trovi in basso alla pagina.

3.2 Inserimento Dati Principali

Accedi a una pagina dove puoi inserire tutti i dati fondamentali per predisporre correttamente la tua Negoziazione. Le voci presenti nel menu laterale di sinistra ti indirizzano direttamente ai punti corrispondenti all'interno della pagina. Nella sezione **Dati Principali**, trovi i dati che hai inserito al momento della creazione della RdO Semplice. Quelli contrassegnati con il simbolo possono essere modificati.

Il criterio di aggiudicazione non è modificabile poiché la RdO Semplice è sempre realizzata a **Minor prezzo**. Anche in questo caso, come nella Trattativa Diretta e nel Confronto di Preventivi, non è prevista la scheda tecnica. Utilizza il box **Descrizione della fornitura** per descrivere l'oggetto della Negoziazione. In alternativa, scorrendo la pagina, puoi allegare la documentazione in cui dettagli l'oggetto della RdO.

Nei campi **Data e ora di svolgimento della prima seduta pubblica**, inserisci la data e l'ora in cui avrà luogo la prima seduta pubblica di esame delle offerte. La compilazione di questi campi è facoltativa. È necessario confermare agli OE partecipanti la data della prima seduta ed è opportuno indicare gli eventuali criteri di esclusione delle offerte anomale.

Da sapere: Non è prevista una funzionalità che permette un'esclusione automatica delle offerte anomale dal Sistema. Dopo aver elaborato la soglia di anomalia, è necessario un intervento manuale al fine di un'eventuale esclusione di Operatori Economici. Il calcolo dell'anomalia nella RdO Semplice dovrà essere effettuato extra-Sistema.

Nel campo **Formulazione dell'offerta economica**, puoi scegliere la modalità con cui l'Operatore Economico può presentare l'offerta:

- **PERCENTUALI A RIBASSO:** L'offerta dell'Operatore Economico è espressa in termini di percentuale di sconto rispetto a una quantità economica data. Se scegli questa opzione, il Sistema ti chiede di inserire obbligatoriamente:
  - Il nome del parametro.
  - Il peso.

- Le cifre decimali dell'offerta economica. Con il pulsante **AGGIUNGI ULTERIORE PARAMETRO**, puoi inserire più percentuali di ribasso con il relativo peso, ricordando che il peso totale deve essere pari a 1.

- **VALORE ECONOMICO:** L'offerta dell'Operatore Economico è espressa in termini di quantità economica monetaria. Se scegli questa opzione, indica il prezzo e le cifre decimali (numero massimo consentito) dell'offerta economica.

3.3 La richiesta del CIG

Il codice **CIG - Codice Identificativo Gara** è un codice alfanumerico di 10 cifre che consente di identificare in maniera univoca gli elementi costitutivi delle gare d'appalto ed è **obbligatorio**. Hai la possibilità di selezionare il comando che ti permette di omettere il codice CIG, scegliendo dal menu a tendina il relativo codice di esenzione. È opportuno indicare l'eventuale esenzione dall'obbligo di richiesta del CIG e selezionare dal menu a tendina la specifica del caso. Prima di inviare la richiesta del CIG, è opportuno aver compilato tutti i campi obbligatori dell'iniziativa.

Consulta per qualunque necessità le informazioni sull'integrazione con la Piattaforma dei Contratti Pubblici di Anac. Per ulteriori dettagli sulla procedura di richiesta del CIG su Acquisti in rete, guarda il filmato dimostrativo.

Nota bene: Per visionare i materiali di supporto Schede ANAC, **CLICCA QUI**.

Inoltre, in questa sezione, puoi eventualmente inserire il codice **CUP - Codice Unico Progetto**.

3.4 Dati RdO

Il codice **CPV - Common Procurement Vocabulary** è **obbligatorio**. Attraverso il pulsante **Cerca CPV**, puoi effettuare la ricerca per categoria di abilitazione oppure direttamente per CPV. Puoi inserire massimo 100 CPV appartenenti alla stessa categoria merceologica. In caso di più CPV, puoi specificare il peso di ognuno nella Negoziazione oppure puoi specificare il CPV principale tra quelli facenti parte della richiesta del CIG. È necessario inserire CPV della stessa categoria, altrimenti il Sistema si bloccherà al momento della pubblicazione.

Il Sistema ti mostra una serie di campi da compilare:

- **Importo oggetto di offerta:** Definisci se l'importo complessivo dell'appalto (Valore in euro) è la Base d'asta o l'Importo presunto di fornitura.

- **Oneri per la sicurezza non soggetti a ribasso:** Puoi indicare l'importo di eventuali oneri applicabili.

- **Termini di pagamento:** Specifica i termini di pagamento in base alle tue esigenze.

- **Dati di consegna e fatturazione:** Specifica i dati di consegna e di fatturazione (via, città, cap, aliquota IVA).

3.5 Input Fornitori

In questa sezione, trovi le opzioni di configurazione del procedimento che dipendono dal valore, dall'oggetto e dalla tipologia dell'affidamento. Puoi selezionare quelle che sono pertinenti alla tua procedura.

3.6 Definizione Ruoli

Ruoli RdO

In caso di creazione di una nuova Negoziazione, il **Responsabile del Procedimento (RdP)** e il **Soggetto Stipulante** sono preimpostati automaticamente dal Sistema con il **Punto Ordinante**; se utilizzi la funzione di **Copia RdO**, devi specificare il RdP e il Soggetto Stipulante. In questa sezione, hai la possibilità di modificarli/indicarli.

Puoi indicare solamente un **Responsabile del Procedimento**, e i suoi dati anagrafici sono obbligatori. A differenza della Trattativa Diretta e del Confronto di Preventivi, nella RdO Semplice e nella RDO Evoluta puoi aggiungere al massimo dieci **Soggetti Stipulanti**.

Da sapere: Sia il Responsabile del Procedimento che il Soggetto Stipulante devono essere utenti registrati alla piattaforma di e-Procurement. Per cercare un soggetto da inserire come Responsabile del Procedimento o Soggetto Stipulante, è necessario farlo attraverso i suoi dati personali (Nome, Cognome, Codice Fiscale).

Qualora l'ente committente coincida con la Stazione Appaltante, quest'ultima sarà identificata automaticamente con l'ente di appartenenza del PO anche nel caso in cui la Negoziazione sia predisposta dal PI. Nel caso di Negoziazione gestita per conto di terzi, indica che l'ente committente non coincide con la Stazione Appaltante e specifica il Nome.

Da sapere: Il primo utente che inizia la partecipazione di una RDO (indifferentemente che sia un LR o un collaboratore) può attivare nella sezione "compilatori" gli altri soggetti che successivamente potranno gestire la RDO sia per la parte di compilazione sia di accesso alla seduta pubblica. Se un utente non compare fra i compilatori attivi, non potrà né gestire la partecipazione né accedere alla seduta pubblica. Se un collaboratore viene inserito fra i "compilatori attivi", potrà inviare l'offerta a sistema, fermo restando che i documenti che richiedono la firma digitale dovranno essere firmati dai LR di riferimento.

3.7 Inserimento Date

Date RdO

Nella sezione **Date**, indica le seguenti informazioni:

- **Termine ultimo richiesta chiarimenti:** Data e ora entro cui gli Operatori Economici possono richiedere chiarimenti alla Stazione Appaltante.

- **Termine ultimo presentazione offerte:** Data e ora entro cui gli Operatori Economici possono presentare l'offerta a Sistema.

- **Limite stipula contratto:** Data e ora entro cui gli Operatori Economici devono tenere vincolata l'offerta. È a loro discrezione confermarla in una data successiva.

- **Limite consegna beni/decorrenza servizi:** Termine a partire dal quale possono essere consegnati i beni o decorrere i servizi da parte dell'Operatore aggiudicatario. Puoi scegliere se impostare questo termine come data da calendario oppure come numero di giorni successivi alla stipula.

3.8 Documenti

Documentazione RdO

All'interno della sezione **Documentazione**, puoi visualizzare i documenti predisposti automaticamente dal Sistema: l'**Offerta economica di Sistema** e la **Dichiarazione sostitutiva di partecipazione**. Le impostazioni del documento di Offerta economica sono già predefinite e non modificabili. La Dichiarazione sostitutiva di partecipazione contiene le informazioni dell'Operatore Economico di rilevanza amministrativa ai fini della partecipazione alla RdO Semplice.

A seconda delle tue esigenze, puoi richiedere e/o inserire ulteriore documentazione a supporto degli Operatori Economici nella presentazione dell'offerta (es. disciplinari, capitolati, richieste di costi della sicurezza, di costi della manodopera, ecc. ecc.). Per poter aggiungere documentazione, devi accettare il disclaimer e selezionare il pulsante AGGIUNGI DOCUMENTAZIONE.

Da sapere: Ti consigliamo di caricare file con una dimensione massima di 16 MB per garantirti il buon funzionamento delle operazioni.

Aggiungi Doc RdO

La documentazione aggiuntiva può essere di tre tipi:

- **Documentazione da produrre:** Puoi richiedere agli Operatori Economici ulteriori documenti. Se selezioni questa opzione, il Sistema ti richiede di compilare i seguenti campi:

  - **Descrizione:** Definisci la tua richiesta in modo chiaro ed esaustivo.

  - **Tipologia di richiesta:** Scegli dal menu a tendina la natura della documentazione, tra amministrativa ed economica.

  - **Modalità di invio:** Scegli se la trasmissione avverrà attraverso il Sistema (invio telematico) oppure attraverso qualsiasi altro mezzo diverso dal Sistema (invio non telematico).

  - **Obbligatorietà:** Indica se l'invio della documentazione è obbligatorio o facoltativo e se sono ammessi uno o più documenti.

  - **Firma digitale:** Indica se la documentazione deve essere firmata digitalmente o meno.

  - **Invio congiunto da parte di Operatori riuniti:** Scegli **SI** se la documentazione deve essere inviata solo dal consorzio capogruppo/mandataria del raggruppamento; scegli **NO** se la documentazione deve essere inviata dal consorzio e da tutti gli OE consorziati/mandatari e tutti gli OE facenti parte del raggruppamento.

  - **SFOGLIA:** Potrai allegare un fac-simile per fornire un esempio agli Operatori Economici. Seleziona **AGGIUNGI** per richiedere la documentazione da produrre, **ANNULLA** per annullare l'operazione.

- **Documentazione da reinviare:** Puoi allegare documenti che gli Operatori Economici a loro volta devono reinviare. In questo caso, devi inserire un fac-simile di riferimento. Se selezioni questa opzione, il Sistema ti chiede di compilare gli stessi campi descritti per la documentazione da produrre: Descrizione, Tipologia di richiesta, Modalità di invio, Obbligatorietà, Firma digitale, Invio congiunto da parte di Operatori riuniti. Nel caso della documentazione da reinviare, è necessario allegare un documento, selezionando su **SFOGLIA**, il quale deve essere reinviato dagli Operatori Economici. Seleziona il pulsante **AGGIUNGI** per aggiungere documentazione da reinviare, **ANNULLA** per tornare indietro.

- **Documentazione da consultare:** Puoi allegare documenti utili agli Operatori Economici nella presentazione dell'offerta oppure inserire un URL. In entrambi i casi, devi descrivere la richiesta agli Operatori Economici.

Da sapere: Ricorda che hai la possibilità di inserire solamente un URL appartenente al registro IPA; altrimenti, il Sistema ti restituisce un messaggio di errore.

Puoi inserire tramite il tasto **SFOGLIA** più documenti come fac-simile; devi confermare con **AGGIUNGI I DOCUMENTI SELEZIONATI** per andare avanti. Gli OE, in questo caso, vedranno più righe documentali che si differenzieranno solo per il facsimile allegato.

Ricorda di cliccare sul pulsante **SALVA**, che si trova in alto a destra della pagina, prima di selezionare **AGGIUNGI DOCUMENTI** per evitare di perdere tutti i dati inseriti finora.

Da sapere: Il Sistema consente agli Operatori Economici la possibilità di inserire facoltativamente una serie di documenti; se vuoi chiedere obbligatoriamente un documento, dovrai usare le apposite funzionalità della sezione **DOCUMENTI**, esplicitando così la tua richiesta.

3.9 Operatori Economici invitati

In fase di predisposizione della RdO Semplice, puoi scegliere la modalità di selezione dei fornitori da invitare: **RdO ad Inviti** o **RdO Aperta**.

Se scegli la modalità di **RdO ad Inviti**, puoi scegliere quali Operatori Economici invitare tra tutti quelli abilitati al bando e alla categoria della RdO Semplice che stai predisponendo.

Se scegli la modalità **RdO Aperta**, possono partecipare tutti gli Operatori Economici abilitati al MePA, entro i termini di presentazione delle offerte, per il bando e la categoria di riferimento del CPV oggetto della fornitura.

3.9.1 RdO ad Inviti

OE Invitati - RdO ad Inviti

Nella sezione **Operatori Economici invitati**, in caso di RdO ad Inviti, scegli quali e quanti fornitori invitare a presentare l'offerta.

Da sapere: L'utilizzo dei filtri, quando previsti, rientra nella responsabilità della Pubblica Amministrazione, che è tenuta a prestare attenzione affinché la loro attivazione non sia lesiva dei principi di non discriminazione e libera concorrenza. L'applicazione dei filtri per la selezione degli Operatori economici da invitare potrebbe infatti precludere la partecipazione alle negoziazioni di OE che potrebbero fare legittimamente ricorso, nella fase di negoziazione, a strumenti e istituti quali il raggruppamento temporaneo di imprese e l'avvalimento, che la normativa prevede con finalità pro-concorrenziali.

Inviti - Scegli

Hai a disposizione differenti criteri di ricerca per aggiungere nuovi Operatori Economici da invitare:

- **Tab SCEGLI:** Puoi effettuare la scelta in modo puntuale, inserendo negli appositi campi la partita IVA/altro codice identificativo oppure la ragione sociale. Prima di selezionare il pulsante **Visualizza elenco**, ricorda di effettuare il salvataggio dei dati già inseriti, selezionando il pulsante **SALVA** situato in alto a destra della pagina. Puoi inserire nella lista degli invitati tutti gli Operatori Economici scelti (la cui numerosità è specificata tra le parentesi tonde) attraverso le ricerche effettuate, digitando il pulsante **AGGIUNGI TUTTI**, oppure effettuare un sorteggio.

- **Tab FILTRA:** Puoi scegliere tra gli Operatori Economici abilitati al bando e alla categoria di riferimento quelli da invitare utilizzando i filtri presenti a Sistema. Il pulsante **DETTAGLIO FILTRI APPLICATI** ti consente di visualizzare l'elenco dei filtri selezionati per la RdO e di eliminarne qualcuno; **Azzera filtri** ti permette di eliminarli tutti.

Inviti - Filtra

Apri la sezione filtro che desideri applicare e seleziona **Aggiungi filtro** in modo che diventi **Rimuovi filtro**. Specifica il filtro desiderato e digita **Applica filtro** per renderlo efficace.

Modifica filtri

Successivamente, puoi modificare il filtro specifico; inoltre, puoi sempre eliminare tutti i filtri alla voce **Azzera filtri**. Dopo aver predisposto le opzioni di filtro degli invitati, il Sistema ti offre come risultato della ricerca il numero di Operatori Economici filtrati corrispondenti ai criteri impostati. Analogamente a quanto descritto per la sezione **SCEGLI**, per procedere con l'invito degli Operatori Economici, puoi alternativamente scegliere di aggiungere tutte le imprese risultanti in base ai filtri impostati (attraverso il pulsante **AGGIUNGI TUTTI**) o effettuare il sorteggio (attraverso il pulsante **SORTEGGIA**).

Da sapere: La funzione **SORTEGGIA** è utilizzabile separatamente per gli Operatori Economici "scelti" e per quelli "filtrati". Non è possibile includere nello stesso sorteggio i fornitori selezionati nel Tab SCEGLI e quelli selezionati nel Tab FILTRA.

3.9.2 RdO Aperta

Dettaglio filtri - RdO Aperta

In caso di RdO Aperta, nella sezione relativa agli Inviti, puoi scegliere dei **Filtri** tra quelli disponibili a Sistema. Potranno così partecipare alla RdO Semplice gli Operatori Economici abilitati al MePA per il bando e la categoria oggetto di Negoziazione e che, allo stesso tempo, presentino i requisiti che hai selezionato. Il pulsante **DETTAGLIO FILTRI APPLICATI** ti permette di accedere all'elenco dei parametri che puoi inserire come requisiti di partecipazione alla RdO. La procedura di gestione dei filtri è identica a quella descritta per la RdO ad Inviti. Al momento della presentazione dell'offerta, il Sistema effettua un controllo sul possesso dei parametri definiti attraverso i filtri e blocca gli OE che ne sono privi.

Da sapere: Nell'ambito di una RDO Aperta, i "comunicati" pubblicati da una PA sono visibili da tutti gli utenti dell'OE che interagiscono e interagiranno con la RdO, in particolare: coloro che hanno avviato almeno una procedura di partecipazione per la RdO, coloro che hanno mostrato interesse per l'iniziativa mediante l'invio di una richiesta di chiarimenti, infine, coloro definiti come compilatori della partecipazione.

Da sapere: Nel caso in cui l'offerta sia presentata da un Consorzio o da una RTI oppure da un Operatore Economico che abbia fatto ricorso all'istituto dell'avvalimento, il controllo deve essere effettuato dalla Stazione Appaltante in quanto il Sistema non opera né la verifica né il blocco della presentazione dell'offerta.

RdO Aperte Ti ricordiamo che sono le stazioni appaltanti che devono valutare l'utilizzo delle RDO aperte sul MEPA alla luce di quanto previsto per i contratti sottosoglia dall'art. 50 del d. lgs. n. 36 del 2023; l'utilizzo di tale funzionalità rientra nella responsabilità esclusiva delle stesse stazioni appaltanti.

Come riportato all'art. 6 delle Regole del Sistema di e-Procurement della Pubblica Amministrazione, "...Il Punto Ordinante, e per esso la stazione appaltante, rimane unico ed esclusivo responsabile delle attività, degli atti compiuti, dei contratti stipulati e, in generale, dei procedimenti posti in essere nel Sistema, anche ai sensi e per gli effetti della legge n. 241/1990 e s.m.i. La stazione appaltante agisce in piena e completa autonomia e indipendenza ed è l'unica responsabile della corretta scelta ed applicazione delle procedure di selezione del contraente previste dalla normativa ad essa applicabile, nonché degli adempimenti pubblicitari, procedurali e documentali e, in generale, di tutti gli adempimenti che si rendessero necessari ai sensi della normativa applicabile in occasione della selezione e della scelta dell'Operatore Economico, dell'utilizzo degli Strumenti di Acquisto e Negoziazione, dei beni, servizi e lavori acquisiti e della stipula del relativo Contratto…"

3.10 Salvataggio e Pubblicazione

Dopo aver compilato tutti i campi, la RdO è pronta per la pubblicazione. Seleziona il pulsante **SALVA** per salvare tutti i dati inseriti in Bozza. Ritroverai la RdO Semplice salvata nella pagina di riepilogo delle RdO da Completare (**Cruscotto > Negoziazioni > MePA – RdO da Completare**). Seleziona il pulsante **PUBBLICA** per rendere definitivamente visibile la gara agli OE e consentirgli la partecipazione:

- Se sei un **Punto Ordinante**, puoi pubblicare le RdO Semplici che hai predisposto oppure quelle ricevute in approvazione dal PI.

- Se sei un **Punto Istruttore**, puoi sia inviare in approvazione al PO le RdO che hai predisposto sia pubblicarle direttamente.

Nel caso invece di richiesta del CIG, dopo avere compilato tutti i campi richiesti, seleziona direttamente il tasto **PUBBLICA**, senza il tasto **SALVA**. Dopo la richiesta del CIG, potrai esclusivamente gestire la documentazione, senza effettuare modifiche degli altri campi della negoziazione.

Durante la configurazione della RdO, come PI, puoi selezionare in qualsiasi momento il pulsante **INVIA IN APPROVAZIONE** per inviare la gara al Punto Ordinante affinché proceda alla lavorazione e/o pubblicazione. La Negoziazione in attesa di approvazione è visualizzabile dal PI nella pagina di riepilogo delle RdO da Completare, tra le RdO nello stato "In Approvazione". Le RdO ricevute in approvazione dal PI possono essere pubblicate esclusivamente dal PO, tranne nel caso in cui il PO decida di riassegnarle al PI attraverso la funzionalità **RIASSEGNA AL PI**. Dopo la riassegnazione, la RdO non è più visibile al PO e il PI può trovarla tra le RdO nello stato "Bozza".

Da sapere: Le RdO predisposte dal PI sono visibili al PO dopo la pubblicazione o dopo l'Invio in Approvazione da parte del PI stesso.

4. Riepilogo RdO post pubblicazione

RdO da completare

Puoi accedere alla RdO Semplice che hai predisposto attraverso due percorsi, partendo dal **Cruscotto**:

- Finestra **Mercato elettronico > Negoziazioni**.

- Menu di sinistra > Sezione **Acquisti > Negoziazioni > MePA**.

Entrerai così nella pagina **RdO da completare**, dove potrai consultare le RdO già pubblicate i cui termini di presentazione delle offerte non sono ancora scaduti. Sia le RdO da completare che le RdO complete sono elencate secondo un ordine cronologico di modifica decrescente. Dalla sezione "ulteriori filtri RdO", puoi filtrare per:

- Nome RdO.

- Data ultima modifica.

- Stato.

- Tipologia.

Riepilogo RdO

Selezionata la RdO Semplice di tuo interesse, accedi a una pagina di **Riepilogo RdO** in cui a sinistra è presente un menu di consultazione: è un menu di riepilogo della negoziazione in cui puoi intervenire solo in determinate sezioni.

5. Gestioni Autorizzazioni

Gestione autorizzazioni RdO

Seleziona **Gestione autorizzazioni** dal menu laterale di sinistra per visionare i soggetti che possono visualizzare le richieste di chiarimenti pervenute sulla gara, quelli che possono intervenire nella fase di gestione delle Offerte e, infine, i soggetti autorizzati all'aggiudicazione della gara e alla stipula del contratto.

Da sapere: Il PO ed il Responsabile del Procedimento possono gestire le autorizzazioni.

Il Sistema individua automaticamente l'utente che pubblica la RdO (PO o PI) e il Responsabile del Procedimento come soggetti autorizzati a visualizzare la funzionalità **Richiesta Chiarimenti**. Puoi aggiungere altri soggetti autorizzati selezionando il pulsante **AGGIUNGI UTENTE** in corrispondenza di Richiesta chiarimenti. Nel caso di RdO predisposta e pubblicata dal PI, affinché il PO possa gestire le richieste di chiarimenti, deve aggiungersi tra i soggetti autorizzati, eccetto che sia stato indicato al momento della predisposizione come RdP. Con il pulsante **AGGIUNGI UTENTE**, puoi aggiungere un utente registrato alla piattaforma di e-Procurement ed eventualmente autorizzarlo a intervenire nelle fasi successive della RdO Semplice.

Aggiungi utente RdO

Il pulsante **AGGIUNGI UTENTE**, in corrispondenza di **Busta Amministrativa**, ti consente di aggiungere un utente registrato alla piattaforma di e-Procurement nella gestione della specifica Busta Amministrativa. La ricerca può essere effettuata inserendo Nome, Cognome e Codice Fiscale oppure selezionando un utente già inserito. Puoi indicare un Ruolo compilando il campo **Tag di riferimento**; per autorizzare l'utente non solo alla lettura ma anche alla modifica, è necessario spostare su **ON** il cursore presente nel campo **Autorizzazione in scrittura**. Infine, seleziona il pulsante **AGGIUNGI PRIVILEGI** per effettuare l'inserimento. Il pulsante **AGGIUNGI UTENTE** che trovi in fondo alla pagina consente di autorizzare altri utenti ad essere operativi per tutte o per le singole fasi di esame delle offerte, aggiudicazione e stipula, e per le buste diverse da quella amministrativa. La pagina prevede una sezione **FILTRA**, grazie alla quale puoi filtrare le autorizzazioni attribuite per sezione e Ruolo. A seconda delle autorizzazioni associate, puoi visualizzare menu e funzionalità differenti.

Da sapere: Affinché un utente visualizzi la sezione "esame delle offerte", dovrà necessariamente essergli attribuita la specifica autorizzazione, così come per poter valutare la "Busta Amministrativa", dovrà avere l'autorizzazione corrispondente.

6. Riepilogo RdO

Riepilogo

Seleziona dal menu la voce **RIEPILOGO RDO** per accedere alla sezione in cui vengono riepilogati tutti i dati inseriti durante la predisposizione della tua RdO Semplice. È importante verificare attentamente tutte le informazioni prima di procedere con le fasi successive.

6.1 Richiesta Chiarimenti

Selezionando **Richiesta Chiarimenti**, potrai visualizzare le richieste di chiarimento pervenute dagli Operatori Economici entro i termini stabiliti. Avrai la possibilità di rispondere direttamente alle singole richieste oppure pubblicare risposte generali visibili a tutti i partecipanti.

6.2 Comunicazioni

Nella sezione **Comunicazioni**, potrai inviare messaggi agli Operatori Economici anche dopo la scadenza dei termini di presentazione delle offerte. Inoltre, visualizzerai le notifiche di sistema relative all'iniziativa.

6.3 Sospensione RdO/Lotto

In caso di necessità, potrai sospendere la RdO o il lotto (anche se nella RdO Semplice è presente un solo lotto) tramite l'apposita funzione. Dovrai indicare la motivazione e la durata della sospensione.

6.4 Revoca RdO/Lotto

Qualora si rendesse necessario, potrai revocare la RdO o il lotto. Anche in questo caso, dovrai fornire una motivazione dettagliata.

6.5 Modifica RdO

Fino alla scadenza dei termini di presentazione delle offerte, potrai modificare alcuni parametri della RdO. Le modifiche dovranno essere comunicate tempestivamente agli Operatori Economici.

6.6 Copia RdO

La funzione **Copia RdO** ti permette di duplicare una RdO esistente, semplificando la creazione di nuove procedure con caratteristiche simili.

7. Esame Offerte e Stipula

7.1 I tuoi ruoli nelle procedure di acquisto

A seconda del tuo ruolo (Punto Ordinante o Punto Istruttore) e delle autorizzazioni ricevute, avrai diverse possibilità di interazione con le fasi di esame offerte e stipula.

7.2 Offerte Presentate

Selezionando **Offerte Presentate**, potrai visualizzare l'elenco degli Operatori Economici che hanno presentato un'offerta per la tua RdO Semplice.

7.3 Esame Offerte

La fase di **Esame Offerte** è cruciale per valutare le proposte ricevute.

7.3.1 Apertura Busta Amministrativa

In questa fase, potrai aprire la busta contenente la documentazione amministrativa presentata dagli Operatori Economici e verificarne la conformità ai requisiti richiesti.

7.3.2 Apertura Busta Economica

Successivamente, potrai procedere con l'apertura della busta contenente l'offerta economica di ciascun partecipante.

7.3.3 Escludi/Ammetti Concorrenti

In base all'esito della valutazione della documentazione amministrativa, potrai escludere o ammettere i concorrenti alla fase successiva.

7.3.4 Aggiudicazione Provvisoria e Graduatoria

Dopo aver esaminato le offerte economiche, il Sistema genererà una graduatoria provvisoria basata sul criterio del Minor Prezzo. Potrai visualizzare e validare questa graduatoria.

7.3.5 Aggiudicazione

Una volta validata la graduatoria provvisoria e completate le eventuali verifiche, potrai procedere con l'aggiudicazione definitiva della RdO Semplice all'Operatore Economico che ha offerto il prezzo più basso.

7.4 Stipula

Infine, la fase di **Stipula** conclude il processo. Potrai procedere con la stipula del contratto con l'Operatore Economico aggiudicatario direttamente attraverso la piattaforma MePA o tramite le modalità previste dalla tua amministrazione.

Con la guida di questo capitolo, sarai in grado di gestire con successo una Richiesta di Offerta (RdO) Semplice sulla piattaforma MePA, garantendo un processo di acquisto trasparente ed efficiente per la tua Pubblica Amministrazione.

Capitolo 19: Gestire una Richiesta di Offerta (RdO) Evoluta come Pubblica Amministrazione - Parte 1

Introduzione: Flessibilità e Complessità della RdO Evoluta

Come utente della Pubblica Amministrazione (PA), la piattaforma di e-Procurement MePA ti consente di predisporre gare sotto soglia comunitaria attraverso diverse tipologie di Negoziazione. Tra queste, la **Richiesta di Offerta (RdO) Evoluta** rappresenta uno strumento avanzato che offre una maggiore flessibilità rispetto alla RdO Semplice. A differenza di quest'ultima, la RdO Evoluta può essere configurata per rispondere a esigenze più complesse, grazie alle seguenti caratteristiche:

- Può essere sia a **lotto unico** che a **più lotti**, con la possibilità di definire criteri di aggiudicazione differenti per ciascun lotto.

- Il criterio di aggiudicazione può essere sia al **MINOR PREZZO** che al **MIGLIOR RAPPORTO QUALITÀ-PREZZO**.

- È possibile includere **CPV di diverse categorie** all'interno dello stesso lotto.

- I requisiti possono essere espressi in diverse modalità (Modelli, scheda, documentazione).

Questo capitolo ti guiderà attraverso le prime fasi della creazione e gestione di una RdO Evoluta sulla piattaforma MePA.

1. Avvio Negoziazione

Cruscotto

L'avvio di una Negoziazione per un bando MePA può avvenire selezionando:

- Il link rapido **Liste MePA**.

- Il link rapido **Avvia Negoziazione** dalla sezione **Mercato Elettronico**.

Liste MePA

Seleziona **Liste MePA** per avviare la Negoziazione partendo da elenchi di preferenze già salvati (articoli, lista di Operatori Economici, categorie): scegli uno o più elementi e procedi con la creazione della Negoziazione. Inoltre, puoi selezionare direttamente **Negoziazioni** all'interno del menu per scegliere la tipologia di Negoziazione da predisporre.

Cruscotto

In alternativa, dal **Cruscotto**, puoi avviare una Negoziazione accedendo alla pagina di **Riepilogo delle RdO**:

- Dalla sezione **Mercato Elettronico > Negoziazioni**.

- Dal menu laterale di sinistra **Acquisti > Negoziazioni > MePA**.

In entrambi i casi, accederai alla pagina di riepilogo di tutte le RdO. In particolare, visualizzerai le RdO da completare, ossia quelle nei seguenti stati:

- **In Bozza:** RdO predisposta e salvata, in attesa di pubblicazione.

- **In Approvazione:** RdO inviata al Punto Ordinante (PO) dal Punto Istruttore (PI).

- **Pubblicata:** RdO pubblicata, visibile agli Operatori Economici, con "termini presentazione offerta" non scaduti.

Elenco RdO

Seleziona il pulsante in alto a destra **RDO COMPLETE** per visualizzare le RdO in stato:

- **Scaduta:** RdO i cui termini di presentazione sono giunti a scadenza.

- **Deserta:** RdO per cui non è stata presentata alcuna offerta.

- **In Esame:** RdO in fase di valutazione delle offerte presentate.

- **Aggiudicata:** RdO per cui si è conclusa la fase di aggiudicazione.

- **Sospesa:** RdO per cui il procedimento è stato temporaneamente sospeso.

- **Revocata:** RdO per cui il procedimento è stato definitivamente revocato.

- **Stipulata:** RdO stipulata con l'Operatore Economico.

- **Chiusa:** RdO conclusa.

Per tornare indietro alla lista di RdO pre-pubblicazione, seleziona il pulsante in alto a destra **RDO DA COMPLETARE**. Per avviare una nuova Negoziazione, seleziona il pulsante **NUOVA RDO**.

Da sapere: Se le Negoziazioni sono predisposte dal PI, la gestione delle liste RdO da completare e RdO complete è accessibile sia al PI che al PO. In alternativa, qualora le RdO siano predisposte dal PO, sono visibili solamente al PO.

2. Tipologia RdO

Tipologia RdO

In base alle esigenze della tua Amministrazione, hai la possibilità di scegliere fra quattro tipologie di Negoziazioni:

- **Trattativa Diretta:** Puoi negoziare direttamente con un unico Operatore Economico.

- **Confronto di preventivi:** Puoi invitare più di un Operatore Economico.

- **RdO Semplice:** Puoi costruire una gara a lotto unico al "minor prezzo".

- **RdO Evoluta:** Puoi strutturare la tua gara in più lotti sia con criterio di aggiudicazione a "minor prezzo" che "miglior rapporto qualità prezzo".

Per maggiori informazioni, consulta la sezione dedicata ai **Tipi di RdO**. Dopo aver selezionato la tipologia di RdO di tuo interesse, puoi iniziare a predisporre la Negoziazione.

Da sapere: Solo nella **RdO Evoluta** l'oggetto della Negoziazione può riguardare categorie diverse; nelle altre tipologie, gli oggetti di Negoziazione devono fare riferimento alla stessa categoria di abilitazione.

3. Creazione RdO Evoluta

La **RdO Evoluta** offre una maggiore flessibilità nella configurazione della gara, permettendo la gestione di più lotti con criteri di aggiudicazione differenziati e la valutazione delle offerte basata sia sul prezzo che sulla qualità.

3.1 Inserimento Parametri Essenziali

Una volta scelta come tipologia di Negoziazione la **RdO Evoluta**, accedi alla pagina nella quale si richiede l'inserimento di alcune informazioni base. Nel menu a tendina **Tipologia di appalto**, puoi scegliere tra i tipi di appalto proposti quello in cui rientra la Negoziazione che stai predisponendo, tra cui:

- Appalto di forniture.

- Appalto di lavori.

- Appalto di servizi.

- Appalto misto.

Nella **Tipologia di procedura**, scegli l'ambito normativo in cui rientra la RdO Evoluta. Se selezioni "Altro", si apre una finestra per inserire la specifica.

Nel **Regolamento applicabile alla procedura telematica**, seleziona il complesso di regole di riferimento. Nel menu a tendina **Modalità selezione dei fornitori da invitare**, scegli tra:

- **RdO Aperta:** Se vuoi rendere visibile la RdO tra le RdO Aperte. In questo caso, avranno la possibilità di partecipare tutti gli Operatori Economici abilitati sul MePA per le categorie oggetto di Negoziazione, entro i termini di presentazione delle offerte.

RdO Aperte Ti ricordiamo che sono le stazioni appaltanti che devono valutare l'utilizzo delle RDO aperte sul MEPA alla luce di quanto previsto per i contratti sottosoglia dall'art. 50 del d. lgs. n. 36 del 2023; l'utilizzo di tale funzionalità rientra nella responsabilità esclusiva delle stesse stazioni appaltanti.

Come riportato all'art. 6 delle Regole del Sistema di e-Procurement della Pubblica Amministrazione, "...Il Punto Ordinante, e per esso la stazione appaltante, rimane unico ed esclusivo responsabile delle attività, degli atti compiuti, dei contratti stipulati e, in generale, dei procedimenti posti in essere nel Sistema, anche ai sensi e per gli effetti della legge n. 241/1990 e s.m.i. La stazione appaltante agisce in piena e completa autonomia e indipendenza ed è l'unica responsabile della corretta scelta ed applicazione delle procedure di selezione del contraente previste dalla normativa ad essa applicabile, nonché degli adempimenti pubblicitari, procedurali e documentali e, in generale, di tutti gli adempimenti che si rendessero necessari ai sensi della normativa applicabile in occasione della selezione e della scelta dell'Operatore Economico, dell'utilizzo degli Strumenti di Acquisto e Negoziazione, dei beni, servizi e lavori acquisiti e della stipula del relativo Contratto..."

- **Selezione degli Operatori Economici da invitare:** Se vuoi scegliere tra gli OE abilitati alle categorie oggetto della RdO, quali invitare alla presentazione delle offerte.

Seleziona il pulsante **CREA RDO** per generare la Negoziazione che hai iniziato a predisporre.

3.2 Inserimento Dati Principali

Accedi a una pagina dove puoi inserire tutti i dati fondamentali per predisporre correttamente la tua Negoziazione. Le voci presenti nel menu laterale di sinistra ti indirizzano direttamente ai punti corrispondenti all'interno della pagina. Nella sezione **Dati Principali**, trovi i dati che hai inserito al momento della creazione della RdO Evoluta. Quelli contrassegnati con il simbolo possono essere modificati.

A differenza della RdO Semplice, in questo caso potrai definire in seguito i criteri di aggiudicazione per i singoli lotti. Utilizza il box **Descrizione della fornitura** per descrivere l'oggetto generale della Negoziazione. In alternativa, scorrendo la pagina, puoi allegare la documentazione in cui dettagli l'oggetto della RdO.

Nei campi **Data e ora di svolgimento della prima seduta pubblica**, inserisci la data e l'ora in cui avrà luogo la prima seduta pubblica di esame delle offerte. La compilazione di questi campi è facoltativa. È necessario confermare agli OE partecipanti la data della prima seduta ed è opportuno indicare gli eventuali criteri di esclusione delle offerte anomale.

Da sapere: Non è prevista una funzionalità che permette un'esclusione automatica delle offerte anomale dal Sistema. Dopo aver elaborato la soglia di anomalia, è necessario un intervento manuale al fine di un'eventuale esclusione di Operatori Economici. Il calcolo dell'anomalia nella RdO Evoluta dovrà essere effettuato extra-Sistema.

Nel campo **Formulazione dell'offerta economica**, puoi scegliere la modalità con cui l'Operatore Economico può presentare l'offerta a livello generale per l'intera RdO. Questa impostazione potrà essere specificata ulteriormente a livello di singolo lotto:

- **PERCENTUALI A RIBASSO:** L'offerta dell'Operatore Economico è espressa in termini di percentuale di sconto rispetto a una quantità economica data. Se scegli questa opzione, il Sistema ti chiede di inserire obbligatoriamente:

    - Il nome del parametro.

    - Il peso.

    - Le cifre decimali dell'offerta economica. Con il pulsante **AGGIUNGI ULTERIORE PARAMETRO**, puoi inserire più percentuali di ribasso con il relativo peso, ricordando che il peso totale deve essere pari a 1.

- **VALORE ECONOMICO:** L'offerta dell'Operatore Economico è espressa in termini di quantità economica monetaria. Se scegli questa opzione, indica il prezzo e le cifre decimali (numero massimo consentito) dell'offerta economica.

3.3 Input Fornitori

In questa sezione, trovi le opzioni di configurazione del procedimento che dipendono dal valore, dall'oggetto e dalla tipologia dell'affidamento. Puoi selezionare quelle che sono pertinenti alla tua procedura.

3.4 Definizione Ruoli

Ruoli RdO

In caso di creazione di una nuova Negoziazione, il **Responsabile del Procedimento (RdP)** e il **Soggetto Stipulante** sono preimpostati automaticamente dal Sistema con il **Punto Ordinante**; se utilizzi la funzione di **Copia RdO**, devi specificare il RdP e il Soggetto Stipulante. In questa sezione, hai la possibilità di modificarli/indicarli.

Puoi indicare solamente un **Responsabile del Procedimento**, e i suoi dati anagrafici sono obbligatori. A differenza della Trattativa Diretta e del Confronto di Preventivi, nella RdO Semplice e nella RDO Evoluta puoi aggiungere al massimo dieci **Soggetti Stipulanti**.

Da sapere: Sia il Responsabile del Procedimento che il Soggetto Stipulante devono essere utenti registrati alla piattaforma di e-Procurement. Per cercare un soggetto da inserire come Responsabile del Procedimento o Soggetto Stipulante, è necessario farlo attraverso i suoi dati personali (Nome, Cognome, Codice Fiscale).

Qualora l'ente committente coincida con la Stazione Appaltante, quest'ultima sarà identificata automaticamente con l'ente di appartenenza del PO anche nel caso in cui la Negoziazione sia predisposta dal PI. Nel caso di Negoziazione gestita per conto di terzi, indica che l'ente committente non coincide con la Stazione Appaltante e specifica il Nome.

Da sapere: Il primo utente che inizia la partecipazione di una RDO (indifferentemente che sia un LR o un collaboratore) può attivare nella sezione "compilatori" gli altri soggetti che successivamente potranno gestire la RDO sia per la parte di compilazione sia di accesso alla seduta pubblica. Se un utente non compare fra i compilatori attivi, non potrà né gestire la partecipazione né accedere alla seduta pubblica. Se un collaboratore viene inserito fra i "compilatori attivi", potrà inviare l'offerta a sistema, fermo restando che i documenti che richiedono la firma digitale dovranno essere firmati dai LR di riferimento.

3.5 Inserimento Date

Date RdO

Nella sezione **Date**, indica le seguenti informazioni:

- **Termine ultimo richiesta chiarimenti:** Data e ora entro cui gli Operatori Economici possono richiedere chiarimenti alla Stazione Appaltante.

- **Termine ultimo presentazione offerte:** Data e ora entro cui gli Operatori Economici possono presentare l'offerta a Sistema.

- **Limite stipula contratto:** Data e ora entro cui gli Operatori Economici devono tenere vincolata l'offerta. È a loro discrezione confermarla in una data successiva.

- **Limite consegna beni/decorrenza servizi:** Termine a partire dal quale possono essere consegnati i beni o decorrere i servizi da parte dell'Operatore aggiudicatario. Puoi scegliere se impostare questo termine come data da calendario oppure come numero di giorni successivi alla stipula.

4. Lotti

La RdO Evoluta permette di suddividere l'oggetto della gara in più lotti, ognuno con specifiche caratteristiche e criteri di aggiudicazione.

4.1 Lotto al Minor Prezzo

Questa sezione ti guiderà nella creazione di un lotto specifico che verrà aggiudicato secondo il criterio del **Minor Prezzo**. Dovrai definire la descrizione del lotto, i CPV di riferimento (che in questo caso possono appartenere anche a categorie diverse), l'importo stimato e tutti gli altri dettagli pertinenti.

4.2 La richiesta del CIG

La gestione del **CIG (Codice Identificativo Gara)** in una RdO Evoluta con più lotti richiede attenzione. Potrebbe essere necessario un CIG per l'intera procedura o CIG specifici per ciascun lotto, a seconda della normativa vigente e delle indicazioni della piattaforma. Questa sezione fornirà chiarimenti su come gestire correttamente la richiesta del CIG in questo contesto.

4.3 Lotto al Miglior Rapporto Qualità-Prezzo

In questa sezione, imparerai come configurare un lotto che verrà aggiudicato in base al criterio del **Miglior Rapporto Qualità-Prezzo**. Questo implica la definizione di criteri di valutazione tecnica, l'assegnazione di pesi specifici ai criteri tecnici ed economici e la configurazione della scheda di offerta in modo da permettere agli Operatori Economici di presentare sia elementi qualitativi che economici.

Capitolo 19: Gestire una Richiesta di Offerta (RdO) Evoluta come Pubblica Amministrazione - Parte 2

3. Creazione RdO Evoluta (Continuo)

La **RdO Evoluta** è una tipologia di gara che può essere realizzata con uno o più lotti e prevede come criterio di aggiudicazione sia il Minor Prezzo sia il Miglior Rapporto Qualità-Prezzo.

3.1 Inserimento Parametri Essenziali (Dettaglio)

Una volta scelta la **RdO Evoluta** come tipologia di Negoziazione, si accede alla pagina per l'inserimento delle informazioni di base:

- **Nome RdO:** Inserisci un titolo descrittivo per identificare chiaramente la Negoziazione.

- **Tipologia di appalto:** Seleziona dal menu a tendina la tipologia di appalto che meglio si adatta alla tua Negoziazione:

    o Appalto di forniture

    o Appalto di lavori

    o Appalto di servizi

    o Appalto misto

- **Tipologia di procedura:** Scegli l'ambito normativo di riferimento per la RdO Evoluta. Selezionando "Altro", si aprirà una finestra per specificare ulteriormente.

- **Regolamento applicabile alla procedura telematica:** Seleziona il regolamento di riferimento per la procedura telematica.

- **Modalità selezione dei fornitori da invitare:** Scegli tra:

    o **RdO Aperta:** La RdO sarà visibile a tutti gli Operatori Economici abilitati sul MePA per le categorie oggetto di Negoziazione, che potranno partecipare entro i termini stabiliti. Ricorda che la responsabilità della scelta di questa modalità ricade sulla stazione appaltante, in conformità con l'art. 50 del D. Lgs. n. 36/2023 e l'art. 6 delle Regole del Sistema di e-Procurement.

    o **Selezione degli Operatori Economici da invitare:** Potrai selezionare specificamente gli Operatori Economici abilitati nelle categorie di interesse da invitare a presentare le offerte.

- **Gestione Lotti:**

    o **NO:** Se la gara prevede un **unico lotto**, il Sistema ti chiederà di indicare il criterio di aggiudicazione tra "Minor Prezzo" e "Miglior Rapporto Qualità prezzo".

    o **SI:** Se la gara prevede **più lotti**, dovrai indicare il numero totale dei lotti e specificare se il criterio di aggiudicazione sarà lo stesso per tutti i lotti o differente. Nel caso di criterio unico, dovrai indicarlo immediatamente.

Seleziona il pulsante **CREA RDO** per generare la Negoziazione con i parametri inseriti. In caso di necessità di modificare la tipologia di RdO, puoi utilizzare i link presenti in basso alla pagina.

3.2 Inserimento Dati Principali (Dettaglio)

Dopo aver creato la RdO Evoluta, accederai alla pagina per l'inserimento dei dati principali, strutturata in diverse sezioni specifiche accessibili tramite il menu laterale di sinistra. Nella sezione **Dati Principali**, troverai le informazioni inserite nella fase precedente, alcune delle quali modificabili (contrassegnate dal simbolo).

Utilizza il box **Descrizione della fornitura** per descrivere l'oggetto generale della Negoziazione. Ricorda che potrai specificare ulteriormente l'oggetto sia nella sezione **Lotti** che nella sezione **Documentazione**.

Nei campi **Data e ora di svolgimento della prima seduta pubblica**, inserisci la data e l'ora previste per la prima seduta pubblica di esame delle offerte. La compilazione è facoltativa, ma è fondamentale comunicare la data ai partecipanti tramite apposita comunicazione.

Nel campo **Formulazione dell'offerta economica**, puoi scegliere la modalità di presentazione dell'offerta da parte degli Operatori Economici a livello generale per l'intera RdO (questa impostazione potrà essere specificata ulteriormente per ogni lotto):

- **PERCENTUALI A RIBASSO:** L'offerta sarà espressa come percentuale di sconto rispetto a una quantità economica data. Se scegli questa opzione, dovrai obbligatoriamente indicare:
    - Il nome del parametro (es. Sconto).
    - Il peso (la somma dei pesi per eventuali parametri aggiuntivi deve essere 1).
    - Il numero di cifre decimali consentite per l'offerta economica. Puoi aggiungere ulteriori percentuali di ribasso con i relativi pesi tramite il pulsante **AGGIUNGI ULTERIORE PARAMETRO**.
- **VALORE ECONOMICO:** L'offerta sarà espressa come un valore economico monetario (in euro). Dovrai indicare il prezzo e il numero massimo di cifre decimali consentite.

3.3 Input Fornitori

(Già trattato nella risposta precedente)

3.4 Definizione Ruoli

(Già trattato nella risposta precedente)

3.5 Inserimento Date

(Già trattato nella risposta precedente)

4. Lotti

Nella sezione **Lotti**, puoi gestire i dettagli specifici di ciascun lotto della procedura. Troverai i lotti indicati nella fase di inserimento dei parametri essenziali, ma potrai anche aggiungerne altri. Seleziona il pulsante a forma di freccia accanto al lotto di tuo interesse per accedere alla schermata **Dati Lotto**, dove potrai definire le informazioni specifiche e modificare il criterio di aggiudicazione.

4.1 Lotto al Minor Prezzo (Dettaglio)

Se hai scelto il criterio di aggiudicazione del **Minor Prezzo** per un lotto, la prima schermata da personalizzare è **Dati Lotto Minor Prezzo**:

- **Nome e numero del lotto:** Puoi modificare liberamente questi identificativi.

- **Il codice CIG - Codice Identificativo Gara:** Questo codice alfanumerico di 10 cifre è obbligatorio per identificare univocamente la gara. Puoi selezionare il comando per omettere il CIG scegliendo il relativo codice di esenzione dal menu a tendina. È fondamentale indicare l'eventuale esenzione e selezionare la specifica. Invia la richiesta del CIG solo dopo aver compilato tutti i campi obbligatori dell'iniziativa. Per informazioni sull'integrazione con la Piattaforma dei Contratti Pubblici di ANAC e per una dimostrazione sulla richiesta del CIG su Acquisti in Rete, consulta i materiali di supporto e il video dimostrativo.

- **Codice CUP - Codice Unico Progetto:** Puoi inserire questo codice facoltativamente.

- **Codice CPV - Common Procurement Vocabulary:** Questo codice è obbligatorio. Utilizza il pulsante **CERCA CPV** per effettuare la ricerca per categoria di abilitazione o direttamente per codice. Puoi inserire fino a 100 CPV appartenenti alla stessa categoria merceologica. In caso di più CPV, puoi specificare il peso di ognuno nella Negoziazione o indicare il CPV principale per la richiesta del CIG. A differenza della RdO Semplice, nella RdO Evoluta è possibile inserire CPV di categorie differenti. Per alcune categorie, Consip S.p.A. mette a disposizione dei **Modelli** predefiniti con schede/impostazioni lotto già configurate. In ogni caso, è necessario inserire preliminarmente il CPV di riferimento.

- **Importo oggetto di offerta:** Definisci se l'importo complessivo dell'appalto (Valore in euro) rappresenta la **Base d'asta** o l'**Importo presunto di fornitura**. **Attenzione:** Se scegli "Importo presunto di fornitura", il Sistema non sarà in grado di calcolare automaticamente l'anomalia dell'offerta, poiché questo importo non vincola gli OE nell'inserimento dell'offerta economica.

- **Oneri per la sicurezza non soggetti a ribasso:** Indica l'importo degli eventuali oneri di sicurezza applicabili.

- **Termini di pagamento:** Specifica i termini di pagamento in base alle esigenze della tua Amministrazione.

- **Dati di consegna e fatturazione:** Indica i dettagli relativi a via, città, CAP e aliquota IVA per la consegna e la fatturazione. È inoltre opportuno indicare l'eventuale esclusione delle offerte anomale. **Ricorda:** Non è prevista l'esclusione automatica delle offerte anomale; dopo aver calcolato la soglia di anomalia, dovrai selezionare manualmente **Escludi/Ammetti Concorrenti**.

Seleziona il pulsante **Salva** per memorizzare le informazioni inserite per questo lotto e proseguire.

4.2 La richiesta del CIG

(Già dettagliato nel sottoparagrafo 4.1 "Lotto al Minor Prezzo")

4.3 Lotto al Miglior Rapporto Qualità-Prezzo (Dettaglio)

Se hai scelto il criterio di aggiudicazione del **Miglior Rapporto Qualità-Prezzo** per un lotto, la prima schermata da personalizzare è **Dati Lotto Miglior Rapporto Qualità-Prezzo**:

- **Nome e numero del lotto:** Puoi modificare liberamente questi identificativi.

- **Il codice CIG - Codice Identificativo Gara:** (Vedi dettagli nel sottoparagrafo 4.1).

- **Codice CUP - Codice Unico Progetto:** Puoi inserire questo codice facoltativamente.

- **Codice CPV - Common Procurement Vocabulary:** (Vedi dettagli nel sottoparagrafo 4.1).

- **Importo oggetto di offerta:** (Vedi dettagli nel sottoparagrafo 4.1).

- **Oneri per la sicurezza non soggetti a ribasso:** (Vedi dettagli nel sottoparagrafo 4.1).

- **Termini di pagamento:** (Vedi dettagli nel sottoparagrafo 4.1).

- **Dati di consegna e fatturazione:** (Vedi dettagli nel sottoparagrafo 4.1).

- **Ripartizione Punteggi Lotto:** In questa sezione, definisci il peso da attribuire alla componente tecnica e a quella economica per la valutazione delle offerte. Nel box **Punteggi**, troverai una tabella riepilogativa con lo stato dei punteggi. I punteggi possono essere assegnati in due modi:

    - **ATTRIBUZIONE AUTOMATICA:** I punteggi sono associati a specifici valori inseriti nella Scheda Tecnica e vengono attribuiti automaticamente dal Sistema.

    - **ATTRIBUZIONE DA COMMISSIONE:** La Commissione di valutazione dovrà esaminare le offerte e inserire manualmente i punteggi nel Sistema. In questa sezione puoi:

    - Definire il **punteggio massimo** da attribuire alla componente tecnica e alla componente economica. I punteggi verranno automaticamente ridistribuiti nella tabella dopo la configurazione della scheda di offerta.

    - Indicare il **numero di cifre decimali** per l'arrotondamento dei punteggi (da 1 a 8). Oltre il decimale definito, il punteggio verrà approssimato per arrotondamento. **Ricorda:** Per semplificare la configurazione, puoi prevedere che tutti i punteggi (tecnici e economici) vengano attribuiti dalla commissione. La somma totale dei punteggi è 100.

Seleziona il pulsante **SALVA** per memorizzare le informazioni inserite per questo lotto e proseguire.

5. Scheda di Offerta

Scheda Offerta

Nella sezione **Scheda di Offerta**, crei il modulo che l'Operatore Economico dovrà compilare per presentare l'offerta relativa al lotto selezionato. Puoi creare una nuova scheda o selezionarne una già esistente. Un Punto Ordinante (PO) può selezionare schede create da sé o dai suoi Punti Istruttori (PI), mentre un PI può selezionare solo le schede da lui create.

Utilizza il pulsante **Scegli esistente** per selezionare una scheda precedentemente creata e il pulsante **PROCEDI** per collegarla al lotto. Seleziona invece **Crea nuova scheda offerta** e assegnale un nome per crearla. Nel primo caso, la scheda conterrà già delle caratteristiche predefinite, mentre nel secondo dovrai definire tutti i dettagli richiesti.

5.1 Scheda di Offerta – Minor Prezzo (Dettaglio)

Se il criterio di aggiudicazione scelto è il **MINOR PREZZO**, nella **Scheda Tecnica** puoi inserire una o più caratteristiche economiche.

Seleziona il pulsante **MODIFICA** per inserire le caratteristiche della scheda.

Clicca sul pulsante **Aggiungi caratteristica**, posizionato in alto a sinistra, e scegli la **Regola di ammissione** e il **formato** (numerico o testuale) che dovrà avere la caratteristica economica.

La **Regola di ammissione** definisce come il Sistema valuterà l'ammissibilità del valore inserito dagli Operatori Economici:

- **Nessuna regola:** L'OE può inserire liberamente le informazioni richieste.

- **Valore massimo ammesso:** Puoi inserire un solo valore nel campo "Valore". Se la caratteristica è numerica, il Sistema controllerà che il valore inserito dall'OE non sia superiore a quello definito. Per caratteristiche testuali, il controllo non sarà possibile.

- **Valore minimo ammesso:** Puoi inserire un solo valore nel campo "Valore". Se la caratteristica è numerica, il Sistema controllerà che il valore inserito dall'OE non sia inferiore a quello definito. Per caratteristiche testuali, il controllo non sarà possibile.

- **Lista di scelte:** Inserisci due o più valori nel campo "Valore". L'OE visualizzerà un elenco da cui dovrà necessariamente scegliere un'opzione (es. "giallo; verde; rosso").

- **Valori compresi tra:** Utilizzabile solo per formato numerico. Inserisci il limite minimo e massimo dell'intervallo di valori ammesso.

- **Valore suggerito:** Puoi inserire un solo valore nel campo "Valore". Il Sistema lo mostrerà all'OE, che potrà comunque modificarlo.

- **Valorizzazione:** Puoi inserire una formula per la valutazione.

Successivamente, compila i seguenti campi:

- **Nome della caratteristica:** Scegli un nome chiaro e identificativo.

- **Regola di Ammissione:** Indica il/i valore/i ammissibile/i in base alla regola scelta.

- **Valutazione:** Nella RdO al Minor Prezzo, questo campo viene utilizzato solo in casi particolari con il criterio di elaborazione della classifica "Miglior punteggio ottenuto" per ponderare diversamente le caratteristiche economiche. Negli altri casi, non deve essere selezionato.

- **Regola di controllo:** Configura regole più specifiche e complesse per la compilazione della caratteristica o per mettere in relazione diverse caratteristiche della scheda.

- **Altri parametri (opzionale):** Specifica i decimali, inserisci una spiegazione per gli OE, definisci se la compilazione è obbligatoria e se la caratteristica sarà visibile nel documento di offerta.

Seleziona **SALVA** per memorizzare i dati inseriti e **Torna Indietro** per visualizzare l'elenco delle caratteristiche create. Puoi creare ulteriori caratteristiche o eliminare quelle esistenti. Per tornare alla pagina di configurazione della scheda tecnica, seleziona nuovamente **Torna Indietro**. Definisci ora i parametri per l'elaborazione della classifica e il calcolo della soglia di anomalia:

- **Criterio di elaborazione della classifica:** Scegli dal menu a tendina:

  - **Miglior valore offerto:** Per gare al Minor Prezzo con ribasso espresso in valore assoluto.

  - **Miglior percentuale di sconto offerta:** Per gare al Minor Prezzo con ribasso espresso in percentuale.

- o **Miglior punteggio ottenuto:** Per gare al Minor Prezzo aggiudicate in base al miglior punteggio (il parametro sarà il punteggio su base 1.000 indicato dalla Stazione Appaltante).

- **Scegli caratteristica economica:** Seleziona la caratteristica economica su cui basare la classifica dopo aver cliccato su **Scegli**.

Nella pagina **Scheda di Offerta**, nel box dedicato, puoi fornire informazioni aggiuntive sulla presentazione dell'offerta che saranno visibili agli Operatori Economici. Seleziona **SALVA** per salvare i dati e, se necessario, torna alla pagina **Dati Lotto** dal menu a sinistra. Dopo aver compilato e/o controllato tutti i campi, clicca su **SALVA** e poi su **VALIDA**. Se i dati sono corretti, comparirà la voce **ANTEPRIMA SCHEDA DI OFFERTA** nel menu di sinistra. L'anteprima ti permette di visualizzare la scheda come la vedrà l'OE e di simularne la compilazione. Compila i campi e clicca su **VALIDA** per verificare.

Ricorda: Se dopo aver validato hai bisogno di apportare modifiche al Lotto, dalla schermata **Lotti** puoi sbloccarlo selezionandolo e cliccando sull'icona del lucchetto. Potrai quindi effettuare le modifiche e procedere con una nuova validazione.

5.2 Scheda di Offerta – Miglior rapporto Qualità-Prezzo (Dettaglio)

Se il criterio di aggiudicazione scelto è il **MIGLIOR RAPPORTO QUALITÀ-PREZZO**, nella sezione **Dati Lotto** hai già definito i punteggi da attribuire alla componente tecnica e a quella economica. Questi punteggi vengono ereditati e non possono essere modificati nella **Scheda di Offerta** corrispondente, dove invece dovrai inserire le caratteristiche specifiche dei tuoi requisiti.

Per aggiungere le caratteristiche, seleziona il pulsante **MODIFICA**. Scegli la **tipologia di caratteristica** (tecnica o economica), la **regola di ammissione** e il **formato** (numerico o testuale).

Seleziona i pulsanti **TECNICA** o **ECONOMICA** per configurare la caratteristica; il Sistema collegherà automaticamente i punteggi assegnati. Ricorda che le caratteristiche tecniche non valutabili automaticamente dal Sistema saranno valutate dalla Commissione e disciplinate nella documentazione allegata alla RdO.

La **Regola di ammissione** funziona come descritto per la Scheda di Offerta – Minor Prezzo.

Per creare le caratteristiche (sia tecniche che economiche), dopo aver selezionato la tipologia, puoi definire:

- **Nome della caratteristica:** Scegli un nome chiaro e identificativo.

- **Regola di Ammissione:** Indica il/i valore/i ammissibile/i.

- **Valutazione:** Puoi definire una regola di valutazione (anche tramite formule, consultando la sezione Formule della Piattaforma) per consentire al Sistema di attribuire automaticamente un punteggio al valore inserito dall'OE.

- **Regola di controllo:** Configura regole più specifiche e complesse o metti in relazione diverse caratteristiche.

- **Altri parametri (opzionale):** Specifica decimali, inserisci una spiegazione per gli OE, definisci l'obbligatorietà e la visibilità nel documento di offerta.

Dopo aver creato le caratteristiche economiche e tecniche, seleziona **SALVA** per memorizzare i dati e poi **Torna Indietro**. Visualizzerai il riepilogo delle caratteristiche configurate. Seleziona nuovamente **Torna Indietro** per tornare alla pagina **Scheda di offerta**, dove è riportato il riepilogo dei punteggi.

Nel box dedicato, puoi fornire linee guida per la compilazione della scheda di offerta. Seleziona **SALVA** per salvare i dati e, se necessario, torna alla pagina **Dati Lotto** dal menu a sinistra. Dopo aver compilato e/o controllato tutti i campi, clicca su **SALVA** e poi su **VALIDA**. Se i dati sono corretti, comparirà la voce **ANTEPRIMA SCHEDA DI OFFERTA** nel menu di sinistra. L'anteprima ti permette di visualizzare la scheda come la vedrà l'OE e di simularne la compilazione. Compila i campi e clicca su **VALIDA** per verificare.

Ricorda: Come per la RdO al Minor Prezzo, se dopo la validazione hai bisogno di modificare il Lotto, puoi sbloccarlo dalla schermata **Lotti** e procedere con una nuova validazione.

Modifica Non Strutturale della RdO Evoluta

La piattaforma RdO Evoluta consente di apportare modifiche a una Richiesta di Offerta anche dopo la sua pubblicazione, distinguendo tra modifiche strutturali e non strutturali. Questo capitolo si concentra sulle **modifiche non strutturali**, fornendo una guida dettagliata su come effettuarle e sulle implicazioni di tali modifiche.

Procedura per Effettuare Modifiche Non Strutturali

Per avviare una **modifica non strutturale**, l'utente autorizzato deve selezionare la tipologia di modifica desiderata, inserire una motivazione chiara e concisa nel campo apposito, e infine cliccare sul pulsante **PROCEDI**. A seguito di questa azione, il sistema porterà la RdO e tutti i relativi lotti allo stato "**In Manutenzione**". Durante questo stato, la RdO non sarà disponibile per la presentazione di offerte da parte degli Operatori Economici.

Stato della RdO e dei Lotti Durante la Manutenzione

Lo stato "**In Manutenzione**" indica che la RdO è temporaneamente bloccata per consentire le modifiche. È fondamentale comprendere che durante questo periodo, nessuna operazione relativa alla presentazione di offerte può essere compiuta.

Tipologie di Modifiche Non Strutturali

Le **modifiche non strutturali** consentono di intervenire su diverse sezioni della RdO, tra cui:

- **Dati principali:** Questa sezione permette di modificare il **Nome RdO**, la **Tipologia di contratto**, la **Categoria di vetrina** e l'**Ente committente**. La modifica del **Responsabile del procedimento** è consentita solo agli utenti autorizzati e con il profilo adeguato.

- **Lotti:** Per ogni lotto, è possibile modificare le **Indicazioni per il fornitore**, il **Nome lotto**, l'**Indice di ordinamento**, il **CUP** (Codice Unico Progetto), il **CPV** (Vocabolario Comune per gli Appalti) purché appartenenti alla stessa categoria, il **Totale base d'asta**, il **Valore lotto**, i **Punteggi di lotto** (solo se per il lotto non è stata mai aperta alcuna busta) e il **Numero decimali** (anche in questo caso, solo se nessuna busta è stata aperta).

- **Scheda Offerta:** È possibile aggiornare le **Indicazioni per il fornitore** e i **Punteggi** (solo se per il lotto non risulta essere stata aperta la prima busta).

- **Caratteristica:** Similmente alla Scheda Offerta, si possono modificare le **Indicazioni al fornitore** e i **Punteggi** (solo se per il lotto non risulta essere stata aperta ancora la prima busta).

- **Regole di valutazione:** Le **regole di valutazione** di una caratteristica possono essere modificate unicamente se non risulta essere stata aperta alcuna busta del lotto.

- **Spostamento ordine caratteristiche:** Questa opzione consente di riorganizzare l'ordine in cui le caratteristiche sono presentate.

- **Documentazione di RdO:** Permette di apportare modifiche alla documentazione generale della RdO.

- **Date della Negoziazione:** Consente di modificare le date relative alle fasi della negoziazione.

Azioni Successive al Salvataggio delle Modifiche

Una volta completate le modifiche desiderate, è necessario cliccare sul pulsante **SALVA**. A questo punto, il sistema offre diverse opzioni:

- **CONFERMA MODIFICA:** Selezionando questa opzione, il sistema acquisisce definitivamente le modifiche apportate e la RdO viene automaticamente sbloccata, tornando allo stato precedente alla manutenzione.

- **ANNULLA MODIFICHE:** Questa opzione permette di eliminare tutte le modifiche effettuate. La RdO viene sbloccata senza che le modifiche vengano salvate.

- **ESCI E BLOCCA OFFERTE:** Scegliendo questa opzione, le modifiche vengono mantenute, ma la RdO rimane nello stato "**In Manutenzione**". Questa opzione può essere utile se si desidera completare le modifiche in un secondo momento o se si vuole assicurarsi che gli Operatori Economici non possano presentare offerte durante la fase di manutenzione.

- **GESTISCI MODIFICHE:** Questa opzione consente di aggiungere ulteriori sezioni della RdO come oggetto di modifiche, permettendo un intervento più ampio e strutturato.

Azioni Conclusive per la Modifica della RdO Evoluta

Importanza del Salvataggio e della Conferma delle Modifiche

È cruciale comprendere che per rendere effettive le **modifiche non strutturali** apportate alla **RdO Evoluta**, è necessario selezionare prima il pulsante **SALVA** e successivamente il pulsante **CONFERMA MODIFICA**. Solo in questo modo il sistema acquisirà le modifiche e le renderà definitive.

Impatto delle Modifiche Non Strutturali sulla Presentazione delle Offerte

Nel caso di **modifiche non strutturali** alla **RdO Evoluta**, è importante sottolineare che l'**Operatore Economico (OE)** non potrà presentare un'offerta finché la RdO non sarà nuovamente sbloccata tramite la **CONFERMA MODIFICA**.

Ripristino della Negoziazione in Caso di Mancata Conferma

Se il pulsante CONFERMA MODIFICA non viene selezionato, la RdO rimarrà nello stato "In Manutenzione". Per ripristinare la Negoziazione, la persona che ha iniziato la procedura di modifica dovrà accedere nuovamente alla sezione "Modifica RdO" e ripetere la procedura, cliccando infine su CONFERMA MODIFICA.

Soggetti Abilitati alle Modifiche Non Strutturali

Le modifiche non strutturali possono essere effettuate da diverse figure all'interno del sistema, a seconda del loro ruolo e delle autorizzazioni associate:

- PO (Punto Ordinante): Il Punto Ordinante ha generalmente la facoltà di apportare modifiche non strutturali.

- RdP Designato (Responsabile del Procedimento): Il Responsabile del Procedimento, una figura chiave nella gestione degli appalti pubblici, è autorizzato a effettuare tali modifiche.

- PI (Pubblicatore Inserzionista): Nel caso in cui il Pubblicatore Inserzionista abbia provveduto alla pubblicazione della RdO, è anch'egli abilitato a eseguire modifiche non strutturali.

Dinamicità del Menu di Riepilogo

Il menu di Riepilogo all'interno della piattaforma RdO Evoluta è un elemento dinamico. Le voci presenti in questo menu variano significativamente a seconda della fase della Negoziazione in cui si trova la RdO e delle autorizzazioni specifiche attribuite all'utente che sta accedendo al sistema. Ad esempio, la voce "Modifica RdO" sarà visibile e accessibile generalmente poco dopo la pubblicazione iniziale della RdO, consentendo agli utenti autorizzati di apportare le necessarie modifiche.

Copia della RdO Evoluta

La piattaforma RdO Evoluta offre la funzionalità di Copia RdO, accessibile tramite l'apposita sezione situata nel menu di sinistra. Questa funzione permette di duplicare una RdO Evoluta esistente, incluse tutte le relative informazioni di configurazione.

Accesso alla Funzione di Copia

Per utilizzare questa funzionalità, è sufficiente navigare nel menu di sinistra e selezionare la voce "Copia RdO".

Dati Modificabili e Non Modificabili Durante la Copia

Durante la procedura di copia, il sistema ripercorre le diverse sezioni che caratterizzano la configurazione della **Negoziazione**. Alcuni dati potranno essere modificati nella copia, consentendo di adattare la nuova RdO a esigenze specifiche, mentre altri dati verranno mantenuti dalla RdO originale e non potranno essere alterati durante il processo di copia.

Elementi Non Copiati

È importante notare che alcuni elementi non vengono copiati dalla RdO di partenza. In particolare, non verranno replicate né la parte **documentale** (ad esempio, i documenti allegati alla RdO originale) né i soggetti specificamente indicati come **RdP, Soggetto Stipulante** o altri **soggetti autorizzati**. Questi dati dovranno essere inseriti o configurati nuovamente nella RdO copiata.

Stato della RdO Copiata

Una volta completata la procedura di copia, la nuova **RdO** sarà disponibile nella pagina "RdO da Completare" e si troverà nello stato "**Bozza**". Questo stato indica che la RdO è stata creata come copia e necessita di essere completata e pubblicata per poter essere utilizzata nel processo di negoziazione.

Fasi Finali della Negoziazione: Esame Offerte e Stipula

Dopo la fase di configurazione e di eventuali modifiche, la **Negoziazione** prosegue con le fasi cruciali dell'**Esame Offerte** e della **Stipula**. I paragrafi successivi forniranno maggiori dettagli su queste importanti fasi del processo.

Ruoli dell'Utente nelle Procedure di Acquisto

Visualizzazione dei Ruoli dal Cruscotto

Dopo la pubblicazione di una **RdO**, gli utenti possono visualizzare e gestire le fasi successive della **Negoziazione** direttamente dal **Cruscotto**. Nella sezione "**I tuoi ruoli nelle procedure di acquisto**" sono riepilogate le RdO per le quali l'utente ha un ruolo attivo.

Gestione delle Fasi Successive alla Pubblicazione della RdO

Attraverso questa sezione, gli utenti possono gestire diverse fasi cruciali della **Negoziazione**, tra cui la **richiesta di chiarimenti** da parte degli Operatori Economici, l'**esame delle offerte** presentate, la procedura di **aggiudicazione** e la successiva **stipula** del contratto.

Gestione della Richiesta di Chiarimenti in Base al Ruolo

La gestione della **richiesta di chiarimenti** da parte degli Operatori Economici può avvenire in modalità diverse a seconda del ruolo dell'utente e di come è stata predisposta la RdO:

- Il **PO (Punto Ordinante)** può generalmente gestire le richieste di chiarimenti direttamente dal **menu di Riepilogo**.

- Nel caso in cui la **RdO** sia stata predisposta dal **PI (Pubblicatore Inserzionista)** con previa autorizzazione, il PO dovrà accedere alla sezione "**I tuoi ruoli nelle procedure di acquisto**" per gestire le richieste.

- Allo stesso modo, il **PI** può accedere direttamente alla funzione di **Richiesta di Chiarimenti** solo se è stato lui stesso a pubblicare la RdO.

Accesso alla Sezione "I tuoi ruoli nelle procedure di acquisto"

L'accesso alla sezione "**I tuoi ruoli nelle procedure di acquisto**" varia leggermente a seconda del tipo di utente:

- Se si accede all'area personale esclusivamente come **utente Registrato**, è possibile accedere direttamente a questa sezione.

- Se si accede come **utente Abilitato**, è necessario selezionare la freccia apposita per visualizzare la sezione estesa di "**I tuoi ruoli nelle procedure di acquisto**". Cliccando su questo pulsante a freccia, comparirà un elenco di RdO con le relative autorizzazioni associate al profilo dell'utente.

Ricerca e Selezione della RdO Evoluta

Una volta all'interno della sezione "**I tuoi ruoli nelle procedure d'acquisto**", è possibile individuare la **RdO Evoluta** di interesse utilizzando diversi strumenti:

- Si possono utilizzare i filtri "**Strumento**" e "**Periodo selezionato**" per restringere la ricerca in base a specifici criteri.

- In alternativa, è possibile inserire il **numero identificativo** univoco della **Negoziazione** nell'apposito campo e selezionare il pulsante "**CERCA**".

È importante notare che per una stessa RdO, un utente può ricoprire più ruoli, a seconda delle **autorizzazioni** attribuite al proprio profilo. In caso di più ruoli, è necessario selezionarne uno specifico per poter gestire una determinata fase della procedura. Accedendo alla **RdO Evoluta** pubblicata, a seconda del profilo autorizzativo dell'utente, nel **menu di Riepilogo** si attiveranno delle sezioni aggiuntive pertinenti al ruolo selezionato.

Visualizzazione delle Offerte Presentate

Accesso alla Sezione "Offerte presentate"

La voce "**Offerte presentate**" nel menu di Riepilogo consente di visualizzare informazioni dettagliate sia sull'offerta presentata che sugli **Operatori Economici (OE)** che hanno partecipato alla procedura.

Informazioni Visualizzate

In questa sezione, è disponibile l'elenco completo degli **Operatori Economici** che hanno presentato un'offerta per la **RdO**, a partire dal momento della pubblicazione fino alla data di scadenza dei termini per la presentazione delle offerte.

Filtri Disponibili per le Offerte

Per facilitare la consultazione, le offerte ricevute possono essere filtrate secondo i seguenti parametri:

- **denominazione concorrente:** Permette di filtrare le offerte in base al nome dell'Operatore Economico.

- **forma di partecipazione:** Consente di visualizzare le offerte in base alla modalità di partecipazione (ad esempio, singola, in raggruppamento temporaneo di imprese, ecc.).

- **lotti a cui ha partecipato:** Se la RdO è suddivisa in lotti, è possibile filtrare le offerte in base ai lotti specifici a cui l'Operatore Economico ha partecipato.

Una volta definito il criterio di ricerca desiderato, è necessario selezionare il pulsante "**FILTRA**" per visualizzare i risultati corrispondenti.

Dettagli delle Offerte e degli Operatori Economici

Informazioni Visualizzate per Ogni Offerta

Per ogni **Operatore Economico (OE)** che ha presentato un'offerta, la sezione "**Offerte Presentate RdO Evoluta**" fornisce diverse informazioni utili, tra cui:

- La **denominazione del concorrente**.
- La **forma di partecipazione** (ad esempio, individuale, consorzio, ecc.).
- Il **numero identificativo** univoco dell'offerta presentata.
- La **data e l'ora** esatta di presentazione dell'offerta.

Informazioni nel Menu a Tendina

Un menu a tendina, generalmente accessibile tramite un'icona o un link specifico, riporta ulteriori informazioni relative a un **Operatore Economico** selezionato, tra cui:

- La **Ragione sociale** completa dell'azienda.
- La **Forma di partecipazione** dettagliata.
- Il numero di **Partita IVA**.

Informazioni di Base dell'Operatore Economico

Selezionando la **denominazione del concorrente**, si aprirà una finestra pop-up contenente alcune informazioni di base sull'Operatore Economico, come:

- La **denominazione sociale** completa.
- La **sede legale** dell'azienda.
- I **recapiti** (ad esempio, numero di telefono, indirizzo email).
- La **posizione geografica**.

Visualizzazione e Download delle Dichiarazioni degli Operatori Economici

Accesso Tramite la Voce "Richieste"

Selezionando la voce "**Richieste**" all'interno della piattaforma, gli utenti autorizzati possono visualizzare le informazioni che gli **Operatori Economici (OE)** hanno rilasciato durante la fase di abilitazione sul **MePA** (Mercato Elettronico della Pubblica Amministrazione).

Informazioni Visualizzate

Tra le informazioni visualizzabili, si trovano i **bandi** e le **categorie** merceologiche a cui l'Operatore Economico è abilitato, con le eventuali **modifiche** o aggiornamenti apportati nel tempo.

Download dei File PDF delle Richieste

Inoltre, questa sezione offre la possibilità di visualizzare e scaricare i file in formato **PDF** delle richieste che ogni **Operatore Economico** ha effettuato per ciascun argomento di riferimento. Questa funzionalità è particolarmente utile per consultare la documentazione fornita dagli OE in fase di abilitazione.

Possibilità di Ritirare e Ripresentare le Offerte

È importante che gli **Operatori Economici** siano consapevoli della loro facoltà di **ritirare l'offerta** che hanno presentato e, se lo desiderano, di **ripresentarla** nuovamente, purché ciò avvenga entro e non oltre la **scadenza del termine di presentazione delle offerte** stabilito per la RdO.

Avvio dell'Esame delle Offerte

Accesso Tramite la Voce "Esame Offerte" nel Menu di Riepilogo

Per iniziare la procedura di esame delle offerte che sono state presentate dagli **Operatori Economici (OE)**, l'utente autorizzato deve selezionare la voce **"Esame Offerte"** che si trova all'interno del **menu di Riepilogo** della **RdO Evoluta**.

Visualizzazione dello Stato delle Buste

Significato della Legenda delle Buste

Il link "**Stato delle buste**" presente nella sezione "**Esame Offerte**" permette di visualizzare una sorta di legenda visiva. Le quattro immagini di busta che compaiono rappresentano i quattro diversi stati possibili dell'esame delle offerte.

Ordine di Esame delle Buste

Il sistema evidenzia chiaramente la busta dalla quale è necessario iniziare l'esame. In generale, l'apertura e la valutazione della **Busta Amministrativa** è un passaggio propedeutico e necessario per poter procedere successivamente con la valutazione della **Busta Economica**.

Apertura della Busta Amministrativa

Procedura per l'Avvio dell'Esame

Per dare il via alla procedura di valutazione della documentazione amministrativa che è stata presentata dagli **Operatori Economici (OE)**, è necessario selezionare la **Busta Amministrativa** all'interno della sezione "**Esame Offerte**" e successivamente cliccare sul pulsante "AVVIA ESAME".

Esame della Busta Amministrativa: Dettagli e Procedura

Cambiamento di Stato della Busta

A questo punto, la **Busta Amministrativa** cambierà il suo stato da "**Da esaminare**" a "**In Esame**".

Apertura della Seduta Pubblica

Contestualmente all'avvio dell'esame della **Busta Amministrativa**, il sistema apre automaticamente la **seduta pubblica**. Durante questa seduta, gli **Operatori Economici (OE)** che hanno presentato almeno un'offerta valida potranno prendere visione delle seguenti informazioni relative agli altri concorrenti:

- La **Ragione sociale** e la **forma di partecipazione** di tutti i concorrenti ammessi alla seduta.

- La **lista della documentazione** presente nella busta che è stata inviata da ciascun concorrente.

Procedura per Visualizzare la Documentazione

Per accedere all'elenco degli Operatori Economici che hanno presentato un'offerta per un lotto specifico, è necessario selezionare la freccia corrispondente al lotto di interesse. Successivamente, occorre espandere tutte le sezioni fino a visualizzare la documentazione amministrativa. Per accedere ai dettagli dei singoli documenti, si deve selezionare la freccia in corrispondenza del nome del concorrente e aprire le varie sottosezioni fino a raggiungere il dettaglio dei singoli documenti. Questa procedura può essere ripetuta per la documentazione amministrativa di ogni singolo lotto presente nella RdO.

Termine dell'Esame

Una volta completata la valutazione di tutta la documentazione amministrativa, è necessario selezionare il pulsante "TERMINA ESAME".

Cambiamento di Stato delle Buste Successive

A seguito della selezione di "TERMINA ESAME", la **Busta Amministrativa** passerà dallo stato "In Esame" allo stato "Esaminata". Analogamente, lo stato della **Busta Tecnica** o della **Busta Economica**, a seconda che il lotto sia aggiudicato con il criterio del **Miglior Rapporto Qualità-Prezzo** o del **Minor Prezzo**, passerà da "Non Accessibile" a "Da Esaminare".

Finalizzazione dell'Esame della Busta Amministrativa

È fondamentale ricordare che con la selezione del pulsante "**TERMINA ESAME**", si certifica il completamento dell'esame della documentazione amministrativa, indipendentemente dall'esito della valutazione. Nel caso in cui l'analisi di un documento specifico comporti l'esclusione di un **Operatore Economico (OE)** dalla procedura, non è questa la funzione da utilizzare. L'esclusione dovrà essere gestita attraverso l'apposita funzione "**Escludi/Ammetti Concorrenti**".

Apertura della Busta Tecnica

Condizioni per l'Esame della Busta Tecnica

Una volta terminato l'esame della **Busta Amministrativa**, si può procedere con l'apertura della **Busta Tecnica**. È importante sottolineare che la **Busta Tecnica** deve essere esaminata esclusivamente nel caso in cui la **RdO** sia stata predisposta con il criterio di aggiudicazione del **Miglior Rapporto Qualità-Prezzo**.

Procedura per l'Accesso al Contenuto

Per valutare la documentazione tecnica inviata dagli **Operatori Economici (OE)**, è necessario selezionare la voce "**Busta Tecnica**" all'interno della sezione "**Esame Offerte**" e successivamente cliccare sul pulsante "**AVVIA ESAME**" per accedere al contenuto della busta.

Stato della Busta Tecnica Durante l'Esame

A seguito dell'avvio dell'esame, lo stato della **Busta Tecnica** cambierà da "**Da Esaminare**" a "**In Esame**", indicando che la valutazione della documentazione è in corso.

Visualizzazione della Documentazione Tecnica

Accesso alla Documentazione degli Operatori Economici

Per accedere alla documentazione tecnica che è stata presentata dagli **Operatori Economici (OE)**, è necessario selezionare il nome del concorrente di cui si desidera valutare l'offerta.

Visualizzazione della Scheda Offerta

Cliccando su "**Scheda Offerta**", si aprirà una nuova pagina all'interno della quale sono riportate in dettaglio le caratteristiche tecniche che sono state offerte dall'**Operatore Economico**.

Download dei Documenti

Gli utenti hanno la possibilità di scaricare i singoli documenti tecnici presentati dall'OE selezionando direttamente sulla denominazione del file.

Riepilogo dei Documenti Presentati

Accesso Tramite il Dot Menu

Dopo aver proceduto con l'apertura di ciascuna busta (Amministrativa, Tecnica, Economica), è possibile accedere alla funzione "**Esame Offerte**" e, in corrispondenza del **dot menu** (generalmente rappresentato da tre puntini), visualizzare la voce "**Riepilogo documenti presentati**".

Contenuto del PDF Riepilogativo

Selezionando la voce "**Riepilogo documenti presentati**", il sistema genera e permette di scaricare un file in formato **PDF** che contiene un riepilogo di tutti i documenti che sono stati presentati dagli **Operatori Economici (OE)** per ciascuna busta che è stata aperta fino a quel momento.

Gestione dei Casi di Esclusione e Riammissione

È importante notare che se un **Operatore Economico** viene escluso dalla procedura prima che una determinata busta venga aperta, il riepilogo dei documenti non conterrà le informazioni relative ai suoi documenti. Al contrario, se un OE viene successivamente riammesso alla gara, il file **PDF** del riepilogo includerà anche le informazioni sui documenti che aveva precedentemente presentato.

Fase di Gestione dei Punteggi

Tempistica della Gestione dei Punteggi

La fase di **Gestione dei Punteggi** è un passaggio fondamentale che deve essere completato necessariamente prima di cliccare sul pulsante "**TERMINA ESAME**" della **Busta Tecnica**.

Accesso alla Sezione "Gestione Punteggi"

Per accedere alla sezione dedicata alla gestione dei punteggi, è possibile selezionare il pulsante **dot menu** (i tre puntini verticali) dello specifico Lotto di interesse all'interno della sezione "**Esame Offerte**". In alternativa, è possibile accedere alla stessa sezione tramite l'apposita voce presente nel menu di sinistra, denominata "**Gestione Punteggi**".

Assegnazione dei Punteggi Tecnici

Punteggi Attribuiti Automaticamente dal Sistema

Nel caso in cui la gara preveda che il punteggio tecnico sia attribuito parzialmente o totalmente in modo automatico dal sistema, è necessario selezionare l'opzione "**Automatico**" che si trova in corrispondenza della colonna "**Punteggio Tecnico**". Questa azione permette di accedere al dettaglio del punteggio che il sistema ha calcolato e attribuito automaticamente all'offerta del concorrente.

Punteggi Attribuiti Manualmente dalla Commissione Esaminatrice

Se invece la gara prevede che i punteggi tecnici siano attribuiti parzialmente o totalmente dalla **Commissione Esaminatrice di Gara**, è necessario selezionare l'opzione "**Assegna Punteggi**". Questa azione aprirà una pagina che fornisce il dettaglio dei punteggi tecnici la cui attribuzione è di competenza della commissione.

Definizione dei Criteri di Valutazione

La pagina di assegnazione manuale dei punteggi offre anche la possibilità di definire i criteri specifici in base ai quali la commissione effettuerà la sua valutazione. Per fare ciò, è necessario selezionare il pulsante "**Definisci Criteri**", inserire il nome del criterio che si intende valutare e cliccare sul simbolo "**Aggiungi**". Una volta aggiunto il criterio, è necessario assegnare il punteggio discrezionale corrispondente e selezionare il pulsante "**SALVA**". È importante ricordare che a ogni criterio che viene aggiunto, il sistema attribuisce automaticamente un codice identificativo univoco.

Assegnazione dei Punteggi ai Concorrenti

Dopo aver salvato i criteri e i relativi punteggi, è possibile visualizzarli in corrispondenza di ciascun partecipante alla gara. Per assegnare a ogni concorrente la valutazione specifica per ciascuna caratteristica tecnica esaminata, è necessario selezionare il simbolo della "**matita**" che si trova in corrispondenza della caratteristica e modificare il valore che è stato definito di default dal sistema. Per confermare la modifica apportata, è necessario selezionare il simbolo della "**spunta**".

Visualizzazione e Pubblicazione dei Punteggi

Dopo aver attribuito a ciascun concorrente i rispettivi punteggi tecnici, è necessario selezionare il pulsante "**Torna ai punteggi complessivi**". Inoltre, la selezione del pulsante "**Mostra Punteggio Tecnico**" permette di rendere contestualmente visibili i punteggi tecnici a tutti i concorrenti che hanno presentato offerte valide. È importante sottolineare che, una volta selezionato questo pulsante, gli **Operatori Economici** prenderanno istantaneamente visione di ogni successiva variazione e/o integrazione che dovesse intervenire su tali punteggi.

Finalizzazione dell'Esame della Busta Tecnica e Passaggio alla Busta Economica

Una volta completata la valutazione di tutta la documentazione tecnica e l'assegnazione dei punteggi, è necessario selezionare il pulsante "**TERMINA ESAME**". A seguito di questa azione, la **Busta Tecnica** passerà dallo stato "**In Esame**" allo stato "**Esaminata**". Analogamente, lo stato della **Busta Economica** cambierà da "**Non Accessibile**" a "**Da Esaminare**", rendendo possibile la sua apertura e valutazione.

È fondamentale ricordare che, come per la Busta Amministrativa, con il pulsante "**TERMINA ESAME**" si certifica il completamento dell'esame della documentazione tecnica, indipendentemente dall'esito. Nel caso in cui l'analisi di un documento tecnico comporti l'esclusione di un **Operatore Economico**, è necessario utilizzare l'apposita funzione "**Escludi/Ammetti Concorrenti**".

Apertura della Busta Economica

Condizioni per l'Apertura

Una volta terminato l'esame della documentazione amministrativa e/o tecnica, a seconda del criterio di aggiudicazione adottato per la RdO, è possibile procedere con l'apertura della **Busta Economica**.

Procedura per l'Accesso al Contenuto

Per valutare la documentazione di carattere economico che è stata inviata dagli **Operatori Economici (OE)**, è necessario selezionare la voce "**Busta Economica**" all'interno della sezione "**Esame Offerte**" e successivamente cliccare sul pulsante "**AVVIA ESAME**" per accedere al contenuto della busta.

Esame della Busta Economica: Dettagli e Procedura

Cambiamento di Stato della Busta

A seguito dell'avvio dell'esame, lo stato della **Busta Economica** cambierà da "**Da Esaminare**" a "**In Esame**", indicando che la valutazione delle offerte economiche è in corso.

Visualizzazione della Documentazione Economica

Per accedere alla documentazione economica che è stata presentata dagli **Operatori Economici (OE)**, è necessario selezionare il nome del concorrente di cui si desidera valutare l'offerta.

Visualizzazione della Scheda Offerta

Cliccando su "**Scheda Offerta**", si aprirà una nuova pagina all'interno della quale sono riportate in dettaglio le caratteristiche economiche e i valori che sono stati offerti dall'**Operatore Economico**.

Download dei Documenti

Similmente alla Busta Tecnica, gli utenti hanno la possibilità di scaricare i singoli documenti economici presentati dall'OE selezionando direttamente sulla denominazione del file.

Termine dell'Esame

Una volta completata la valutazione di tutta la documentazione economica, è necessario selezionare il pulsante "**TERMINA ESAME**".

Funzionalità del Dot Menu per la Busta Economica

Accesso Tramite il Dot Menu

Dopo aver proceduto con l'apertura di ciascuna busta, è possibile accedere alla funzione "**Esame Offerte**" e, in corrispondenza del **dot menu**, visualizzare progressivamente, a seconda della busta aperta, le voci "**Riepilogo documenti presentati**" e "**Riepilogo dettagli offerte**".

Riepilogo Documenti Presentati (PDF)

Selezionando la voce "**Riepilogo documenti presentati**", è possibile scaricare un file in formato **PDF** che contiene un riepilogo di tutti i documenti che sono stati presentati dagli **Operatori Economici (OE)** per ciascuna busta che è stata aperta fino a quel momento.

Riepilogo Dettagli Offerte (XLS)

Selezionando la voce "**Riepilogo dettagli offerte**", è possibile effettuare il download di un documento in formato **XLS** che contiene un riepilogo di tutte le offerte relative alle buste che sono state aperte.

Gestione dei Punteggi Economici

Dal **dot menu** della Busta Economica, gli utenti hanno la possibilità di gestire i punteggi economici in modalità analoga a quella utilizzata per i punteggi tecnici, consentendo l'inserimento manuale o l'utilizzo di calcoli automatici, se previsti.

Gestione dei Casi di Esclusione e Riammissione

Come per le altre buste, è importante ricordare che se un **Operatore Economico** viene escluso dalla procedura prima che la Busta Economica venga aperta, il riepilogo delle offerte non conterrà le informazioni relative alla sua offerta economica. Al contrario, se un OE viene successivamente riammesso alla gara, il file di riepilogo includerà anche le informazioni sulla sua offerta economica.

Gestione delle Offerte Anomale

Validità dell'Algoritmo di Calcolo

È importante prestare attenzione alla validità dell'algoritmo di calcolo per la gestione delle offerte anomale. Il calcolo effettuato dal sistema è valido esclusivamente per le **RdO** che sono state pubblicate fino al **30 giugno 2023** e segue le indicazioni contenute nel **Dlgs 50/2016**. Per tutte le RdO che sono state pubblicate a partire dal **1° luglio 2023**, il calcolo dell'anomalia dovrà essere effettuato autonomamente al di fuori del sistema, seguendo le indicazioni del **Dlgs 36/2023 - allegato 2.1**.

Calcolo dell'Anomalia delle Offerte

Accesso alla Sezione "Gestione Anomalia Offerte"

Dall'apposita sezione del menu di sinistra denominata "**Gestione Anomalia Offerte**", gli utenti autorizzati possono visualizzare il calcolo relativo all'anomalia dei lotti di riferimento e verificare se è possibile esperire tale calcolo in base all'algoritmo previsto dalla normativa vigente.

Disponibilità del Calcolo in Base al Criterio di Aggiudicazione

Il calcolo dell'anomalia varia a seconda che la RdO o il singolo Lotto sia aggiudicato secondo il criterio del Minor Prezzo o del Miglior Rapporto Qualità-Prezzo. È importante notare che questo calcolo è disponibile solo se il valore "importo oggetto di offerta" è stato impostato come Base d'asta e non è disponibile se è stato impostato come importo presunto.

Avvio del Calcolo

Dopo aver selezionato il lotto di interesse, è necessario avviare il calcolo dell'anomalia cliccando sul pulsante "CALCOLA ANOMALIA".

Interpretazione dei Risultati del Calcolo dell'Anomalia

Visualizzazione dei Risultati in Tabella

Il sistema raccoglie i risultati del calcolo in una tabella chiara e intuitiva. L'eventuale presenza di offerte che risultano anomale viene segnalata in modo evidente nella colonna denominata "Anomalia".

Possibilità di Ricalcolare

Se necessario, è possibile ripetere il calcolo dell'anomalia selezionando il pulsante "EFFETTUA RICALCOLO".

Visualizzazione della Soglia di Anomalia

Se il calcolo dell'anomalia può essere effettuato direttamente attraverso il sistema, all'interno della pagina sarà presente il valore della "soglia di anomalia".

Soglie di Anomalia per Diversi Criteri di Aggiudicazione

È importante distinguere tra i criteri di aggiudicazione:

- Se il criterio di aggiudicazione è il Minor Prezzo, sarà presente un unico valore di soglia di anomalia.
- Se il criterio di aggiudicazione è il Miglior Rapporto Qualità-Prezzo, saranno presenti due valori di soglia:
  - Soglia di anomalia punteggio economico.

- Soglia di anomalia punteggio tecnico.

Esclusione degli Operatori Economici per Anomalia

È fondamentale sapere che il sistema **non prevede l'esclusione automatica** degli **Operatori Economici** sulla base del calcolo dell'anomalia. Se si ritiene necessario escludere un OE a seguito della verifica dell'anomalia, è necessario utilizzare l'apposita funzione **"Escludi/Ammetti Concorrenti"**.

Gestione dell'Esclusione e dell'Ammissione dei Concorrenti

Accesso alla Sezione Dedicata

Per gestire la procedura di esclusione e riammissione degli **Operatori Economici (OE)**, è necessario accedere al menu di sinistra e selezionare la voce **"Escludi/Ammetti Concorrenti"**.

Procedura per l'Esclusione dei Concorrenti

Selezione del Fornitore e Motivazione

Per escludere un concorrente dalla procedura, è necessario selezionare il nome del fornitore dall'elenco. Dopo aver cliccato sul pulsante **"ESCLUDI"**, si aprirà una finestra pop-up nella quale sarà obbligatorio specificare il motivo dell'esclusione.

Possibilità di Riammissione

Nel caso in cui si renda necessario riammettere un **Operatore Economico** che era stato precedentemente escluso, è possibile farlo utilizzando l'apposito pulsante "RIAMMETTI".

Aggiudicazione Provvisoria e Visualizzazione della Graduatoria

Accesso Tramite il Dot Menu

Dopo aver completato l'esame della **Busta Amministrativa**, della **Busta Tecnica** (se prevista dal criterio di aggiudicazione) e della **Busta Economica**, è possibile procedere con la fase di **Aggiudicazione**. Dalla sezione "Esame Offerte", è necessario cliccare sul **dot menu** relativo al lotto di interesse e selezionare il pulsante "GRADUATORIA" per visualizzare la graduatoria provvisoria.

Contenuto e Gestione della Graduatoria Provvisoria

Informazioni Visualizzate nella Graduatoria

La **graduatoria provvisoria** visualizza l'elenco di tutti gli **Operatori Economici (OE)** che hanno partecipato alla procedura e il valore delle rispettive offerte economiche. Questo valore può essere espresso in termini di valore economico effettivo dell'offerta o come percentuale di ribasso rispetto alla base d'asta, a seconda del criterio di formulazione dell'offerta economica che è stato scelto in fase di predisposizione della **Negoziazione**.

Proposta di Aggiudicazione

Per procedere con l'**aggiudicazione provvisoria** della **RdO Evoluta**, è necessario selezionare il pulsante "PROPONI AGGIUDICAZIONE" che si trova in corrispondenza dell'offerta del concorrente che si intende aggiudicare.

Rimozione della Proposta e Nuova Aggiudicazione

Nel caso in cui sia necessario apportare una modifica all'aggiudicazione proposta, è possibile utilizzare il pulsante "RIMUOVI PROPOSTA" per annullare la proposta corrente e procedere con una nuova selezione.

Pubblicazione della Graduatoria

Il pulsante "MOSTRA GRADUATORIA" rende visibili a tutti gli **Operatori Economici (OE)** le offerte che sono state presentate dai concorrenti ammessi.

Irreversibilità della Pubblicazione della Graduatoria

È fondamentale ricordare che l'azione di "MOSTRA GRADUATORIA" è **irreversibile**. La graduatoria può essere pubblicata una sola volta e, dopo aver selezionato questo pulsante, esso scomparirà. Dal momento in cui si decide di pubblicare la graduatoria, tutti gli **Operatori Economici** che sono stati ammessi alla procedura prenderanno visione della **graduatoria definitiva**.

Procedura di Aggiudicazione della RdO Evoluta

Accesso Tramite il Menu di Sinistra

Per procedere con l'**aggiudicazione** definitiva della **RdO Evoluta**, è necessario accedere al menu di sinistra e selezionare la voce "**Aggiudicazione**".

Selezione dell'Operatore Economico da Aggiudicare

La pagina che si aprirà presenta l'elenco degli **Operatori Economici (OE)** che sono presenti nella graduatoria, il valore della loro offerta economica e, per ciascuno di essi, è presente un pulsante "AGGIUDICA". È necessario selezionare questo pulsante in corrispondenza dell'Operatore Economico che si intende designare come aggiudicatario.

Inserimento dei Dati Contrattuali

Per confermare l'operazione di aggiudicazione, il sistema richiederà l'inserimento dei seguenti dati relativi al contratto:

- **Valore del contratto** (l'importo economico).

- **Durata del contratto** (espressa in mesi).

- **Data di aggiudicazione**.

Annullamento e Revoca dell'Aggiudicazione

Indicazione per la Consegna di un Bene

Nel caso in cui l'oggetto del contratto sia la consegna di un bene, è necessario inserire il valore "**1**" all'interno del campo relativo alla durata del contratto.

Funzionalità dei Pulsanti ANNULLA AGGIUDICAZIONE e REVOCA

Il sistema offre due pulsanti per la gestione dell'aggiudicazione:

- Il pulsante "**ANNULLA AGGIUDICAZIONE**" permette di annullare l'operazione di aggiudicazione appena effettuata.

- Il pulsante "**REVOCA**" consente di revocare un'aggiudicazione che era stata precedentemente confermata.

Limiti Temporali per l'Aggiudicazione

È importante ricordare che l'aggiudicazione è consentita fino al momento della **stipula** del contratto. Una volta che la stipula è stata completata, non sarà più possibile proporre nuove aggiudicazioni o revocare quella precedentemente effettuata.

Possibilità di Multi-Aggiudicazione

La piattaforma RdO Evoluta offre la possibilità di effettuare la **multi-aggiudicazione** della negoziazione tra più **Operatori Economici**. Dopo aver aggiudicato un'offerta, per poter effettuare un'ulteriore aggiudicazione, è necessario uscire dalla pagina di aggiudicazione e rientrarvi.

Procedura di Stipula della RdO Evoluta

Visualizzazione del Tasto STIPULA

I soggetti che sono autorizzati a procedere con la stipula del contratto visualizzeranno, all'interno dell'apposita sezione dedicata alla **Stipula**, il tasto "STIPULA" in corrispondenza dell'**Operatore Economico** che è stato designato come aggiudicatario.

Inserimento delle Date di Stipula e Attivazione

Cliccando sul tasto "STIPULA", si aprirà una finestra nella quale sarà necessario inserire negli appositi campi la **data di stipula** del contratto e la **data di attivazione** del contratto.

Modalità di Stipula

Il sistema offre la possibilità di effettuare la stipula del contratto in due modalità distinte:

- Tramite un **documento generato direttamente dal Sistema**.

- Utilizzando un **documento prodotto esternamente dalla Stazione Appaltante** (che dovrà essere caricato nel sistema).

Requisiti per la Validità della Stipula

La procedura di stipula avrà esito positivo esclusivamente se il documento di stipula viene **firmato digitalmente**. Il sistema effettua una verifica automatica per assicurarsi che la firma digitale presente nel documento corrisponda al **Soggetto Stipulante** o ai **Soggetti Stipulanti** che sono stati definiti in fase di configurazione della RdO. Nel caso in cui la firma non corrisponda, il sistema visualizzerà un messaggio di errore.

Azioni Successive alla Stipula

Una volta che la stipula è stata effettuata con successo, il sistema offre le seguenti possibilità:

- **Modificare la data di stipula contratto** e la **data di attivazione contratto**, nel caso in cui si renda necessario.

- **Inserire ulteriori documenti di stipula**, ad esempio eventuali allegati o integrazioni al contratto principale.

Gestione della Revoca della Stipula

Nel caso in cui si renda necessario revocare una stipula che è stata precedentemente effettuata, è necessario rimuovere il documento di stipula che era stato generato o allegato in precedenza al sistema.

Notifica all'Operatore Economico e Invio del Documento

L'**Operatore Economico** che è stato aggiudicatario riceverà una notifica automatica dell'operazione di stipula che è stata effettuata a sistema. Tuttavia, è importante notare che l'OE non riceverà automaticamente il documento di stipula. L'invio del documento di stipula può essere effettuato attraverso l'apposita sezione "**COMUNICAZIONI**" presente nella piattaforma, oppure tramite canali esterni al sistema (ad esempio, via email).

Capitolo 20: Rispondere alle Richieste di Offerta (RdO) sul MePA: Guida Operativa

Introduzione: Orientarsi nelle Negoziazioni del Mercato Elettronico

Il **Mercato Elettronico della Pubblica Amministrazione (MePA)** rappresenta un ambiente digitale fondamentale per le interazioni commerciali tra gli **Operatori Economici (OE)** e le **Pubbliche Amministrazioni (PA)** italiane. All'interno di questa piattaforma, le **negoziazioni** costituiscono uno strumento cruciale attraverso il quale le PA acquisiscono beni e servizi, invitando gli OE a presentare le proprie offerte. Comprendere le diverse tipologie di **Richiesta di Offerta (RdO)** e padroneggiare le procedure di risposta è essenziale per qualsiasi impresa che desideri operare con successo nel settore degli appalti pubblici digitali.

Questo capitolo fornisce una guida dettagliata e operativa, pensata specificamente per gli **Operatori Economici**. Esploreremo le varie modalità di negoziazione avviate dalle PA, dalla più semplice **Trattativa Diretta** alla più complessa **RdO Evoluta**. Analizzeremo passo dopo passo come utilizzare gli strumenti della piattaforma, dalla consultazione delle opportunità sul **Cruscotto RdO** alla compilazione e sottomissione dell'offerta, includendo la gestione della **documentazione amministrativa**, tecnica ed economica, l'uso della **Firma Digitale** e la comprensione delle diverse forme di partecipazione. L'obiettivo è fornire le conoscenze necessarie per navigare il processo con sicurezza ed efficacia, massimizzando le possibilità di successo nelle gare **MePA**.

1. Il Panorama delle Negoziazioni MePA: Tipologie di RdO

La piattaforma **MePA** non è solo un catalogo elettronico, ma anche un potente strumento di negoziazione. Mentre gli OE possono proporre acquisti tramite il Catalogo, sono le iniziative avviate dalle **Pubbliche Amministrazioni** a costituire il cuore delle procedure di gara sotto soglia comunitaria sul mercato elettronico. Queste iniziative prendono la forma di diverse tipologie di **Richiesta di Offerta (RdO)**, ciascuna con caratteristiche e procedure specifiche.

Le principali modalità di negoziazione predisposte dalla PA a cui gli OE possono rispondere sono:

1. **Trattativa Diretta:** Si tratta di una negoziazione in cui la PA si rivolge direttamente e unicamente a un **singolo Operatore Economico** preselezionato. Il rapporto è quindi bilaterale (PA <-> OE).

2. **Confronto di Preventivi:** Simile alla Trattativa Diretta nella procedura di risposta per l'OE, ma avviata dalla PA invitando **più Operatori Economici** (solitamente un numero limitato) a presentare un preventivo, al fine di confrontare diverse proposte per affidamenti diretti.

3. **Richiesta di Offerta (RdO) Semplice:** Una procedura di gara più strutturata, rivolta a una pluralità di OE, invitati direttamente dalla PA o aperta a tutti gli OE abilitati a una specifica **categoria**. Si caratterizza per avere un unico lotto e un unico criterio di aggiudicazione.

4. **Richiesta di Offerta (RdO) Evoluta:** La tipologia di negoziazione più flessibile e complessa. Può essere articolata in **più lotti**, anche con oggetti appartenenti a diverse **categorie** merceologiche e con criteri di aggiudicazione differenti per ciascun lotto. Può essere ad inviti o aperta.

Requisito Fondamentale: L'Abilitazione

È cruciale sottolineare un prerequisito indispensabile per partecipare a qualsiasi **RdO**: l'**Operatore Economico** deve essere **abilitato** per la specifica **Categoria** (o le Categorie) oggetto della negoziazione, definite nel **Bando** di riferimento. Senza questa abilitazione attiva e valida, non sarà possibile né essere invitati (per le procedure non aperte) né presentare un'offerta (per tutte le tipologie).

2. Il Cruscotto RdO: Il Tuo Centro di Controllo

Per un **Operatore Economico** attivo sul **MePA**, il **Cruscotto RdO** è lo strumento principale per monitorare, gestire e partecipare alle negoziazioni. È l'interfaccia centralizzata che raccoglie tutte le opportunità di gara pertinenti.

2.1 Accesso al Cruscotto

È possibile accedere al riepilogo di tutte le **RdO** pertinenti tramite due percorsi principali all'interno della piattaforma **MePA**, una volta effettuato l'accesso:

- Dalla sezione principale: **Mercato Elettronico > Negoziazioni**

- Dal menu laterale di sinistra: **Vendite > Negoziazioni > MePA**

Entrambi i percorsi conducono alla schermata principale del **Cruscotto RdO**.

2.2 Struttura e Sezioni del Cruscotto

La schermata del **Cruscotto RdO** è organizzata in sezioni logiche per facilitare la navigazione e l'identificazione delle procedure di interesse. Le sezioni principali sono:

- **RdO a cui sei stato invitato:** Elenca le negoziazioni (Trattative Dirette, Confronti di Preventivi, RdO Semplici/Evolute ad invito) per le quali l'OE ha ricevuto un invito diretto e specifico dalla **Pubblica Amministrazione**. Solo l'OE invitato può visualizzare e partecipare a queste procedure, a condizione di essere abilitato alla **categoria** oggetto della gara.

- **RdO a cui hai partecipato:** Raccoglie tutte le negoziazioni (sia ad invito che aperte) alle quali l'OE ha iniziato o completato una procedura di partecipazione. Una volta avviata la partecipazione, anche per un solo **lotto**, l'**RdO** si sposterà in questa sezione.

- **RdO Aperte:** Mostra le **RdO** (tipicamente Semplici o Evolute) che sono visibili a tutti gli **Operatori Economici** abilitati alla **categoria** di riferimento. Per partecipare, non è necessario un invito diretto, ma è indispensabile possedere l'abilitazione richiesta.

Importanza dei Ruoli Utente:

È fondamentale ricordare che la visibilità e la possibilità di operare sulle **RdO** dipendono dai ruoli e dalle autorizzazioni degli utenti associati all'**Operatore Economico**. Il **Legale Rappresentante (LR)** deve essere associato alla specifica **categoria** per poter gestire le relative **RdO**. Allo stesso modo, un **Collaboratore** potrà operare solo se autorizzato dal LR per quella specifica categoria e per l'area di lavoro relativa alle offerte **RdO**.

2.3 Funzionalità del Cruscotto

Il **Cruscotto RdO** offre diverse funzionalità operative:

- **Partecipazione tramite PIN:** Per le **RdO** che prevedono una **forma di partecipazione multipla** (es. RTI - **Raggruppamento Temporaneo di Imprese**, **Consorzio**), è possibile accedere alla procedura di compilazione inserendo un **PIN di accesso**. Questo PIN viene fornito dall'OE che ha avviato la partecipazione (solitamente il mandatario/capofila) agli altri membri del raggruppamento (mandanti/consorziati). Per le **RdO ad inviti**, il PIN si inserisce direttamente dal cruscotto; per le **RdO aperte**, si inserisce nella schermata successiva di partecipazione.

- **Esportazione Elenco RdO (XLS):** È possibile scaricare un file Excel contenente un elenco dettagliato delle **RdO** presenti nelle sezioni "RdO a cui sei stato invitato" e "RdO Aperte". Il file include informazioni utili come ID negoziazione, PA committente, regione, importo a base d'asta, date, ecc. Il sistema traccia la data di generazione e permette di rigenerare il file aggiornato.

- **Filtro RdO in Scadenza:** Un'icona a forma di imbuto permette di filtrare rapidamente l'elenco visualizzato (Invitate o Aperte) per mostrare solo le **RdO** la cui scadenza per la presentazione delle offerte è fissata alla data corrente.

- **Filtri Generali e Avanzati:** Sono disponibili filtri rapidi per cercare le **RdO** per:

  - Nome Negoziazione

  - Numero Negoziazione

  - Stato dell'Offerta (es. Bozza, Inviata, Esclusa) Accedendo ai "Filtri avanzati", è possibile effettuare ricerche molto più specifiche, utilizzando criteri come: tipologia di **RdO**, **Bando**, **Categoria**, **PA** committente, regione, importo, stato della negoziazione, ecc. È importante selezionare la sezione desiderata (Invitate, Partecipate, Aperte) *prima* di applicare i filtri.

- **Visualizzazione e Ordinamento Elenco:** Ciascuna sezione (Invitate, Partecipate, Aperte) presenta un elenco di RdO. Per ogni **RdO**, sono visibili informazioni chiave: ID, tipo, descrizione, importo, **categoria**, PA, date di pubblicazione e scadenza. Un indicatore colorato (pallino) segnala lo **stato della negoziazione**: verde indica che è ancora possibile partecipare (se non già fatto), rosso indica che i termini sono scaduti o la procedura è conclusa. Nella sezione "RdO a cui hai partecipato", un'icona specifica indica lo stato della *propria* offerta. È possibile ordinare gli elenchi per Numero **RdO**, Data inizio/fine presentazione offerte, Importo. L'opzione "Mostra solo negoziazioni attive" permette di escludere quelle in stati meno rilevanti (es. Annullata, Deserta).

- **Accesso al Dettaglio RdO:** Selezionando l'icona ">" in corrispondenza di una specifica **RdO**, si accede alla sua pagina di dettaglio, da cui è possibile visualizzare tutte le informazioni, scaricare la documentazione, richiedere chiarimenti e avviare la procedura di partecipazione.

Nota Operativa Fondamentale: Una volta che si inizia a compilare un'offerta per una **RdO** (anche per un solo **lotto**), questa **RdO** verrà spostata nella sezione "**RdO a cui hai partecipato**" e non sarà più visibile nelle sezioni "Invitate" o "Aperte". Pertanto, se si desidera partecipare ad altri lotti della stessa **RdO**, bisognerà cercarla e accedervi da questa sezione.

3. La Trattativa Diretta e il Confronto di Preventivi: Procedura di Risposta

Sebbene la **Trattativa Diretta** coinvolga un solo OE e il **Confronto di Preventivi** ne coinvolga più d'uno, la piattaforma **MePA** prevede una **procedura di risposta identica** per l'**Operatore Economico** in entrambi i casi. La caratteristica distintiva è che, per queste tipologie, il sistema consente **esclusivamente la partecipazione come singolo Operatore Economico**. Non sono ammesse forme di partecipazione multipla (come RTI o Consorzi).

3.1 Riepilogo della Procedura: Comprendere la Richiesta

Accedendo al dettaglio di una **Trattativa Diretta** o di un **Confronto di Preventivi** dal Cruscotto RdO, la prima schermata visualizzata è il **Riepilogo**. Questa pagina è fondamentale per comprendere appieno la richiesta della **PA**. Contiene:

- **Stato della RdO:** Indicazione chiara dello stato corrente della negoziazione (es. Pubblicata, In Scadenza, Scaduta).

- **Dati Principali:** Identificativo univoco (**Numero Negoziazione**), **Bando** e **Categoria** di riferimento, tipo di negoziazione, PA committente e Punto Ordinante.

- **Date:** Sezione cruciale con le scadenze temporali:

    ○ Data e ora di pubblicazione.

    ○ **Termine ultimo per la richiesta di chiarimenti.**

    ○ **Termine ultimo per la presentazione delle offerte.**

    ○ Limite massimo per la validità delle offerte (quanto tempo l'OE rimane vincolato alla sua offerta dopo la presentazione).

- **Dettaglio:** Informazioni tecniche e amministrative come il criterio di aggiudicazione scelto dalla PA, il **CIG (Codice Identificativo Gara)** se disponibile, i codici **CPV (Common Procurement Vocabulary)** che classificano l'oggetto della fornitura/servizio.

- **Documentazione:** Elenco di tutti i documenti allegati dalla PA (disciplinare, capitolato tecnico, allegati vari). È essenziale scaricare e leggere attentamente tutta la documentazione, poiché è qui che la PA descrive nel dettaglio i **requisiti** tecnici, le specifiche dell'oggetto della negoziazione e le regole della procedura.

È possibile scaricare un PDF riepilogativo contenente tutte queste informazioni principali.

3.2 Richiesta di Chiarimenti: Risolvere i Dubbi

Se la documentazione o i dettagli della **RdO** non sono chiari, è possibile (e consigliato) inviare richieste di chiarimenti alla **PA**.

- **Accesso:** Dal menu a sinistra della pagina di dettaglio della **RdO**, selezionare "Richiesta di chiarimenti".

- **Scadenza:** È possibile inviare chiarimenti solo entro la data e l'ora indicate nella sezione "Date" del Riepilogo.

- **Modalità:** Si dispone di un campo di testo (limite 30.000 caratteri) per formulare la domanda.

- **Risposta:** La PA può rispondere direttamente tramite la piattaforma (in tal caso si riceverà una notifica a sistema e un'email di cortesia) oppure pubblicare le risposte a tutti i chiarimenti ricevuti (in forma anonima) come un nuovo documento nella sezione "Documentazione" del Riepilogo. È importante monitorare entrambe le possibilità.

3.3 Comunicazioni: Messaggi e Notifiche Ufficiali

La sezione "Comunicazioni", accessibile anch'essa dal menu laterale, gestisce due flussi informativi:

- **Messaggi:** Permette uno scambio di comunicazioni dirette con la PA *dopo* la scadenza del termine di presentazione delle offerte. La PA può inviare richieste (es. di integrazione documentale) a cui l'OE può rispondere, anche allegando file.

- **Notifiche:** È l'archivio delle comunicazioni automatiche generate dal sistema relative a quella specifica **RdO**:

- Notifica di invito (se applicabile).

- Notifiche di eventuali modifiche apportate dalla PA alla **RdO** prima della scadenza.

- **Notifica di Ricevuta di invio offerta:** Un documento PDF importantissimo che attesta l'avvenuta presentazione dell'offerta e riepiloga i documenti caricati. Va conservato con cura.

- Messaggio di avvenuta stipula del contratto da parte della PA. **Attenzione:** questa notifica informa solo dell'evento, ma non contiene il documento di stipula firmato; quest'ultimo verrà inviato dalla PA separatamente (tramite messaggio sulla piattaforma o via PEC/altri canali).

3.4 La Procedura di Risposta: Passo Dopo Passo

Una volta compresa la richiesta e risolti eventuali dubbi, si può procedere con la preparazione e l'invio dell'offerta dalla sezione "Le tue procedure".

1. **Avviare la Nuova Procedura:** Selezionare il pulsante "AVVIA NUOVA PROCEDURA". Questa opzione è disponibile solo per:

   - Il **Legale Rappresentante (LR)** abilitato alla **categoria** della **RdO**.

   - Un **Collaboratore** associato alla **categoria** e specificamente autorizzato per l'area "Offerta RDO". È possibile interrompere la compilazione in qualsiasi momento e riprenderla successivamente, purché entro il termine di scadenza per la presentazione delle offerte. Lo stato della partecipazione verrà salvato come "Bozza".

2. **Gestione dei Compilatori:** La prima schermata dopo l'avvio riguarda i **Compilatori**. Qui vengono elencati tutti gli utenti (LR e Collaboratori autorizzati) dell'OE che possono potenzialmente lavorare sulla preparazione di questa specifica offerta. È possibile deselezionare (disattivare) utenti per questa singola **RdO**, se necessario. Solo gli utenti lasciati attivi in questa lista potranno interagire con la procedura. Tutti i compilatori attivi avranno gli stessi permessi sulla compilazione della documentazione amministrativa.

   - **Nota Chiave:** Qualsiasi utente abilitato (LR o Collaboratore) può avviare la partecipazione. Se desidera che altri colleghi possano collaborare o completare l'offerta, deve assicurarsi che siano presenti e attivi nell'elenco dei **Compilatori**.

3. **Requisiti per i Documenti Firmati Digitalmente:** Il sistema **MePA** accetta documenti firmati digitalmente in diversi formati, i più comuni dei quali sono **CAdES** (.p7m) e **PAdES** (PDF firmato). Se si caricano documenti firmati in formato PAdES (o altri formati diversi da CAdES), il sistema potrebbe mostrare un messaggio di *attenzione* (warning). Questo **non impedisce** la presentazione dell'offerta. La validità della **Firma Digitale** verrà comunque verificata dalla Stazione Appaltante in fase di esame delle offerte. È tuttavia buona norma utilizzare, ove possibile, il formato CAdES per una maggiore compatibilità.

4. **Caricamento della Documentazione Amministrativa:** In questa sezione, la piattaforma elenca eventuali documenti amministrativi richiesti dalla PA (es. dichiarazioni specifiche, DGUE, ecc.).

   - Verificare l'obbligatorietà di ciascun documento richiesto.

   - Utilizzare i pulsanti per cercare ("Sfoglia" o simile) il documento firmato digitalmente sul proprio computer e caricarlo ("Allega").

   - Una volta caricati tutti i documenti richiesti, selezionare il pulsante **VALIDA** in fondo alla sezione per confermare il completamento di questo passaggio.

5. **Formulazione dell'Offerta Economica:** Questa è la sezione dove si inserisce il valore economico della propria proposta e si allega la documentazione tecnica (se richiesta) ed economica.

   - Selezionare la "freccia" o l'apposito link per entrare nel dettaglio dell'offerta.

   - **Inserire il Valore Offerto:** Digitare il prezzo o lo sconto offerto nel campo apposito.

   - **Selezionare SALVA: Questo passaggio è cruciale.** Solo dopo aver salvato il valore economico, il sistema genera (o rigenera) il "Documento di Offerta Economica" precompilato, che dovrà essere scaricato, firmato digitalmente e ricaricato.

- o **Caricare Documentazione Tecnica (se richiesta):** Se la PA ha previsto una sezione per l'offerta tecnica, accedere al dettaglio e caricare i documenti richiesti (firmati digitalmente).

- o **Caricare Documentazione Economica:** Accedere al dettaglio della documentazione economica. Scaricare il documento generato dal sistema (dopo il salvataggio del valore), firmarlo digitalmente e ricaricarlo. Potrebbero essere richiesti ulteriori allegati economici.

- o **Selezionare VALIDA:** Una volta caricata tutta la documentazione (tecnica ed economica) richiesta in questa sezione, selezionare il pulsante **VALIDA** per confermare. **Non è necessario selezionare nuovamente SALVA** dopo aver caricato i documenti, a meno che non si sia modificato il valore economico (in tal caso, SALVA rigenererà il documento di offerta, invalidando quelli precedentemente caricati).

6. **Riepilogo e Invio Finale:** L'ultima sezione mostra un riepilogo di tutti i passaggi completati.

- o È possibile riesaminare ogni sezione cliccando sulla relativa "freccia".

- o Se tutte le sezioni obbligatorie sono state completate e validate (il sistema solitamente lo segnala con indicatori visivi, es. spunte verdi), il pulsante **INVIA OFFERTA** sarà attivo.

- o Selezionare **INVIA OFFERTA** per trasmettere ufficialmente la partecipazione alla **PA**.

7. **Conferma e Possibilità di Ritiro:**

- o Dopo l'invio, controllare la sezione "Comunicazioni" per la **Notifica di Ricevuta di invio offerta**.

- o **Fino alla scadenza dei termini** di presentazione, è possibile **ritirare** l'offerta inviata. Accanto alla partecipazione nella sezione "Le tue procedure" (o nel riepilogo della RdO in "RdO a cui hai partecipato"), utilizzare il menu contestuale (icona con tre puntini verticali) e selezionare "Ritira busta". Una volta ritirata, è possibile modificare l'offerta precedente (che tornerà in stato "Bozza") e inviarla nuovamente.

4. La Richiesta di Offerta (RdO) Semplice: Procedura e Partecipazione Multipla

La **RdO Semplice** rappresenta una procedura di gara più strutturata rispetto alla Trattativa Diretta o al Confronto di Preventivi. Pur condividendo molti passaggi procedurali, introduce la possibilità di **partecipazione in forma multipla** (es. RTI, Consorzi) e presenta alcune funzionalità aggiuntive come la **Seduta Pubblica** virtuale. Si caratterizza per avere un **unico lotto** e un **unico criterio di aggiudicazione**.

4.1 Riepilogo e Funzionalità Iniziali (Simili a Trattativa Diretta)

Analogamente alle procedure più semplici, accedendo al dettaglio di una **RdO Semplice** si visualizza il **Riepilogo** con Dati Principali, Date, Dettaglio e Documentazione. Anche le modalità per la **Richiesta di Chiarimenti** e la gestione delle **Comunicazioni** (Messaggi e Notifiche) sono identiche a quelle descritte nella sezione precedente.

4.2 Avvio della Procedura e Partecipazione tramite PIN

L'avvio della procedura di risposta avviene sempre dalla sezione "Le tue procedure", selezionando "AVVIA NUOVA PROCEDURA" (disponibile per LR e Collaboratori autorizzati).

Per le **RdO Semplici Aperte** (visibili a tutti gli abilitati), è presente anche il pulsante **PARTECIPA TRAMITE PIN**. Questa funzione è utilizzata dai membri di un raggruppamento (mandanti/consorziati) diverso da quello che ha avviato la procedura (mandatario/capofila). Inserendo il PIN fornito dal capofila, possono accedere alla procedura condivisa per compilare le parti di loro competenza. Per le **RdO Semplici ad invito**, l'inserimento del PIN avviene, come già visto, direttamente dal **Cruscotto RdO**.

4.3 Gestione dei Compilatori in Contesti Multipli

La gestione dei **Compilatori** segue la stessa logica vista prima, ma assume particolare rilevanza in caso di partecipazione multipla.

- L'OE che avvia la procedura (es. il mandatario di un **RTI**) vedrà i propri utenti (LR e Collaboratori).

- Questo OE può visualizzare il **PIN di partecipazione** generato dal sistema (tramite il link "Mostra PIN") da comunicare agli altri OE partecipanti al raggruppamento (es. i mandanti).

- Ciascun OE partecipante al raggruppamento vedrà e gestirà solo i propri compilatori.

- Tuttavia, a seconda delle impostazioni della **RdO** definite dalla PA, un compilatore potrebbe avere la possibilità di caricare documenti amministrativi anche per conto degli altri OE membri del raggruppamento.

4.4 Definizione della Forma di Partecipazione

Questo passaggio è specifico delle **RdO Semplici** ed **Evolute** e determina come l'OE si presenta in gara. Nella sezione "Forma di partecipazione", si sceglie dal menu a tendina l'opzione appropriata.

- Forma di Partecipazione - Singola:
  - Se l'OE partecipa da solo, seleziona "Singolo Operatore Economico". Le informazioni anagrafiche vengono riportate automaticamente.
  - **Avvalimento:** Se l'OE intende avvalersi dei requisiti di un'altra impresa (OE ausiliario), deve selezionare l'apposita opzione ("Dichiaro di voler ricorrere all'**avvalimento**"). Si aprirà un campo per cercare e selezionare l'OE ausiliario (che deve essere anch'esso abilitato alla **categoria**). La documentazione relativa all'avvalimento andrà poi caricata nelle sezioni successive.
  - Selezionare **SALVA** per confermare la scelta.

- Forma di Partecipazione - Multipla (es. RTI, Consorzio):
  - Selezionare la forma appropriata (es. RTI Costituito, RTI Costituendo, Consorzio Ordinario, ecc.).
  - Inserire la **Denominazione del Concorrente** (il nome ufficiale del raggruppamento).
  - Selezionare **SALVA**. È possibile modificare la denominazione successivamente tramite il tasto "MODIFICA".
  - **Importante:** La specifica degli altri partecipanti al raggruppamento avverrà nel passaggio successivo ("Scelta del lotto").

4.5 Scelta del Lotto e Dettagli Partecipanti (RdO Semplice: Lotto Unico)

Poiché la **RdO Semplice** ha per definizione un solo **lotto**, questa sezione serve principalmente a confermare la partecipazione a quel lotto e, in caso di forma multipla, a definire la composizione del raggruppamento.

1. **Selezione Lotto:** Selezionare la casella di controllo (checkbox) accanto all'unico lotto presente.

2. **Salvataggio Scelta:** Selezionare **SALVA**.

3. **Accesso Dettaglio Lotto:** Selezionare la "freccia" corrispondente al lotto.

- **Caso Partecipazione Singola:** Una volta dentro il dettaglio del lotto, se la forma è singola, è sufficiente selezionare **VALIDA** per procedere alla sezione successiva (Documentazione Amministrativa).

- **Caso Partecipazione Multipla:**

  - All'interno del dettaglio del lotto, utilizzare il pulsante "AGGIUNGI UN NUOVO ELEMENTO" (o simile).

  - Per ciascun membro del raggruppamento (incluso l'OE che sta compilando, es. il mandatario), specificare:

    - **Forma di Partecipazione specifica del membro** (es. Mandataria, Mandante, Consorziata...).

    - **Ruolo** (come sopra).

    - **Denominazione dell'Operatore Economico** (cercandolo tramite Partita IVA/Codice Fiscale).

  - Ripetere l'azione per tutti i membri del raggruppamento. È possibile anche definire strutture complesse (es. un consorzio che partecipa indicando le consorziate esecutrici).

  - Una volta definita l'intera struttura, selezionare **VALIDA**. Questo passaggio valida non solo la scelta del lotto ma anche la coerenza della struttura del raggruppamento inserita.

4.6 Documentazione Amministrativa e Offerta

- **Documentazione Amministrativa:** La procedura è analoga a quella vista per la Trattativa Diretta. Prendere visione dei documenti richiesti dalla PA, caricarli firmati digitalmente. In aggiunta, è disponibile il pulsante "Aggiungi documenti" per caricare eventuale documentazione *ulteriore* non specificamente richiesta ma ritenuta utile (es. chiarimenti spontanei, certificazioni aggiuntive). Selezionare **VALIDA** al termine.

- **Offerta (Tecnica ed Economica):** Anche qui la procedura ricalca quella già descritta:

  1. Entrare nel dettaglio dell'offerta (pulsante "freccia").

  2. Inserire il **Valore Offerto** (prezzo o sconto).

  3. **SALVA** (fondamentale per generare/rigenerare il documento di offerta economica).

  4. Accedere ai dettagli della documentazione **Tecnica** (se presente) ed **Economica**.

  5. Scaricare i documenti generati dal sistema (specie quello economico), firmarli digitalmente e ricaricarli. Caricare eventuali altri documenti richiesti dalla PA (es. relazioni tecniche, schede prodotto, giustificativi prezzi).

  6. **VALIDA** per confermare il completamento della sezione Offerta. (Ricordare: SALVA per i dati, VALIDA per i documenti caricati).

4.7 Riepilogo, Invio e Ritiro

Identico alla procedura per Trattativa Diretta/Confronto di Preventivi:

- Verificare il riepilogo finale.

- Selezionare **INVIA OFFERTA**.

- Verificare la ricezione della **Notifica di Ricevuta di invio offerta**.

- Possibilità di **Ritirare la busta** e ripresentarla entro i termini di scadenza, tramite il menu contestuale (tre puntini).

4.8 La Seduta Pubblica Virtuale

Una novità rispetto alle procedure più semplici è la **Seduta Pubblica** virtuale, accessibile dall'omonima sezione nel menu laterale della RdO (dopo la scadenza dei termini e l'avvio dell'esame da parte della PA).

- **Chi può accedere:** Possono partecipare alla seduta:

  - Gli utenti indicati come **Compilatori** attivi per gli OE che hanno presentato offerta.

- o Altri utenti che inseriscano le credenziali di accesso (PIN?) dopo la scadenza (modalità da verificare caso per caso). È possibile gestire la lista degli accessi (rimuovere utenze, rigenerare PIN se applicabile).

- **Accesso:** Selezionare il pulsante "ACCEDI" (disponibile solo quando la PA avvia l'esame delle offerte).

- **Informazioni Visibili (in sola lettura e incrementali):** La seduta pubblica permette di seguire le fasi di valutazione della gara in trasparenza. Le informazioni mostrate progressivamente dalla PA possono includere:

  - o Identità dei concorrenti e riferimenti ai documenti presentati (senza poterli scaricare).

  - o Eventuali punteggi tecnici ed economici assegnati.

  - o Dettaglio dei prezzi/sconti offerti.

  - o Comunicazione di eventuali esclusioni.

  - o Pubblicazione della graduatoria provvisoria e/o definitiva.

  - o Comunicazione delle aggiudicazioni.

  - o Notizia delle avvenute stipule.

- **Sezioni Interne:** La seduta è solitamente divisa in due aree: "OFFERTE PRESENTATE" (elenco partecipanti) ed "ESAME OFFERTE" (dettaglio delle valutazioni).

Nota sulla Stipula: Anche per le **RdO Semplici**, la notifica di stipula che appare nel sistema e nelle Comunicazioni informa solo dell'evento. Il documento contrattuale firmato dalla PA verrà trasmesso separatamente.

5. La Richiesta di Offerta (RdO) Evoluta: Complessità e Flessibilità

L'**RdO Evoluta** è la tipologia di negoziazione **MePA** più potente e flessibile a disposizione delle **Pubbliche Amministrazioni**, progettata per gestire appalti più complessi. Pur condividendo gran parte della logica procedurale di risposta con la **RdO Semplice**, si distingue per alcune caratteristiche chiave.

5.1 Caratteristiche Specifiche e Riepilogo

Le peculiarità fondamentali dell'**RdO Evoluta** sono:

- **Possibilità di Multi-Lotto:** Può essere suddivisa in più **lotti** distinti, permettendo agli OE di presentare offerta per uno, alcuni o tutti i lotti di loro interesse.

- **Possibilità di Multi-Categoria:** I diversi lotti possono afferire a **categorie** di abilitazione differenti. Un OE dovrà essere abilitato a tutte le categorie dei lotti per cui intende concorrere.

- **Criteri di Aggiudicazione Diversificati:** La PA può definire criteri di aggiudicazione differenti per ciascun lotto (es. prezzo più basso per un lotto, offerta economicamente più vantaggiosa per un altro).

Accedendo al dettaglio di una **RdO Evoluta**, si visualizza il **Riepilogo** strutturato in modo analogo a quello delle altre RdO (Dati Principali, Date, Dettaglio, Documentazione). La documentazione allegata dalla PA sarà tipicamente più corposa, specificando le regole e i requisiti per ciascun lotto. Le modalità per la **Richiesta di Chiarimenti** e la gestione delle **Comunicazioni** restano invariate.

5.2 Procedura di Risposta: Adattamenti per Multi-Lotto e Multi-Categoria

La procedura di risposta per un'**RdO Evoluta** segue gli stessi macro-passaggi della **RdO Semplice**, ma con adattamenti necessari per gestire la struttura multi-lotto e potenzialmente multi-categoria.

1. **Avvio Procedura e PIN:** Identico alla RdO Semplice ("AVVIA NUOVA PROCEDURA" o "PARTECIPA TRAMITE PIN").

2. **Gestione Compilatori:** Identica alla RdO Semplice. Il PIN è unico per l'intera RdO, indipendentemente dai lotti.

3. **Definizione Forma di Partecipazione:** Identica alla RdO Semplice (Singola con/senza Avvalimento, Multipla). La forma scelta si applicherà a *tutti* i lotti per cui si presenterà offerta nell'ambito di quella partecipazione.

4. **Scelta del Lotto/i e Dettagli Partecipanti:** Questa è la fase con le maggiori differenze.

   - Verrà presentato l'elenco di **tutti i lotti** che compongono l'RdO.

   - L'OE deve selezionare la casella di controllo **per ciascun lotto** a cui intende partecipare.

   - Selezionare **SALVA** per registrare la scelta dei lotti.

- o Successivamente, **per ogni lotto selezionato**, si dovrà entrare nel dettaglio (cliccando sulla "freccia") per:

  - **Partecipazione Singola:** Confermare la partecipazione al lotto con **VALIDA**.

  - **Partecipazione Multipla:** Definire la composizione del raggruppamento *specifica per quel lotto* (anche se solitamente è la stessa per tutti i lotti a cui il raggruppamento partecipa) utilizzando "AGGIUNGI UN NUOVO ELEMENTO" e confermare con **VALIDA**.

- o È necessario completare questo passaggio per **tutti i lotti** selezionati prima di poter procedere.

5. **Documentazione Amministrativa:** La sezione presenterà le richieste amministrative della PA. Potrebbero esserci documenti comuni a tutta l'RdO e documenti specifici per determinati lotti. Caricare tutto quanto richiesto (firmato digitalmente) e selezionare **VALIDA**.

6. **Offerta (Tecnica ed Economica):** Questa sezione sarà articolata per lotti.

   - o Si dovrà entrare nel dettaglio dell'offerta **per ciascun lotto** a cui si partecipa.

   - o All'interno di ogni lotto, seguire la procedura: inserire il **Valore Offerto** (prezzo/sconto per quel lotto), **SALVA** (per generare il documento economico di *quel* lotto), caricare la documentazione tecnica (se richiesta *per quel lotto*) ed economica (incluso il documento generato e firmato *per quel lotto*).

   - o Selezionare **VALIDA** *all'interno di ciascun lotto* una volta completato il caricamento dei documenti relativi.

   - o Solo dopo aver validato l'offerta per **tutti i lotti** a cui si partecipa, sarà possibile procedere.

7. **Riepilogo e Invio Finale:** Il riepilogo mostrerà lo stato di compilazione per tutti i lotti scelti. Se tutto è completo e validato, selezionare **INVIA OFFERTA**. L'invio è unico e comprende le offerte per tutti i lotti partecipati.

8. **Ritiro Offerta:** Il ritiro tramite "Ritira busta" ritira l'intera partecipazione, comprensiva di tutti i lotti. Non è possibile ritirare l'offerta per un singolo lotto lasciando attive le altre.

9. **Seduta Pubblica:** La seduta pubblica funzionerà in modo analogo a quella della RdO Semplice, ma le informazioni visualizzate (offerte, punteggi, graduatorie, aggiudicazioni) saranno probabilmente presentate distintamente per ciascun lotto.

6. Considerazioni Finali e Punti Chiave

Affrontare le **Richieste di Offerta** sul **MePA** richiede attenzione ai dettagli e una buona comprensione delle procedure specifiche per ogni tipologia di negoziazione. Riassumiamo i punti fondamentali emersi in questo capitolo:

- **Tipologia di RdO:** Riconoscere immediatamente se si tratta di **Trattativa Diretta**, **Confronto di Preventivi**, **RdO Semplice** o **RdO Evoluta** è il primo passo, poiché determina le possibilità di partecipazione (singola/multipla) e la complessità della procedura (lotto unico/multi-lotto).

- **Abilitazione:** Verificare sempre di possedere l'abilitazione attiva nella **categoria** (o nelle categorie) richieste dal **Bando** è un prerequisito non negoziabile.

- **Cruscotto RdO:** È lo strumento essenziale per monitorare le opportunità (Invitate, Aperte) e gestire le partecipazioni avviate. Familiarizzare con filtri e sezioni è cruciale.

- **Documentazione:** Leggere attentamente *tutta* la documentazione fornita dalla PA è fondamentale per comprendere i requisiti tecnici, amministrativi e le regole della gara.

- **Scadenze:** Rispettare rigorosamente le scadenze per la richiesta di chiarimenti e, soprattutto, per la presentazione delle offerte è imperativo.

- **Compilatori e PIN:** Gestire correttamente i ruoli (**Legale Rappresentante**, **Collaboratore**) e l'elenco dei **Compilatori** per ogni **RdO** è importante, specialmente in caso di partecipazione multipla dove la comunicazione del **PIN** è necessaria.

- **Forma di Partecipazione:** Scegliere correttamente la forma (Singola, **RTI**, **Consorzio**, ecc.) e, se necessario, indicare correttamente tutti i partecipanti e gestire l'**Avvalimento**.

- **SALVA vs VALIDA:** Comprendere la differenza è vitale:

- SALVA si usa principalmente dopo aver inserito/modificato dati numerici o testuali (come il valore dell'offerta) e serve a far generare/rigenerare al sistema i documenti precompilati.

- VALIDA si usa per confermare il completamento di una sezione dopo aver caricato i documenti richiesti o aver inserito le informazioni strutturali (es. composizione RTI).

- **Firma Digitale:** Tutti i documenti che richiedono sottoscrizione devono essere firmati digitalmente (preferibilmente in formato **CAdES .p7m**, ma anche **PAdES** è accettato con un warning).

- **Multi-Lotto (RdO Evoluta):** Prestare particolare attenzione alla selezione dei lotti, alla definizione della partecipazione per ciascuno e alla compilazione dell'offerta specifica per ogni lotto.

- **Seduta Pubblica:** Utilizzare questa funzionalità (per RdO Semplici ed Evolute) per monitorare l'iter di valutazione in trasparenza.

- **Comunicazioni e Notifiche:** Monitorare la sezione Comunicazioni per messaggi dalla PA e conservare la Notifica di Ricevuta di invio offerta.

Padroneggiare queste procedure permette agli **Operatori Economici** di interagire efficacemente con le **Pubbliche Amministrazioni** attraverso il **MePA**, trasformando le **RdO** da ostacoli burocratici a reali opportunità di business.

7. Domande Frequenti (FAQ)

D1: Qual è la differenza principale tra RdO Semplice e RdO Evoluta? *R1: La differenza fondamentale risiede nella struttura: la **RdO Semplice** ha sempre un solo lotto, una sola categoria e un unico criterio di aggiudicazione. L'**RdO Evoluta** può essere suddivisa in più lotti, anche appartenenti a categorie diverse e con criteri di aggiudicazione differenti per lotto, offrendo maggiore flessibilità alla PA per appalti complessi.*

D2: Cosa succede se invio un documento firmato in PAdES (PDF) invece che CAdES (.p7m)? *R2: Il sistema **MePA** mostrerà un messaggio di attenzione (warning) ma **consentirà** comunque l'invio dell'offerta. La validità della **Firma Digitale** PAdES verrà verificata dalla Stazione Appaltante durante l'esame delle offerte. Sebbene CAdES sia spesso preferito, PAdES è generalmente accettato.*

D3: Ho salvato il valore dell'offerta ma non vedo il documento economico da scaricare. Cosa devo fare? *R3: Assicurati di aver selezionato il pulsante SALVA dopo aver inserito il valore economico. Il salvataggio attiva la generazione del documento. Se lo hai fatto e ancora non appare, prova ad aggiornare la pagina o a uscire e rientrare nella sezione Offerta. Se il problema persiste, potrebbe essere un problema tecnico temporaneo.*

D4: Posso partecipare a una RdO se la mia abilitazione alla categoria scade tra pochi giorni? *R4: L'abilitazione deve essere valida al momento della presentazione dell'offerta. Se scade prima della scadenza dei termini di presentazione, non potrai inviare l'offerta. Se scade dopo aver inviato l'offerta ma prima dell'aggiudicazione o stipula, la PA effettuerà le verifiche del caso in base alla normativa vigente e alle regole della singola gara (potrebbe essere richiesto il rinnovo o potrebbe comportare l'esclusione).*

D5: In un RTI, chi deve caricare la documentazione amministrativa? *R5: Generalmente, ogni partecipante al raggruppamento (RTI) è responsabile della propria documentazione amministrativa (es. DGUE individuale). Tuttavia, la piattaforma e le impostazioni della specifica RdO potrebbero consentire al mandatario (o ad altri compilatori autorizzati) di caricare documenti anche per conto dei mandanti. È fondamentale coordinarsi all'interno del raggruppamento e verificare le funzionalità disponibili nella specifica procedura.*

D6: Ho inviato l'offerta per una RdO Evoluta partecipando a 3 lotti, ma ora voglio ritirarmi solo da un lotto. È possibile? *R6: No, la funzione "Ritira busta" agisce sull'intera partecipazione inviata. Ritirando l'offerta, la ritiri per tutti e 3 i lotti. Per ripresentarla escludendo un lotto, dovrai modificare la partecipazione (dopo il ritiro, tornerà in "Bozza"), deselezionare il lotto indesiderato nella sezione "Scelta del lotto", verificare/aggiornare le altre sezioni se necessario, e inviare nuovamente l'offerta completa per i restanti 2 lotti (sempre entro i termini di scadenza).*

D7: Cosa significa "Validare" una sezione? *R7: Selezionare VALIDA in una sezione (es. Documentazione Amministrativa, Offerta) indica al sistema che hai completato l'inserimento delle informazioni o il caricamento dei documenti richiesti per quella specifica sezione e che ritieni siano corretti e pronti. È un passaggio necessario per poter procedere alle sezioni successive e, infine, all'invio dell'offerta.*

4. La Richiesta di Offerta (RdO) Semplice: Procedura e Partecipazione Multipla

La **RdO Semplice** rappresenta una procedura di gara più strutturata rispetto alla Trattativa Diretta o al Confronto di Preventivi. Pur condividendo molti passaggi procedurali, introduce la possibilità di **partecipazione in forma multipla** (es. **RTI**, **Consorzi**) e presenta alcune funzionalità aggiuntive come la **Seduta Pubblica** virtuale. Si caratterizza per avere un **unico lotto** e un **unico criterio di aggiudicazione**.

(Le sottosezioni 4.1, 4.2, 4.3, 4.4, 4.5 rimangono invariate rispetto alla versione precedente)

... (Testo delle sottosezioni 4.1 Riepilogo e Funzionalità Iniziali, 4.2 Avvio della Procedura e Partecipazione tramite PIN, 4.3 Gestione dei Compilatori in Contesti Multipli, 4.4 Definizione della Forma di Partecipazione, 4.5 Scelta del Lotto e Dettagli Partecipanti) ...

4.6 Documentazione Amministrativa e Offerta

- **Documentazione Amministrativa:** La procedura è analoga a quella vista per la Trattativa Diretta. Prendere visione dei documenti richiesti dalla PA, caricarli firmati digitalmente. In aggiunta, è disponibile il pulsante "Aggiungi documenti" per caricare eventuale documentazione *ulteriore* non specificamente richiesta ma ritenuta utile (es. chiarimenti spontanei, certificazioni aggiuntive). Selezionare **VALIDA** al termine.

- **Offerta (Scheda, Tecnica ed Economica):** Questa fase richiede particolare attenzione alla sequenza operativa:

    1. **Accesso e Compilazione Scheda Offerta (se presente):** Entrare nel dettaglio della sezione Offerta (pulsante "freccia"). Se la PA ha predisposto una "Scheda di offerta" strutturata, sarà necessario selezionare "Compila". Si aprirà una pagina dove inserire dati specifici o rispondere a quesiti puntuali definiti dalla PA. Una volta compilata la scheda, selezionare **SALVA E VALIDA** (questo comando si riferisce specificamente alla scheda). Il sistema riporterà alla schermata principale dell'offerta.

    2. **Inserimento Valore Offerto e Documentazione:** Procedere con le eventuali buste tecnica ed economica. Inserire il **Valore Offerto** complessivo (prezzo o sconto) se richiesto in un campo separato.

    3. **SALVA Valore Offerto:** Se è stato inserito un valore economico principale (che spesso determina la generazione automatica di un documento riepilogativo), selezionare **SALVA**. Questo è fondamentale per permettere al sistema di generare (o rigenerare) tale documento.

4. **Caricamento Documentazione Tecnica (se richiesta):** Accedere al dettaglio della documentazione tecnica, caricare i file richiesti (firmati digitalmente) e fornire eventuali informazioni aggiuntive.

5. **Caricamento Documentazione Economica:** Accedere al dettaglio. Scaricare il documento economico eventualmente generato dal sistema (dopo il SALVA del valore), firmarlo digitalmente e ricaricarlo. Caricare eventuali altri documenti economici richiesti (es. giustificativi).

6. **VALIDA Sezione Offerta:** Una volta completata la compilazione della scheda (se presente) e caricata tutta la documentazione tecnica ed economica richiesta, selezionare il pulsante **VALIDA** relativo all'intera sezione Offerta per confermarne il completamento. (Ricordare la distinzione: SALVA E VALIDA per la scheda specifica, SALVA per il valore offerto/dati che generano documenti, VALIDA per confermare il caricamento di tutti i documenti della sezione).

(La sottosezione 4.7 Riepilogo, Invio e Ritiro rimane invariata rispetto alla versione precedente)

... (Testo della sottosezione 4.7 Riepilogo, Invio e Ritiro) ...

(La sottosezione 4.8 La Seduta Pubblica Virtuale rimane invariata rispetto alla versione precedente)

... (Testo della sottosezione 4.8 La Seduta Pubblica Virtuale) ...

5. La Richiesta di Offerta (RdO) Evoluta: Complessità e Flessibilità

L'**RdO Evoluta** è la tipologia di negoziazione **MePA** più potente e flessibile a disposizione delle **Pubbliche Amministrazioni**, progettata per gestire appalti più complessi. Pur condividendo gran parte della logica procedurale di risposta con la **RdO Semplice**, si distingue per alcune caratteristiche chiave.

(La sottosezione 5.1 Caratteristiche Specifiche e Riepilogo rimane invariata rispetto alla versione precedente)

... (Testo della sottosezione 5.1 Caratteristiche Specifiche e Riepilogo) ...

5.2 Procedura di Risposta: Adattamenti per Multi-Lotto e Multi-Categoria

La procedura di risposta per un'**RdO Evoluta** segue gli stessi macro-passaggi della **RdO Semplice**, ma con adattamenti necessari per gestire la struttura multi-lotto e potenzialmente multi-categoria.

1. **Avvio Procedura e PIN:** Identico alla RdO Semplice ("AVVIA NUOVA PROCEDURA" o "PARTECIPA TRAMITE PIN").

2. **Gestione Compilatori:** Identica alla RdO Semplice. Il PIN è unico per l'intera RdO, indipendentemente dai lotti.

3. **Definizione Forma di Partecipazione:** Identica alla RdO Semplice (Singola con/senza Avvalimento, Multipla). La forma scelta si applicherà a *tutti* i lotti per cui si presenterà offerta nell'ambito di quella partecipazione.

4. **Scelta del Lotto/i e Dettagli Partecipanti:** Questa è la fase con le maggiori differenze.

   o Verrà presentato l'elenco di **tutti i lotti** che compongono l'RdO.

   o L'OE deve selezionare la casella di controllo **per ciascun lotto** a cui intende partecipare.

   o Selezionare **SALVA** per registrare la scelta dei lotti.

   o Successivamente, **per ogni lotto selezionato**, si dovrà entrare nel dettaglio (cliccando sulla "freccia") per:

     ▪ **Partecipazione Singola:** Confermare la partecipazione al lotto con VALIDA.

     ▪ **Partecipazione Multipla:** Definire la composizione del raggruppamento *specifica per quel lotto* (anche se solitamente è la stessa per tutti i lotti a cui il raggruppamento partecipa) utilizzando "AGGIUNGI UN NUOVO ELEMENTO" e confermare con **VALIDA**.

   o È necessario completare questo passaggio per **tutti i lotti** selezionati prima di poter procedere.

5. **Documentazione Amministrativa:** La sezione presenterà le richieste amministrative della PA. Potrebbero esserci documenti comuni a tutta l'RdO e documenti specifici per determinati lotti. Caricare tutto quanto richiesto (firmato digitalmente) e selezionare **VALIDA**.

6. **Offerta (Scheda, Tecnica ed Economica per Lotto):** Questa sezione sarà articolata per lotti.

   o Si dovrà entrare nel dettaglio dell'offerta **per ciascun lotto** a cui si partecipa.

   o All'interno di ogni lotto, seguire la procedura:

      ▪ **Compilare la Scheda Offerta** specifica del lotto (se presente), selezionando "Compila" e poi "SALVA E VALIDA" la scheda.

      ▪ Inserire il **Valore Offerto** per quel lotto.

      ▪ **SALVA**re il valore offerto per generare eventuali documenti economici specifici del lotto.

      ▪ Caricare la documentazione **Tecnica** richiesta per quel lotto (firmata digitalmente).

      ▪ Caricare la documentazione **Economica** richiesta per quel lotto (incluso il documento generato/firmato specifico del lotto).

      ▪ Selezionare **VALIDA** *all'interno di ciascun lotto* una volta completata la compilazione della scheda (se presente) e il caricamento di tutti i documenti relativi a quel lotto.

   o Solo dopo aver validato l'offerta per **tutti i lotti** a cui si partecipa, sarà possibile procedere.

7. **Riepilogo e Invio Finale:** Il riepilogo mostrerà lo stato di compilazione per tutti i lotti scelti. Se tutto è completo e validato, selezionare **INVIA OFFERTA**. L'invio è unico e comprende le offerte per tutti i lotti partecipati.

8. **Ritiro Offerta:** Il ritiro tramite "Ritira busta" ritira l'intera partecipazione, comprensiva di tutti i lotti. Non è possibile ritirare l'offerta per un singolo lotto lasciando attive le altre.

9. **Seduta Pubblica:** La seduta pubblica funzionerà in modo analogo a quella della RdO Semplice, ma le informazioni visualizzate (offerte, punteggi, graduatorie, aggiudicazioni) saranno probabilmente presentate distintamente per ciascun lotto.

(La sezione 6. Considerazioni Finali e Punti Chiave rimane sostanzialmente invariata, ma potrebbe essere utile un richiamo alla gestione della Scheda Offerta)

6. Considerazioni Finali e Punti Chiave

Affrontare le **Richieste di Offerta** sul **MePA** richiede attenzione ai dettagli e una buona comprensione delle procedure specifiche per ogni tipologia di negoziazione. Riassumiamo i punti fondamentali emersi in questo capitolo:

- **Tipologia di RdO:** Riconoscere immediatamente se si tratta di **Trattativa Diretta**, **Confronto di Preventivi**, **RdO Semplice** o **RdO Evoluta** è il primo passo.

- **Abilitazione:** Verificare sempre l'abilitazione attiva nella **categoria** richiesta.

- **Cruscotto RdO:** Strumento essenziale per monitorare e gestire le opportunità.

- **Documentazione:** Leggere attentamente tutta la documentazione della PA.

- **Scadenze:** Rispettare rigorosamente i termini per chiarimenti e presentazione offerte.

- **Compilatori e PIN:** Gestire correttamente ruoli e accessi, specialmente in partecipazione multipla.

- **Forma di Partecipazione:** Scegliere correttamente (Singola, **RTI**, **Consorzio**) e gestire l'**Avvalimento** se necessario.

- **Scheda Offerta:** Compilare accuratamente eventuali schede strutturate predisposte dalla PA, utilizzando "SALVA E VALIDA" per la scheda stessa.

- **SALVA vs VALIDA:** Comprendere la differenza è vitale: SALVA per dati/valori che generano documenti; VALIDA per confermare il completamento del caricamento documenti/sezioni.

- **Firma Digitale:** Utilizzare firme **CAdES** o **PAdES** valide per i documenti richiesti.

- **Multi-Lotto (RdO Evoluta):** Prestare attenzione alla selezione e gestione separata dell'offerta per ciascun lotto partecipato.

- **Seduta Pubblica:** Monitorare l'iter di valutazione per RdO Semplici ed Evolute.

- **Comunicazioni e Notifiche:** Controllare i messaggi e conservare la ricevuta di invio.

Padroneggiare queste procedure permette agli **Operatori Economici** di interagire efficacemente con le **Pubbliche Amministrazioni** attraverso il **MePA**, trasformando le **RdO** da ostacoli burocratici a reali opportunità di business.

8. Gestione delle Negoziazioni in Caso di Operazioni Societarie

Un aspetto particolare riguarda la gestione delle negoziazioni **MePA** (sia quelle in corso di partecipazione che quelle già aggiudicate o in fase di stipula/esecuzione) nel caso in cui l'**Operatore Economico** sia coinvolto in **operazioni societarie straordinarie**. Tali operazioni includono, ad esempio, fusioni, scissioni, cessioni o conferimenti di ramo d'azienda.

Questi eventi possono impattare sulla titolarità delle abilitazioni, sulle procedure di gara in corso e sui contratti attivi. La piattaforma **MePA** prevede procedure specifiche per gestire la **migrazione** delle negoziazioni e delle relative abilitazioni dal soggetto giuridico originario (es. società incorporata o cedente) al nuovo soggetto giuridico (es. società incorporante o cessionaria).

Poiché la casistica è complessa e richiede adempimenti specifici sia sulla piattaforma che a livello documentale e legale, **si rimanda alla consultazione della sezione dedicata** presente nella documentazione ufficiale o nel portale di supporto del **MePA** per ottenere istruzioni dettagliate su come procedere in caso di operazioni societarie che coinvolgano l'impresa abilitata.

Capitolo 21: La Partecipazione in Forma Multipla alle RdO MePA: Guida Pratica

Introduzione: Unire le Forze sul Mercato Elettronico

Il **Mercato Elettronico della Pubblica Amministrazione (MePA)** non solo facilita la partecipazione individuale degli **Operatori Economici (OE)** alle gare, ma consente anche, per specifiche tipologie di procedure, di presentare offerte in **forma multipla**. Questa modalità permette a più imprese di collaborare unendo le proprie capacità tecniche, economiche e organizzative per rispondere a requisiti complessi, conformemente a quanto previsto dalla normativa vigente sugli appalti pubblici (ad esempio, attraverso **Raggruppamenti Temporanei di Imprese - RTI**, **Consorzi**, aggregazioni di imprese di rete, GEIE).

Come illustrato nel Capitolo 20, questa possibilità è riservata esclusivamente alle **Richieste di Offerta (RdO) di tipo Semplice ed Evoluta**. La **Trattativa Diretta** e il **Confronto di Preventivi**, per loro natura, prevedono unicamente la partecipazione singola.

Questo capitolo si concentra specificamente sulla **meccanica operativa** necessaria per impostare e gestire una **partecipazione multipla** all'interno della piattaforma **MePA**. Verranno analizzati i passaggi chiave: dall'avvio della procedura da parte del soggetto capofila (mandatario/capogruppo) o l'adesione tramite **PIN** da parte degli altri membri (mandanti/consorziati), alla definizione della forma giuridica del raggruppamento, fino alla configurazione dettagliata della struttura partecipativa all'interno del lotto di gara. L'obiettivo è fornire una guida pratica per gestire correttamente questi aspetti tecnici, propedeutici alla successiva compilazione dell'offerta vera e propria.

1. Avviare la Partecipazione Multipla: Ruoli e Modalità

L'inizio di una procedura di partecipazione in **forma multipla** a una **RdO Semplice** o **Evoluta** può avvenire secondo due modalità principali, a seconda del ruolo che l'**Operatore Economico** ricopre all'interno del costituendo raggruppamento:

1. **Avvio da parte del Capofila/Mandatario (AVVIA NUOVA PROCEDURA):**

   o L'**Operatore Economico** designato a fungere da capofila (es. mandatario in un **RTI**, capogruppo, consorzio che partecipa per le consorziate) avvia la procedura di partecipazione dalla sezione "Le tue procedure" della **RdO** di interesse, selezionando il pulsante **AVVIA NUOVA PROCEDURA**.

   o **Chi può avviare:** Ricordiamo che questa azione è consentita solo a:

     ▪ Un utente con profilo **Legale Rappresentante (LR)** dell'OE capofila, abilitato alla **categoria** oggetto della **RdO**.

     ▪ Un utente con profilo **Collaboratore** dell'OE capofila, associato alla **categoria** e specificamente autorizzato per l'area di lavoro "Offerta RDO".

   o Questo OE avrà il compito iniziale di impostare la forma di partecipazione e di comunicare il **PIN** agli altri membri.

2. **Adesione da parte degli altri Membri/Mandanti (PARTECIPA TRAMITE PIN):**

   o Gli altri **Operatori Economici** che fanno parte del raggruppamento (es. mandanti in un **RTI**, consorziate indicate da un consorzio) non devono avviare una nuova procedura separata, ma devono "agganciarsi" a quella creata dal capofila utilizzando un **PIN di accesso** univoco per quella specifica partecipazione.

   o Selezionano il pulsante **PARTECIPA TRAMITE PIN**.

   o **Dove si trova il pulsante:** La posizione di questo pulsante varia:

- Per le **RdO ad inviti**: Si trova nella schermata generale del **Cruscotto RdO**, nell'elenco delle "RdO a cui sei stato invitato".

- Per le **RdO aperte**: Si trova direttamente nella pagina di dettaglio della **RdO**, all'interno della sezione "Le tue procedure", accanto al pulsante "AVVIA NUOVA PROCEDURA".

  o Inserendo il **PIN** fornito dal capofila, l'OE membro accede alla procedura condivisa e potrà compilare le sezioni di sua competenza.

Salvataggio e Ripresa: In entrambi i casi (sia per chi avvia, sia per chi partecipa tramite PIN), è sempre possibile interrompere la compilazione dell'offerta in qualsiasi momento. Il sistema salva lo stato di avanzamento (in "Bozza"), permettendo di riprendere la compilazione in un secondo momento, a patto di completare e inviare l'offerta entro i termini di scadenza stabiliti dalla **PA**.

2. Gestione dei Compilatori e Condivisione del PIN

Una volta avviata la procedura di partecipazione da parte del capofila (tramite AVVIA NUOVA PROCEDURA), la prima sezione da configurare è quella relativa ai **Compilatori**. Questa fase è cruciale per definire chi potrà operare sull'offerta e per ottenere il **PIN** da condividere.

- **Elenco Compilatori del Capofila:** Il sistema mostra l'elenco degli utenti (LR e Collaboratori autorizzati) appartenenti all'OE capofila che possono interagire con la procedura. Il capofila può scegliere quali utenti mantenere attivi per questa specifica **RdO**, deselezionando eventualmente quelli non coinvolti. Solo gli utenti attivi in questa lista potranno modificare o visualizzare la bozza di offerta per conto dell'OE capofila.

- **Visualizzazione e Condivisione del PIN:** All'interno della sezione Compilatori, l'OE capofila troverà il pulsante o link **Mostra PIN**. Selezionandolo, visualizzerà il **codice PIN univoco** generato dal sistema per quella specifica partecipazione multipla. È **responsabilità del capofila comunicare tempestivamente e in modo sicuro questo PIN a tutti gli altri Operatori Economici** che fanno parte del raggruppamento, affinché possano accedere alla procedura tramite il pulsante PARTECIPA TRAMITE PIN.

- **Visibilità e Permessi:** È importante comprendere le regole di visibilità e i permessi:

- Ciascun OE partecipante al raggruppamento (sia il capofila che i membri) visualizza **esclusivamente** l'elenco dei propri compilatori. Non è possibile vedere gli utenti degli altri OE partner.

- Tutti gli utenti presenti nella lista dei compilatori attivi di un OE hanno gli **stessi permessi** per quanto riguarda la compilazione della sezione "Documentazione Amministrativa" relativa a quell'OE.

- **Caricamento Documenti per altri OE:** A seconda delle impostazioni specifiche della **RdO** configurate dalla **Pubblica Amministrazione**, potrebbe essere consentito ai compilatori di un OE (tipicamente il capofila/mandatario) di caricare documenti amministrativi anche per conto degli altri OE membri del raggruppamento. Questa funzionalità va verificata caso per caso.

Nota Operativa: Qualsiasi utente abilitato (LR o Collaboratore autorizzato) dell'OE capofila può tecnicamente avviare la partecipazione multipla. Se questa persona desidera che altri colleghi (dello stesso OE capofila) possano collaborare alla gestione dell'offerta, deve assicurarsi che tali colleghi siano inclusi e attivati nell'elenco dei **Compilatori** di quella specifica iniziativa.

3. Definire la Forma e la Denominazione del Gruppo

Dopo aver gestito i compilatori, il passaggio successivo per l'OE capofila è definire formalmente la natura del raggruppamento nella sezione **Forma di partecipazione**.

- **Selezione della Forma Multipla:** Utilizzando l'apposito menu a tendina, l'OE capofila deve selezionare la forma giuridica esatta con cui il gruppo intende partecipare (es. RTI Costituendo Orizzontale, RTI Costituito Verticale, Consorzio Stabile, Consorzio Ordinario di Concorrenti, Aggregazione di Imprese di Rete, GEIE, ecc.). La scelta deve corrispondere a quanto dichiarato e documentato ai sensi della normativa.

- **Inserimento Denominazione Concorrente:** Nel campo dedicato, va inserito il nome ufficiale del raggruppamento/consorzio/aggregazione che parteciperà alla gara.

- **Salvataggio (SALVA):** È indispensabile selezionare il pulsante **SALVA** dopo aver scelto la forma e inserito la denominazione, per registrare queste informazioni a sistema.

- **Modifica (MODIFICA):** Se fosse necessario correggere la forma o la denominazione prima di procedere oltre, è possibile utilizzare il pulsante MODIFICA.

- **Implicazioni della Scelta:** È fondamentale prestare la massima attenzione in questa fase. La forma di partecipazione selezionata ha **conseguenze dirette** sull'intera procedura: determina, ad esempio, quali documenti specifici verranno richiesti nelle fasi successive (es. atto costitutivo per RTI già costituito, impegno a costituirsi per RTI costituendo, statuto per consorzi, ecc.) e come verranno valutati i requisiti.

La specifica dettagliata degli **Operatori Economici** che compongono effettivamente il gruppo avverrà nel passaggio successivo, all'interno della configurazione del lotto.

4. Configurare la Struttura del Raggruppamento nel Lotto

Una volta definita la forma giuridica generale del gruppo, è necessario dettagliare la sua composizione specifica all'interno della sezione **Scelta del lotto**. Questa operazione va eseguita per ciascun lotto a cui il raggruppamento intende partecipare (nel caso di **RdO Evoluta** multi-lotto).

1. **Selezione del Lotto:** Nella schermata "Scelta del lotto", individuare il lotto (o uno dei lotti) di interesse e selezionare la relativa casella di controllo (checkbox).

2. **Salvataggio Scelta Lotto (SALVA):** Dopo aver selezionato la checkbox, cliccare sul pulsante **SALVA**.

3. **Accesso al Dettaglio Lotto:** Cliccare sull'icona a forma di freccia (">") in corrispondenza del lotto appena salvato per accedere alla sua configurazione dettagliata.

4. **Inserimento dei Partecipanti (AGGIUNGI UN NUOVO ELEMENTO):** All'interno della vista di dettaglio del lotto, utilizzare il pulsante AGGIUNGI UN NUOVO ELEMENTO. Questa azione va ripetuta per **ogni singolo Operatore Economico** che fa parte del raggruppamento per quel lotto, **incluso l'OE capofila stesso.** Per ciascun membro inserito, è necessario specificare:

   - **Forma di Partecipazione / Ruolo:** Selezionare dal menu a tendina il ruolo specifico di quell'OE all'interno del raggruppamento (es. Impresa Mandataria, Impresa Mandante, Consorziata Esecutrice, Capogruppo, Membro GEIE, ecc.).

- o **Denominazione OE:** Ricercare e selezionare l'Operatore Economico corretto, solitamente tramite Partita IVA o Codice Fiscale.

5. **Strutture Complesse/Nidificate:** La piattaforma consente, se necessario, di definire strutture più complesse. Ad esempio, è possibile indicare come partecipante un Consorzio e poi, all'interno di esso, aggiungere ulteriori elementi per specificare quali consorziate eseguiranno effettivamente le prestazioni per quel lotto.

6. **Validazione della Struttura (VALIDA):** Dopo aver inserito tutti i membri del raggruppamento con i rispettivi ruoli per quel lotto, è essenziale selezionare il pulsante **VALIDA**. Questo comando permette al sistema di verificare la coerenza formale della struttura inserita (es. presenza di un solo mandatario in un RTI, ecc.).

7. **Conferma Finale della Configurazione Lotto (SALVA E VALIDA): Attenzione:** Come passaggio finale di conferma per la configurazione del lotto in modalità multipla, dopo aver validato la struttura dei partecipanti, potrebbe essere necessario tornare alla schermata principale della "Scelta del lotto" e utilizzare un pulsante specifico, talvolta denominato **SALVA E VALIDA**, per confermare definitivamente l'intera configurazione del raggruppamento per quel lotto prima di poter passare alle fasi successive dell'offerta. Verificare attentamente la presenza e la necessità di questo comando nella specifica interfaccia.

Questa procedura di configurazione della struttura va ripetuta identicamente per ogni altro lotto a cui il raggruppamento intende partecipare, nel caso di una **RdO Evoluta** multi-lotto.

5. Proseguire con l'Offerta

Una volta che la forma di partecipazione multipla è stata correttamente definita, la struttura del raggruppamento è stata dettagliata e validata per il lotto (o i lotti) di interesse, la fase di impostazione preliminare specifica della partecipazione multipla è conclusa.

Da questo momento in poi, la compilazione dell'offerta procede attraverso le sezioni successive:

- **Documentazione Amministrativa:** Ogni membro del raggruppamento (o il capofila, se abilitato a farlo per tutti) dovrà caricare i documenti amministrativi richiesti dalla PA e quelli specifici legati alla forma di partecipazione scelta (es. DGUE, dichiarazioni di impegno, ecc.).

- **Offerta (Scheda, Tecnica, Economica):** Si procederà alla compilazione dell'eventuale Scheda Offerta e al caricamento dei documenti tecnici ed economici, seguendo le procedure descritte nel Capitolo 20. L'offerta economica e tecnica è solitamente unica per il raggruppamento nel suo complesso per ciascun lotto.

- **Riepilogo e Invio:** Verifica finale e invio dell'offerta complessiva del raggruppamento.

È fondamentale che tutti i membri del raggruppamento collaborino e si coordinino per assicurare che tutta la documentazione necessaria sia prodotta, firmata correttamente (secondo le regole specifiche per le firme congiunte o del legale rappresentante di ciascuna impresa, a seconda dei casi) e caricata entro i termini.

Riepilogo dei Passaggi Chiave

Impostare una partecipazione multipla richiede attenzione ai dettagli procedurali sulla piattaforma **MePA**. I passaggi fondamentali sono:

1. **Avvio:** Il capofila avvia la procedura (AVVIA NUOVA PROCEDURA).

2. **Condivisione PIN:** Il capofila visualizza e comunica il **PIN** di partecipazione agli altri membri.

3. **Adesione Membri:** Gli altri membri accedono alla procedura condivisa tramite PARTECIPA TRAMITE PIN.

4. **Gestione Compilatori:** Ogni OE gestisce i propri utenti abilitati a operare sull'offerta.

5. **Definizione Forma e Nome:** Il capofila seleziona la forma giuridica del gruppo (es. **RTI**, **Consorzio**) e ne inserisce la denominazione.

6. **Configurazione Struttura nel Lotto:** Per ogni lotto partecipato, il capofila (o chi per esso) elenca tutti i membri del gruppo specificandone ruolo e denominazione, e **VALIDA** la struttura. Potrebbe essere richiesto un ulteriore SALVA E VALIDA per confermare la configurazione del lotto.

7. **Prosecuzione:** Si procede con la compilazione delle sezioni successive (Amministrativa, Offerta) come per una partecipazione singola, ma tenendo conto dei requisiti specifici del raggruppamento.

Domande Frequenti (FAQ) sulla Partecipazione Multipla

D1: Cosa succede se un membro del nostro RTI perde il PIN o non lo riceve? *R1: L'OE capofila può visualizzare nuovamente il PIN in qualsiasi momento accedendo alla sezione "Compilatori" della partecipazione in stato di bozza. Può quindi comunicarlo nuovamente al membro che ne ha bisogno.*

D2: È possibile modificare la composizione o il ruolo dei membri di un RTI dopo aver validato la struttura nella sezione "Scelta del lotto"? *R2: Solitamente sì, è possibile modificare la struttura (aggiungere/rimuovere membri, cambiarne il ruolo) finché l'offerta è in stato di "Bozza" e non è stata ancora inviata. È necessario rientrare nella sezione "Scelta del lotto", apportare le modifiche e poi selezionare nuovamente VALIDA (ed eventualmente SALVA E VALIDA) per confermare la nuova struttura.*

D3: Chi deve firmare digitalmente i documenti in caso di partecipazione come RTI Costituendo? *R3: Le regole di firma dipendono dal tipo di documento e da quanto specificato nella documentazione di gara. Generalmente: * Il DGUE è individuale e firmato dal legale rappresentante di ciascuna impresa partecipante. * L'offerta tecnica ed economica potrebbe richiedere la firma del legale rappresentante dell'impresa mandataria o le firme congiunte di tutti i legali rappresentanti, secondo le prescrizioni della PA. * La dichiarazione di impegno a costituire l'RTI deve essere firmata dai legali rappresentanti di tutte le imprese partecipanti. È essenziale verificare sempre le richieste specifiche nel disciplinare di gara.*

D4: Un'impresa può partecipare alla stessa RdO sia singolarmente che come membro di un RTI? *R4: No, la normativa sugli appalti pubblici (Codice dei Contratti Pubblici) vieta la partecipazione alla medesima gara in più di una forma (sia singolarmente che come componente di un raggruppamento o consorzio), pena l'esclusione di entrambe le offerte.*

D5: Cosa succede se dimentichiamo di inserire un membro del Consorzio nella struttura del lotto? *R5: Se l'offerta viene inviata con una struttura incompleta o errata, la PA potrebbe rilevare l'irregolarità in fase di verifica amministrativa e richiedere chiarimenti o, nei casi più gravi e a seconda delle regole di gara, escludere il concorrente. È fondamentale verificare scrupolosamente la correttezza della struttura prima dell'invio.*

Capitolo 22: L'Appalto Specifico nel Sistema Dinamico di Acquisizione

Introduzione all'Appalto Specifico nel SDAPA

Nell'ambito del **Sistema Dinamico di Acquisizione (SDAPA)**, le **Pubbliche Amministrazioni (PA)** hanno la possibilità di avviare procedure di gara, sia sotto che sopra la soglia comunitaria, attraverso la predisposizione di **Appalti Specifici (AS)**. In questi appalti, gli **Operatori Economici (OE)** che sono stati precedentemente abilitati al **Bando Istitutivo** presentano le proprie offerte, le quali saranno oggetto di valutazione per l'aggiudicazione del contratto.

È importante sottolineare che, ai sensi dell'articolo 1, comma 586 della Legge 160/2019, le **Pubbliche Amministrazioni** possono inoltre indire **Appalti Specifici** per l'affidamento di

Convenzioni (disciplinate dall'articolo 26 della Legge 488/1999) e di **Accordi Quadro** (regolamentati dall'articolo 59 del Decreto Legislativo 36/2023). Questa flessibilità consente alle PA di utilizzare lo strumento dell'**Appalto Specifico** per diverse esigenze di approvvigionamento.

Caratteristiche Fondamentali di un Appalto Specifico

Un **Appalto Specifico** può essere configurato con diverse caratteristiche, al fine di rispondere in maniera precisa alle necessità della **Pubblica Amministrazione**:

- **Criterio di Aggiudicazione:** L'aggiudicazione può avvenire sia con il criterio del **Minor Prezzo** che con quello del **Miglior Rapporto Qualità-Prezzo**, a seconda di quanto stabilito nel **bando di riferimento**.

- **Struttura in Lotti:** L'appalto può essere strutturato come **lotto unico** oppure suddiviso in **più lotti**. È inoltre possibile adottare criteri di aggiudicazione differenti per ciascun lotto.

- **Categorie CPV:** È consentito includere **Codici CPV** (Common Procurement Vocabulary) appartenenti a diverse categorie all'interno dello stesso lotto, ampliando la possibilità di accorpare forniture o servizi affini.

- **Requisiti:** I requisiti richiesti agli **Operatori Economici** possono essere espressi in diverse modalità, come ad esempio attraverso la presentazione di **modelli**, **schede tecniche** o altra **documentazione** specifica.

Fasi del Sistema Dinamico e Documentazione di Supporto

Il **Sistema Dinamico di Acquisizione** si sviluppa principalmente in due fasi distinte. Per ciascuna di queste fasi, **Consip S.p.A.** mette a disposizione delle **Pubbliche Amministrazioni** la documentazione necessaria, costituita dal **Bando Istitutivo** e dal **kit documentale dell'Appalto Specifico**.

Prima di avviare la creazione di un **Appalto Specifico**, è fondamentale consultare e scaricare attentamente questi documenti, che si trovano nella sezione "Documentazione del Bando" e nella sezione "Documenti dell'Iniziativa" all'interno del **Bando Istitutivo** selezionato. Questa documentazione fornisce le linee guida e i modelli necessari per una corretta predisposizione della procedura.

Avvio della Procedura di Appalto Specifico

L'avvio di un **Appalto Specifico** nell'ambito del **Sistema Dinamico di Acquisizione** può avvenire in due modalità principali attraverso la piattaforma telematica:

- **Link Rapido "Acquista > Sistema Dinamico":** Selezionando questo percorso, si accede direttamente alla sezione dedicata agli **Appalti Specifici**.

- **Link Rapido "Avvia Appalto Specifico" dal Cruscotto:** Questa opzione, presente nella sezione "Sistema Dinamico" del cruscotto personale della **Pubblica Amministrazione**, consente un accesso diretto alla creazione di un nuovo **AS**.

Creazione di un Nuovo Appalto Specifico

Se si sceglie il percorso "Acquista > Sistema Dinamico > avvia Appalto Specifico", si visualizzerà una schermata contenente l'elenco di tutte le iniziative attive da cui è possibile partire per creare un nuovo **Appalto Specifico**.

Una volta selezionato il **bando** di interesse, la pagina mostrerà un riepilogo dei dati principali dell'iniziativa, tra cui l'oggetto dell'acquisto, le **categorie merceologiche** coinvolte e la documentazione allegata sia al bando che all'iniziativa stessa. Per procedere con la creazione dell'**AS**, sarà sufficiente selezionare il pulsante "CREA APPALTO SPECIFICO".

Avvio Alternativo dell'Appalto Specifico

In alternativa al percorso precedente, è possibile avviare la creazione di un **Appalto Specifico** selezionando direttamente l'opzione "Avvia Appalto Specifico" dalla sezione "Sistema Dinamico" presente nel cruscotto personale. Anche in questo caso, si aprirà un elenco delle iniziative attive tra le quali scegliere quella desiderata.

Per facilitare la ricerca, è possibile utilizzare il tasto "Filtra" e inserire il numero o il nome dell'iniziativa di interesse. Una volta individuata, selezionando il risultato della ricerca e cliccando sul pulsante "CREA", si avvierà la procedura di creazione dell'**Appalto Specifico**.

Salvataggio e Completamento Successivo

È importante sapere che la configurazione di un **Appalto Specifico** può essere completata anche in più momenti. Gli **AS** non ancora completati vengono salvati e sono accessibili dalla pagina di riepilogo degli **Appalti Specifici da Completare**, che si trova nel percorso "Cruscotto > Negoziazioni > Sistema Dinamico – Appalti Specifici da Completare". Questa funzionalità permette di lavorare alla predisposizione della gara in modo flessibile, interrompendo e riprendendo il lavoro secondo le proprie necessità.

Creazione Dettagliata dell'Appalto Specifico

L'**Appalto Specifico** è una procedura che può prevedere sia il criterio di aggiudicazione al **Minor Prezzo** che al **Miglior Rapporto Qualità-Prezzo**, e può essere strutturata sia come **lotto unico** che in **più lotti**. La fase di creazione dettagliata prevede l'inserimento di diversi parametri e dati fondamentali.

Inserimento dei Parametri Essenziali

Nella pagina "Crea Appalto Specifico" è necessario inserire una serie di informazioni di base per definire la struttura e le caratteristiche principali della procedura:

- **Nome Appalto Specifico:** Inserire una denominazione chiara e descrittiva della procedura di gara.

- **Tipologia di Appalto:** Scegliere la tipologia di appalto più appropriata tra le opzioni disponibili nel menu a tendina: **Appalto di forniture**, **Appalto di beni**, **Appalto di servizi**.

- **Tipologia di Procedura:** Il sistema propone automaticamente l'opzione "Appalto Specifico del Sistema Dinamico (art. 55 D.Lgs 50/2016)".

- **Regolamento Applicabile alla Procedura Telematica:** Di default, il sistema propone l'opzione "Regole SEPA (Sistema e-Procurement Pubblica Amministrazione)".

- **Lotti:** Indicare se la gara è configurata con un unico lotto o con più lotti. In caso di scelta di più lotti, è necessario specificarne il numero.

- **Criterio di Aggiudicazione:** Selezionare il criterio di aggiudicazione desiderato tra **Minor Prezzo** o **Miglior Rapporto Qualità-Prezzo**. Nel caso di più lotti, è possibile indicare se il criterio di aggiudicazione è lo stesso per tutti i lotti della gara.

Una volta inserite queste informazioni di base, è necessario selezionare il pulsante "CREA APPALTO SPECIFICO" per concludere questa prima fase di creazione.

Inserimento dei Dati Principali

Dopo aver creato la struttura di base dell'**Appalto Specifico**, si accede alla pagina di gestione dei "Dati Principali", dove è possibile inserire tutte le informazioni fondamentali per la corretta predisposizione della procedura.

Il sistema assegna automaticamente un **Numero AS**, un codice identificativo univoco che viene visualizzato accanto alla descrizione della gara e che è essenziale per identificare la procedura in qualsiasi momento.

Modifica della Struttura dell'AS

Se si desidera modificare i dati appena inseriti nella fase dei parametri essenziali, è possibile utilizzare il tasto "MODIFICA STRUTTURA". Questa funzione consente di sovrascrivere tutti i dati precedentemente inseriti. Dopo aver apportato le modifiche necessarie, è importante selezionare il pulsante "SALVA".

Per modificare esclusivamente il campo relativo al "Nome Appalto Specifico", è possibile utilizzare l'icona a forma di "Matita" presente accanto al campo.

Compilazione dei Dati Principali

È necessario proseguire la procedura compilando tutti i campi presenti nella sezione "Dati Principali", tra cui:

- **Durata del Contratto:** Inserire il numero di mesi di validità del contratto.

- **Descrizione della Fornitura:** Riportare una descrizione dettagliata dell'oggetto dell'**Appalto Specifico**.

- **Data e Ora di Svolgimento della Prima Seduta Pubblica:** È possibile, se lo si desidera, indicare la data e l'ora in cui si terrà la prima seduta pubblica telematica per l'esame delle offerte. La compilazione di questi campi è facoltativa, ma è comunque necessario informare gli **Operatori Economici** della data e dell'ora della prima seduta tramite l'apposita funzionalità di comunicazione.

- **Formulazione dell'Offerta Economica:** È possibile scegliere tra due modalità di formulazione dell'offerta economica da parte dei fornitori:

    - **PERCENTUALI A RIBASSO:** L'offerta deve essere espressa come un'unica percentuale di ribasso rispetto all'importo a base d'asta. In questo caso, la classifica sarà stilata in ordine decrescente, dalla percentuale di ribasso più alta a quella più bassa.

    - **VALORE ECONOMICO (EURO):** L'offerta deve essere espressa in unità monetaria (€). In questo caso, la classifica sarà stilata in ordine crescente, dal prezzo più basso a quello più alto.

- **Cifre Decimali dell'Offerta Economica:** Selezionare il numero massimo di cifre decimali consentite per l'espressione dell'offerta economica.

Ulteriori Elementi della Procedura di Affidamento

Nella sezione "Ulteriori Input Fornitori", è possibile selezionare i parametri tecnici e/o economici che gli **Operatori Economici** dovranno visualizzare e valorizzare nella propria offerta in fase di partecipazione all'**Appalto Specifico**.

Ad esempio, è possibile richiedere dichiarazioni specifiche relative all'articolo 2359 del Codice Civile, al subappalto o a procedure finanziate con fondi PNRR.

Gestione dei Ruoli

La sezione "Ruoli" permette di definire i soggetti coinvolti nella procedura. Il **Responsabile del Procedimento (RP)** è preimpostato automaticamente dal sistema come la persona che crea l'**Appalto Specifico**.

È possibile eliminare il nominativo visualizzato e inserire un nuovo **Responsabile del Procedimento** selezionando il pulsante "X". È importante ricordare che il **Responsabile del Procedimento** deve essere un utente già registrato sulla piattaforma di e-Procurement. La ricerca di un soggetto da inserire come RP avviene tramite Nome, Cognome e Codice Fiscale.

Inserimento delle Date

Nella sezione "Date" è necessario inserire le seguenti informazioni relative alle scadenze della procedura:

- **Termine Ultimo Richiesta Chiarimenti:** Indicare la data e l'ora entro le quali gli **Operatori Economici** possono inoltrare richieste di chiarimento alla Stazione Appaltante.

- **Termine Ultimo Presentazione Offerte:** Indicare la data e l'ora entro le quali gli **Operatori Economici** possono presentare le proprie offerte attraverso il sistema.

Per proseguire con la predisposizione dell'**Appalto Specifico**, è necessario accedere alle sezioni specifiche presenti nel menu a sinistra della schermata. Al termine dell'inserimento dei dati principali, è fondamentale selezionare il pulsante "SALVA" per memorizzare tutte le informazioni inserite in questa fase e poter proseguire con le fasi successive della procedura.

Gestione dei Lotti

La sezione "Lotti", accessibile dal menu a sinistra della schermata "Dettaglio Appalto", consente di gestire in dettaglio ciascun lotto della procedura.

Il sistema visualizza automaticamente tanti lotti quanti ne sono stati indicati nella fase di inserimento dei parametri essenziali. Tuttavia, è sempre possibile aggiungere nuovi lotti in questa sezione.

All'interno della sezione "Lotti" è possibile effettuare diverse operazioni:

- **Modificare il Nome del Lotto:** Selezionare l'icona a forma di "Matita" accanto al lotto desiderato per modificarne la denominazione. Inserire le informazioni necessarie e selezionare la spunta per confermare i dati. Se non si compila il nome in questa schermata, sarà possibile farlo successivamente selezionando la freccia relativa alla sezione di "Gestione dati lotto".

- **Aggiungere uno o più Lotti:** Selezionare il pulsante "AGGIUNGI LOTTO" e indicare il nome e il numero del nuovo lotto.

- **Copiare un Lotto Esistente:** Selezionare l'icona a forma di "Fogli" accanto al lotto da copiare e indicare il numero di copie desiderate. Una volta copiato, è necessario rinominare il nuovo lotto inserendo un nome e un numero univoci.

- **Spostare un Lotto:** Modificare la posizione dei lotti selezionando l'icona a forma di "Frecce". È possibile scegliere se inserire il numero di riga in cui spostare il lotto selezionato oppure spostarlo sotto un altro lotto indicandone il numero.

- **Modificare il Criterio di Aggiudicazione:** Per ogni lotto, è possibile modificare il criterio di aggiudicazione selezionando il pulsante "Aggiudicazione". La stessa operazione può essere effettuata anche nella sezione "Dati Lotto".

- **Aggiornare i Punteggi (per lotti con Miglior Rapporto Qualità-Prezzo):** Per i lotti con criterio di aggiudicazione "Miglior Rapporto Qualità-Prezzo", è possibile aggiornare i punteggi assegnati selezionando il pulsante "Punteggio".

Per accedere alla sezione "DATI LOTTO" e compilare le informazioni specifiche di ciascun lotto, è necessario selezionare la freccia in corrispondenza del lotto desiderato.

Dettaglio del Lotto con Criterio del Minor Prezzo

Se nella fase di inserimento dei parametri essenziali è stato scelto il criterio di aggiudicazione del **Minor Prezzo**, la prima schermata da personalizzare all'interno della sezione "DATI LOTTO" è quella relativa ai dati specifici del lotto.

In questa schermata è possibile inserire e/o modificare i seguenti parametri:

- **Criterio di Aggiudicazione:** È possibile modificare il criterio di aggiudicazione precedentemente inserito cliccando sul pulsante "MODIFICA".

- **Numero del Lotto:** Il numero del lotto viene assegnato automaticamente dal sistema, ma può essere modificato se necessario.

- **Nome del Lotto:** Inserire una descrizione chiara e concisa del lotto.

- **Il Codice CIG - Codice Identificativo Gara:** Il **CIG** è un codice alfanumerico di 10 cifre che identifica in modo univoco gli elementi costitutivi di una gara d'appalto ed è obbligatorio. A partire dal 1° gennaio 2024, a seguito dell'integrazione con la Piattaforma dei Contratti Pubblici di ANAC, la richiesta e la gestione del **CIG** avvengono tramite il **MODULO ANAC FORM E EFORM.** Tuttavia, è possibile omettere il codice **CIG** selezionando dal menu a tendina il relativo codice di esenzione. È opportuno indicare l'eventuale esenzione e selezionare la specifica del caso.

- **Il Codice CUP - Codice Unico Progetto:** Inserire il **CUP** se previsto per l'appalto. Il **Codice Unico di Progetto (CUP)** è un codice identificativo la cui richiesta è obbligatoria per ogni progetto d'investimento, come stabilito dall'articolo 11 della Legge 16 gennaio 2003, n. 3 e dalla delibera del CIPE n. 143 del 27 dicembre 2002. La responsabilità della richiesta del **CUP** è attribuita all'Amministrazione o all'Ente responsabile del progetto, tramite procedura di accreditamento al Sistema CUP gestito dal Dipartimento per la programmazione e il coordinamento della programmazione economica (DIPE). Per conoscere i progetti per i quali è obbligatoria la richiesta del **CUP**, è necessario consultare la normativa di riferimento.

- **Codice CPV (Common Procurement Vocabulary) – Categorie di Abilitazione del Fornitore:** Selezionare "CERCA CPV" per identificare l'oggetto della fornitura. È possibile inserire direttamente il codice **CPV** oppure navigare tra le categorie di abilitazione disponibili nel **Bando Istitutivo** da cui è stata creata la procedura. Il sistema visualizzerà le **Categorie di Abilitazione** degli **Operatori Economici** invitati, e sarà possibile definire la percentuale della fornitura relativa a ciascun **CPV** inserito. È possibile inserire un massimo di 100 codici **CPV** e specificare il peso di ognuno nella negoziazione, oppure indicare il **CPV** principale tra quelli richiesti per il **CIG**.

- **Modello di Gara Applicato:** Se previsto dal **Bando Istitutivo**, selezionare "Scelta Modello" per scegliere uno dei modelli di gara disponibili e predefiniti da **Consip S.p.A.** Nel rispetto dei vincoli imposti dal bando. Selezionando l'icona della lente nella colonna "Dettaglio", è possibile visualizzare il riepilogo del modello e navigare tra le varie sezioni (dati principali, schema e dati modello, richieste, documentazione di gara, gestione schede).

- **Importo Oggetto di Offerta:** Tramite il menu a tendina, definire se l'importo complessivo del lotto debba essere considerato come **Base d'asta** o **Importo presunto di fornitura** (IVA esclusa).

- **Valore in € (IVA esclusa):** Inserire il valore di riferimento riportato nella documentazione. È importante notare che il valore inserito in questo campo costituirà l'importo associato alla richiesta del **CIG** per l'iniziativa.

- **Oneri per la Sicurezza non Soggetti a Ribasso:** Indicare l'importo di eventuali oneri per la sicurezza applicabili.

- **Termini di Pagamento:** Specificare i termini di pagamento stabiliti in base alle esigenze della **Pubblica Amministrazione**.

- **Dati di Consegna e Fatturazione:** È possibile modificare le informazioni di fatturazione (via, città, CAP, aliquota IVA) già preimpostate dal sistema.

- **Offerte Anomale:** Il sistema non effettua l'esclusione automatica delle offerte anomale. È importante sapere che se si sceglie di inserire l'**Importo presunto di fornitura** invece del valore della **Base d'asta**, non sarà possibile effettuare il calcolo dell'anomalia. L'importo presunto, infatti, non limita gli **Operatori Economici** nell'inserimento dell'offerta economica, che può anche superare l'importo presunto indicato.

Dopo aver compilato tutti i campi necessari, selezionare il pulsante "SALVA" per memorizzare le informazioni e proseguire con le fasi successive della procedura.

Dettaglio del Lotto con Criterio del Miglior Rapporto Qualità-Prezzo

Se nella fase di inserimento dei parametri essenziali è stato scelto il criterio di aggiudicazione del **Miglior Rapporto Qualità-Prezzo**, la prima schermata da personalizzare all'interno della sezione "DATI LOTTO" è quella relativa ai dati specifici del lotto.

In questa schermata è possibile inserire e/o modificare i seguenti parametri:

- **Criterio di Aggiudicazione:** È possibile modificare il criterio di aggiudicazione precedentemente inserito cliccando sul pulsante "MODIFICA".

- **Numero del Lotto:** Il numero del lotto viene assegnato automaticamente dal sistema, ma può essere modificato se necessario.

- **Nome del Lotto:** Inserire una descrizione chiara e concisa del lotto.

- **Il Codice CIG - Codice Identificativo Gara:** Il **CIG** è un codice alfanumerico di 10 cifre che identifica in modo univoco gli elementi costitutivi di una gara d'appalto, è obbligatorio e il campo si alimenterà automaticamente una volta richiesto il **CIG** ad ANAC. A partire dal 1° gennaio 2024, la richiesta e la gestione del **CIG** avverranno tramite integrazione con la Piattaforma dei Contratti Pubblici di ANAC, attraverso l'apposita sezione a sistema **MODULO ANAC FORM E EFORM**. Tuttavia, è possibile omettere il codice **CIG** selezionando dal menu a tendina il relativo codice di esenzione. È opportuno indicare l'eventuale esenzione e selezionare la specifica del caso.

- **Il Codice CUP - Codice Unico Progetto:** Inserire il **CUP** se previsto per l'appalto. Come stabilito dalla normativa, il **Codice Unico di Progetto (CUP)** è un codice identificativo obbligatorio per i progetti d'investimento. La responsabilità della richiesta del **CUP** è attribuita all'Amministrazione o all'Ente responsabile del progetto. Per conoscere i progetti per i quali è obbligatoria la richiesta del **CUP**, è necessario consultare la normativa di riferimento.

- **Codice CPV (Common Procurement Vocabulary) – Categorie di Abilitazione del Fornitore:** Selezionare "CERCA CPV" per identificare l'oggetto della fornitura. È possibile inserire direttamente il codice **CPV** oppure navigare tra le categorie di abilitazione disponibili nel **Bando Istitutivo** da cui è stata creata la procedura. Il sistema visualizzerà le **Categorie di Abilitazione** degli **Operatori Economici** invitati, e sarà possibile definire la percentuale della fornitura relativa a ciascun **CPV** inserito. È possibile inserire un massimo di 100 codici **CPV** e specificare il peso di ognuno nella negoziazione, oppure indicare il **CPV** principale tra quelli richiesti per il **CIG**.

- **Modello di Gara Applicato:** Se previsto dal **Bando Istitutivo**, selezionare "Scelta Modello" per scegliere uno dei modelli di gara disponibili e predefiniti da **Consip S.p.A.** Nel rispetto dei vincoli imposti dal bando. Selezionando l'icona della lente nella colonna "Dettaglio", è possibile visualizzare il riepilogo del modello e navigare tra le varie sezioni.

- **Importo Oggetto di Offerta:** Tramite il menu a tendina, definire se l'importo complessivo del lotto debba essere considerato come **Base d'asta** o **Importo presunto di fornitura** (IVA esclusa).

- **Valore in € (IVA esclusa):** Inserire il valore di riferimento riportato nella documentazione. È importante notare che il valore inserito in questo campo costituirà l'importo associato alla richiesta del **CIG** per l'iniziativa.

- **Oneri per la Sicurezza non Soggetti a Ribasso:** Indicare l'importo di eventuali oneri per la sicurezza applicabili.

- **Termini di Pagamento:** Specificare i termini di pagamento stabiliti in base alle esigenze della **Pubblica Amministrazione**.

- **Dati di Consegna e Fatturazione:** È possibile modificare le informazioni di fatturazione (via, città, CAP, aliquota IVA) già preimpostate dal sistema.

- **Dettaglio Punteggi:** In questa sezione è presente una tabella di riepilogo con lo stato dei punteggi, distribuiti tra **punteggio tecnico** e **punteggio economico**. I punteggi possono essere assegnati in due modalità:

    - **ATTRIBUZIONE AUTOMATICA:** Se i punti sono associati a specifici valori inseriti nella **Scheda Tecnica**, il punteggio viene attribuito automaticamente dal sistema.

    - **ATTRIBUZIONE MANUALE:** Se l'attribuzione dei punti è demandata alla Commissione giudicatrice, questa valuta le offerte e inserisce manualmente i punteggi nel sistema.

- **Cifre Decimali di Arrotondamento Punteggi:** Indicare il numero di cifre decimali da utilizzare per l'arrotondamento dei punteggi (da 1 a 8 decimali). Oltre il decimale definito, il punteggio del concorrente sarà approssimato secondo il criterio dell'arrotondamento.

È importante ricordare che, per semplificare la configurazione della gara, è possibile prevedere che tutti i punteggi, sia tecnici (tabellari e/o discrezionali) che economici, vengano attribuiti dalla Commissione giudicatrice. La base di riferimento per la somma dei punteggi è 100.

Dopo aver compilato tutti i campi necessari, selezionare il pulsante "SALVA" per memorizzare le informazioni e proseguire con le fasi successive della procedura.

Configurazione della Scheda di Offerta

Dal menu laterale, è possibile accedere alla sezione "Scheda di Offerta" per configurare la scheda da associare al lotto che si sta predisponendo.

In questa sezione, la **Pubblica Amministrazione** ha la possibilità di:

- **Creare una nuova scheda di offerta.**

- **Selezionare una scheda già esistente.** In questo caso, è possibile scegliere una scheda associata al modello selezionato in precedenza oppure una scheda già creata dall'utente o da un suo Punto Istruttore (PI). È importante ricordare che i PI possono selezionare solo le schede create da loro stessi.

Creazione di una Nuova Scheda di Offerta

Se si seleziona l'opzione "Crea nuova", si accede direttamente al primo passo della procedura di configurazione.

È necessario definire il nome della scheda e poi selezionare il pulsante "CREA". Il sistema attribuirà automaticamente un codice identificativo univoco, necessario per individuare la scheda di offerta in qualsiasi momento.

Scheda di Offerta per Lotto con Criterio del Minor Prezzo

Se il criterio di aggiudicazione scelto per il lotto è il **MINOR PREZZO**, nella sezione "Scheda di Offerta al Minor Prezzo" è possibile inserire una o più caratteristiche economiche.

Per inserire le caratteristiche della scheda, è necessario selezionare il pulsante "MODIFICA". Successivamente, cliccare sul tasto "Aggiungi caratteristica", posizionato in alto a sinistra, e poi sul pulsante "ECONOMICA" per scegliere la regola di ammissione e il formato (numerico o testuale) che deve possedere la caratteristica economica.

La **Regola di ammissione** definisce il criterio in base al quale il sistema valuterà l'ammissibilità del valore inserito dagli **Operatori Economici**. Le regole di ammissione disponibili sono:

- **Nessuna regola:** Consente all'**Operatore Economico** di inserire liberamente le informazioni richieste senza particolari vincoli.

- **Valore massimo ammesso:** È possibile inserire un solo valore nel campo "Valore". Se la caratteristica è "numerica", il sistema controllerà che il valore inserito dall'**Operatore Economico** non sia superiore a quello definito. Se la caratteristica è di formato "testo", il sistema non potrà effettuare il controllo.

- **Valore minimo ammesso:** È possibile inserire un solo valore nel campo "Valore". Se la caratteristica è "numerica", il sistema controllerà che il valore inserito dall'**Operatore Economico** non sia inferiore a quello definito. Se la caratteristica è di formato "testo", il sistema non potrà effettuare alcun controllo.

- **Lista di scelte:** In questo caso, è necessario inserire due o più valori all'interno del campo "Valore". All'**Operatore Economico** verrà presentato un elenco di scelte tra le quali dovrà necessariamente scegliere (ad esempio: giallo; verde; rosso).

- **Valori compresi tra:** Utilizzabile solo se è stato scelto il formato "numerico". È necessario inserire il limite minimo e il limite massimo dell'intervallo di valori ammessi.

- **Valore suggerito:** È possibile inserire un solo valore nel campo "Valore". Il sistema presenterà all'**Operatore Economico** il valore definito, consentendogli però di modificarlo liberamente.

- **Valorizzazione:** Consente di inserire una formula per la valutazione.

Successivamente, è possibile compilare i seguenti campi per definire ulteriormente la caratteristica economica:

- **Nome della caratteristica:** Scegliere un nome che identifichi chiaramente l'oggetto dell'offerta richiesta.

- **Ammissione e Valutazione:** Dopo aver scelto una delle regole di ammissione, indicare il/i valore/i ammissibile/i in base alla regola prevista. Attivare il pulsante

"Valutazione" nel caso di **Appalti Specifici** al **Minor Prezzo** con criterio di elaborazione della classifica "Miglior punteggio ottenuto" per pesare in maniera differente diverse caratteristiche economiche.

- **Regola di controllo:** È possibile configurare una regola più specifica e complessa per la compilazione della caratteristica e/o una regola che metta in relazione due o più caratteristiche della scheda di offerta.

- **Altri parametri (opzionale):** Specificare il numero di decimali per questa caratteristica, inserire una spiegazione per gli **Operatori Economici**, e definire se la compilazione è obbligatoria e se sarà visibile nel documento di offerta.

Dopo aver inserito i dati della caratteristica, selezionare il pulsante "SALVA" per memorizzarli e poi "Torna Indietro" per visualizzare l'elenco delle caratteristiche create.

Nella schermata successiva, è possibile:

- Creare nuove caratteristiche selezionando il pulsante "AGGIUNGI CARATTERISTICA".

- Copiare una caratteristica esistente selezionando l'icona a forma di "Fogli".

- Modificare la posizione delle caratteristiche selezionando l'icona a forma di "Frecce".

- Eliminare una caratteristica selezionandola e cliccando sull'icona a forma di "Cestino".

Selezionare nuovamente "Torna Indietro" per tornare alla schermata "SCHEDA DI OFFERTA", dove è possibile scegliere i parametri per l'elaborazione della classifica.

Dal menu a tendina, scegliere il criterio di elaborazione della classifica:

- **Miglior valore offerto:** Nel caso di gara al **Minor Prezzo** con modalità di espressione del ribasso in valore assoluto.

- **Miglior percentuale di sconto offerta:** Nel caso di gara al **Minor Prezzo** con modalità di espressione del ribasso in termini percentuali.

- **Miglior punteggio ottenuto:** Nel caso di gara al **Minor Prezzo** aggiudicata sulla base del miglior punteggio ottenuto. Il parametro sarà il punteggio (su base 100) indicato dalla Stazione Appaltante.

Dopo aver selezionato il criterio, cliccare su "SELEZIONA" per scegliere la caratteristica economica su cui elaborare la classifica.

Tornando alla pagina "Scheda di Offerta", è possibile fornire ulteriori informazioni riguardo la presentazione dell'offerta, che saranno visualizzate dagli **Operatori Economici**, nell'apposito box.

Infine, selezionare il pulsante "SALVA" per memorizzare i dati inseriti. Se lo si desidera, è possibile tornare alla pagina di configurazione del lotto ("Dati Lotto") dal menu a sinistra.

È fondamentale ricordare che la validazione dei lotti sarà possibile solo dopo aver acquisito il **CIG** da ANAC e prima della pubblicazione della gara. Prima di selezionare il modulo "GESTISCI ANAC FORM E EFORM", è necessario compilare tutti i dati della negoziazione e salvarli (successivamente sarà possibile modificare solo la documentazione). L'avvio della compilazione della richiesta **CIG** preclude eventuali modifiche ai campi di negoziazione (date, descrizione, ecc.), costringendo a ripetere l'intera procedura.

Scheda di Offerta per Lotto con Criterio del Miglior Rapporto Qualità-Prezzo

Se il criterio di aggiudicazione scelto per il lotto è il **MIGLIOR RAPPORTO QUALITÀ-PREZZO**, nella configurazione della sezione "Dati Lotto" è necessario definire i punteggi da attribuire alla componente tecnica e a quella economica.

I punteggi definiti nella sezione "Dati Lotto" vengono ereditati e non possono essere modificati direttamente nella sezione "Scheda di Offerta" corrispondente. In quest'ultima sezione, è invece possibile inserire le opportune caratteristiche tecniche ed economiche, coerenti con la documentazione dell'**Appalto Specifico**.

Per aggiungere le caratteristiche, selezionare il pulsante "MODIFICA". È necessario scegliere la tipologia di caratteristica (tecnica o economica) che si desidera configurare, la regola di ammissione e il formato (numerico o testuale) della caratteristica. Nella schermata di configurazione della caratteristica, è possibile definire i punteggi automatici assegnati dal sistema.

Per la configurazione della caratteristica, selezionare i pulsanti "TECNICA" o "ECONOMICA". In presenza di caratteristiche tecniche non valutabili automaticamente dal sistema, queste saranno valutate dalla Commissione giudicatrice e disciplinate all'interno della documentazione allegata all'**Appalto Specifico**.

La **regola di ammissione** definisce il criterio in base al quale il sistema valuta l'ammissibilità del valore inserito dagli **Operatori Economici**. Le regole disponibili sono le stesse descritte per la scheda di offerta al **Minor Prezzo**:

- Nessuna regola
- Valore massimo ammesso
- Valore minimo ammesso
- Lista di scelte
- Valori compresi tra
- Valore suggerito
- Valorizzazione

Per creare le caratteristiche (sia tecniche che economiche) da aggiungere alla scheda, dopo aver selezionato la tipologia, è necessario definire:

- **Nome della caratteristica:** Scegliere un nome che identifichi chiaramente l'oggetto dell'offerta richiesta.

- **Ammissione e Valutazione:** Dopo aver scelto la regola di ammissione, indicare il/i valore/i ammissibile/i. Attivare il pulsante "Valutazione" e selezionare la formula di calcolo per consentire al sistema di attribuire automaticamente il punteggio indicato. Per ulteriori informazioni sull'utilizzo delle formule, è possibile consultare il documento "Formule per l'attribuzione punteggio del tecnico/economico", disponibile nella sezione "Supporto > Guide > Approfondimenti".

- **Regola di controllo:** È possibile configurare una regola più specifica e complessa per la compilazione della caratteristica e/o una regola che metta in relazione due o più caratteristiche della scheda di offerta.

- **Altri parametri (opzionale):** Specificare il numero di decimali per questa caratteristica, inserire una spiegazione per gli **Operatori Economici**, e definire se la compilazione è obbligatoria e se sarà visibile nel documento di offerta.

Ultimata la creazione delle caratteristiche tecniche ed economiche, selezionare il pulsante "SALVA" affinché il Sistema acquisisca i dati inseriti; e successivamente selezionare "Torna Indietro". Hai così la possibilità di visualizzare il Riepilogo delle caratteristiche configurate.

Nella schermata successiva, è possibile:

- Creare nuove caratteristiche selezionando il pulsante "AGGIUNGI CARATTERISTICA".

- Copiare una caratteristica esistente selezionando l'icona a forma di "Fogli".

- Modificare la posizione delle caratteristiche selezionando l'icona a forma di "Frecce".

- Eliminare una caratteristica selezionandola e cliccando sull'icona a forma di "Cestino".

Selezionare nuovamente "Torna Indietro" per accedere alla sezione "Scheda Offerta" nella quale è riportato riepilogo dei punteggi.

Puoi fornire, nell'apposito box per le "Indicazioni generali", ulteriori informazioni per la compilazione della scheda di offerta.

Selezionare il pulsante "SALVA" per memorizzare i dati inseriti. Se lo si desidera, è possibile tornare alla pagina di configurazione del lotto ("Dati Lotto") dal menu a sinistra.

Dopo aver compilato e/o controllato tutti i campi, selezionare il pulsante "SALVA" e tornare all'**Appalto** per continuare la configurazione della procedura.

Introduzione alla Documentazione

All'interno di un sistema di gestione degli appalti, la sezione **Documentazione** riveste un ruolo centrale. Essa permette agli utenti di visualizzare i documenti generati automaticamente dal sistema stesso e di personalizzare le proprie richieste di documentazione, sia a livello di intero Appalto Specifico (AS) che di singolo Lotto. Questa funzionalità è essenziale per garantire la trasparenza e la corretta gestione di tutte le informazioni necessarie durante il processo di procurement.

Documenti Generati Automaticamente dal Sistema

Il sistema predispone in automatico una serie di documenti fondamentali per la procedura di appalto. Questi documenti sono configurati per rispondere alle esigenze standard, ma è importante conoscerne le caratteristiche principali:

- **Offerta economica di Sistema**: Questo documento presenta le condizioni economiche dell'offerta. Le sue impostazioni sono predefinite dal sistema e, per garantire l'uniformità, non sono modificabili dall'utente.

- **Offerta tecnica di Sistema**: Questo documento viene generato automaticamente solo nel caso in cui l'Appalto Specifico o il lotto siano aggiudicati con il criterio del **Miglior Rapporto Qualità-Prezzo**. Esso descrive gli aspetti tecnici dell'offerta presentata dagli Operatori Economici.

- **Dichiarazione sostitutiva di partecipazione**: Si tratta di un documento cruciale prodotto automaticamente dal sistema. L'**Operatore Economico** deve firmarlo digitalmente. Al suo interno sono riportate le **autodichiarazioni** rilasciate durante la fase di ammissione al Bando Istitutivo oggetto dell'AS e le ulteriori autodichiarazioni presentate ai fini della partecipazione alla specifica procedura.

Aggiungere Ulteriore Documentazione

Oltre ai documenti generati automaticamente, il sistema offre la flessibilità di richiedere e/o inserire ulteriore documentazione a supporto delle offerte degli **Operatori Economici (OE)**. Questa possibilità consente di adattare la richiesta di documentazione alle specifiche esigenze di ogni procedura di appalto.

È importante tenere presente che ogni documento allegato non può superare la dimensione massima di **20 MB**.

Per poter aggiungere ulteriore documentazione, è necessario accettare il disclaimer del sistema e selezionare il pulsante AGGIUNGI DOCUMENTAZIONE.

Tipologie di Documentazione Aggiuntiva

La documentazione aggiuntiva che è possibile gestire attraverso il sistema si suddivide in tre categorie principali:

- **Documentazione da produrre**: Questa tipologia permette di richiedere agli **Operatori Economici** ulteriori documenti specifici. È possibile anche allegare un **fac-simile** per fornire un esempio chiaro di ciò che viene richiesto. Quando si seleziona questa opzione, il sistema richiede la compilazione di diversi campi, tra cui:

- Descrizione: È fondamentale definire la richiesta in modo chiaro ed esaustivo, specificando esattamente il documento che si intende richiedere.

- Tipologia di richiesta: Un menu a tendina permette di scegliere la natura specifica della documentazione (ad esempio, certificato, dichiarazione, ecc.).

- Modalità di invio: È possibile scegliere se la trasmissione della documentazione dovrà avvenire attraverso il sistema (invio telematico) o tramite altri mezzi (invio non telematico).

- Obbligatorietà: Si deve indicare se l'invio della documentazione è obbligatorio o facoltativo e se è ammesso l'invio di uno o più documenti. In caso di documenti obbligatori, è cruciale esplicitare puntualmente la richiesta.

- Firma digitale: Si specifica se la documentazione deve essere firmata digitalmente o meno.

- Invio congiunto da parte di operatori riuniti: In caso di offerta presentata da un consorzio o un raggruppamento di OE, è necessario definire se la documentazione deve essere inviata solo dal capogruppo/mandataria o da tutti gli operatori riuniti.

- SFOGLIA: Questo pulsante permette di allegare uno o più fac-simile come esempio per gli Operatori Economici. Dopo aver selezionato i file, è necessario cliccare su AGGIUNGI I DOCUMENTI SELEZIONATI.

- Infine, si seleziona AGGIUNGI per confermare la richiesta o ANNULLA per annullare l'operazione.

- A titolo esemplificativo, tra la documentazione da produrre rientrano la comprova dell'imposta di bollo, il contributo all'ANAC (Autorità Nazionale Anticorruzione) e il DUVRI (Documento Unico di Valutazione dei Rischi da Interferenze).

- **Documentazione da reinviare**: Questa opzione permette di allegare documenti che gli **Operatori Economici** devono a loro volta reinviare compilati. Anche in questo caso, è necessario compilare gli stessi campi descritti per la documentazione da produrre (Descrizione, Tipologia di richiesta, Modalità di invio, Obbligatorietà, Firma digitale, Invio congiunto da parte di operatori riuniti). La differenza fondamentale è che, per la documentazione da reinviare, è **obbligatorio** allegare un documento di riferimento (fac-simile) tramite il pulsante SFOGLIA. Selezionare poi **AGGIUNGI** per confermare o **ANNULLA** per tornare indietro. Esempi di documentazione da reinviare includono dichiarazioni aggiuntive, dichiarazioni di avvalimento, dichiarazioni di **RTI** (Raggruppamento Temporaneo di Imprese) consorziate e non esecutrici, e il file **Request.xml** caricato o generato durante la richiesta del **CIG** (Codice Identificativo Gara).

- **Documentazione da consultare**: Questa tipologia consente di allegare documenti che gli **Operatori Economici** devono semplicemente visionare e che sono utili per la presentazione dell'offerta. È possibile allegare uno o più documenti tramite il tasto **SFOGLIA**, confermando poi con **AGGIUNGI I DOCUMENTI SELEZIONATI**. In alternativa, è possibile inserire un **URL**. In entrambi i casi, è necessario fornire una descrizione della documentazione per gli OE. È importante notare che è possibile inserire solamente URL appartenenti al registro **IPA** (Indice delle Pubbliche Amministrazioni); in caso contrario, il sistema restituirà un messaggio di errore. Prima di cliccare su **AGGIUNGI DOCUMENTI**, è fondamentale selezionare il pulsante **SALVA**, situato in alto a destra della pagina, per evitare di perdere i dati inseriti. Esempi di documentazione da consultare sono il capitolato d'oneri, l'eventuale capitolato tecnico e altri documenti che l'operatore economico deve solamente visionare.

È importante ricordare che, per tutte e tre le tipologie di documentazione, se si desidera caricare più documenti obbligatori, nel campo "Obbligatorietà" è necessario selezionare l'opzione "**Obbligatorio – più documenti ammessi**".

Gestione degli ANAC FORM e degli EFORM

Dopo aver compilato tutti i campi relativi alla documentazione, è possibile accedere alla sezione di interoperabilità con l'**ANAC** selezionando la voce **GESTISCI ANAC FORM E EFORM** dal menu di sinistra. Questa sezione permette di gestire la comunicazione e l'invio di dati all'Autorità Nazionale Anticorruzione.

La compilazione di **GESTISCI ANAC FORM E EFORM** può essere effettuata direttamente dal configuratore dell'appalto specifico, ma solo il **RUP** (Responsabile Unico del Progetto) sarà autorizzato a richiedere il **CIG** all'ANAC. Il RUP dovrà accedere alla procedura di interesse tramite il menu "**I tuoi ruoli nelle procedure di acquisto**" presente nella pagina del Cruscotto, selezionando il ruolo "**RUP**" associato.

La sezione è composta dai seguenti moduli:

- **NOMINA RUOLI**: In questa sezione è necessario impostare il nominativo del **Responsabile Unico di Progetto (RUP)** e i soggetti autorizzati a gestire i dati ANAC, TED (Tenders Electronic Daily) e ESPD (European Single Procurement Document). Il sistema fornisce indicazioni operative per la compilazione.

- **SCELTA SCHEDA ANAC**: Qui si deve scegliere la scheda appropriata da inviare all'ANAC, selezionando tra quelle suggerite dal sistema o dalla lista completa disponibile. Anche in questo caso, sono disponibili indicazioni operative. Per il **Sistema Dinamico di Acquisizione (SDA)**, si suggerisce di selezionare la scheda **P7_2**.

- **ANACFORM**: Questa sezione richiede la compilazione dei campi in base alla scheda ANAC selezionata. Le indicazioni operative guidano l'utente attraverso il processo.

- **EFORM**: Per l'appalto specifico, non è necessario compilare la sezione **eFORM**.

- **ESPD/DGUE**: Questa sezione permette di caricare un file **xml** già in possesso dell'utente o di predisporne uno nuovo. Sono disponibili indicazioni operative per questa operazione.

- **COMUNICA CON PCP**: Attraverso questa sezione è possibile richiedere il **CIG** ed eventualmente pubblicare la gara sulla **Piattaforma dei Contratti Pubblici (PCP)** di ANAC. Il sistema fornisce indicazioni operative specifiche.

Anteprima della Scheda di Offerta

Dopo aver acquisito il **CIG**, è necessario tornare alla sezione **DATI LOTTO** per validare il o i lotti e completare eventuali dati mancanti. Una volta selezionato il pulsante **VALIDA**, si ha la possibilità di accedere alla pagina **Anteprima Scheda Di Offerta**. Questa pagina permette di visualizzare e verificare la scheda di offerta configurata. È importante sottolineare che la stessa pagina è accessibile anche all'**Operatore Economico** durante la fase di partecipazione alla gara.

Inviti

La sezione **Inviti** permette di gestire la comunicazione con gli **Operatori Economici** ammessi alla categoria o alle categorie merceologiche oggetto dell'appalto.

Inviti SDA

Dalla sottosezione **Inviti SDA** è possibile generare la lettera di invito e visualizzare l'elenco degli **Operatori Economici** ammessi. La generazione della lettera di invito è possibile solo dopo aver definito le date di termine per la richiesta di chiarimenti e per la presentazione delle offerte nella sezione **Dati Principali**. Pertanto, dopo aver compilato tali date, si può procedere alla generazione della lettera di invito, che dovrà essere firmata digitalmente e ricaricata nel sistema.

Per gli appalti in stato di **BOZZA**, la modifica di una qualsiasi delle date comporta la cancellazione dell'eventuale lettera già inserita. Il sistema visualizzerà un avviso che informa l'utente dell'aggiornamento delle date e della conseguente eliminazione della lettera di invito, che dovrà essere rigenerata e allegata nuovamente.

Per gli appalti in stato **PUBBLICATO**, la modifica delle date non ha effetto sulla lettera di invito già caricata e pubblicata. Tuttavia, il sistema genera un **PDF** di riepilogo post-pubblicazione con i dati aggiornati.

La lettera di invito firmata e caricata confluisce automaticamente nella sezione **Documentazione da consultare** e, una volta pubblicato l'AS, è visibile anche ai concorrenti.

Nel caso in cui il **Punto Istruttore (PI)** abbia predisposto la bozza di appalto, sarà l'unico a poter generare la lettera di invito e caricarla firmata digitalmente prima dell'eventuale invio in approvazione al **Punto Ordinante (PO)**. La firma digitale può essere apposta anche da un soggetto diverso dal Punto Ordinante. Si suggerisce di firmare la lettera di invito in modalità **cades** per garantirne il corretto caricamento.

Se il **PO** riceve in approvazione una bozza di AS creata dal **PI**, non potrà né generare la lettera di invito né eliminarla se già presente. Il PO potrà comunque modificare le date di "Richiesta chiarimenti" e "Termine ultimo presentazione offerte", ma dovrà rinviare la bozza di appalto al PI per permettere la cancellazione e la rigenerazione della lettera di invito corretta.

In assenza della lettera di invito firmata digitalmente, non sarà possibile procedere alla pubblicazione dell'appalto.

Lettera invito documentazione

Dalla sezione **Operatori Economici invitati** è possibile visualizzare e scaricare l'elenco degli **Operatori Economici** ammessi a presentare offerta. Questa lista si aggiorna costantemente fino alla pubblicazione dell'appalto.

Salvataggio e Pubblicazione dell'Appalto Specifico (AS)

Dopo aver ricevuto il **CIG**, è necessario tornare alla sezione **DATI LOTTO** per validare il o i lotti e completare eventuali dati mancanti.

Se si è un **Punto Ordinante (PO)**, è possibile pubblicare sia gli AS predisposti direttamente che quelli ricevuti in approvazione dal **Punto Istruttore (PI)**. Se si è un **Punto Istruttore (PI)**, è possibile sia inviare in approvazione al PO gli AS predisposti che pubblicarli direttamente.

Durante la configurazione dell'AS, il **PI** può selezionare in qualsiasi momento il pulsante **INVIA IN APPROVAZIONE** per inviare l'appalto al **PO**, affinché quest'ultimo proceda alla lavorazione e/o pubblicazione. La procedura in attesa di approvazione è visualizzabile dal PI nella pagina di Riepilogo degli Appalti Specifici da Completare, tra gli AS nello stato **"In Approvazione"**. Gli AS ricevuti in approvazione dal PI possono essere pubblicati esclusivamente dal PO, a meno che il PO decida di riassegnarli al PI tramite la funzione **RIASSEGNA AL PI**. Dopo la riassegnazione, l'AS non è più visibile al PO e il PI può trovarlo tra gli AS nello stato **"Bozza"**. Gli AS predisposti dal PI sono visibili al PO solo dopo la pubblicazione o dopo l'Invio in Approvazione da parte del PI stesso.

Per pubblicare l'appalto:

- Se il **PO** e il **RUP** coincidono, è possibile tornare alla procedura di Gara nella sezione **DATI PRINCIPALI** e selezionare direttamente **PUBBLICA** (senza necessità di salvare preliminarmente).

- Se il **PO** e il **RUP** non coincidono, il **RUP** deve richiedere la pubblicazione alla **Piattaforma Contratti Pubblici** con il pulsante **INVIA A PCP** presente in **COMUNICA CON PCP** nella sezione **MODULO ANAC FORM EFORM**. Per verificare l'effettiva pubblicazione, è necessario selezionare nuovamente **VERIFICA**. Dopo aver verificato che l'invio è avvenuto correttamente, il **PO** può accedere alla procedura di Gara nella sezione **DATI PRINCIPALI** e selezionare direttamente **PUBBLICA** (anche in questo caso, senza necessità di salvare preliminarmente).

Riepilogo degli Appalti Specifici (AS)

Riepilogo AS

È possibile accedere agli AS predisposti attraverso due percorsi principali dal Cruscotto:

- **Box Sistema Dinamico > Appalti Specifici**

- **Sezione Acquisti > Negoziazioni > Sistema Dinamico**

In particolare, è possibile visualizzare gli Appalti Specifici da completare, ovvero quelli che si trovano nei seguenti stati:

- **Bozza**: AS predisposto e salvato, in attesa di pubblicazione.

- **In Approvazione**: AS inviato al PO dal PI.

- **Pubblicato**: AS pubblicato e visibile agli OE con il termine ultimo di presentazione offerta non ancora scaduto.

Sia gli Appalti Specifici da completare che gli Appalti Specifici completi sono elencati secondo un ordine cronologico di modifica decrescente.

La sezione "**Ulteriori filtri**" offre la possibilità di ricercare gli AS filtrando per:

- Nome Appalto Specifico

- Data ultima modifica

- Stato (Bozza, In approvazione, Pubblicata, ecc.)

Stato AS

Selezionando il pulsante in alto a destra **APPALTI SPECIFICI COMPLETI**, è possibile visualizzare gli AS nei seguenti stati:

- **Scaduta**: AS i cui termini di presentazione sono giunti a scadenza.

- **Deserta**: AS per cui non è stata presentata alcuna offerta.

- **In Esame**: AS in fase di valutazione delle offerte presentate.

- **Aggiudicata**: AS per cui si è conclusa la fase di aggiudicazione.

- **Sospesa**: AS per cui il procedimento è stato temporaneamente sospeso.

- **Revocata**: AS per cui il procedimento è stato definitivamente revocato.

- **Stipulata**: AS stipulato con l'Operatore Economico.

- **Chiusa**: AS concluso.

Una volta indicato il nome dell'AS o il suo stato, in questa sezione il sistema permette di effettuare la ricerca anche per singolo Lotto, filtrando per:

- Nome Lotto

- Categoria

- Importo

- Stato (Sospeso, Revocato, Deserto, In esame, Nullo, Stipulato, Scaduto, Aggiudicazione annullata, Aggiudicato definitivamente, Aggiudicazione revocata)

- Criterio (Minor Prezzo, Miglior Rapporto Qualità-Prezzo)

Per tornare alla lista degli Appalti Specifici da completare, è sufficiente selezionare il pulsante **APPALTI SPECIFICI DA COMPLETARE**, posizionato in alto a destra.

È importante notare che, se gli Appalti sono predisposti dal **PI**, la gestione delle liste Appalti Specifici da completare e Appalti Specifici completi è accessibile sia al **PI** che al **PO**. In alternativa, se gli AS sono predisposti dal **PO**, sono visibili solamente al **PO**.

Selezionando un AS pubblicato, si accede alla schermata **Riepilogo**, dove a sinistra è presente un menu di consultazione. La possibilità di intervenire nelle diverse sezioni dipende dal ruolo ricoperto dall'utente (PO, Responsabile del Procedimento, PI, ecc.).

Gestione delle Autorizzazioni

Gestione autorizzazioni

Nella pagina **Gestione Autorizzazioni** è possibile visualizzare i soggetti autorizzati a rispondere alle richieste di chiarimenti pervenute sulla gara. Inoltre, è possibile selezionare gli utenti che possono intervenire nella fase di gestione delle offerte, aggiudicazione della gara e stipula del contratto.

Il soggetto che pubblica l'AS detiene la gestione delle autorizzazioni.

Il sistema individua automaticamente il **Responsabile del Procedimento (RdA)** indicato in fase di configurazione dell'AS (nella sezione Ruoli) come soggetto autorizzato a visualizzare la funzionalità **RICHIESTA CHIARIMENTI**. È possibile autorizzare altri soggetti selezionando il pulsante **AGGIUNGI UTENTE** in corrispondenza del box Richiesta chiarimenti. Nel caso di AS predisposto e pubblicato dal **PI**, affinché il **PO** possa gestire le richieste di chiarimenti, deve aggiungersi tra i soggetti autorizzati, a meno che non sia stato indicato come RdP al momento della predisposizione.

Selezionando il pulsante **AGGIUNGI UTENTE**, è possibile effettuare la ricerca di un nuovo utente da autorizzare, oppure selezionare un utente già autorizzato ad almeno una sezione.

Il pulsante **AGGIUNGI UTENTE** presente nel box **Busta Amministrativa** consente di aggiungere un utente, già registrato alla piattaforma, alla gestione della specifica Busta Amministrativa.

Aggiungi utente

La ricerca di un utente può essere effettuata inserendo Nome, Cognome e Codice Fiscale, oppure selezionando un utente già censito nel sistema. È possibile indicare un Ruolo compilando il campo **Tag di riferimento**. Per autorizzare l'utente non solo alla lettura ma anche alla modifica, è necessario spostare su **ON** il cursore presente nel campo **Autorizzazione in scrittura**. Infine, per completare l'inserimento, si deve cliccare sul pulsante **AGGIUNGI PRIVILEGI**.

Autorizzazioni per lotto

Il pulsante **AGGIUNGI UTENTE**, situato in fondo alla pagina, permette di autorizzare altri utenti ad operare per tutte o per le singole fasi di esame delle offerte, aggiudicazione e stipula. Per le buste diverse da quella amministrativa, sarà necessario compilare una finestra analoga a quella appena descritta. Le autorizzazioni possono essere gestite anche a livello di singolo Lotto di cui è composto l'AS.

La pagina include una sezione **FILTRA** attraverso la quale è possibile filtrare le autorizzazioni attribuite per sezione e ruolo. A seconda delle autorizzazioni associate, l'utente visualizzerà menu e funzionalità differenti.

Affinché un utente possa visualizzare la funzionalità **ESAME DELLE OFFERTE**, è necessario che gli sia stata attribuita la specifica autorizzazione. Allo stesso modo, per poter valutare la **Busta Amministrativa**, l'utente deve possedere la corrispondente autorizzazione.

Riepilogo Appalto Specifico

Riepilogo Appalto Specifico

Selezionando la voce **Riepilogo Appalto Specifico**, si accede alla sezione in cui vengono riepilogati tutti i dati inseriti durante la predisposizione dell'AS. È indicato il nome dell'AS predisposto con la descrizione inserita al momento della creazione. Sulla destra (nella finestra **Dati di configurazione SDAPA**) è disponibile un file in formato **pdf** che sintetizza tutte le informazioni inserite e che può essere selezionato e scaricato.

Dati Principali

Se, nella sezione Riepilogo Appalto Specifico, si seleziona **Dati principali**, è possibile visualizzare informazioni cruciali come il numero AS attribuito automaticamente dal sistema, il nome assegnato all'AS, il numero dei lotti, la tipologia di procedura, il valore dell'AS, la durata del contratto, il criterio di aggiudicazione e il Bando Istitutivo di riferimento.

Ruoli e autorizzazioni

La voce **Ruoli e autorizzazioni** riporta i nominativi del **Responsabile del Procedimento**, dell'**Ente Committente** e di eventuali altri soggetti autorizzati, suddivisi per utente, ruolo, area di autorizzazione e lotto.

Date

La voce **Date** consente di visualizzare la data di pubblicazione dell'AS (che coincide con la data di inizio presentazione delle offerte) e i termini stabiliti per la presentazione delle offerte e per la richiesta dei chiarimenti.

Lotti

La voce **Lotti** riporta informazioni dettagliate per ogni lotto, tra cui:

- Il criterio di aggiudicazione e il relativo sotto-criterio.
- Il codice **CIG**.
- L'elenco dei codici **CPV** (Vocabolario Comune per gli Appalti Pubblici).
- Il totale a base d'asta o l'importo presunto della fornitura.
- L'elenco delle buste da esaminare.
- La scheda di offerta con la descrizione delle relative caratteristiche.

Richieste

La voce **Richieste** schematizza la documentazione richiesta agli **Operatori Economici**, sia a livello di intero AS che di singolo lotto.

Configurazione esame offerte

La voce **Configurazione esame offerte** riporta, per ogni singolo lotto, un riepilogo delle buste che verranno aperte durante la fase di esame delle offerte.

Documentazione di Gara

Selezionando **Documentazione di Gara**, è possibile visualizzare la documentazione che è stata inserita nell'AS pubblicato.

Inviti

La voce **Inviti** riporta i nominativi degli **Operatori Economici Invitati**, specificando la Partita IVA (o altro identificativo) e la Ragione Sociale.

Richiesta di Chiarimenti

Richiesta chiarimenti

La sezione **Richiesta Chiarimenti** permette di gestire eventuali richieste di chiarimento inviate al sistema dagli **Operatori Economici**. Queste richieste possono essere gestite dall'utente che ha creato l'iniziativa (PI o PO), dal **RdA** e da eventuali altri soggetti autorizzati. Se l'AS è stato creato dal **PI**, per poter gestire i chiarimenti, il **PO** deve essere aggiunto tra gli utenti autorizzati. La funzione rimane attiva fino alla scadenza dell'AS.

Ad ogni richiesta sono associate le seguenti informazioni:

- Il nome dell'**Operatore Economico**.
- L'oggetto della richiesta.
- Il numero di messaggi ricevuti.
- Lo stato della comunicazione (**Da leggere/Letta**).
- La data di ricezione.

È possibile cercare un messaggio utilizzando la funzione **Filtri**, accessibile selezionando la freccia corrispondente. I parametri disponibili per la ricerca sono:

- Oggetto
- Data

- Ragione sociale dell'**Operatore Economico**

La pagina **Dettaglio Richiesta Chiarimenti** permette di leggere la richiesta ricevuta da un OE e di rispondere al singolo OE che ha effettuato la domanda.

È importante ricordare che è possibile caricare, come documento da consultare, un file contenente le risposte a tutte le richieste di chiarimento degli OE, in modo che sia visibile a tutti. Per pubblicare questo documento, è necessario modificare l'AS tramite la funzionalità **MODIFICA APPALTO SPECIFICO** presente nel menu di sinistra, selezionando l'opzione **MODIFICHE NON STRUTTURALI** e allegando il file nella sezione **DOCUMENTAZIONE** come **DOCUMENTO DA CONSULTARE**.

Comunicazioni

Selezionando la voce **Comunicazioni**, è possibile inviare nuove comunicazioni, rispondere a quelle ricevute e consultare in qualsiasi momento lo storico delle comunicazioni inviate e ricevute.

La sezione **Comunicazioni** è attiva solo dopo la scadenza del termine ultimo di presentazione delle offerte. Fino a quel momento, se si necessita di inviare una comunicazione, è possibile farlo tramite canali esterni al sistema oppure aggiungendo documenti dalla sezione **Modifica Appalto Specifico**.

La sezione Comunicazioni è organizzata in due sezioni principali: **Messaggi** e **Notifiche**.

Comunicazioni

Selezionando il pulsante **NUOVA COMUNICAZIONE**, è possibile inviare un messaggio agli **Operatori Economici** che hanno presentato le offerte. Dopo aver indicato l'oggetto della comunicazione, è necessario selezionare la cella "**A:**" per inserire i destinatari e scegliere i fornitori a cui inviare il messaggio. Attraverso il pulsante **AGGIUNGI FILE**, è possibile inserire allegati con una dimensione massima di 20 MB. Nell'apposito box si può scrivere il contenuto del messaggio e, infine, cliccare su **INVIA**.

Rapporto di consegna

Per monitorare lo stato di una comunicazione, è possibile accedere al **Rapporto di Consegna** generato automaticamente dal sistema. Questo rapporto fornisce le seguenti informazioni:

- **Data di invio**: Indica la data e l'ora in cui la comunicazione è stata inviata, che coincide con la data e l'ora di consegna al destinatario.

- **Letto/Non letto**: Notifica se l'**Operatore Economico** ha aperto la comunicazione ricevuta. In caso di invio multiplo, al momento della lettura viene visualizzata la data e l'ora in cui il primo tra gli utenti destinatari ha acceduto al contenuto del messaggio.

Filtri comunicazioni

Dalla sezione **Messaggi**, è possibile visualizzare tutte le comunicazioni ricevute e inviate attraverso il sistema. Per cercare un messaggio specifico, è possibile utilizzare la funzione **Filtri**, accessibile selezionando la freccia. I parametri disponibili per la ricerca sono:

- Oggetto della Comunicazione

- Data da (per filtrare comunicazioni inviate dopo una certa data)

- Data a (per filtrare comunicazioni inviate prima di una certa data)

- Destinatari

- **Comunicazioni inviate** (flag per visualizzare solo i messaggi inviati)

- **Comunicazioni ricevute** (flag per visualizzare solo i messaggi ricevuti)

- **Comunicazioni non lette** (flag per visualizzare solo i messaggi non letti)

Dopo aver impostato i criteri di ricerca, è necessario selezionare il pulsante **Filtra** per visualizzare i risultati. Per visualizzare il contenuto di una comunicazione, si seleziona la freccia in corrispondenza del messaggio desiderato. Per rispondere, si clicca sul pulsante **RISPONDI** e si inserisce il testo della risposta nell'apposita casella.

La sezione **Notifiche** presenta l'elenco delle comunicazioni automatiche generate dal sistema a seguito di determinate attività. Ad esempio, se il **PI** invia in approvazione l'**AS**, il **PO** riceve una notifica. Anche in questa sezione, è possibile utilizzare la funzione **Filtri** per effettuare una ricerca secondo i seguenti parametri:

- **Categoria**: Permette di selezionare la categoria di interesse tra le comunicazioni ricevute dal sistema (ad esempio, comunicazione per l'invio in approvazione dell'AS).

- Data da

- Data a

- **Notifiche non lette** (flag per visualizzare solo le notifiche non lette)

Dopo aver impostato i criteri di ricerca, si seleziona il pulsante **Filtra** per visualizzare i risultati. Per visualizzare il dettaglio di una notifica, si clicca sulla freccia corrispondente.

Interruzione Temporanea: Sospendere un Appalto o un Lotto

A volte, può essere necessario mettere in pausa un appalto o un singolo lotto già pubblicato. La funzione **Sospensione AS/Lotto** ti permette di farlo in modo temporaneo e immediato.

Per sospendere una gara, clicca semplicemente sul pulsante **SOSPENDI**. Puoi anche aggiungere una breve spiegazione del perché stai sospendendo la procedura. Una volta confermata l'operazione, la gara verrà sospesa. Se la data di scadenza per la presentazione delle offerte non è ancora passata, gli **Operatori Economici** non potranno inviare nuove offerte finché la sospensione non verrà annullata.

Quando sei pronto a riattivare l'appalto o il lotto, devi solo cliccare sul pulsante **ANNULLA SOSPENSIONE**.

Importante: La sospensione può essere effettuata dal **Punto Ordinante (PO)**, dal **Responsabile del Procedimento (RdA)** e dal **Punto Istruttore (PI)** se quest'ultimo ha creato l'appalto.

Annullamento Definitivo: Revocare un Appalto o un Lotto

Se invece devi annullare completamente una gara o un lotto, puoi utilizzare la sezione **Revoca AS/lotto**. Questa azione è definitiva e ha effetto immediato.

Per revocare una procedura, clicca sul pulsante **REVOCA** e indica il motivo dell'annullamento. L'appalto o il lotto verranno così revocati. Ricorda che questa operazione è **irreversibile**: a differenza della sospensione, non potrai tornare indietro e annullare la revoca.

Importante: La revoca può essere effettuata dal **PO** e dal **RdA**. Il **PI** può revocare l'appalto solo se è stato lui a crearlo.

Aggiornare le Informazioni: Modificare un Appalto Specifico

La sezione **Modifica Appalto Specifico** è utile quando hai bisogno di apportare dei cambiamenti a un appalto già impostato. Le modifiche possono essere di due tipi:

- **Strutturali**: Sono modifiche che cambiano in modo significativo l'appalto e possono influenzare il modo in cui gli **Operatori Economici** preparano e presentano le loro offerte.

- **Non strutturali**: Sono modifiche più leggere che non hanno un impatto così grande sulla presentazione delle offerte.

Importante: Le modifiche possono essere effettuate dal **PO**, dal **RdA** e dal **PI** se quest'ultimo ha creato l'appalto. Puoi modificare l'intero appalto o solo un singolo lotto. Ricorda che le **modifiche strutturali** sono possibili solo se nessuna offerta è ancora stata presentata al sistema, mentre le **modifiche non strutturali** possono essere fatte anche se ci sono già delle offerte.

Modifiche Importanti (Strutturali)

Per apportare **MODIFICHE STRUTTURALI**, seleziona il tipo di modifica che vuoi fare, spiega perché la stai facendo e clicca su **PROCEDI**. Dopo aver confermato, l'appalto e i suoi lotti passeranno allo stato "**In Manutenzione**". Le modifiche che puoi fare riguardano:

- **Dati principali**: La descrizione generale dell'appalto.

- **Struttura dell'AS**: Per dettagli sui campi specifici, consulta la sezione **DATI PRINCIPALI** di questa guida.

- **Lotti**: Il nome del lotto, il numero, il criterio di aggiudicazione, i punteggi (solo se nessuna busta è stata aperta), il numero di decimali (stessa condizione), i codici CPV (se appartengono alla stessa categoria).

- **Scheda di Offerta**: Il nome della scheda, le istruzioni per i fornitori, il criterio per creare la graduatoria (solo se modifichi anche i dati dell'offerta), le caratteristiche (nome, regole di ammissione, valutazione e controllo, altri parametri come obbligatorietà e visibilità, punteggi, modifiche alle istruzioni, inserimento o rimozione di nuove caratteristiche, la caratteristica su cui basare la graduatoria - sempre se la prima busta non è stata aperta - e l'ordine delle caratteristiche).

Una volta fatte le modifiche, clicca su **SALVA**. A questo punto, puoi scegliere tra:

- **CONFERMA MODIFICA**: Il sistema salverà le tue modifiche e l'appalto tornerà disponibile.

- **ANNULLA MODIFICHE**: Le modifiche non verranno salvate e l'appalto tornerà disponibile senza i cambiamenti.

- **ESCI E BLOCCA OFFERTE**: Le modifiche verranno salvate, ma l'appalto rimarrà nello stato "**In Manutenzione**".

- **GESTISCI MODIFICHE**: Puoi aggiungere altre sezioni da modificare.

Ricorda: Dopo aver cliccato su **SALVA**, devi selezionare **CONFERMA MODIFICA** per rendere effettive le modifiche e permettere agli **Operatori Economici** di presentare le offerte. Se non lo fai, il sistema ti avviserà che l'appalto rimarrà in manutenzione e gli operatori non potranno partecipare. L'appalto resterà nello stato "**In Manutenzione**" e dovrai ripetere la procedura per riattivarlo.

Modifiche Veloci (Non Strutturali)

Per apportare **MODIFICHE NON STRUTTURALI**, seleziona il tipo di modifica, indica il motivo e clicca su **PROCEDI**. L'appalto e i relativi lotti passeranno allo stato "**In Manutenzione**". Le modifiche non strutturali riguardano:

- **Dati principali**: Il nome dell'AS e il Responsabile del Procedimento (solo se hai l'autorizzazione e il profilo giusto).

- **Lotti**: Le istruzioni per i fornitori, il nome del lotto, l'ordine di visualizzazione, il codice CUP, i codici CPV (se della stessa categoria), il totale a base d'asta, il valore del lotto, i punteggi (solo se nessuna busta è stata aperta), il numero di decimali (stessa condizione).

- **Scheda di Offerta**: Le istruzioni per i fornitori e i punteggi (solo se la prima busta non è stata ancora aperta).

- **Caratteristica**: Le istruzioni per il fornitore e i punteggi (stessa condizione), le regole di valutazione (solo se nessuna busta del lotto è stata aperta), l'ordine delle caratteristiche.

- **Documentazione di gara**.

- **Date**.

Dopo aver fatto le modifiche, clicca su **SALVA** e poi scegli tra:

- **CONFERMA MODIFICA**: Il sistema salverà le modifiche e l'appalto tornerà disponibile.

- **ANNULLA MODIFICHE**: Le modifiche non verranno salvate e l'appalto tornerà disponibile senza i cambiamenti.

- **ESCI E BLOCCA OFFERTE**: Le modifiche verranno salvate, ma l'appalto rimarrà nello stato "**In Manutenzione**".

- **GESTISCI MODIFICHE**: Puoi aggiungere altre sezioni da modificare.

Ricorda: Anche in questo caso, dopo aver cliccato su **SALVA**, devi selezionare **CONFERMA MODIFICA** per rendere attive le modifiche. Altrimenti, il sistema ti avviserà che le modifiche non saranno attive fino alla conferma. L'appalto resterà nello stato "**In Manutenzione**" e dovrai ripetere la procedura per riattivarlo.

Importante: Il menu **Riepilogo** è dinamico: le voci cambiano in base alla fase della procedura e alle tue autorizzazioni. Ad esempio, la sezione **MODIFICA APPALTO SPECIFICO** comparirà poco dopo la pubblicazione dell'appalto.

Duplicare per Risparmiare Tempo: Copiare un Appalto Specifico

Se hai bisogno di creare un nuovo appalto simile a uno già esistente, puoi usare la funzione **Copia Appalto Specifico**, che trovi nel menu a sinistra. Questa funzione ti permette di copiare l'AS e molte delle sue informazioni.

Seguendo le sezioni di configurazione, potrai modificare alcuni dati, mentre altri non saranno modificabili. La parte relativa alla documentazione e i soggetti indicati come **RdA** o altri utenti autorizzati non verranno copiati.

Troverai l'appalto copiato nella pagina **Appalti Specifici da Completare** con lo stato "**Bozza**".

Le Fasi Finali: Esame Offerte e Stipula

Per maggiori dettagli sulle fasi finali di un Appalto Specifico, continua a leggere i prossimi paragrafi.

I Tuoi Ruoli: Cosa Puoi Fare nella Procedura di Acquisto

Dopo la pubblicazione di un appalto, nel Cruscotto comparirà la voce **I tuoi ruoli nelle procedure di acquisto**. Cliccando qui, potrai gestire le fasi successive della procedura, come rispondere alle richieste di chiarimento, esaminare le offerte, aggiudicare la gara e stipulare il contratto.

Importante: Il **PO** può gestire le richieste di chiarimento direttamente dal menu **Riepilogo**. Dovrà passare dalla sezione **I tuoi Ruoli nelle procedure di acquisto** solo se l'AS è stato creato dal **PI** e ha ricevuto l'autorizzazione. Allo stesso modo, il **PI** può accedere direttamente alla funzione **Richiesta Chiarimenti** solo se ha creato l'appalto.

Se accedi al sistema come utente **Registrato**, potrai vedere direttamente l'elenco dei tuoi ruoli. Se invece sei un utente **Abilitato**, dovrai cliccare sul pulsante freccia per visualizzare l'elenco.

Cliccando sul pulsante freccia, comparirà una lista di Appalti Specifici con le relative autorizzazioni. Puoi usare i filtri **Strumento** e **Periodo selezionato** per trovare l'AS che ti interessa, oppure inserire il numero identificativo della procedura nell'apposito campo e cliccare su **CERCA**.

Per lo stesso appalto, potresti avere più ruoli in base alle autorizzazioni del tuo profilo. In questo caso, dovrai selezionare il ruolo specifico per poter gestire una determinata fase.

Accedendo all'AS pubblicato, a seconda del tuo profilo autorizzativo, nel menu **Riepilogo** si attiveranno delle sezioni aggiuntive.

Chi Ha Partecipato? Visualizzare le Offerte Presentate

Con la voce **Offerte presentate**, puoi vedere le informazioni relative alle offerte e agli **Operatori Economici** che le hanno inviate.

In questa sezione, visualizzerai l'elenco degli OE che hanno presentato un'offerta, dal momento della pubblicazione fino alla scadenza dei termini. Puoi filtrare le offerte ricevute in base a:

- Denominazione del concorrente

- Forma di partecipazione (singolo OE, consorzio, RTI, ecc.)

- Lotti per i quali è stata presentata un'offerta (Lotto 1, Lotto 2, ecc.)

Dopo aver scelto i criteri di ricerca, clicca su **FILTRA** per vedere i risultati.

Per ogni OE che ha partecipato, potrai vedere il nome, la forma di partecipazione, il numero identificativo dell'offerta, la data e l'ora di presentazione.

Nel menu a tendina, troverai ulteriori informazioni su uno specifico **Operatore Economico**, come la ragione sociale, la forma di partecipazione e la Partita IVA.

Cliccando sul nome del concorrente, si aprirà una finestra con informazioni di base come la denominazione sociale, la sede legale, i contatti e la posizione geografica.

Un Focus sulle Offerte Commerciali

Selezionando la voce **Richieste**, potrai visualizzare tutte le richieste inviate dall'**Operatore Economico** a Consip S.p.A., suddivise per tipologia (Amministrative Impresa, Amministrative Legale Rappresentante, Commerciali) o tutte insieme. Clicca su **Commerciali**.

Puoi cercare una specifica domanda di abilitazione in due modi:

- Utilizzando i filtri nella parte superiore della pagina. Indica lo strumento Sistema Dinamico, il bando e la categoria di interesse, poi clicca sull'icona **Ricerca**. L'elenco sottostante si aggiornerà con le informazioni cercate e potrai selezionare la riga di interesse.

- Selezionando direttamente la richiesta corrispondente allo strumento Sistema Dinamico, al Bando e alla Categoria di interesse dall'elenco.

Seleziona la freccia accanto alla sezione **Domande** per scaricare il **pdf** della domanda di ammissione tramite l'apposito link nella colonna **DOC**.

Ricorda: Gli OE hanno la possibilità di ritirare la loro offerta e di ripresentarla fino alla scadenza del termine ultimo per la presentazione.

Al Lavoro! Esaminare le Offerte

Per iniziare l'esame delle offerte presentate, seleziona la voce **Esame Offerte** dal menu **Riepilogo**.

Il link **Stato delle buste** ti mostrerà una legenda con quattro immagini di buste, che rappresentano i diversi stati dell'esame delle offerte.

Importante: Prima di aprire la Busta Amministrativa, ricorda di inviare una **Comunicazione** agli OE che hanno partecipato, indicando la data e l'ora della prima seduta pubblica telematica.

Il Percorso delle Buste:

Il sistema ti indicherà da quale busta iniziare l'esame. Di solito, si comincia con la **Busta Amministrativa**, che è necessaria per poter valutare l'eventuale **Busta Tecnica** e poi la **Busta Economica**.

Puoi comunicare ad **ANAC** l'avanzamento della procedura e gestire le schede post-pubblicazione (fase affidamento e fase esecuzione) utilizzando la sezione **GESTISCI ANAC FORM EFORM**. Troverai indicazioni operative specifiche in quella sezione.

Aprire la Busta Amministrativa

Seleziona **Busta Amministrativa** e clicca sul pulsante **AVVIA ESAME** per iniziare a valutare la documentazione amministrativa inviata dai concorrenti.

La **Busta Amministrativa** passerà dallo stato "**Da esaminare**" a "**In Esame**". Contemporaneamente all'avvio dell'esame, si aprirà la seduta pubblica. Gli **Operatori Economici** che hanno presentato almeno un'offerta valida potranno vedere:

- La ragione sociale e la forma di partecipazione degli altri concorrenti.

- L'elenco dei documenti presenti nella Busta inviata da ciascun concorrente (non potranno accedere al contenuto dei singoli documenti, ma solo alla lista).

Seleziona la freccia accanto alla documentazione amministrativa di Gara per visualizzare e scaricare tutti i documenti relativi all'intera procedura e per vedere l'elenco degli OE che hanno presentato un'offerta. Espandi tutte le sezioni finché non visualizzi la documentazione. Per accedere alla documentazione amministrativa di un singolo concorrente, seleziona la freccia accanto al suo nome e apri le varie sezioni fino ad arrivare ai singoli documenti. Potrai scaricarli cliccando sul nome del file. Ripeti la stessa procedura per la documentazione amministrativa del singolo lotto.

Per visualizzare la lista dei concorrenti che hanno presentato un'offerta per un lotto specifico, seleziona la freccia del lotto e apri tutte le sezioni per visualizzarne i documenti. Poi, seleziona la freccia accanto al nome del concorrente e apri le varie sezioni per arrivare ai dettagli dei singoli documenti.

Per ogni documento, potrai visualizzare:

- Il Nome e Cognome dell'OE che ha caricato il file.

- La data di caricamento.

- Lo stato del caricamento nel sistema.

- L'esito del controllo di validità della firma digitale.

Per salvare i documenti presentati da ciascun partecipante, clicca sul nome del documento.

Una volta terminata la valutazione della documentazione amministrativa, clicca sul pulsante TERMINA ESAME. La **Busta Amministrativa** passerà dallo stato "**In Esame**" a "**Esaminata**". Allo stesso modo, lo stato della **Busta Tecnica** o **Economica**, a seconda del criterio di aggiudicazione (Miglior Rapporto Qualità-Prezzo o Minor Prezzo), passerà da "**Non Accessibile**" a "**Da Esaminare**".

Importante: In seduta riservata, la commissione di gara verifica la regolarità dei documenti amministrativi, analizzando quelli presentati dai concorrenti. Per escludere un concorrente, seleziona ESCLUDI/AMMETTI CONCORRENTI dal menu a sinistra.

Seduta Pubblica: Cosa Succede?

Dalla sezione **Esame Offerte**, clicca sul link **Seduta Pubblica** in alto a destra per vedere lo stato della seduta (aperta e/o chiusa) sia per l'intera gara che per un singolo lotto.

Seleziona la freccia corrispondente per visualizzare la lista dei Partecipanti Abilitati in Seduta Pubblica per il lotto selezionato e i dati relativi al loro ultimo accesso.

Puoi anche cliccare sul pulsante **CONTENUTI** per visualizzare l'elenco delle Offerte Presentate per ogni OE e la scheda di offerta compilata dal concorrente, entrando nella sezione **Esame Offerte**.

Aprire la Busta Tecnica (Se Prevista)

Dopo aver terminato l'esame della Busta Amministrativa, puoi procedere con l'apertura della busta successiva. Se l'appalto è aggiudicato con il criterio del **Miglior Rapporto Qualità-Prezzo**, dovrai esaminare la **Busta Tecnica**.

Seleziona **Busta Tecnica** per valutare la documentazione inviata dagli **Operatori Economici**. Questa busta contiene le caratteristiche tecniche del lotto e la documentazione tecnica inviata dai concorrenti per quello specifico lotto. Clicca sul pulsante **AVVIA ESAME** per accedere al contenuto della busta.

Lo stato della **Busta Tecnica** cambierà da "**Da Esaminare**" a "**In Esame**". Si aprirà una pagina con l'elenco dei documenti presentati dagli OE.

Accedi alla documentazione presentata dagli **Operatori Economici**. Seleziona il nome del concorrente di cui vuoi valutare l'offerta tecnica. Clicca su **Scheda Offerta** per aprire una pagina con le caratteristiche tecniche offerte dall'OE. Per ogni caratteristica configurata, potrai vedere il valore offerto e il punteggio tabellare attribuito dal sistema.

Come Assegnare i Punteggi Tecnici

Seleziona **Torna al dettaglio della busta** per tornare alla pagina con l'offerta tecnica e continuare la valutazione della documentazione presentata dal concorrente.

Per ogni documento nella **Busta Tecnica**, potrai vedere informazioni dettagliate come il Nome e Cognome dell'OE che ha caricato il file, la data di caricamento, lo stato del caricamento e l'esito del controllo della firma digitale.

Il sistema ti permette di verificare nuovamente la validità della firma digitale cliccando sul pulsante **RIESEGUI**.

Per salvare i documenti tecnici, clicca sul nome del documento. Una volta scaricate tutte le offerte tecniche, clicca sul link **"Torna all'esame delle offerte"** per tornare alla pagina di dettaglio delle Buste di Gara.

In seduta riservata, la Commissione verifica la regolarità dei documenti delle Offerte Tecniche e la conformità delle caratteristiche dichiarate con i requisiti minimi, analizzando i documenti presentati dai concorrenti. Per escludere un concorrente, seleziona **ESCLUDI/AMMETTI CONCORRENTI** dal menu laterale.

Dopo l'apertura di ogni busta, vai alla funzione **ESAME OFFERTE** e nel menu a tre puntini troverai la voce **Riepilogo documenti presentati**. Il sistema genererà e scaricherà un documento **pdf** con il riepilogo dei documenti presentati dagli OE per ogni busta aperta.

Se un **Operatore Economico** viene escluso prima dell'apertura di una busta, il riepilogo non conterrà le informazioni sui suoi documenti. Se viene riammesso e la sua busta viene aperta, il **pdf** conterrà le informazioni relative a quella busta.

La fase di **Gestione dei Punteggi** deve essere completata prima di cliccare sul pulsante **TERMINA ESAME** della Busta Tecnica. Seleziona il menu a tre puntini del lotto interessato nella sezione **Esame Offerte** o dalla sezione dedicata **Gestione Punteggi** nel menu a sinistra.

Se la gara prevede che il punteggio sia attribuito in parte o totalmente dal sistema, seleziona **Automatico** nella colonna **Punteggio Tecnico** per vedere il dettaglio del punteggio automatico. Se invece i punteggi devono essere assegnati dalla Commissione, seleziona **Assegna Punteggi** per inserirli manualmente. La pagina mostrerà il dettaglio dei punteggi tecnici da assegnare e ti darà la possibilità di definire i criteri di valutazione della Commissione. Clicca su **Definisci Criteri**, inserisci il nome del criterio e clicca sull'icona "**Aggiungi**". Assegna un punteggio al criterio e clicca su **SALVA**. Il sistema assegnerà un codice univoco a ogni criterio.

Per assegnare la valutazione complessiva della Commissione a un concorrente, clicca sull'icona "**Matita**" accanto al suo nome. Per confermare, clicca sull'icona "**Spunta**". Dopo aver salvato, potrai vedere i criteri e i punteggi assegnati a ciascun partecipante. Una volta assegnati tutti i punteggi, clicca su **Torna ai punteggi complessivi**.

Cliccando sul pulsante **Mostra Punteggio Tecnico**, renderai visibili i punteggi tecnici a tutti i concorrenti che hanno presentato offerte valide. Gli OE vedranno immediatamente ogni successiva modifica o aggiunta a questi punteggi.

Consiglio: Mostra i punteggi solo dopo aver terminato la valutazione della Busta Tecnica e prima di aprire la Busta Economica.

Una volta terminata la valutazione della documentazione tecnica, clicca sul pulsante **TERMINA ESAME**. La **Busta Tecnica** passerà dallo stato "**In Esame**" a "**Esaminata**", e la **Busta Economica** passerà da "**Non Accessibile**" a "**Da Esaminare**".

Importante: Con **TERMINA ESAME** certifichi di aver completato l'esame della documentazione, indipendentemente dall'esito. Se l'analisi di un documento comporta l'esclusione di un **Operatore Economico**, usa la funzione **ESCLUDI/AMMETTI CONCORRENTI**.

Aprire la Busta Economica

Dopo aver esaminato la documentazione amministrativa e/o tecnica, a seconda del criterio di aggiudicazione, puoi aprire la **Busta Economica**.

Seleziona **Busta Economica** per valutare la documentazione economica inviata dagli OE. Questa busta contiene le caratteristiche economiche del lotto e la documentazione economica inviata dagli OE per quello specifico lotto. Clicca sul pulsante **AVVIA ESAME** per accedere al contenuto.

Lo stato della **Busta Economica** cambierà da "**Da Esaminare**" a "**In Esame**". Potrai così accedere alla documentazione presentata dagli **Operatori Economici**.

Seleziona il nome del concorrente per visualizzare la sua offerta economica. Clicca su **Scheda Offerta** per aprire una pagina con le caratteristiche economiche e i valori offerti dall'OE. Potrai scaricare i singoli documenti cliccando sul nome del file.

Per ogni documento nella **Busta Economica**, potrai visualizzare informazioni dettagliate come il Nome e Cognome dell'OE che ha caricato il file, la data di caricamento, lo stato del caricamento e l'esito del controllo della firma digitale. Puoi rieseguire il controllo della firma digitale cliccando sul pulsante RIESEGUI.

Per salvare i documenti economici, clicca sul nome del documento.

In seduta riservata, la Commissione verifica la regolarità dei documenti delle Offerte Economiche e la conformità delle caratteristiche dichiarate con i requisiti minimi, analizzando i documenti presentati dai concorrenti, come descritto in precedenza. Per escludere un concorrente, seleziona ESCLUDI/AMMETTI CONCORRENTI.

Come Assegnare i Punteggi Economici

Nel caso di un Appalto Specifico con criterio di aggiudicazione al **Minor Rapporto Qualità-Prezzo**, l'utente autorizzato a valutare le offerte economiche deve mostrare i punteggi attribuiti automaticamente dal sistema o manualmente dalla Commissione. Seleziona la sezione **Gestisci Punteggi** dal menu **Riepilogo** o dal menu a tre puntini nella pagina **Esame Offerte**. La gestione dei punteggi può essere fatta prima di cliccare su **TERMINA ESAME** della Busta Economica.

Se la gara prevede che il punteggio sia attribuito in parte o totalmente dal sistema, seleziona **Automatico** nella colonna **Punteggio Economico** per vedere il dettaglio del punteggio automatico. Se invece i punteggi devono essere assegnati dalla Commissione, seleziona **Assegna Punteggi** per inserirli manualmente. La pagina mostrerà il dettaglio dei punteggi economici da assegnare e ti darà la possibilità di definire i criteri di valutazione della Commissione.

Clicca su **Definisci Criteri**, inserisci il nome del criterio e clicca sull'icona "**Aggiungi**". Assegna un punteggio al criterio e clicca su **SALVA**. Il sistema assegnerà un codice univoco a ogni criterio. Dopo aver salvato, potrai vedere i criteri e i punteggi assegnati a ciascun partecipante.

Per assegnare la valutazione complessiva della Commissione a un concorrente, clicca sull'icona "**Matita**" accanto al suo nome. Per confermare, clicca sull'icona "**Spunta**".

Una volta salvate le operazioni, potrai visualizzare i criteri e i punteggi assegnati a ciascun partecipante. Dopo aver attribuito tutti i punteggi, clicca su **Torna ai punteggi complessivi**.

Cliccando sul pulsante **Mostra Punteggio Economico**, renderai visibili i punteggi economici a tutti i concorrenti che hanno presentato offerte valide. Gli OE vedranno immediatamente ogni successiva modifica o aggiunta a questi punteggi.

Una volta terminata la valutazione della documentazione economica, clicca sul pulsante TERMINA ESAME.

Importante: Dopo l'apertura di ogni busta, nella funzione **Esame Offerte**, nel menu a tre puntini potrai visualizzare, progressivamente a seconda della busta aperta, la voce **Riepilogo documenti presentati** e la voce **Riepilogo dettagli offerte**. **Riepilogo documenti presentati** ti permetterà di scaricare un documento **pdf** con il riepilogo dei documenti presentati dagli OE per ogni busta aperta, mentre **Riepilogo dettagli offerte** ti permetterà di scaricare un documento **xls** con il riepilogo delle offerte relative alle buste aperte.

Attenzione alle Offerte Strane: Gestire le Anomalie

Per quanto riguarda il calcolo dell'anomalia, la piattaforma offre i metodi di calcolo previsti dalla normativa vigente (D.Lgs 50/2016 e D.Lgs 36/2023).

Il calcolo è disponibile solo se il valore **IMPORTO OGGETTO DI OFFERTA** è stato impostato come Base d'asta e non è disponibile se impostato ad importo presunto, a seconda che la Gara/Lotto sia a criterio del Minor Prezzo o a Miglior Rapporto Qualità Prezzo.

Seleziona il **LOTTO** e avvia il calcolo dell'Anomalia cliccando sul pulsante **CALCOLA ANOMALIA**.

Se un'offerta risulta anomala, nella colonna **Anomalia**, accanto al nome del concorrente, comparirà la scritta "**Anomalia**". Sarà inoltre visibile la "**Soglia di anomalia**".

Il sistema raccoglierà i risultati in una tabella e segnalerà le eventuali Offerte Anomale nella colonna **ANOMALIA**. Puoi ripetere il calcolo cliccando sul pulsante **EFFETTUA RICALCOLO**. Il sistema mostrerà nella pagina il valore della **SOGLIA DI ANOMALIA**.

- Se il criterio di aggiudicazione è il **Minor Prezzo**, ci sarà un unico valore di **SOGLIA DI ANOMALIA**.
- Se il criterio di aggiudicazione è il **Miglior Rapporto Qualità Prezzo**, ci saranno due valori:
    - Soglia di Anomalia Punteggio Economico
    - Soglia di Anomalia Punteggio Tecnico

Puoi effettuare nuovamente il calcolo tramite il pulsante **EFFETTUA RICALCOLO**, se è necessario escludere o ri ammettere degli OE. Come nel primo calcolo, verranno presi in considerazione solo i concorrenti non esclusi e la cui partecipazione risulta inviata.

Importante: Il sistema non esclude automaticamente gli **Operatori Economici**. Devi utilizzare l'apposita funzionalità per farlo.

Chi Resta e Chi Va? Escludere o Ri ammettere Concorrenti

Accedi al menu a sinistra e seleziona la voce **Escludi/Ammetti Concorrenti** per gestire la procedura di esclusione e riammissione degli **Operatori Economici**.

Per escludere un concorrente, seleziona il suo nome. Dopo aver cliccato sul pulsante **ESCLUDI**, si aprirà una finestra in cui dovrai specificare il motivo dell'esclusione.

Hai la possibilità di ri ammettere un **Operatore Economico** escluso cliccando sul pulsante **RIAMMETTI**.

Il Traguardo: Aggiudicazione e Stipula del Contratto

Una volta terminata la valutazione delle offerte per il singolo lotto e/o per l'intera gara, puoi procedere con l'Aggiudicazione.

Per aggiudicare il lotto a uno o più concorrenti, devi accedere alla **Graduatoria** dell'Appalto. Vai alla sezione **Esame Offerte**, seleziona il menu a tre puntini del lotto interessato e clicca su **GRADUATORIA** per accedere alla pagina con la Graduatoria Provvisoria.

Potrai visualizzare l'elenco degli **Operatori Economici** e il valore delle rispettive offerte economiche (espresso come valore economico dell'offerta o come ribasso percentuale, a seconda del criterio scelto in fase di predisposizione della procedura).

Capitolo 23: Risposta Appalto Specifico SDA

Introduzione

Nel contesto del **Sistema Dinamico di Acquisizione (SDA)**, la partecipazione a un **Appalto Specifico** richiede il rispetto di precise procedure e condizioni. Questo capitolo descrive in modo dettagliato e didattico l'intero iter che l'**Operatore Economico (OE)** deve seguire, dalla verifica dell'ammissione alle categorie merceologiche previste fino alla presentazione e gestione dell'offerta. Verranno illustrate le modalità operative, l'utilizzo del cruscotto personale e le funzioni dedicate alle comunicazioni e alle sedute pubbliche.

---

1. Requisiti e Fasi Iniziali

1.1 Ammissione alla Categoria Merceologica

Per partecipare all'**Appalto Specifico**, l'OE deve:

- **Conseguire l'ammissione** alle categorie merceologiche indicate nel Bando Istitutivo, rispettando i termini fissati per l'invio della Lettera d'Invito.

- **Consultare attentamente la Lettera d'Invito** allegata alla Documentazione di Gara predisposta dalla Stazione Appaltante.

1.2 Presentazione dell'Offerta

Una volta verificata l'ammissione:

- L'OE deve **presentare l'offerta** attraverso la piattaforma di e-Procurement, entro il termine ultimo previsto per la consegna.

---

2. Navigazione del Sistema e Gestione della Partecipazione

2.1 Il Cruscotto Personale

L'accesso alle informazioni sugli Appalti Specifici è garantito tramite un **Cruscotto** personale. Questo strumento consente di:

- Visualizzare il riepilogo di tutti gli AS in corso, sia attraverso la sezione **Sistema Dinamico > Appalti Specifici** che tramite il menu laterale **Vendite > Negoziazioni > Sistema Dinamico**.

- Effettuare ricerche mirate utilizzando filtri quali **nome dell'iniziativa**, **numero AS**, **regione**, **categoria**, **importo dell'iniziativa**, **scadenza offerta** e **stato dell'offerta** (ad es. In composizione, Inviata, Aggiudicata, Stipulata, Esclusa).

2.2 Partecipazione tramite PIN

In caso di partecipazione in forma aggregata (ad esempio in un RTI o Consorzio):

- Il **Legale Rappresentante** o il **Collaboratore** può attivarsi tramite la funzione **PARTECIPA TRAMITE PIN**, inserendo un PIN dedicato per procedere con la compilazione della procedura.

---

3. Riepilogo dell'Appalto Specifico

3.1 Dati e Informazioni Fondamentali

La pagina di **Riepilogo AS** offre una panoramica completa dell'appalto, comprendendo:

- **Dati Principali**: informazioni come il numero dell'AS, il riferimento al Bando Istitutivo, il numero dei lotti, la Stazione Appaltante, il valore in euro, la durata del contratto e il responsabile del procedimento.

- **Date**: le date di inizio e fine per la presentazione delle offerte e per le richieste di chiarimenti.

- **Dettaglio Lotto**: per ogni lotto vengono indicati il criterio di aggiudicazione, il CIG/CUP, l'elenco dei CPV, il valore base d'asta e, se previsto, il punteggio tecnico/economico massimo.

- **Documentazione di Gara**: elenco dei documenti allegati, con possibilità di download.

---

4. Comunicazione con la Stazione Appaltante

4.1 Richiesta di Chiarimenti

Nella sezione **Richiesta Chiarimenti** l'OE può:

- Inviare domande e ricevere risposte dalla Stazione Appaltante fino alla scadenza dei termini indicati.

- Consultare le richieste precedentemente inviate e visualizzare le risposte tramite il sistema, anche grazie a notifiche sia interne sia via e-mail.

4.2 Messaggi e Notifiche

Il sistema prevede due tipologie di comunicazioni:

- **Messaggi**: inviati dalla PA dopo la scadenza dei termini di presentazione.
- **Notifiche di Sistema**: che aggiornano l'OE su ogni variazione relativa all'AS, includendo conferme di invio e notifiche di stipula (senza, però, il documento firmato).

---

5. Gestione delle Procedure di Partecipazione

5.1 Avvio e Accesso alla Procedura

La sezione **Le tue Procedure** permette di:

- Avviare una nuova procedura di partecipazione.
- Accedere alle procedure in stato "In composizione".
- Ritirare un'offerta già inviata, se necessario, per poterne presentare una nuova versione.

5.2 Gestione dei Compilatori

- La **sezione Compilatori** mostra l'elenco degli utenti autorizzati (Legale Rappresentante e Collaboratori) per la compilazione dell'offerta.
- È possibile aggiornare l'elenco dei compilatori in base ai profili registrati sulla piattaforma di e-Procurement.

---

6. Scelta della Forma di Partecipazione

6.1 Modalità di Partecipazione

L'OE deve decidere se partecipare in:

- **Forma Singola**: dove l'offerta viene presentata da un unico Operatore Economico, con le informazioni automaticamente importate dal profilo dell'utente compilatore.

- **Forma Multipla**: che prevede la partecipazione congiunta di più OE, organizzati in gruppi (RTI, Consorzio, ecc.), con l'inserimento dei dettagli relativi a ciascun partecipante.

6.2 Implicazioni della Scelta

La scelta della forma di partecipazione influisce su:

- La struttura della procedura, incluso l'eventuale eliminazione di documentazione di lotto già generata.

- La validità complessiva delle offerte, che deve rispettare le specifiche categorie previste per l'appalto.

---

7. Selezione e Gestione del Lotto

7.1 Scelta del Lotto

Nella sezione **Scelta del Lotto**:

- L'OE deve selezionare il lotto di interesse tramite l'apposita checkbox, salvare la scelta e proseguire con la validazione.

- Nel caso di partecipazione singola, si procede con la validazione immediata, mentre in quella multipla vanno inseriti i riferimenti degli altri partecipanti.

7.2 Gestione della Struttura del Raggruppamento

- Per le partecipazioni multiple, il sistema consente di aggiungere elementi al raggruppamento, verificando in tempo reale l'ammissibilità degli OE inseriti.

- In caso di OE non ammesso, il sistema blocca la procedura e segnala l'errore.

---

8. Documentazione e Offerta

8.1 Documenti Firmati Digitalmente

- È possibile allegare documenti firmati digitalmente in formato **CAdES** o **PAdES**. In caso di firme non conformi, il sistema fornisce un avviso, ma permette comunque la presentazione dell'offerta.

8.2 Caricamento della Documentazione Amministrativa

- La sezione **Documentazione Amministrativa** permette di caricare tutti i documenti richiesti dalla Stazione Appaltante, sia a livello di gara che per singolo lotto.

- È fondamentale allegare il **Documento di Dichiarazione Sostitutiva di Partecipazione** per ogni OE, generato e firmato digitalmente.

8.3 Compilazione e Validazione dell'Offerta

- La sezione **Offerta** consente di compilare la **Scheda di Offerta** per ciascun lotto, inserendo le caratteristiche tecniche ed economiche.

- Dopo la compilazione parziale o completa, l'OE deve salvare e validare le informazioni inserite, seguendo le regole imposte dalla Stazione Appaltante.

- La procedura include la generazione, la firma digitale e il successivo caricamento dei documenti d'offerta tecnica ed economica.

---

9. Riepilogo e Invio Finale

9.1 Riepilogo dei Dati Inseriti

- La sezione **Riepilogo e Invio** offre una visione completa di tutte le informazioni inserite durante la procedura.

- L'OE può verificare ogni dettaglio, accedendo alle informazioni organizzate per sezioni.

9.2 Invio dell'Offerta

- Una volta verificato il riepilogo, l'OE conclude la procedura selezionando **INVIA OFFERTA**.

- L'offerta passa allo stato "Inviata", visibile nella sezione **Le tue Procedure**.

9.3 Possibilità di Ritirare l'Offerta

- Fino alla scadenza del termine ultimo, è possibile ritirare l'offerta tramite il dot menu, per procedere con eventuali modifiche e inviare una nuova versione.

10. Seduta Pubblica ed Esame delle Offerte

10.1 Partecipazione alla Seduta Pubblica

Durante la **Seduta Pubblica**, i partecipanti abilitati (Legale Rappresentante e Collaboratori) possono:

- Accedere alla seduta tramite il pulsante **ACCEDI** non appena la PA avvia l'esame delle offerte.

- Visualizzare informazioni quali l'identità dei concorrenti, i documenti inviati, i punteggi assegnati e la graduatoria finale.

10.2 Offerte Presentate ed Esame delle Offerte

- La pagina della Seduta Pubblica si suddivide in due sezioni principali:

  - **Offerte Presentate**: elenca gli OE che hanno presentato l'offerta, la forma di partecipazione scelta e la data di presentazione.

  - **Esame Offerte**: raccoglie il riepilogo delle buste predisposte dalla PA, permettendo la visualizzazione dettagliata delle schede d'offerta.

- Ulteriori funzioni accessibili tramite il dot menu includono:

  - **Concorrenti**: elenco degli OE ammessi.

  - **Punteggi**: suddivisione dei punteggi in ambito economico, tecnico (ove previsto) e complessivo.

  - **Graduatoria**: visualizzazione della graduatoria finale.

  - **Aggiudicazione**: indicazione dell'OE proposto per l'aggiudicazione (funzione disattivata in seguito alla stipula).

Nota: Dopo la stipula, il sistema invia una notifica nella sezione Comunicazioni; tuttavia, il documento firmato dalla PA viene trasmesso con modalità separate.

11. Migrazione delle Negoziazioni

Nel caso in cui l'OE sia interessato alla **migrazione delle negoziazioni** derivante da operazioni societarie (fusione, cessione di ramo d'azienda, conferimento, ecc.), esiste una sezione dedicata che fornisce tutte le indicazioni per gestire correttamente tali variazioni, garantendo la continuità e la conformità delle procedure in essere.

Conclusioni

Il percorso illustrato in questo capitolo evidenzia come la partecipazione a un **Appalto Specifico** nel contesto del **Sistema Dinamico di Acquisizione (SDA)** richieda una rigorosa aderenza alle procedure e ai requisiti previsti. Dalla fase iniziale di ammissione fino all'invio definitivo dell'offerta e alla partecipazione alla seduta pubblica, ogni passaggio è studiato per assicurare trasparenza, regolarità e precisione.

L'approfondita conoscenza di ciascuna sezione e funzionalità del sistema permette all'Operatore Economico di gestire l'intero iter in maniera efficace e consapevole, contribuendo così a una partecipazione di successo alle gare indette dalla Stazione Appaltante.

Capitolo 24: Appalto Specifico SDA Farmaci – Creazione e Avvio

Introduzione

Nel contesto del **Sistema Dinamico di Acquisizione (SDA)**, le Pubbliche Amministrazioni dispongono di uno strumento avanzato per l'indizione di gare pubbliche, sia sotto che sopra soglia comunitaria, rivolte agli **Operatore Economici (OE)** abilitati mediante il **Bando Istitutivo Farmaci**. Questa guida, estremamente dettagliata e articolata, è rivolta agli utenti della Pubblica Amministrazione incaricati della predisposizione, configurazione e gestione degli Appalti Specifici in ambito farmaceutico.

L'iter operativo, che si basa sulle normative vigenti – in particolare l'art. 1, comma 586 della L. 160/2019, l'art. 26 della L. 488/1999 e l'art. 59 del D.Lgs. 36/2023 – è strutturato in diverse fasi che spaziano dalla raccolta dei fabbisogni alla pubblicazione dell'appalto, includendo procedure di valutazione delle offerte e funzionalità post-pubblicazione. Questo capitolo offre una panoramica completa e approfondita del processo, fornendo indicazioni operative, spiegazioni dettagliate e informazioni tecniche indispensabili per garantire la massima trasparenza, correttezza e tracciabilità della procedura.

Nel corso di questo capitolo, verranno esaminate in dettaglio le fasi principali dell'appalto, la configurazione della gara e la gestione dei lotti, fino alle funzionalità avanzate post-pubblicazione, tra cui la gestione documentale, la modifica delle date, la sospensione e la revoca della gara. Ogni sezione è corredata di spiegazioni puntuali che illustrano le modalità operative e i controlli necessari per assicurare il rispetto delle normative e il buon esito dell'intera procedura.

---

1. Fasi di un Appalto Specifico in Ambito Farmaci

1.1 Raccolta dei Fabbisogni

La fase iniziale di ogni Appalto Specifico è la **raccolta dei fabbisogni**, indispensabile per definire in maniera accurata e standardizzata le necessità di approvvigionamento.

- **Identificazione dei Prodotti:**
  Le Stazioni Appaltanti devono individuare, attraverso il documento "Tabella elenco lotti", i farmaci e i relativi prodotti da acquistare. Tale tabella è strutturata per riconoscere i prodotti sulla base di parametri quali:

- **ATC:** Classificazione terapeutica che consente di individuare il gruppo farmacologico.

- **Principio Attivo:** Il componente chimico che svolge l'azione farmacologica.

- **Forma Farmaceutica:** La presentazione del medicinale (ad es. capsule, compresse, soluzioni).

- **Dosaggio:** La quantità di principio attivo per unità di prodotto.

È fondamentale che i dati inseriti siano conformi allo standard definito, poiché eventuali discrepanze potrebbero compromettere la validità della procedura di gara. L'elenco dei prodotti può essere integrato solo da **Consip S.p.A.** dopo aver ricevuto segnalazioni ufficiali da parte delle Pubbliche Amministrazioni tramite l'apposita funzionalità del sistema.

- **Utilizzo della Tabella Elenco Lotti:**
  La tabella rappresenta lo strumento principale per la raccolta dei fabbisogni, consentendo di visualizzare e standardizzare le richieste. L'adozione di un modello uniforme garantisce che tutti i prodotti siano confrontabili, facilitando la successiva fase di creazione dell'appalto e l'analisi delle offerte da parte degli Operatori Economici.

1.2 Creazione dell'Appalto Specifico e Invito ai Fornitori

Una volta raccolti e standardizzati i fabbisogni, si passa alla fase di **creazione dell'Appalto Specifico**. Questa fase comporta la definizione dei prodotti oggetto della gara, l'indicazione delle quantità e la strutturazione dei lotti, nonché l'invio della lettera d'invito agli OE abilitati.

- **Definizione della Documentazione di Gara:**
  La documentazione contiene informazioni fondamentali quali:

  - **Prodotti oggetto della procedura:** Vengono specificati i farmaci, le quantità e le modalità di presentazione.

  - **Quantità e Lotti:** La suddivisione dei prodotti in lotti consente di gestire in maniera più efficiente il processo di offerta, permettendo agli OE di presentare offerte per specifici segmenti della gara.

  - **Basi d'Asta:** L'indicazione dei valori di riferimento per ogni lotto, che costituiranno il parametro per la valutazione delle offerte.

- o **Condizioni Contrattuali:** Le clausole che regolano il contratto, i termini di pagamento, le penali e altre condizioni di esecuzione.

- **Ruoli e Responsabilità:**
  L'invito ai fornitori e la gestione della documentazione sono responsabilità di figure chiave quali:

  - o **Punto Ordinante (PO):** Figura abilitata allo strumento SDAPA, che possiede la firma digitale e viene automaticamente riconosciuta dal sistema come **Responsabile del Procedimento (RdP).**

  - o **Punto Istruttore (PI):** Può avviare la procedura di creazione dell'appalto, anche se la fase di invito ai fornitori deve essere completata dal PO.
    È necessario che l'utente che intende operare come RdP acceda al sistema con il proprio profilo registrato e che, eventualmente, completi l'inserimento dei dati necessari per il corretto svolgimento della procedura.

- **Lettera di Invito:**
  Nella fase di creazione, il sistema genera automaticamente una **Lettera di Invito.** Questo documento definisce:

  - o I termini entro cui i fornitori possono richiedere chiarimenti.

  - o Il termine ultimo per la presentazione delle offerte.

  - o La data prevista per la seduta pubblica telematica, durante la quale verranno aperte le buste d'offerta.

La corretta configurazione della Lettera di Invito è essenziale per garantire che tutte le informazioni siano trasmesse in maniera chiara e ufficiale agli OE abilitati.

1.3 Valutazione delle Offerte e Aggiudicazione della Gara

Prima dell'apertura della documentazione di gara, il sistema consente di predisporre la **Commissione di Gara.** Tale commissione è incaricata di:

- **Accedere ai Documenti d'Offerta:** Permettendo ai membri di visualizzare e valutare le offerte presentate.

- **Elaborare la Graduatoria:** Il sistema gestisce in maniera automatizzata la compilazione della graduatoria sulla base dei criteri di aggiudicazione scelti (ad es. Minor Prezzo, Migliore Offerta).

- **Gestire l'Esclusione e l'Aggiudicazione:** Durante la fase di valutazione, il sistema supporta il processo decisionale anche mediante notifiche e messaggi automatici, che informano le parti interessate circa l'andamento della procedura.

- **Seduta Pubblica Telematica:** La modalità telematica consente di garantire la trasparenza dell'intera procedura, permettendo agli OE di seguire in tempo reale l'apertura delle buste e la valutazione delle offerte.

---

2. Configurazione e Gestione della Gara

2.1 Avvio della Procedura di Creazione

L'avvio della procedura di creazione di un Appalto Specifico avviene tramite l'accesso al portale di e-Procurement.

- **Accesso al Cruscotto Personale:**
  Dopo il login, il Cruscotto personale offre una panoramica completa dei servizi disponibili, delle negoziazioni in corso e delle informazioni anagrafiche dell'utente.

- **Selezione dello Strumento Sistema Dinamico:**
  L'utente deve selezionare l'opzione "Acquista > Sistema Dinamico" o utilizzare il link rapido "Avvia Appalto Specifico".

- **Scelta del Bando Istitutivo Farmaci:**
  Dall'elenco delle iniziative disponibili, è necessario scegliere il Bando Istitutivo Farmaci. Questa scelta preimposta automaticamente numerosi campi relativi alla tipologia di prodotti e alle modalità di offerta.

2.2 Creazione del Nuovo Appalto Specifico

Una volta selezionato il bando, il sistema consente di creare un nuovo Appalto Specifico.

- **Modulo di Creazione – Nuovo Appalto Specifico:**
  In questa fase l'utente dovrà inserire una serie di dati fondamentali, quali:

  - **Nome Appalto Specifico:** Il titolo della gara che sarà visibile agli OE.

  - **CPV:** Il codice CPV relativo ai prodotti farmaceutici, preimpostato dal sistema.

- o **Bando Istitutivo:** Il riferimento al Bando Istitutivo Farmaci, anch'esso preimpostato.

- o **Tipologia di Procedura:** Impostata, generalmente, su "Ristretta", indicante il tipo di procedura di gara.

- o **Criterio di Aggiudicazione:** Solitamente impostato su "Minor Prezzo", che definisce il criterio principale per l'aggiudicazione.

- o **Valore Appalto Specifico:** L'importo presunto dell'appalto, espresso al netto dell'IVA e comprensivo di eventuali oneri per la sicurezza.

- o **Durata del Contratto:** Espressa in mesi, indica la durata complessiva dell'accordo.

- o **Oneri per la Sicurezza:** Campo facoltativo per indicare eventuali costi aggiuntivi non soggetti a ribasso.

Una volta inseriti questi dati, l'utente deve premere il pulsante **SALVA** per registrare le informazioni e procedere con le fasi successive della configurazione.

2.3 Gestione dei Dati Principali

La pagina dei **Dati Principali** fornisce una visione d'insieme della configurazione dell'Appalto Specifico.

- • **Struttura Appalto Specifico:**
  In questa sezione vengono visualizzate le informazioni già inserite durante la creazione iniziale, tra cui:

  - o Il **Numero Appalto Specifico**, assegnato automaticamente dal sistema.

  - o Le **Regole di Aggiudicazione**, che possono essere modificate cliccando sull'icona "Matita".

  - o Altri campi modificabili, come il nome dell'appalto, il valore, la durata del contratto e gli oneri per la sicurezza.

- • **Modifica e Aggiornamento:**
  L'utente ha la possibilità di aggiornare in modo parziale o completo i dati inseriti, agendo sui campi modificabili e salvando le modifiche per far sì che il sistema recepisca le nuove informazioni.

2.4 Configurazione della Documentazione

La gestione della documentazione è un passaggio fondamentale, in quanto consente di fornire ai fornitori tutte le informazioni necessarie per la presentazione delle offerte.

- **Documentazione da Consultare:**
  Questa sezione comprende i documenti messi a disposizione dalla Stazione Appaltante, come:

  - **Capitolato d'Oneri:** Un documento standard predisposto da Consip S.p.A. che disciplina le modalità di svolgimento della gara e le condizioni contrattuali.

  - **Lettera di Invito:** Il documento ufficiale che invita i fornitori a partecipare alla gara, contenente termini, scadenze e indicazioni operative.

  - **Altra Documentazione:** Include eventuali kit documentali e modelli utili alla predisposizione dell'offerta.

- **Buste di Gara:**
  La configurazione prevede anche la gestione delle **Buste di Gara**, che possono essere:

  - **Busta Amministrativa**

  - **Busta Economica**

  - **Buste Aggiuntive:** Qualora siano necessarie ulteriori informazioni o documentazioni aggiuntive, queste verranno inserite in sezioni apposite.

- **Dichiarazioni Aggiuntive:**
  Questa sezione, in sola consultazione, visualizza le autodichiarazioni predisposte da Consip S.p.A. che i fornitori devono confermare in fase di partecipazione.

- **Aggiunta di Documenti:**
  Utilizzando il pulsante **"Aggiungi Documento"**, l'utente può:

  - Caricare nuovi file, rispettando le regole tecniche relative al formato (ad es. Excel, PDF) e alle dimensioni massime consentite.

  - Specificare una descrizione per il documento, assicurandosi che le informazioni siano chiare e complete.

  - In alternativa, inserire un URL che rimandi a una pagina web contenente il documento di consultazione.

2.5 Configurazione e Gestione dei Lotti

La suddivisione dell'appalto in **lotti** permette una gestione più mirata e flessibile della gara. Questa fase prevede diverse modalità operative.

2.5.1 Importazione Massiva dei Lotti

- **Scaricamento del Template:**
  Il sistema offre la possibilità di scaricare un **Template Elenco Lotti** in formato Excel, che contiene i dati precompilati relativi ai farmaci presenti nel dizionario predisposto da Consip S.p.A.

- **Compilazione del Template:**
  Il file Excel deve essere compilato seguendo le istruzioni riportate nel foglio "Istruzioni" e consultando l'**Anagrafica Unità di Misura**.
  I campi da compilare includono:

  - **Numero Lotto:** Numero identificativo del lotto.

  - **Sub Lotto:** Indicazione dei sub-lotti che compongono il lotto. In presenza di offerte per più forme farmaceutiche o dosaggi, si utilizzano lettere differenti (a, b, c, ecc.).

  - **CIG:** Codice identificativo, gestito in seguito dal sistema in integrazione con ANAC.

  - **Codice ATC, Principio Attivo, Forma Farmaceutica, Dosaggio e Unità di Misura:** Questi campi devono essere riempiti in conformità alle informazioni presenti nel dizionario Consip.

  - **Via di Somministrazione/Indicazioni Terapeutiche:** Dati facoltativi che possono indicare la modalità di somministrazione (ad esempio, topica o orale).

  - **Quantità e Base d'Asta:** Indicare la quantità per unità di misura e il relativo valore di riferimento, con la base d'asta espressa con massimo 5 cifre decimali.

- **Importazione e Validazione:**
  Dopo la compilazione, il file deve essere caricato nel sistema tramite il pulsante **"Importa"**. Il sistema fornirà un feedback sul numero totale di righe inserite, le

righe validate e quelle che hanno riscontrato errori, con la possibilità di scaricare un **Report Errori** per correggere eventuali imprecisioni.

2.5.2 Inserimento Singolo Lotto e Gestione Manuale

- **Modalità di Inserimento Manuale:**
  Alternativamente all'importazione massiva, l'utente può inserire manualmente i dati di ciascun lotto tramite la sezione **"Inserimento Singolo Lotto"**.

- **Ricerca del Farmaco:**
  Il sistema permette di cercare un farmaco presente nel Dizionario Farmaci utilizzando parametri come:

  - Principio Attivo
  - Codice ATC
  - Forma Farmaceutica
  - Dosaggio
  - Unità di Misura

Una volta individuato il farmaco, i dati precompilati vengono visualizzati e il fornitore potrà procedere all'inserimento dei **sub-lotti**.

- **Gestione dei Sub-Lotti:**
  Per ogni lotto, è possibile:

  - Aggiungere un nuovo sub-lotto.
  - Modificare i dati di un sub-lotto già inserito, utilizzando l'icona della **matita**.
  - Eliminare un sub-lotto tramite l'icona del **cestino**.
  - Aggiungere sub-lotti in **equivalenza**, per le situazioni in cui il fornitore può scegliere una sola combinazione tra diverse possibilità (es. differenti forme o dosaggi per lo stesso principio attivo).

- **Calcolo della Base d'Asta:**
  Una volta inseriti i sub-lotti, il sistema calcola automaticamente la **Base d'Asta Complessiva** per il lotto, aggiornando il contatore presente nella sezione **Gestione Lotto**.

2.5.3 Validazione dei Lotti e Integrazione Dati ANAC

- **Procedura di Validazione:**
  Dopo l'inserimento dei lotti, il sistema consente di validare i dati mediante il pulsante **"Valida"**.
  La validazione è un passaggio cruciale in quanto, una volta confermata, i lotti non potranno essere modificati a meno che non si proceda con un'operazione di **"Invalidazione"**, che comporta la perdita di eventuali dati ANAC già inseriti.

- **Compilazione Dati ANAC:**
  Successivamente, l'utente deve accedere alla sezione **"Compila lotti dati ANAC"**. In questa fase:

  - È possibile scegliere tra l'importazione massiva dei dati ANAC o l'inserimento puntuale via web.

  - Viene scaricato un nuovo template Excel dedicato ai dati ANAC, che contiene tre fogli:

    - **Appalto Specifico ANAC:** Per la compilazione dei dati obbligatori.

    - **Lotti ANAC:** Alcuni campi vengono precompilati con i dati inseriti in precedenza; è necessario integrare le informazioni obbligatorie.

    - **Istruzioni:** Una sezione esplicativa per la corretta compilazione dei dati.

Dopo aver completato il template, l'utente lo carica nuovamente nel sistema e attiva il processo di validazione, verificando il numero di errori e procedendo alla correzione degli stessi, se necessario.

2.6 Gestione di ANACFORM ed eFORM

Una volta completata la configurazione dei lotti e la compilazione dei dati ANAC, si passa alla sezione dedicata alla gestione dei moduli ANAC.

- **Accesso alla Sezione:**
  Questa area è accessibile esclusivamente al **Responsabile Unico di Progetto (RUP)**, il quale deve accedere tramite il proprio profilo registrato.

- **Moduli e Funzionalità Previste:**

  - **Nomina Ruoli:** L'utente imposta il nominativo del RUP e definisce gli utenti autorizzati a gestire i dati ANAC, TED ed ESPD.

- **Scelta Scheda ANAC:** Il RUP seleziona la scheda da inviare ad ANAC. Si consiglia di utilizzare la scheda **P7_2**, riconosciuta come standard per il Sistema Dinamico di Acquisizione.

- **Attivazione e Trasmissione:** Dopo aver compilato i campi preimpostati, il RUP salva le modifiche ed attiva il cursore "Pronto per la trasmissione", che consente di inviare la richiesta a Consip S.p.A. per il rilascio del CIG.

2.7 Inviti e Lettera di Invito

La fase degli **Inviti** è decisiva per la pubblicazione della gara.

- **Generazione della Lettera di Invito:**
  Partendo dalla pagina **Dati Principali** dell'appalto in stato di bozza, il sistema permette di generare automaticamente la **Lettera di Invito**.
  Questa lettera:

  - Definisce il termine per la richiesta di chiarimenti.

  - Indica la scadenza per la presentazione delle offerte.

  - Specifica la data della seduta pubblica telematica.

- **Firma Digitale:**
  La Lettera di Invito deve essere scaricata, firmata digitalmente e successivamente ricaricata nel sistema. È fondamentale utilizzare esclusivamente il file generato dall'ultima versione del sistema per evitare disallineamenti.

- **Integrazione della Tabella Elenco Lotti:**
  Oltre alla Lettera di Invito, il sistema richiede che la **Tabella Elenco Lotti** firmata digitalmente venga anch'essa ricaricata, al fine di integrare la documentazione da consultare.

2.8 Riepilogo e Pubblicazione della Gara

Prima della pubblicazione definitiva, il sistema mostra una pagina di **Riepilogo** che consente di verificare tutti i dati inseriti.

- **Contenuto della Pagina di Riepilogo:**
  La schermata è suddivisa in quattro sezioni principali:

  - **Dati Principali:** Visualizza i dati inseriti durante la configurazione, compreso il totale della base d'asta, calcolato automaticamente in base ai lotti.

- Lotti: Una tabella riepilogativa di tutti i lotti configurati.

- Documentazione: Elenca tutti i documenti che saranno messi a disposizione dei fornitori (Lettera di Invito, Tabella Elenco Lotti, Capitolato d'Oneri, ecc.).

- Lista Fornitori Invitati: Mostra l'elenco degli OE invitati, con la possibilità di filtrare per ragione sociale, partita IVA e stato di ammissione.

- **Scelte Finali:**
  L'utente può scegliere di:

  - Annullare: Tornare alle fasi precedenti per apportare modifiche.

  - Confermare e Pubblicare: Selezionare il pulsante "Conferma" per pubblicare l'appalto.

Una volta pubblicato, il sistema invia una notifica automatica ai fornitori invitati e l'appalto diventa visibile nell'area di ricerca come **Pubblicato**. La pubblicazione genera inoltre un **Riepilogo di Invito** in formato PDF, che viene reso disponibile agli OE.

---

3. Funzionalità Post-Pubblicazione

Una volta pubblicata la gara, il sistema offre una serie di funzionalità aggiuntive che consentono di gestire e monitorare l'intera procedura, garantendo la flessibilità necessaria per intervenire in caso di modifiche o problematiche.

3.1 Gestione Documenti da Consultare

La sezione **Gestione Documenti da Consultare** permette di:

- **Aggiornare e Aggiungere Documenti:**
  Utilizzando il pulsante **"Aggiungi Documento"**, il responsabile può inserire ulteriori documenti o aggiornare quelli già presenti.

- **Modifica dei Documenti:**
  Attraverso l'icona della **matita**, è possibile modificare i documenti già caricati, sostituendo file o aggiornando URL, sempre nel rispetto delle specifiche tecniche di formato e dimensione.

- **Tracciamento e Versionamento:**
  Ogni modifica viene tracciata e il sistema assicura la versione più recente dei

documenti, garantendo così la coerenza delle informazioni visualizzate dai fornitori.

3.2 Regola di Aggiudicazione

Se durante la configurazione si è scelto il criterio di **Aggiudicazione mista**, il sistema offre la possibilità di assegnare una regola di aggiudicazione specifica per ogni lotto o gruppo di lotti.

- Opzioni Disponibili:
  Le regole possono includere:

  - **Migliore Offerta**

  - **Tutti i Concorrenti**

  - **Selezione da Graduatoria**

- Procedura di Assegnazione:
  Il responsabile seleziona uno o più lotti dalla lista, sceglie la regola appropriata tramite un menu a tendina e conferma l'assegnazione.

- Report e Monitoraggio:
  Una volta assegnata la regola, il sistema genera un report riepilogativo, consentendo di esportare i dati in formato Excel e, se necessario, di rimuovere l'assegnazione per procedere a eventuali modifiche.

3.3 Comunicazioni

La sezione **Comunicazioni** è fondamentale per il dialogo tra la Pubblica Amministrazione e gli OE.

- Tipologie di Comunicazioni:

  - **Messaggi:** Comunicazioni manuali inviate direttamente agli OE.

  - **Notifiche:** Messaggi automatici generati dal sistema in caso di variazioni di stato o aggiornamenti della procedura.

- Funzionalità:

  - Ogni comunicazione è accompagnata da un **Rapporto di Consegna**, che assicura la tracciabilità e la conferma dell'avvenuto invio.

- Gli utenti possono aggiornare le informazioni, rispondere ai messaggi ricevuti e inviare nuove comunicazioni tramite il pulsante **"Nuova Comunicazione"**.

- Le comunicazioni vengono organizzate in due sezioni, con relativi contatori che indicano il numero di messaggi e notifiche non letti.

3.4 Modifica delle Date di Gara

La funzionalità **Modifica Date Gara** consente di apportare modifiche alle date critiche della procedura:

- Date Modificabili:
    - Termine Richiesta Chiarimenti
    - Termine Presentazione Offerte
    - Data Seduta Pubblica Telematica

- Procedura di Modifica:
  Le modifiche devono essere comunicate tempestivamente a tutti i fornitori tramite un nuovo **Riepilogo d'Invito**, che aggiorna le informazioni visualizzate nella sezione Documentazione.

- Limiti Temporali:
  La modifica delle date è possibile fino all'apertura della **Busta Amministrativa**; trascorso tale momento, le date non potranno più essere modificate.

3.5 Sospensione della Gara o di Singoli Lotti

Nel caso in cui si verifichino situazioni che richiedano una sospensione temporanea:

- Funzionalità Sospensione:
    - È possibile sospendere l'intera gara o singoli lotti, impedendo così la presentazione di nuove offerte.
    - La sospensione viene attivata immediatamente e richiede l'indicazione di una motivazione, nonché la data e l'ora in cui la sospensione entrerà in vigore.

- **Annullamento della Sospensione:**
  La sospensione può essere revocata in qualsiasi momento tramite l'apposito pulsante **"Annulla Sospensione"**, ripristinando la possibilità di presentare offerte.

3.6 Revoca della Gara o di Singoli Lotti

La funzione **Revoca** consente di annullare definitivamente l'appalto o specifici lotti:

- **Caratteristiche della Revoca:**

  - La revoca è un'operazione irreversibile, che prevede l'inserimento di motivazioni dettagliate e la definizione dell'orario in cui avviene l'annullamento.

  - Una volta revocata, l'iniziativa non potrà essere riattivata, sebbene sia possibile copiare la gara per avviare una nuova procedura.

- **Implicazioni:**
  La revoca comporta la chiusura della procedura e l'impossibilità per gli OE di presentare offerte, garantendo così la massima trasparenza e la correttezza del processo decisionale.

3.7 Copia della Gara

La funzionalità **Copia Gara** offre una soluzione pratica per replicare un Appalto Specifico già esistente:

- **Modalità di Copia:**

  - È possibile copiare tutti i dati, la documentazione e i lotti di una gara in qualsiasi stato (Bozza, Pubblicato, Sospeso o Revocato).

  - Alcuni elementi non vengono copiati, come gli inviti e le date chiave (termine richiesta chiarimenti, termine presentazione offerte e data seduta pubblica), che dovranno essere reinseriti nella nuova copia.

- **Processo di Generazione della Copia:**
  Il sistema assegna un nuovo **Numero Appalto Specifico** e copia i dati principali, i documenti predisposti e i lotti.
  Il responsabile potrà quindi modificare le informazioni in base alle necessità della nuova procedura, garantendo un avvio più rapido e una riduzione degli errori di configurazione.

4. Approfondimenti Tecnici e Normativi

4.1 Riferimenti Normativi e Contesto Giuridico

La configurazione di un Appalto Specifico SDA Farmaci si inserisce in un contesto normativo rigoroso e articolato:

- **Normative di Riferimento:**

    - **L. 160/2019:** In particolare l'art. 1, comma 586, che disciplina le modalità di indire gare in ambito sanitario.

    - **L. 488/1999 e D.Lgs. 36/2023:** Questi riferimenti normativi definiscono le modalità per l'affidamento di convenzioni e accordi quadro, garantendo un iter trasparente e corretto.

- **Ruolo di Consip S.p.A.:**
  Consip svolge un ruolo cruciale nel definire gli standard e nel fornire gli strumenti necessari per la predisposizione della documentazione, inclusi il **Capitolato d'Oneri** e il **Template Elenco Lotti**.

- **Trasparenza e Tracciabilità:**
  L'intero iter è studiato per garantire la massima trasparenza, con controlli integrati e meccanismi di verifica che permettono di tracciare ogni modifica e ogni comunicazione.

4.2 Interazione tra le Figure Coinvolte

Le procedure di un Appalto Specifico richiedono il coordinamento di più figure:

- **Punto Ordinante (PO):**
  Responsabile della configurazione complessiva e della pubblicazione della gara. Il PO garantisce la coerenza delle informazioni e si occupa della firma digitale dei documenti.

- **Punto Istruttore (PI):**
  Ha il compito di avviare la procedura e predisporre le fasi preliminari, sebbene l'invito ai fornitori debba essere completato dal PO.

- **Responsabile Unico di Progetto (RUP):**
  Figura centrale nella gestione dei dati ANAC e nella richiesta del CIG. Il RUP si

assicura che tutti i dati obbligatori siano inseriti correttamente e che la procedura rispetti i requisiti normativi.

- **Operatori Economici (OE):**
  Sono i soggetti che, una volta invitati, presentano le loro offerte in risposta alla gara. Gli OE devono essere abilitati al Bando Istitutivo Farmaci e possedere tutte le dichiarazioni e documentazioni richieste.

4.3 Requisiti Tecnici e Strumentazione di Sistema

Il sistema di e-Procurement su cui si basa il SDA presenta diverse caratteristiche tecniche:

- **Interfaccia Utente Intuitiva:**
  Il Cruscotto personale offre una navigazione chiara, con filtri di ricerca, pulsanti di azione e notifiche in tempo reale.

- **Integrazione con ANAC:**
  La gestione dei codici CIG e la compilazione dei dati ANAC sono automatizzate, riducendo al minimo gli errori e facilitando la comunicazione con la Piattaforma dei Contratti Pubblici.

- **Gestione Documentale:**
  Tutti i documenti caricati, firmati digitalmente e aggiornati in tempo reale, garantiscono che ogni informazione sia disponibile per i fornitori e per i controlli successivi.

- **Sicurezza e Conformità:**
  Il sistema adotta misure di sicurezza avanzate, inclusa la gestione delle firme digitali e la verifica automatica dei file caricati, per assicurare la conformità alle normative vigenti.

---

5. Implicazioni Pratiche e Vantaggi dell'Utilizzo del SDA Farmaci

5.1 Efficienza e Rapidità delle Procedure

L'utilizzo del Sistema Dinamico di Acquisizione in ambito farmaceutico porta notevoli vantaggi:

- **Riduzione dei Tempi di Procedura:**
  Grazie all'automazione delle fasi di compilazione, validazione e comunicazione, le gare possono essere indette e concluse in tempi notevolmente ridotti.

- **Maggiore Trasparenza:**
  La possibilità di tracciare ogni fase della procedura, dal caricamento dei documenti alla valutazione delle offerte, garantisce una trasparenza che rafforza la fiducia degli OE e degli organi di controllo.

- **Flessibilità Operativa:**
  Le funzionalità post-pubblicazione, come la modifica delle date, la sospensione o la revoca, consentono di intervenire tempestivamente in caso di necessità, mantenendo sempre il controllo sulla procedura.

5.2 Benefici per le Pubbliche Amministrazioni

Le Pubbliche Amministrazioni possono trarre numerosi vantaggi dall'adozione di questo sistema:

- **Conformità Normativa:**
  L'iter predefinito e standardizzato assicura il rispetto di tutte le normative vigenti, riducendo il rischio di contestazioni legali.

- **Ottimizzazione delle Risorse:**
  L'automazione di molti processi consente di ridurre l'impegno manuale e di ottimizzare l'utilizzo delle risorse interne, migliorando l'efficienza complessiva della procedura.

- **Facilitazione della Gestione Documentale:**
  La gestione centralizzata della documentazione e la possibilità di aggiornare in tempo reale i dati garantiscono un flusso informativo continuo e affidabile.

5.3 Vantaggi per gli Operatori Economici

Gli OE abilitati al Bando Istitutivo Farmaci trovano nel SDA uno strumento che semplifica notevolmente la partecipazione alle gare:

- **Accesso Diretto alle Informazioni:**
  Grazie al Cruscotto personale, gli OE possono monitorare lo stato delle gare, verificare le documentazioni consultabili e seguire in tempo reale le modifiche apportate.

- **Procedure Chiare e Standardizzate:**
  La standardizzazione dei documenti e delle procedure riduce il margine di errore e consente agli OE di preparare offerte conformi ai requisiti richiesti.

- **Notifiche e Aggiornamenti Automatici:**
  L'invio di notifiche automatiche garantisce che ogni aggiornamento venga comunicato tempestivamente, permettendo agli OE di agire rapidamente in risposta a eventuali variazioni.

6. Casi Pratici e Scenario di Applicazione

6.1 Esempio di Raccolta dei Fabbisogni

Immaginiamo una Stazione Appaltante che deve procedere all'acquisto di un gruppo di farmaci per la gestione di emergenze sanitarie.

- La Stazione Appaltante utilizza il documento "Tabella elenco lotti" per identificare i prodotti necessari, selezionando farmaci specifici in base al codice ATC e al principio attivo.

- Le informazioni raccolte vengono verificate e standardizzate, in modo da garantire che ogni prodotto sia conforme ai parametri previsti dal Bando Istitutivo Farmaci.

6.2 Esempio di Creazione dell'Appalto e Invito ai Fornitori

Una volta definiti i fabbisogni, il PO accede al Cruscotto personale e seleziona l'opzione "Avvia Appalto Specifico".

- Il modulo di creazione richiede l'inserimento del nome dell'appalto, del valore presunto e della durata del contratto.

- La Lettera di Invito viene generata automaticamente, contenente le scadenze per la presentazione delle offerte e la data della seduta pubblica.

- Dopo aver firmato digitalmente la Lettera e ricaricato la Tabella Elenco Lotti firmata, l'appalto viene pubblicato, notificando agli OE l'avvio della procedura.

6.3 Esempio di Gestione dei Lotti e Validazione

Durante la fase di gestione dei lotti, la Stazione Appaltante decide di procedere con l'importazione massiva:

- Il PO scarica il template Excel, lo compila inserendo i dati relativi a ciascun lotto e, dopo aver controllato eventuali errori, carica il file nel sistema.

- Il sistema esegue una validazione automatica, indicando il numero totale di righe valide e fornendo un report dettagliato sugli errori eventuali.

- Dopo aver corretto gli errori, il template viene validato e si procede alla compilazione dei dati ANAC, completando così una delle fasi critiche della configurazione.

6.4 Esempio di Funzionalità Post-Pubblicazione

Una volta pubblicata la gara, si verificano alcune variazioni operative:

- La Stazione Appaltante decide di sospendere temporaneamente uno o più lotti a causa di variazioni nelle necessità operative.

- Utilizzando la funzionalità **Sospensione Gara/Lotto**, il PO inserisce la motivazione e la data/ora di sospensione.

- Successivamente, il sistema consente di modificare le date della gara tramite la funzionalità **Modifica Date Gara**, aggiornando tutte le comunicazioni e inviando un nuovo riepilogo d'invito agli OE.

---

7. Considerazioni Finali e Conclusioni

7.1 Riepilogo dei Passaggi Operativi

Il processo di creazione e avvio di un Appalto Specifico SDA Farmaci si articola in numerosi passaggi:

1. **Raccolta dei Fabbisogni:** Identificazione e standardizzazione dei prodotti da acquistare.

2. **Creazione dell'Appalto Specifico:** Configurazione dei dati principali, definizione dei lotti e predisposizione della documentazione.

3. **Invito ai Fornitori:** Generazione della Lettera di Invito e caricamento dei documenti firmati digitalmente.

4. **Validazione e Pubblicazione:** Controllo finale dei dati, generazione del riepilogo e pubblicazione della gara.

5. **Funzionalità Post-Pubblicazione:** Gestione documentale, modifica delle date, sospensione, revoca e copia della gara.

7.2 Importanza della Trasparenza e della Conformità

La trasparenza è un elemento cardine del Sistema Dinamico di Acquisizione.

- **Tracciabilità dei Dati:** Ogni modifica e ogni comunicazione vengono registrate, garantendo la possibilità di audit e verifiche successive.

- **Conformità alle Normative:** La procedura è progettata per rispettare tutte le normative vigenti, riducendo il rischio di contestazioni e garantendo un processo equo e trasparente per tutte le parti coinvolte.

7.3 Vantaggi a Lungo Termine

L'adozione del SDA Farmaci offre benefici significativi:

- **Efficienza Operativa:** Riduzione dei tempi di procedura e miglioramento dell'efficienza nella gestione degli acquisti pubblici.

- **Migliore Relazione con gli Operatori Economici:** La trasparenza e la chiarezza del processo favoriscono un rapporto più collaborativo e fiducioso tra le Pubbliche Amministrazioni e gli OE.

- **Innovazione e Aggiornamento Continuo:** Il sistema è in costante aggiornamento, con l'integrazione di nuove funzionalità e l'adeguamento alle evoluzioni normative, garantendo così un elevato standard qualitativo e operativo.

7.4 Sfide e Opportunità

Nonostante i numerosi vantaggi, l'implementazione e l'utilizzo del SDA Farmaci comportano alcune sfide:

- **Formazione del Personale:** È fondamentale che gli operatori della Pubblica Amministrazione siano adeguatamente formati per utilizzare il sistema in maniera efficace.

- **Gestione delle Eccezioni:** In caso di anomalie nella compilazione dei dati o di problemi tecnici, è necessario disporre di un supporto tempestivo e competente.

- **Aggiornamento dei Dati:** La continua integrazione e aggiornamento dei dati, soprattutto per quanto riguarda il dizionario dei farmaci e l'Anagrafica Unità di

Misura, richiede una stretta collaborazione con Consip S.p.A. e una comunicazione costante tra le parti coinvolte.

7.5 Conclusioni

Il percorso descritto in questo capitolo rappresenta un quadro completo della procedura di creazione e avvio di un Appalto Specifico SDA Farmaci.

- **Dalla Raccolta dei Fabbisogni alla Pubblicazione:** Ogni fase, se eseguita con la massima attenzione ai dettagli, garantisce una gestione trasparente e conforme alle normative, riducendo il rischio di errori e aumentando la competitività delle gare.

- **Funzionalità Avanzate Post-Pubblicazione:** Le opzioni disponibili per la gestione documentale, la modifica delle date, la sospensione e la revoca della gara offrono agli utenti la flessibilità necessaria per adattarsi a variazioni operative e garantire il successo della procedura.

- **Ruolo Cruciale della Formazione e del Supporto:** La complessità della procedura richiede una formazione approfondita e un supporto continuo, per consentire a tutte le figure coinvolte di operare in maniera efficiente e consapevole.

In sintesi, l'adozione del SDA Farmaci non solo ottimizza il processo di acquisto pubblico, ma rappresenta anche un passo avanti verso una gestione più innovativa, trasparente e collaborativa delle procedure di gara. La corretta applicazione di questi principi operativi assicura che le gare indette siano condotte in maniera efficiente, garantendo la massima partecipazione degli OE e il rispetto dei rigorosi standard normativi.

Conclusioni Generali

Il presente capitolo ha illustrato in maniera esaustiva e dettagliata l'iter completo per la predisposizione, configurazione e gestione di un Appalto Specifico SDA Farmaci. Dal momento in cui si individuano i fabbisogni, passando per la creazione dell'appalto e l'invio della documentazione, fino alla pubblicazione e gestione delle funzionalità post-gara, ogni fase è studiata per assicurare trasparenza, conformità normativa e la massima efficienza operativa.

L'adozione del Sistema Dinamico di Acquisizione in ambito farmaceutico rappresenta un'evoluzione significativa nella gestione degli acquisti pubblici, ponendo le basi per procedure più rapide, sicure e trasparenti, a beneficio sia delle Pubbliche Amministrazioni che degli Operatori Economici. La capacità di integrare funzionalità avanzate, come la gestione dei dati ANAC e la possibilità di modificare in tempo reale le informazioni operative, permette di rispondere tempestivamente alle esigenze operative e normative, garantendo un alto livello di efficienza e qualità.

Infine, l'esperienza derivante dall'utilizzo del SDA Farmaci contribuisce alla formazione di una cultura organizzativa orientata all'innovazione e alla trasparenza, fattori essenziali per il successo nel complesso panorama degli appalti pubblici. Grazie alla combinazione di strumenti digitali avanzati, un sistema di controllo rigoroso e un supporto costante, le Pubbliche Amministrazioni sono in grado di gestire in modo ottimale le procedure di gara, promuovendo la competitività e l'efficienza in ogni fase del processo.

Questa guida, pertanto, si configura come un riferimento imprescindibile per tutti gli operatori coinvolti nella gestione degli Appalti Specifici in ambito farmaceutico, offrendo un quadro completo e approfondito che consente di affrontare con competenza ogni aspetto della procedura. La corretta applicazione di queste linee guida rappresenta un elemento chiave per il successo delle gare e per l'implementazione di processi di acquisto pubblico sempre più innovativi e trasparenti.

Capitolo 25: Appalto Specifico SDA Farmaci – Partecipazione

Introduzione

Nel quadro del **Sistema Dinamico di Acquisizione (SDA)**, la partecipazione agli Appalti Specifici in ambito Farmaci rappresenta un momento cruciale per gli **Operatori Economici (OE)** abilitati al Bando Istitutivo. Questo capitolo, estremamente articolato e dettagliato, descrive l'intero iter operativo che l'OE deve seguire per partecipare con successo a una gara. Verranno illustrate le condizioni necessarie per l'ammissione, la ricezione della lettera d'invito, e la presentazione dell'offerta attraverso le funzionalità della piattaforma di e-Procurement.

L'iter di partecipazione è strutturato in numerose fasi, che spaziano dall'invito al confronto concorrenziale, alla validità delle dichiarazioni, passando per il riepilogo della gara, le richieste di chiarimenti, la gestione delle comunicazioni, l'avvio di nuove procedure, la compilazione dell'offerta e la gestione dei documenti d'offerta, fino ad arrivare al riepilogo finale e all'invio dell'offerta. Infine, verranno illustrate le funzionalità relative alla gestione delle procedure, al rilancio, alla sospensione e alle sedute pubbliche, nonché le modalità di migrazione delle negoziazioni derivanti da operazioni societarie.

Questo capitolo intende fornire un quadro completo e approfondito, utile sia a chi si avvicina per la prima volta al processo partecipativo, sia a operatori esperti che necessitano di consultare i dettagli tecnici e operativi per ottimizzare la propria offerta. Il testo si articola in numerose sezioni e sottosezioni, ciascuna delle quali è stata strutturata per rispondere alle esigenze informative e operative degli utenti, garantendo chiarezza, trasparenza e completezza nella descrizione dei processi.

---

1. Invito a Partecipare al Confronto Concorrenziale

1.1 Meccanismo di Invito

All'avvio della procedura di un Appalto Specifico Farmaci, il sistema provvede a inviare automaticamente una notifica di invito nell'area **Messaggi Personali** del portale di e-Procurement.

- **Notifica Automatica:**
  Gli OE ammessi ricevono una notifica che li informa dell'avvio della procedura e li invita a presentare la propria offerta. Tale notifica è essenziale per avviare il

confronto concorrenziale e rappresenta il primo contatto ufficiale tra la Stazione Appaltante e gli operatori.

- **Criteri di Ammissibilità:**
  È fondamentale che l'OE sia ammesso alle categorie merceologiche specificate nel Bando Istitutivo. Se l'OE non risulta ammesso al momento dell'invio della lettera d'invito, non potrà partecipare alla gara, anche se in forma consorziata o raggruppata.

1.2 Requisiti di Partecipazione

Per poter partecipare, l'OE deve:

- **Conseguire l'Ammissione:**
  L'ammissione deve essere ottenuta entro la data e l'ora di invio della lettera d'invito. Questo implica che l'OE debba aver presentato, in tempo utile, tutte le dichiarazioni e i documenti richiesti per essere abilitato alle specifiche categorie oggetto dell'AS.

- **Ricevere la Lettera di Invito:**
  La lettera, inviata dalla Stazione Appaltante, contiene tutte le informazioni necessarie per procedere con la partecipazione alla gara.

- **Presentare l'Offerta:**
  L'OE deve infine presentare l'offerta attraverso le apposite funzionalità della piattaforma di e-Procurement, rispettando le scadenze e i formati richiesti.

1.3 Implicazioni per gli Operatori Economici

Nel caso in cui il Bando Istitutivo preveda la partecipazione in differenti categorie merceologiche, l'OE deve essere ammesso specificamente per ciascuna categoria relativa al lotto al quale intende partecipare. Il Capitolato Tecnico della singola Stazione Appaltante, infatti, indica le categorie merceologiche associate ai lotti della gara, e il mancato rispetto di tali requisiti comporta l'impossibilità di partecipare all'Appalto.

---

2. Validità delle Dichiarazioni Rese in Fase di Ammissione

2.1 Condizioni per la Presentazione dell'Offerta

Solo gli OE le cui dichiarazioni rese in fase di ammissione sono ancora valide al momento della sottomissione dell'offerta possono partecipare. Questo requisito è essenziale per garantire la conformità e la trasparenza dell'intera procedura.

- **Dichiarazioni Valide:**
  L'OE deve verificare che tutte le informazioni fornite al momento dell'ammissione siano aggiornate e valide.

- **Richiesta di Rinnovo:**
  Se la richiesta di rinnovo delle dichiarazioni è in corso di valutazione da parte di **Consip S.p.A.**, l'OE potrà comunque partecipare, ma dovrà aggiornare tali dichiarazioni entro i termini stabiliti.

- **Dichiarazioni Scadute:**
  In caso di dichiarazioni scadute, l'OE non potrà più presentare offerta, sottolineando l'importanza di un monitoraggio costante delle proprie abilitazioni.

2.2 Aggiornamento delle Informazioni

È responsabilità dell'OE aggiornare e rinnovare ogni 12 mesi le informazioni e le dichiarazioni rese in fase di ammissione.

- **Procedura di Aggiornamento:**
  Dal proprio Cruscotto, l'OE deve accedere alla sezione **Gestione Abilitazioni > Profilo di Interesse > Dettaglio Profilo** per procedere con la rettifica o il rinnovo dei dati.

- **Impatto sull'Ammissione:**
  Solo se le dichiarazioni risultano aggiornate e valide, l'OE potrà continuare a partecipare alle gare. Questo meccanismo assicura che le informazioni siano sempre in linea con le normative vigenti e che la procedura di gara sia trasparente e corretta.

3. Riepilogo Gara

3.1 Accesso alla Funzionalità Riepilogo Gara

Il **Riepilogo Gara** rappresenta il punto di partenza per conoscere le caratteristiche fondamentali dell'Appalto Specifico a cui si intende partecipare.

- **Modalità di Accesso:**
  Gli utenti possono accedere al riepilogo tramite il proprio Cruscotto, selezionando:

    - La sezione **Sistema Dinamico > Appalti Specifici**.

    - Il menu laterale **Vendite > Negoziazioni > Sistema Dinamico**.

- **Profili Abilitati:**
  È possibile accedere al Riepilogo Gara con i profili di **Legale Rappresentante** e **Collaboratore Delegato**. Entrambi hanno la possibilità di visualizzare i dettagli della gara e di scaricare il riepilogo d'invito.

3.2 Struttura del Riepilogo Gara

Il Riepilogo Gara è suddiviso in tre sezioni principali:

- **Dati Principali:**
  Qui vengono riportate le informazioni essenziali dell'AS, quali nome, numero dell'AS, tipologia di procedura, scadenze, e altri dati informativi che la Stazione Appaltante ha definito in fase di configurazione.

- **Lotti:**
  In questa sezione sono elencati tutti i lotti previsti dalla gara. È possibile visualizzare tutte le colonne relative ai lotti e utilizzare la funzione **FILTRA** per ricercare un lotto specifico.

- **Documentazione:**
  Questa sezione contiene la documentazione resa disponibile dalla Stazione Appaltante, inclusa la **Documentazione da Consultare**, la documentazione relativa alla **Busta Amministrativa** e alla **Busta Economica**, e, se prevista, eventuali documentazioni aggiuntive.

3.3 Navigazione e Download del Riepilogo

- **Navigazione:**
  L'utente, selezionando il pulsante con la freccia, accede alla pagina di riepilogo dove può visionare i dati definiti e, attraverso il pulsante **RIEPILOGO DI INVITO**, scaricare il riepilogo in formato PDF.

- **Utilità del Riepilogo:**
  Il riepilogo garantisce che l'OE abbia una visione completa e dettagliata della

procedura di gara, agevolando così la comprensione dei requisiti e la predisposizione dell'offerta.

---

4. Richiesta Chiarimenti

4.1 Funzionalità e Tempistiche

La funzione **Richiesta Chiarimenti** consente all'OE di porre domande o richiedere ulteriori informazioni alla Stazione Appaltante in merito all'AS.

- **Termine Richiesta Chiarimenti:**
  È indicata una data limite entro la quale è possibile inviare le richieste. Da quel momento in poi, il pulsante **INVIA RICHIESTA** non sarà più disponibile per l'invio di ulteriori domande, sebbene le comunicazioni possano essere consultate.

- **Modalità di Invio:**
  L'OE deve selezionare il pulsante dedicato per inviare la richiesta e potrà visualizzare l'elenco di tutte le comunicazioni già inviate e ricevute.

4.2 Risposte della Stazione Appaltante

La Stazione Appaltante può rispondere in due modalità:

- **Risposta Singola:**
  In questo caso, la risposta viene visualizzata direttamente all'interno della sezione **Richiesta Chiarimenti**.

- **Risposta Massiva:**
  La PA può, inoltre, pubblicare un documento unico che raccoglie le risposte a tutte le richieste pervenute, rendendolo consultabile nella sezione **Documentazione** del Riepilogo Gara.

4.3 Importanza della Chiarezza

- **Per l'OE:**
  Le richieste di chiarimenti sono fondamentali per comprendere appieno i requisiti tecnici e operativi della gara, evitando errori nella predisposizione dell'offerta.

- **Per la PA:**
  Una gestione puntuale delle richieste consente di garantire la trasparenza dell'iter

e di uniformare le risposte fornite, assicurando parità di trattamento per tutti gli operatori.

5. Comunicazioni

5.1 Struttura della Sezione Comunicazioni

La sezione **Comunicazioni** è un'area centrale per lo scambio di informazioni tra la Pubblica Amministrazione e gli OE.

- **Due Tipologie di Comunicazioni:**
  - **Messaggi:** Comunicazioni manuali che gli utenti possono inviare in risposta a specifiche esigenze o richieste.
  - **Notifiche:** Comunicazioni automatiche generate dal sistema per segnalare aggiornamenti, variazioni di stato o altre informazioni rilevanti.

- **Rapporto di Consegna:**
  Ogni messaggio o notifica è corredato da un rapporto di consegna, che garantisce la tracciabilità e l'eventuale verifica dell'avvenuto invio.

5.2 Modalità di Utilizzo

- **Invio di Nuovi Messaggi:**
  Gli utenti possono utilizzare il pulsante **NUOVA COMUNICAZIONE** per avviare uno scambio di informazioni.

- **Risposta alle Comunicazioni:**
  Ogni comunicazione ricevuta consente di cliccare sul pulsante **RISPONDI**, in modo da inviare una risposta che verrà integrata nella cronologia della comunicazione.

- **Visualizzazione e Organizzazione:**
  La sezione è organizzata come una sorta di "ufficio postale virtuale", in cui ogni messaggio viene indicizzato e corredato di un contatore che mostra il numero di comunicazioni non lette.

5.3 Importanza per il Processo di Gara

Le comunicazioni assicurano che tutte le parti coinvolte siano costantemente aggiornate sullo stato della procedura, favorendo una maggiore trasparenza e collaborazione.

- **Per la PA:**
  La possibilità di inviare notifiche automatiche garantisce che ogni variazione venga comunicata tempestivamente a tutti gli OE.

- **Per gli OE:**
  L'accesso a un'area dedicata permette di monitorare in tempo reale tutte le informazioni e di agire prontamente in caso di necessità.

6. Avvio di Nuova Procedura

6.1 Inizio della Procedura di Partecipazione

Gli OE hanno la possibilità di avviare una nuova procedura di partecipazione attraverso la sezione **Le Tue Procedure**.

- **Pulsante Avvia Nuova Procedura:**
  Questo pulsante è visibile solo se l'Appalto Specifico è in stato **Pubblicato** e se la data corrente è compresa tra l'**Inizio presentazione offerte** e il **Termine ultimo presentazione offerte**.

- **Modalità di Avvio:**
  L'OE può iniziare una nuova procedura oppure unirsi a una procedura già avviata da un altro utente utilizzando il pulsante **Partecipa tramite PIN**.

  - Se la procedura è avviata da un altro OE, è necessario inserire il codice PIN che consente di partecipare alla stessa iniziativa.

6.2 Struttura della Nuova Procedura

La nuova procedura di partecipazione si compone di diverse sezioni fondamentali:

- **Compilatori:**
  Gestione degli utenti autorizzati a predisporre l'offerta.

  - Il Legale Rappresentante e i Collaboratori autorizzati vengono visualizzati in questa sezione e devono essere in stato **Attivo**.

- **Forma di Partecipazione Offerta:**
  Scelta della modalità con cui l'OE intende partecipare alla gara.

- ○ È possibile scegliere tra la partecipazione come **Singolo Operatore Economico** o in **Forma Multipla** (ad esempio, raggruppamenti o consorzi), secondo le diverse tipologie previste dal D.Lgs. 50/2016.

- **Compilazione Offerta:**
  In questa sezione, l'OE inserisce i dati relativi ai lotti per i quali intende presentare l'offerta.

- **Documenti di Offerta:**
  L'OE deve caricare tutta la documentazione richiesta, che si suddivide in Documentazione Amministrativa, Economica, Aggiuntiva e di Rilancio (se prevista).

6.3 Modalità di Modifica della Procedura

- **Modifica dei Compilatori:**
  Solo il profilo del **Legale Rappresentante** può apportare modifiche ai compilatori.

  - ○ L'utente può aggiungere o escludere soggetti autorizzati e, una volta completata la modifica, deve salvare le informazioni.

- **Modifica della Forma di Partecipazione:**
  Qualora l'OE decida di cambiare la forma di partecipazione, il sistema elimina automaticamente la documentazione già generata, notificando all'utente che dovrà rigenerare i documenti necessari.

- **Salvataggio e Aggiornamento:**
  Dopo ogni modifica, l'OE deve premere il pulsante **SALVA** per far sì che le informazioni vengano registrate e possano essere utilizzate nelle fasi successive.

7. Compilazione Offerta

7.1 Panoramica della Compilazione

La compilazione dell'offerta rappresenta il cuore della partecipazione alla gara. Essa si articola in due modalità principali:

- **Importazione Massiva dei Lotti:**
  Utilizzata quando l'OE deve gestire un numero elevato di lotti e intende utilizzare un template Excel per il caricamento massivo dei dati.

- **Inserimento per Singolo Lotto:**
  Scelta ideale per il caricamento di pochi lotti o per effettuare modifiche puntuali a dati già inseriti.

7.2 Importazione Massiva dei Lotti

- **Download del Template:**
  L'OE scarica il modello di offerta in formato Excel, che contiene i dati precompilati relativi a ciascun lotto.

- **Struttura del File Excel:**
  Il file Excel include:

  - **Campi Precompilati:**
    - Numero Lotto
    - Sub-lotto
    - Codice ATC
    - Principio Attivo
    - Codice A.I.C.
    - Nome Commerciale (da integrare)
    - Prezzo unitario di offerta IVA esclusa
    - Prezzo totale offerto (calcolato)
    - Sconto offerto

  - **Campi da Compilare:**
    - Nome commerciale (denominazione del medicinale)
    - Codice A.I.C.
    - Unità per confezione
    - Classe di rimborsabilità (valori ammessi: A, H, C, SOP/OTC)
    - Prezzo di vendita al pubblico IVA inclusa (con massimo due decimali)
    - Prezzo unitario di offerta IVA esclusa (con massimo cinque decimali)

- Prezzo unitario di cessione al Sistema Sanitario Nazionale IVA esclusa

- Sconto obbligatorio per legge (modalità: Ex-factory, 50, Emoderivato)

- Indicazione se il prodotto è coperto da brevetto (valori "SI" o "NO")

- Data scadenza del brevetto (formato gg/mm/aaaa)

- Informazioni relative al subappalto (se applicabile)

- **Caricamento e Validazione:**
  Dopo aver completato il file, l'OE deve caricarlo sul sistema tramite il pulsante **ALLEGA**.
  Il sistema esegue una verifica automatica che genera un **Report Errori** se sono presenti incongruenze nei dati.

  - **Errori Comuni:**

    - Prezzo unitario di offerta IVA esclusa pari a 0,00000.

    - Prezzo unitario di offerta IVA esclusa superiore al prezzo unitario di cessione o al prezzo di vendita al pubblico.

    - Prezzo unitario di offerta IVA esclusa superiore alla base d'asta unitaria IVA esclusa.

L'OE deve correggere gli errori segnalati, eliminare il file errato e ricaricare un file aggiornato.
Il caricamento massivo sovrascrive i dati eventualmente inseriti manualmente per i singoli lotti.

7.3 Gestione per Singolo Lotto

La modalità di **Gestione per Singolo Lotto** permette di:

- Inserire un'offerta per un lotto specifico.

- Modificare o eliminare l'offerta già presentata per un lotto.

- Visualizzare in dettaglio i dati relativi a ciascun lotto, come il numero del lotto, il sub-lotto, il codice ATC, il principio attivo, il prezzo unitario di offerta e altri parametri.

L'OE accede a questa funzione inserendo il numero del lotto desiderato e premendo il pulsante **VAI**.

La pagina visualizzata permette di:

- Visualizzare i dati precompilati e i campi modificabili.

- Utilizzare le icone per **Inserimento Offerta** (simbolo "+"), **Modifica** (icona della matita) ed **Eliminazione** (icona del cestino).

7.4 Riepilogo Offerte Lotti

Tramite il pulsante **RIEPILOGO OFFERTE LOTTI**, l'OE può visualizzare l'elenco completo di tutte le offerte presentate per ciascun lotto.

- **Funzionalità di Ricerca:**
  È possibile filtrare i dati in base a:

    o Numero del lotto

    o Sub-lotto

    o Principio attivo

    o Codice ATC

- **Visualizzazione delle Colonne:**
  Selezionando il pulsante **MOSTRA TUTTE LE COLONNE**, il sistema espande la tabella per mostrare tutti i dettagli relativi ai lotti.
  L'utente può poi ripristinare la visualizzazione iniziale tramite il pulsante **NASCONDI COLONNE**.

7.5 Documenti Firmati Digitalmente

Il sistema consente di allegare documenti firmati digitalmente, necessari per completare l'offerta.

- **Formati Accettati:**
  Il sistema accetta documenti firmati in formato **CAdES** (.p7m) e **PAdES**.

- **Messaggi di Warning:**
  Se un file non è firmato in formato CAdES, il sistema visualizzerà un messaggio di attenzione, ma consentirà comunque l'invio dell'offerta.

- **Verifica della Firma:**
  La Stazione Appaltante verificherà la validità della firma digitale in fase di esame dell'offerta.

8. Documenti di Offerta

8.1 Panoramica della Documentazione

La presentazione dell'offerta richiede l'inserimento di una serie di documenti che devono essere allegati tramite il sistema. Questi documenti si suddividono in:

- Documentazione Amministrativa
- Documentazione Economica
- Documentazione Aggiuntiva
- Documentazione di Rilancio (se applicabile)

8.2 Documentazione Amministrativa

8.2.1 Gestione per Singolo Operatore Economico

Nel caso di partecipazione come **Singolo Operatore Economico**, la sezione relativa alla Documentazione Amministrativa prevede:

- **Dichiarazioni Aggiuntive:**
  Qui l'OE inserisce dichiarazioni obbligatorie, quali quelle previste dall'art. 2359 del Codice Civile, nonché altre informazioni richieste dalla Stazione Appaltante.

- **Elenco Documenti:**
  Per ogni documento, il sistema visualizza:
    - La descrizione
    - Il tasto **GENERAZIONE** per produrre la Dichiarazione Sostitutiva di Partecipazione
    - La possibilità di scaricare il fac-simile e, successivamente, di caricare il documento firmato digitalmente
    - Informazioni relative alla verifica della firma digitale e all'esito del caricamento

8.2.2 Gestione per Partecipazione Multipla

Nel caso di una **Partecipazione Multipla** (raggruppamento di OE o consorzio), la Documentazione Amministrativa è gestita per ciascun OE del raggruppamento.

- **Visualizzazione dei Documenti:**
  Ogni OE presenta un proprio elenco di documenti, e il sistema mostra il numero totale dei documenti caricati, la validità della firma digitale e altre informazioni rilevanti.

- **Azioni Disponibili:**
  Il Legale Rappresentante del raggruppamento può, tramite le funzioni di modifica, aggiungere o eliminare documenti, sempre nel rispetto delle scadenze previste.

8.3 Documentazione Economica

8.3.1 Generazione e Caricamento

La Documentazione Economica consiste nella presentazione dei dati economici relativi all'offerta.

- **Generazione Automatica:**
  Il sistema, in base ai dati inseriti nella sezione di compilazione offerta, genera il documento dell'Offerta Economica in formato PDF.

- **Verifica e Firma:**
  Una volta generato, il documento deve essere scaricato, firmato digitalmente dal Legale Rappresentante e ricaricato nel sistema tramite il tasto **ALLEGA FILE**.

- **Esiti della Verifica:**
  Nella colonna **ESITI VERIFICHE** vengono riportate informazioni quali dimensione del file, autenticità e operazione effettuata, garantendo così la tracciabilità dell'intero processo.

8.4 Documentazione Aggiuntiva

La sezione **Documentazione Aggiuntiva** è destinata a raccogliere ulteriore documentazione richiesta dalla Stazione Appaltante, qualora previsto nel bando.

- **Elenco dei Documenti:**
  Viene visualizzato un elenco che mostra:
  - La descrizione di ogni documento

- o Il tasto **SCEGLI FILE** per l'upload
- o La possibilità di eliminare il file precedentemente caricato

- **Verifica della Firma:**
  Anche in questa sezione, il sistema controlla la validità della firma digitale applicata ai documenti caricati.

8.5 Documentazione di Rilancio

Se la gara prevede una fase di rilancio, viene attivata una sezione specifica per la Documentazione di Rilancio.

- **Funzionalità Simili alla Documentazione Economica:**
  La sezione consente di generare un nuovo documento dell'Offerta Economica per la fase di rilancio, seguendo lo stesso iter di generazione, firma digitale e caricamento.

- **Visualizzazione e Download:**
  Il sistema mostra un elenco dei documenti relativi al rilancio, permettendo agli OE di scaricarli e verificarne il contenuto.

---

9. Riepilogo ed Invio dell'Offerta

9.1 Struttura del Riepilogo Offerta

Nella sezione **Riepilogo ed Invio Offerta**, l'OE visualizza una sintesi di tutte le informazioni inserite durante la procedura di partecipazione, suddivise in diverse sezioni:

- **Compilatori:**
  Elenco dei profili autorizzati a predisporre l'offerta, con dati quali nome, cognome, codice fiscale e ruolo.

- **Forma di Partecipazione:**
  Viene mostrata la forma scelta (Singolo OE o Partecipazione Multipla) con eventuali dettagli sui membri del raggruppamento.

- **Compilazione Offerta:**
  Un riepilogo dei lotti per i quali è stata presentata l'offerta, con i dati principali quali numero lotto, sub-lotto, prezzo unitario e totale offerto.

- Documentazione Amministrativa, Economica, Aggiuntiva e di Rilancio:
  Sintesi dei documenti caricati, con la possibilità di visualizzare in dettaglio ciascun documento.

9.2 Invio dell'Offerta

Una volta verificato il riepilogo, l'OE deve inviare l'offerta.

- **Controlli Preliminari:**
  Prima dell'invio, il sistema effettua una serie di controlli, tra cui:

  - Verifica dell'abilitazione dell'utente.

  - Stato dell'Appalto Specifico e dei lotti.

  - Presenza di offerte per tutti i sub-lotti, in caso di lotti composti.

  - Verifica della completezza dei documenti obbligatori.

  - Controllo della validità delle firme digitali (che, se non perfette, generano un messaggio di warning, ma non impediscono l'invio).

- **Invio Offerta:**
  Se tutti i controlli sono superati, l'OE seleziona il pulsante **INVIO OFFERTA**.
  Il sistema invia l'offerta e genera automaticamente una **Ricevuta di Invio**, che viene resa disponibile nella sezione **Le Tue Procedure** nella colonna **Ricevute**.
  A questo punto, lo stato della partecipazione passa a **Inviata**.

9.3 Sezioni del Riepilogo ed Invio

Ogni sezione del riepilogo è interattiva:

- **Compilatori:**
  È possibile espandere la sezione per visualizzare il dettaglio di ciascun compilatore.

- **Forma di Partecipazione:**
  Attraverso il pulsante freccia, si può visualizzare l'elenco completo degli OE che compongono il raggruppamento, con la denominazione sociale e il ruolo.

- **Compilazione Offerta:**
  Cliccando sui lotti, l'OE può verificare i dati inseriti e, se necessario, apportare modifiche prima dell'invio definitivo.

- **Documentazione:**
  Ogni documento allegato può essere visionato in dettaglio, e sono indicate le informazioni relative alla firma digitale, agli esiti dei controlli e alla data di caricamento.

---

10. Le Tue Procedure

10.1 Gestione delle Procedure di Partecipazione

La sezione **Le Tue Procedure** è l'area in cui l'OE può monitorare e gestire tutte le procedure di partecipazione attive e concluse.

- **Elenco delle Procedure:**
  Vengono visualizzati dati quali:

  - Numero di partecipazione.

  - Denominazione o ragione sociale.

  - Forma di partecipazione.

  - Data di inizio o di invio della procedura.

  - Lotti selezionati.

  - Ricevuta dell'invio.

  - Stato della procedura (In composizione, Inviata, Ritirata).

10.2 Filtri e Ricerca

- **Funzione di Ricerca:**
  L'OE può utilizzare filtri per cercare una specifica partecipazione in base a:

  - Numero di partecipazione.

  - Stato della procedura.

- **Eliminazione o Ritiro:**
  Solo le procedure in stato **In composizione** possono essere eliminate.
  In caso di partecipazione in stato **Inviata**, l'OE ha la possibilità di ritirare l'offerta mediante il pulsante **Ritira**.

10.3 Partecipazione Tramite PIN

Nel caso in cui l'OE venga invitato a partecipare a una procedura già avviata da un altro OE, il sistema attiva il pulsante **Partecipa tramite PIN**.

- **Utilizzo del PIN:**
  L'OE inserisce il codice PIN ricevuto per accedere alla procedura esistente.
  Se il PIN non viene riconosciuto, il sistema mostra un messaggio di errore ("PIN errato").

10.4 Visualizzazione dei Lotti e delle Ricevute

- **Lotti Selezionati:**
  Cliccando sul campo **Lotti Selezionati**, l'OE può visualizzare un riepilogo dei lotti dell'offerta con i relativi dati.

- **Ricevute di Invio e Ritiro:**
  La colonna **Ricevute** permette di accedere ai documenti in formato PDF relativi all'invio o al ritiro dell'offerta.

---

11. Rilancio

11.1 Introduzione al Rilancio

Il **Rilancio** si attiva nei casi in cui vi sia parità assoluta tra le offerte presentate o quando, per alcuni lotti, non si registri un ribasso sufficiente.

- **Condizioni per il Rilancio:**
  Il rilancio è riservato agli OE che hanno presentato offerte per lotti oggetto di una seconda negoziazione.

- **Iter di Rilancio:**
  La procedura di rilancio prevede la generazione di una nuova offerta economica, con la possibilità di apportare modifiche limitate ai dati economici, mantenendo inalterate le altre informazioni (compilatori, forma di partecipazione, ecc.).

11.2 Funzionamento della Procedura di Rilancio

- **Accesso alla Funzione Riepilogo Rilancio:**
  Dal menu laterale, l'OE può accedere alla sezione dedicata al rilancio, che mostra:
  - Le date relative alla seconda negoziazione.
  - I lotti oggetto di rilancio e la documentazione associata.

- **Creazione della Nuova Offerta di Rilancio:**
  Tramite il pulsante **Avvia Partecipazione di Rilancio** (presente nella colonna AZIONI della sezione Le Tue Procedure), l'OE può avviare una nuova partecipazione.
  In questo caso, il sistema visualizza la partecipazione originaria e consente di modificare esclusivamente gli aspetti economici.

- **Ritiro della Partecipazione di Rilancio:**
  Se l'OE decide di ritirare l'offerta di rilancio, potrà farlo tramite il link **Ritira**, purché i termini di presentazione non siano scaduti.
  In alternativa, è possibile inviare una nuova richiesta di rilancio.

11.3 Gestione del Rilancio nelle Procedure

- **Visualizzazione delle Offerte di Rilancio:**
  Nel riepilogo delle procedure, viene indicato il numero di partecipazione e, accanto, il numero di rilancio e l'elenco dei lotti oggetto di rilancio.

- **Modifica e Aggiornamento:**
  L'iter di rilancio consente all'OE di apportare modifiche solo ai dati economici, mantenendo invariati gli altri dati della partecipazione.

- **Conferma del Rilancio:**
  Una volta completata la modifica, l'OE invia la nuova offerta di rilancio che verrà gestita dal sistema come una seconda fase di negoziazione.

---

12. Sospensione

12.1 Funzionalità di Sospensione

Nel corso della procedura di partecipazione, la possibilità di sospendere la gara o specifici lotti rappresenta una funzione essenziale per gestire eventuali imprevisti.

- **Sospensione Gara o Lotti:**
  La sospensione può essere applicata all'intera gara oppure solo a determinati lotti, impedendo la presentazione di nuove offerte fino alla riattivazione.

- **Modalità di Attivazione:**
  La funzione viene attivata mediante un pulsante dedicato e richiede l'inserimento delle motivazioni e la specifica data e ora di sospensione.

12.2 Implicazioni della Sospensione

- **Impatto sulle Offerte:**
  In caso di sospensione, nessun nuovo invio di offerte potrà essere effettuato, e le procedure in corso rimarranno in stato "Sospesa".

- **Revoca della Sospensione:**
  La sospensione può essere annullata in qualsiasi momento tramite il pulsante **Annulla Sospensione**, ripristinando così lo stato normale della procedura.

- **Comunicazione ai Fornitori:**
  È fondamentale che la sospensione venga comunicata tempestivamente a tutti gli OE, in modo da garantire la trasparenza e l'aggiornamento dello stato della gara.

---

13. Seduta Pubblica

13.1 Introduzione alla Seduta Pubblica

La **Seduta Pubblica** rappresenta l'ultimo momento della procedura di gara, in cui vengono esaminate e valutate le offerte presentate.

- **Condizioni di Accesso:**
  L'accesso alla Seduta Pubblica è consentito dopo il termine della presentazione delle offerte ed è riservato ai Compilatori Attivi (che hanno partecipato alla compilazione dell'offerta) e ai soggetti esterni autorizzati (accedono tramite PIN).

13.2 Funzionalità della Seduta Pubblica

La Seduta Pubblica si articola in diverse funzioni:

- **Offerte Presentate:**
  Viene visualizzato l'elenco dei concorrenti che hanno presentato offerta, con dettagli come denominazione, forma di partecipazione, numero di lotti e data di presentazione.

- **Documentazione:**
  La sezione mostra la documentazione allegata da ciascun concorrente, che può comprendere documenti amministrativi, economici e aggiuntivi.

- **Dati di Offerta:**
  Visualizzazione dei dati economici e tecnici delle offerte, con possibilità di filtrare per lotto o per concorrente.

- **Rilancio e Sorteggio:**
  In caso di parità o necessità di ulteriori ribassi, il sistema gestisce le fasi di rilancio e, se del caso, il sorteggio per determinare l'assegnazione finale del lotto.

13.3 Seduta Pubblica – Compilatori Attivi

- **Visualizzazione e Generazione Credenziali:**
  I Compilatori Attivi possono accedere alla Seduta Pubblica e, tramite la funzione dedicata, generare le credenziali (PIN e link di accesso) da comunicare ai soggetti esterni.

- **Gestione delle Credenziali:**
  Nella sezione dedicata alla generazione delle credenziali, il sistema consente di:

  - Visualizzare l'elenco dei soggetti esterni abilitati.

  - Disabilitare temporaneamente un operatore dalla seduta pubblica.

  - Rigenerare il PIN qualora necessario.

13.4 Pagina di Accesso per Soggetti Esterni

I soggetti esterni, che hanno ricevuto le credenziali, devono accedere alla piattaforma di e-Procurement inserendo:

- Il PIN ricevuto.

- Il ruolo (Legale Rappresentante o Collaboratore Delegato).

- L'identificativo dell'OE (ad esempio, Partita IVA).
  Una volta autenticati, possono accedere alla Seduta Pubblica e visualizzare le offerte presentate.

13.5 Offerte Presentate e Documentazione in Seduta Pubblica

Durante la Seduta Pubblica, il sistema mostra:

- **Elenco Offerte Presentate:**
  Con informazioni relative ai concorrenti, al numero di lotti e alle date di presentazione.

- **Documentazione Allegata:**
  Gli utenti possono visualizzare le sezioni di Documentazione Amministrativa, Economica e Aggiuntiva, ma non possono scaricare i file.

- **Dati di Offerta:**
  Dettagli sui prezzi, ribassi e altre informazioni economiche.

13.6 Funzioni di Rilancio, Sorteggio e Comunicazioni in Seduta Pubblica

- **Rilancio in Seduta Pubblica:**
  Se previsto, viene gestito un ulteriore ciclo di offerta, che consente agli OE di presentare una nuova offerta economica in risposta a una situazione di parità.

- **Sorteggio:**
  Il sistema attiva la funzione di sorteggio nei casi in cui non sia possibile distinguere ulteriormente le offerte, ad esempio, in presenza di offerte pari al minimo richiesto o in caso di rilancio senza ulteriori ribassi.

- **Comunicazioni Durante la Seduta:**
  Durante la seduta, il sistema invia notifiche e aggiornamenti in tempo reale, garantendo che tutte le parti siano informate sull'andamento della valutazione.

14. Migrazione delle Negoziazioni Derivanti da Operazioni Societarie

14.1 Contesto e Necessità

Nel caso in cui l'OE subisca operazioni societarie (come fusioni, cessioni di ramo d'azienda o conferimenti), il sistema prevede la possibilità di migrare le negoziazioni già avviate verso la nuova struttura societaria.

- **Motivazioni per la Migrazione:**
  La migrazione garantisce la continuità della partecipazione alle gare nonostante le variazioni organizzative interne.

- **Procedure di Migrazione:**
  L'OE interessato deve accedere alla sezione dedicata alla migrazione, seguendo le istruzioni operative per aggiornare i dati societari.

14.2 Procedura Operativa di Migrazione

- **Accesso alla Sezione di Migrazione:**
  Dal Cruscotto, l'OE seleziona la voce relativa alla migrazione delle negoziazioni.

- **Aggiornamento dei Dati Societari:**
  L'OE dovrà fornire le nuove informazioni societarie, che includono:

  - Nuova denominazione.

  - Nuovo codice fiscale o partita IVA, se applicabile.

  - Dati aggiornati relativi al Legale Rappresentante e agli altri soggetti coinvolti.

- **Verifica e Conferma:**
  Una volta aggiornati i dati, il sistema esegue una verifica e, in caso di esito positivo, migra automaticamente le negoziazioni in corso alla nuova struttura societaria.

- **Notifica di Migrazione:**
  Il sistema invia una notifica che conferma la corretta migrazione dei dati, rendendo disponibili le informazioni aggiornate per la gestione delle gare in corso.

Conclusioni e Riflessioni Finali

15.1 Riepilogo dell'Iter di Partecipazione

L'intero processo di partecipazione a un Appalto Specifico SDA Farmaci è estremamente articolato e si compone di numerose fasi che vanno dalla ricezione dell'invito alla partecipazione effettiva attraverso la presentazione dell'offerta.

- **Fasi Iniziali:**
  L'iter si apre con l'invito a partecipare e la verifica dell'ammissibilità, che garantiscono che solo gli OE in regola possano procedere.

- **Validità delle Dichiarazioni:**
  È indispensabile che le dichiarazioni rese in fase di ammissione siano aggiornate e valide, affinché l'OE possa partecipare senza impedimenti.

- **Riepilogo e Gestione della Gara:**
  Il riepilogo della gara offre una panoramica completa dei dati inseriti e consente all'OE di consultare la documentazione, i lotti e le scadenze.

- **Compilazione dell'Offerta:**
  L'offerta può essere predisposta sia tramite importazione massiva che per singolo lotto, con controlli in tempo reale e generazione di report errori.

- **Documentazione di Offerta:**
  La corretta gestione della documentazione, che include le sezioni amministrative, economiche, aggiuntive e di rilancio, è fondamentale per garantire la conformità della partecipazione.

- **Invio e Gestione delle Procedure:**
  Una volta verificata la completezza dell'offerta, l'OE invia la partecipazione e può monitorarne lo stato tramite la sezione Le Tue Procedure.

- **Funzionalità Post-Partecipazione:**
  Funzioni quali il rilancio, la sospensione e la gestione della seduta pubblica offrono ulteriori strumenti per ottimizzare la partecipazione e garantire la trasparenza dell'intera procedura.

- **Migrazione delle Negoziazioni:**
  Infine, la possibilità di migrare le negoziazioni in seguito a operazioni societarie consente una continuità operativa, nonostante le variazioni interne all'OE.

15.2 Importanza della Trasparenza e della Conformità

La trasparenza è uno dei pilastri fondamentali del processo di gara nel SDA Farmaci.

- **Tracciabilità dei Dati:**
  Ogni fase del processo, dalla compilazione dell'offerta alla gestione dei documenti, è registrata e tracciabile. Questo permette agli organi di controllo di verificare ogni passaggio e garantire la correttezza dell'iter.

- **Conformità alle Normative:**
  L'intero processo è strutturato in conformità alle normative vigenti (L. 160/2019, L. 488/1999, D.Lgs. 36/2023), riducendo il rischio di contestazioni e assicurando che tutte le operazioni siano trasparenti e giustificate.

- **Aggiornamento Costante:**
  Gli OE sono tenuti ad aggiornare periodicamente le proprie dichiarazioni e i dati societari, assicurando che le informazioni in possesso della Stazione Appaltante siano sempre accurate e aggiornate.

15.3 Benefici per le Pubbliche Amministrazioni e per gli Operatori Economici

L'adozione del SDA Farmaci e la partecipazione alle gare mediante questo sistema offrono numerosi vantaggi:

- **Per le Pubbliche Amministrazioni:**
  - Migliore efficienza nella gestione delle gare, grazie all'automazione dei processi.
  - Maggiore trasparenza e tracciabilità, con la possibilità di verificare ogni fase del processo.
  - Riduzione dei tempi di risposta e maggiore rapidità nell'indizione delle gare.

- **Per gli Operatori Economici:**
  - Accesso a un sistema centralizzato che permette di monitorare tutte le procedure in corso.
  - Possibilità di presentare offerte in maniera standardizzata, riducendo il margine di errore.
  - Supporto continuo tramite notifiche e messaggi che garantiscono l'aggiornamento in tempo reale.

15.4 Sfide e Opportunità Future

Nonostante i numerosi vantaggi, l'adozione di un sistema così complesso comporta alcune sfide:

- **Formazione e Aggiornamento del Personale:**
  È indispensabile che il personale delle Pubbliche Amministrazioni e gli OE siano adeguatamente formati per utilizzare il sistema in modo efficiente. Ciò richiede corsi di aggiornamento periodici e un supporto tecnico costante.

- **Gestione delle Eccezioni e delle Anomalie:**
  Il sistema deve essere in grado di gestire in maniera flessibile eventuali anomalie nei dati o problematiche tecniche. La presenza di report errori e di funzioni di modifica è fondamentale per risolvere tempestivamente tali criticità.

- **Evoluzione Tecnologica:**
  Il SDA Farmaci si evolve costantemente per rispondere alle nuove esigenze

normative e tecnologiche. È quindi importante che il sistema venga aggiornato periodicamente, integrando nuove funzionalità e migliorando l'esperienza utente.

15.5 Conclusioni Finali

Il processo di partecipazione a un Appalto Specifico SDA Farmaci è un iter complesso e articolato che richiede attenzione, precisione e una conoscenza approfondita delle procedure operative e normative.

- **Iter di Partecipazione:**
  Dall'invito iniziale alla presentazione dell'offerta, ogni fase è studiata per garantire la trasparenza e l'efficienza del processo.

- **Strumenti e Funzionalità:**
  Le numerose funzionalità offerte dalla piattaforma, dalla gestione dei lotti alla documentazione, passando per il rilancio e la seduta pubblica, consentono agli OE di presentare offerte complete e conformi alle esigenze della Stazione Appaltante.

- **Impegno e Aggiornamento Continuo:**
  La necessità di aggiornare costantemente le dichiarazioni e i dati societari, unita alla possibilità di migrare le negoziazioni in caso di operazioni societarie, sottolinea l'importanza di un impegno costante e di una gestione dinamica della partecipazione.

- **Prospettive Future:**
  L'evoluzione tecnologica e normativa offrirà ulteriori opportunità per migliorare il sistema e per garantire che i processi di gara siano sempre più efficienti, trasparenti e sicuri.

In conclusione, la partecipazione a un Appalto Specifico SDA Farmaci non solo rappresenta un'opportunità per gli Operatori Economici di accedere a nuove gare e contratti, ma costituisce anche un elemento fondamentale per la modernizzazione e la digitalizzazione degli acquisti pubblici in ambito sanitario. La corretta applicazione delle procedure, il rispetto delle scadenze e la trasparenza delle informazioni sono le chiavi per garantire il successo dell'intera operazione, a vantaggio sia delle Pubbliche Amministrazioni che degli OE.

Capitolo 26: Gestione dei Permessi e Comunicazioni nel Sistema Dinamico di Acquisizione Farmaci

Introduzione

Nel contesto del **Sistema Dinamico di Acquisizione (SDA)** in ambito Farmaci, la gestione dei permessi e delle comunicazioni riveste un ruolo cruciale per garantire che tutte le operazioni vengano svolte in conformità alle normative e alle procedure interne. Questo capitolo, articolato in numerose sezioni e sviluppato in maniera esaustiva, descrive in dettaglio l'iter di gestione dei permessi per gli utenti – dalla selezione del gestore e l'associazione obbligatoria dei ruoli, fino all'attribuzione delle sezioni da autorizzare e alla configurazione dei privilegi specifici. Inoltre, vengono analizzate in maniera approfondita le funzionalità legate alle comunicazioni, inclusi il sistema di messaggistica, il rapporto di consegna, le comunicazioni relative all'inizio dei lavori o alla seduta pubblica, nonché le modalità di invio e gestione delle richieste di chiarimenti.

Il presente capitolo si propone di fornire un riferimento completo e dettagliato per i responsabili dell'implementazione e della gestione del sistema, affinché ogni operazione possa essere eseguita con precisione, trasparenza e tempestività. Verranno illustrati i vari passaggi operativi, le tipologie di ruoli e di autorizzazioni, nonché le modalità di interazione tra gli utenti e il sistema, al fine di ottimizzare l'efficienza e la collaborazione tra le diverse figure coinvolte nel processo di gara.

---

1. Gestione dei Permessi: Selezione del Gestore e Assegnazione del Ruolo

1.1 Selezione del Gestore

Il processo di gestione dei permessi inizia con la selezione del gestore all'interno della piattaforma. Il gestore è l'utente incaricato di amministrare le autorizzazioni per le varie funzionalità del sistema e di assegnare i ruoli appropriati agli utenti.

- **Identificazione del Gestore:**
  L'utente, dopo aver effettuato l'accesso al portale, deve individuare la voce relativa alla gestione dei permessi nel menu principale. La scelta del gestore è fondamentale perché determina l'ambito in cui verranno assegnate le autorizzazioni agli altri utenti coinvolti nella procedura di gara.

- **Funzioni del Gestore:**

  Il gestore ha il compito di:

  - Verificare e controllare i permessi assegnati.

  - Gestire la configurazione dei ruoli e delle sezioni autorizzate.

  - Monitorare l'accesso alle varie funzionalità della piattaforma, garantendo che solo gli utenti autorizzati possano operare in determinate aree.

1.2 Associazione Obbligatoria del Ruolo

Dopo aver selezionato il gestore, è necessario associare obbligatoriamente un ruolo all'utente a cui si intende concedere i permessi.

- **Tipologie di Ruolo Disponibili:**

  I valori possibili per il ruolo sono:

  - **Responsabile del Procedimento:** Colui che ha la responsabilità complessiva della procedura di gara, sovrintende a tutte le fasi e ne garantisce la conformità alle normative.

  - **Presidente di Commissione:** Figura che guida la commissione di gara, coordina le attività di valutazione e presiede le sedute pubbliche.

  - **Membro di Commissione:** Utente che partecipa attivamente alla valutazione delle offerte e supporta il Presidente nella gestione della commissione.

- **Procedura di Assegnazione del Ruolo:**

  Dopo aver selezionato l'utente a cui assegnare i permessi, il gestore deve associare il ruolo appropriato. Questa operazione è obbligatoria e garantisce che il nuovo utente venga riconosciuto con il giusto livello di responsabilità e di accesso alle funzionalità del sistema.

  - Il sistema richiede, attraverso un'interfaccia intuitiva, di scegliere uno dei ruoli disponibili da un menu a tendina.

  - Una volta selezionato il ruolo, il gestore deve confermare l'operazione cliccando sul pulsante AGGIUNGI PRIVILEGI.

1.3 Assegnazione della Sezione da Autorizzare

Oltre alla scelta del ruolo, il gestore deve associare obbligatoriamente anche la sezione da autorizzare all'utente.

- **Valori Possibili per la Sezione:**
  Le possibili opzioni sono:

    - **Tutte le Sezioni:** Se il nuovo utente non possiede alcuna autorizzazione predefinita, il sistema assegna automaticamente l'accesso a tutte le sezioni.

    - **Tutte le Buste:** In questo caso, il sistema concede all'utente l'autorizzazione esclusivamente alle Buste predisposte in fase di configurazione dell'Appalto Specifico.

    - **Singola Sezione:** Il gestore può scegliere di autorizzare l'utente a una singola sezione specifica, selezionando il valore appropriato da un elenco predefinito.

- **Conferma dell'Assegnazione:**
  Dopo aver selezionato il ruolo e la sezione da autorizzare, il gestore deve confermare l'operazione.

    - L'utente vedrà un cursore per ogni azione relativa alla fase di Lotto.

    - Il gestore può attribuire privilegi specifici attivando o disattivando il cursore associato ad ogni azione (modalità "ON" per abilitare e "OFF" per disabilitare).

    - Inoltre, per ciascuna sezione, il gestore deve stabilire il ruolo ricoperto dall'utente, utilizzando l'icona **Matita** presente in corrispondenza del Ruolo, per modificare e confermare le impostazioni di autorizzazione.

2. Comunicazioni nel SDA Farmaci

2.1 Struttura dell'Area Comunicazioni

L'area dedicata alle Comunicazioni è fondamentale per assicurare un flusso continuo di informazioni tra la Pubblica Amministrazione e gli Operatori Economici.

- **Due Tipologie Principali:**
  L'area è organizzata in due sezioni:

- o **Messaggi:** Questa sezione è legata alle comunicazioni manuali, dove gli utenti possono scrivere e inviare messaggi personalizzati.

- o **Notifiche:** Questa sezione è riservata alle comunicazioni automatiche generate dal sistema, che avvertono gli utenti in caso di aggiornamenti, variazioni di stato o eventi rilevanti.

- **Attivazione della Funzione Comunicazione:**
  La funzione di comunicazione si attiva al momento della pubblicazione della Gara, consentendo agli utenti di interagire direttamente con i concorrenti e di gestire in maniera efficace la fase dei chiarimenti.

2.2 Invio di Nuove Comunicazioni

- **Creazione del Messaggio:**
  Gli utenti possono accedere alla funzione **NUOVA COMUNICAZIONE** per avviare l'invio di un nuovo messaggio.

  - o Durante la composizione del messaggio, è possibile specificare l'oggetto, inserire un testo fino a 4.000 caratteri e allegare eventuali documenti o file.

- **Aggiunta dei Destinatari:**
  Per aggiungere i destinatari, l'utente deve selezionare la lettera **A:** che apre una casella di gestione destinatari, dalla quale scegliere gli Operatori Economici a cui inviare il messaggio.

- **Conferma e Invio:**
  Una volta completato il messaggio, l'utente deve cliccare sul pulsante **INVIA COMUNICAZIONE** per trasmettere il messaggio a tutti i destinatari selezionati.

2.3 Rapporto di Consegna

Il **Rapporto di Consegna** è una funzionalità automatica che permette di monitorare lo stato di invio delle comunicazioni.

- **Data di Invio:**
  Viene registrata la data e l'ora in cui il messaggio è stato spedito dal mittente.

- **Stato Lettura:**
  Il sistema indica se il destinatario ha letto il messaggio. In caso di lettura, viene mostrata la data e l'ora della prima apertura del messaggio.

- Verifica della Consegna:
  Questo rapporto garantisce la tracciabilità del messaggio, assicurando che il mittente abbia la conferma dell'avvenuta consegna.

2.4 Comunicazione Inizio Lavori/Seduta Pubblica

Una comunicazione particolarmente importante riguarda l'inizio dei lavori o l'apertura della seduta pubblica.

- **Procedura di Invio:**

  - Selezionare la funzione **Comunicazioni** dal menu laterale.

  - Creare una **NUOVA COMUNICAZIONE** specificando l'oggetto, ad esempio: "Comunicazione di apertura della prima seduta pubblica".

  - Redigere il testo della comunicazione includendo dettagli quali la data, l'ora e l'ente responsabile (ad es. "Ufficio", "Seggio" o "Commissione").

  - Allegare eventuali documenti utili, se richiesto.

  - Inviare la comunicazione ai destinatari selezionati, che sono i concorrenti abilitati a partecipare alla seduta pubblica.

- **Esempio di Testo:**
  Oggetto: Comunicazione di apertura della prima seduta pubblica
  Con la presente si comunica l'apertura della prima seduta pubblica da parte del [Ufficio/Seggio/Commissione] il [gg/mm/aaaa].
  Si ricorda che i concorrenti potranno partecipare alla seduta tramite accesso contestuale al Sistema.
  Distinti saluti.

---

3. Richiesta Chiarimenti

3.1 Funzionalità di Richiesta Chiarimenti

La funzione **Richiesta Chiarimenti** consente agli Operatori Economici di inviare domande o richieste di chiarimento relative alla documentazione di gara.

- **Modalità di Accesso:**
  Gli OE possono accedere alla funzione tramite il menu dedicato nella sezione delle comunicazioni o direttamente dalla pagina del Riepilogo Gara.

- **Tempistiche:**
  È possibile inviare richieste di chiarimento fino al termine stabilito (Termine Richiesta Chiarimenti). Dopo tale scadenza, le richieste non possono più essere inviate ma solo consultate.

3.2 Gestione e Visualizzazione delle Richieste

- **Invio della Richiesta:**
  L'OE seleziona il pulsante **INVIA RICHIESTA CHIARIMENTI** e compila un modulo che può contenere fino a 30.000 caratteri.

- **Dettaglio delle Richieste:**
  Una volta inviata, la richiesta viene visualizzata in un elenco che mostra:

  - Il nome del concorrente che ha inviato la richiesta.

  - Il numero di messaggi associati.

  - Lo stato della comunicazione (Ricevuta/Letta).

  - La data di ricezione.

- **Risposta e Pubblicazione:**
  La Stazione Appaltante può rispondere direttamente alla richiesta oppure pubblicare un documento unico che contenga tutte le risposte, rendendolo consultabile nella sezione **Documenti da Consultare** del Riepilogo Gara.

---

4. Offerte Presentate

4.1 Accesso alla Funzione Offerte Presentate

La funzione **Offerte Presentate** permette agli utenti autorizzati di visualizzare l'elenco delle offerte inviate dai concorrenti per l'Appalto Specifico.

- **Requisiti di Autorizzazione:**
  L'accesso a questa funzione è riservato agli utenti che dispongono di almeno una delle seguenti autorizzazioni:

  - Autorizzazione (in visualizzazione o in modifica) su almeno una Busta.

  - Autorizzazione in visualizzazione o in modifica per l'aggiudicazione.

  - Autorizzazione in visualizzazione o in modifica per la stipula.

o   Utente RdP, anche se non autorizzato ad altre aree specifiche.

4.2 Visualizzazione e Filtri

- **Elenco Offerte:**
  Accedendo alla funzione dal menu laterale, l'utente visualizza una pagina che elenca tutti i concorrenti che hanno presentato un'offerta.

- **Dettagli dell'Offerta:**
  Cliccando sul pulsante freccia in corrispondenza di ciascun concorrente, è possibile visualizzare:

  o   I lotti per i quali è stata presentata un'offerta.

  o   La forma di partecipazione (Singolo Operatore Economico, Consorzio, RTI, ecc.).

- **Filtri di Ricerca:**
  È possibile filtrare l'elenco in base a:

  o   Denominazione del concorrente.

  o   Forma di partecipazione.

  o   Lotti per cui è stata presentata l'offerta (ad es. "Tutti i lotti", "Lotto 1", "Lotto 2", ecc.).

- **Esportazione:**
  L'utente ha la possibilità di esportare l'elenco in un file Excel per ulteriori analisi e reportistica.

---

5. Esame delle Offerte e Gestione delle Buste

5.1 Accesso all'Esame delle Offerte

L'esame delle offerte è una fase critica durante la quale la Stazione Appaltante valuta tutta la documentazione inviata dai concorrenti.

- **Modalità di Accesso:**
  L'utente accede all'AS tramite la funzione **I tuoi ruoli nelle procedure di acquisto** e seleziona dal menu laterale la voce **Esame Offerte**.

- **Sottosezione Gestione Buste:**
  All'interno di Esame Offerte, la sottovoce **Gestione Buste** consente di valutare le Buste presentate dai concorrenti, suddivise in:

  - Busta Amministrativa.

  - Busta Economica.

  - Busta Aggiuntiva (se prevista).

5.2 Documentazione Busta Amministrativa

- **Avvio dell'Esame:**
  L'utente seleziona il pulsante **AVVIA ESAME** nella sezione Busta Amministrativa per iniziare la valutazione della documentazione inviata.

- **Visualizzazione della Documentazione:**
  Una volta aperta la Busta, il sistema mostra la documentazione inviata da ciascun concorrente.

  - In caso di partecipazione in forma complessa, sono visualizzate anche le informazioni relative alle imprese del raggruppamento.

- **Download dei Documenti:**
  Tramite l'icona **scarica** (simbolo di download), è possibile scaricare la documentazione presentata.

  - Se il file è troppo grande, il download viene frazionato in più cartelle compresse.

- **Informazioni e Dettagli:**
  Selezionando il pulsante freccia in corrispondenza di ciascun documento, l'utente può visualizzare:

  - Informazioni richieste dalla PA (Ambito, Categoria, Obbligatorietà, Modalità di invio, Firma Digitale).

  - Esiti del caricamento, inclusi data, operazione effettuata e rapporto verifica della firma.

- **Chiusura della Valutazione:**
  Una volta completata la valutazione, il pulsante **TERMINA VALUTAZIONE** consente di passare alla successiva Busta.

5.3 Documentazione Busta Economica

- **Avvio dell'Esame Economico:**
  L'utente accede alla Busta Economica e seleziona il pulsante **AVVIA ESAME** per valutare la documentazione economica.

- **Generazione del Documento Offerta Economica:**
  Il sistema genera automaticamente il documento di Offerta Economica in base ai dati inseriti dai concorrenti.

  - Il documento deve essere scaricato, firmato digitalmente dal Legale Rappresentante e ricaricato tramite il pulsante **ALLEGA FILE**.

- **Verifica della Firma Digitale:**
  Le informazioni relative alla firma e agli esiti del caricamento sono mostrate nella colonna **ESITI VERIFICHE**.

- **Download e Informazioni Dettagliate:**
  L'utente può espandere il dettaglio di ogni documento per verificare le informazioni tecniche, il modello generato e il rapporto di verifica.

- **Chiusura della Valutazione:**
  Terminata la valutazione, il pulsante **TERMINA VALUTAZIONE** permette di concludere l'esame della Busta Economica e passare alla successiva fase.

5.4 Documentazione Busta Aggiuntiva

- **Funzionalità Paragonabili:**
  La Busta Aggiuntiva presenta la medesima struttura e le stesse funzionalità delle Buste Amministrativa ed Economica.

- **Accesso e Gestione:**
  L'utente può visualizzare, scaricare e verificare i documenti allegati, seguendo lo stesso iter di controllo e validazione.

5.5 Area Documentale del Fornitore

Questa area consente al gestore di accedere ai dati e alle dichiarazioni presentate dal concorrente durante la fase di ammissione.

- **Accesso ai Dati e Dichiarazioni:**
  Attraverso link presenti nelle pagine **Dati di Offerta, Documentazione**

Amministrativa, Documentazione Economica e Documentazione Aggiuntiva, l'utente può visualizzare l'Area Documentale del Fornitore.

- **Struttura dell'Area Documentale:**
  La pagina si suddivide in due micro-aree:

  - **Dati e Dichiarazioni:**
    Include dati di contatto, dichiarazioni relative all'AS, informazioni sui poteri dei Legali Rappresentanti.

  - **Documenti:**
    Visualizzazione dei documenti caricati durante la fase di ammissione, con possibilità di download.

5.6 Report Valutazione

La sezione **Report Valutazione** fornisce strumenti per un'analisi completa dell'intera procedura.

- **Tipologie di Report Disponibili:**

  - **Report Lotti senza Offerte:** Elenca i lotti che non hanno ricevuto offerte.

  - **Report Poteri Legali Rappresentanti:** Riporta l'elenco dei poteri di firma dei Legali Rappresentanti.

  - **Report Lotti con Offerte Escluse:** Mostra i lotti per i quali le offerte sono state escluse.

  - **Report Totale Offerte Lotti:** Riassume tutte le offerte per ciascun lotto, aggiornandosi in tempo reale.

  - **Report Lotti con Anomalie:** Individua i lotti con offerte anomale e consente il ricalcolo della soglia di anomalia.

  - **Report Lotti Pari Merito:** Mostra i lotti in cui vi è parità tra le migliori offerte, distinguendo tra quelle pari a offerta minima e superiori a offerta minima.

  - **Report Graduatoria:** Fornisce la classifica finale per ciascun lotto.

- **Utilizzo dei Report:**
  Gli utenti autorizzati possono scaricare i report in formato Excel o, per il Report

Graduatoria, in formato PDF. Questi strumenti facilitano l'analisi delle offerte e l'individuazione di eventuali criticità.

5.7 Dati di Offerta

- **Accesso e Visualizzazione:**
  La funzione **Dati di Offerta** consente di visualizzare i dati economici e tecnici per ciascun lotto.

  - L'accesso avviene dalla sezione **Esame Offerte** e può essere filtrato per lotto o per concorrente.

- **Informazioni Visualizzate:**
  Per ogni concorrente vengono mostrati:

  - Numero di Graduatoria.

  - Denominazione e Partita IVA.

  - Totale Offerta del lotto.

  - Sconto % su Base d'Asta.

  - Stato del concorrente (Ammesso, Aggiudicatario, Stipulante, ecc.).

- **Visualizzazione Dettagliata:**
  Cliccando su "Espandi tutto" si possono visualizzare ulteriori informazioni quali sub-lotto, principio attivo, nome commerciale, codice AIC, quantità per confezione, classe di rimborsabilità, prezzi unitari e totali offerti, e lo sconto applicato.

---

6. Seduta Pubblica

6.1 Introduzione alla Seduta Pubblica

La **Seduta Pubblica** è la fase finale della procedura di gara, in cui le offerte vengono esaminate in tempo reale e si procede alla valutazione finale.

- **Condizioni di Accesso:**
  L'accesso è riservato agli utenti autorizzati (compilatori attivi e soggetti esterni abilitati tramite PIN) e avviene dopo la chiusura della presentazione delle offerte.

- **Finalità:**
  La seduta consente di:

    - Visualizzare l'elenco dei partecipanti e le offerte presentate.

    - Consultare la documentazione allegata da ciascun concorrente.

    - Accedere ai dati di offerta e, se necessario, gestire eventuali fasi di rilancio o sorteggio.

6.2 Funzioni della Seduta Pubblica

La pagina della Seduta Pubblica è strutturata in quattro sezioni principali:

- **Stato Seduta Pubblica:**
  Indica se la seduta è attualmente Aperta o Chiusa per ciascuna Busta configurata nell'AS.

- **Elenco Partecipanti:**
  Visualizza tutti i partecipanti abilitati ad accedere alla seduta, inclusi quelli che hanno partecipato alla presentazione dell'offerta e, in casi particolari, utenti esterni abilitati tramite PIN.

- **Elenco Utenti Connessi:**
  Elenca i partecipanti con dettagli relativi alla data e ora del loro ultimo accesso.

- **Storico Connessioni:**
  Permette di consultare lo storico delle connessioni dei partecipanti alla seduta pubblica.

6.3 Generazione delle Credenziali per Soggetti Esterni

- **Funzionalità di Generazione Credenziali:**
  I compilatori attivi possono generare credenziali (PIN e link di accesso) per consentire l'accesso alla seduta pubblica a soggetti esterni, quali Legali Rappresentanti o Collaboratori che non sono censiti direttamente nel portale.

- **Procedura di Generazione:**

    - Selezionare la funzione **Genera Credenziali** dal menu della seduta.

    - Visualizzare una tabella che elenca i dati anagrafici dei soggetti abilitati e il relativo PIN.

- o Possibilità di disabilitare o rigenerare il PIN tramite i pulsanti **RIMUOVI SELEZIONATI** e **RIGENERA PIN**.

- **Accesso per Soggetti Esterni:**
  I soggetti esterni, una volta in possesso delle credenziali, devono effettuare il login inserendo il PIN, il proprio ruolo e l'identificativo (ad es. Partita IVA). In caso di credenziali errate, il sistema mostra un messaggio di errore.

6.4 Offerte Presentate in Seduta Pubblica

- **Visualizzazione delle Offerte:**
  La funzione **Offerte Presentate** nella seduta pubblica consente di visualizzare l'elenco completo delle offerte inviate dai concorrenti.

  - o I dati includono denominazione, forma di partecipazione, numero di lotti e data di presentazione.

- **Esportazione e Filtraggio:**
  È possibile esportare l'elenco in formato Excel e utilizzare filtri per analizzare le offerte per specifici criteri, quali denominazione, forma di partecipazione o lotto.

6.5 Documentazione in Seduta Pubblica

Durante la seduta, i partecipanti possono consultare la documentazione allegata alle offerte, suddivisa in:

- **Documentazione Amministrativa**

- **Documentazione Economica**

- **Documentazione Aggiuntiva** (se prevista)
  Questa sezione è di sola consultazione e non permette il download dei file.

6.6 Dati di Offerta in Seduta Pubblica

- **Visualizzazione dei Dati:**
  I dati economici e tecnici delle offerte sono visualizzati in dettaglio.

  - o È possibile filtrare i dati per Lotto o per concorrente.

  - o In presenza di Lotti in rilancio, vengono visualizzati i dati relativi al primo round o, se applicabile, i dati "definitivi" del secondo round.

7. Gestione delle Anomalie e Rilancio

7.1 Gestione delle Anomalie Offerte

La funzione **Gestione Anomalie Offerte** consente di identificare e gestire eventuali anomalie nelle offerte presentate.

- **Accesso alla Funzione:**
  Disponibile nella sezione Esame Offerte, dopo l'apertura della Busta Economica, e accessibile solo agli utenti autorizzati in lettura e/o scrittura della Busta Economica.

- **Visualizzazione delle Anomalie:**
  È possibile utilizzare filtri per individuare i lotti che presentano anomalie, come offerte troppo basse o fuori range.

- **Dettagli e Ricalcolo:**
  Per ogni lotto, il sistema mostra:

    o Numero del Lotto.

    o Stato del Lotto.

    o Soglia di Anomalia calcolata (basata sulle offerte valide, escludendo quelle escluse).

    o Possibilità di ricalcolare la soglia di anomalia in caso di modifiche, mediante il pulsante **RICALCOLA**.

- **Rilevamento Offerte Anomale:**
  In particolare, se per un lotto le offerte più basse coincidono con il valore minimo (ad es. 0,00001), il sistema consente di attivare il sorteggio o il rilancio per risolvere la parità.

7.2 Rilancio dei Lotti Pari Merito

La funzione **Rilancio Lotti Pari Merito** è attivata nei casi in cui le offerte presentate per uno o più lotti risultino pari merito e superiori all'offerta minima.

- **Scopo del Rilancio:**
  Richiedere un ulteriore ribasso agli OE, affinché emergano differenze significative nella valutazione delle offerte.

- **Iter Operativo:**

- o L'OE seleziona i lotti da rilanciare (tramite checkbox) e preme il pulsante **PROCEDI**.

- o Nella sezione Documentazione del rilancio, l'utente può aggiungere documentazione supplementare, scegliendo se il documento è **Da Produrre** o **Da Reinviare**.

- o Nella sezione Date, si stabiliscono la data e l'ora per la fase di rilancio.

- o Infine, tramite il pulsante **INVITA FORNITORI**, il sistema verifica lo stato dei lotti e, se tutto è conforme, produce un PDF di invito al rilancio.

- **Lotti Già Rilanciati:**
  L'OE può visualizzare in una sezione separata i lotti che sono già stati oggetto di rilancio e, se necessario, annullare il rilancio tramite il pulsante **ANNULLA RILANCIO**.

7.3 Sorteggio dei Lotti Pari Merito

In casi eccezionali, quando le offerte pari risultano uguali e non è possibile ottenere ulteriori ribassi, il sistema attiva la funzione **Sorteggio** per determinare il concorrente vincitore mediante un algoritmo casuale.

- **Tipologie di Sorteggio:**

  - o **Sorteggio Lotti Pari Merito a Offerta Minima:** Per i lotti in cui l'offerta è pari all'offerta minima.

  - o **Sorteggio Lotti Pari Merito Superiori a Offerta Minima:** Per i lotti in cui le offerte, pur essendo pari, sono superiori all'offerta minima.

- **Procedura di Sorteggio:**

  - o L'OE seleziona il lotto o il range di lotti da sorteggiare e preme il pulsante **SORTEGGIA**.

  - o Dopo aver verificato lo stato dei lotti, il sistema, tramite un algoritmo casuale, determina il vincitore.

  - o È possibile annullare il sorteggio tramite il link **ANNULLA** se necessario.

8. Proposta di Aggiudicazione, Aggiudicazione e Stipula

8.1 Proposta di Aggiudicazione

Dopo aver esaminato tutte le offerte, la Stazione Appaltante può procedere con la
Proposta di Aggiudicazione.

- **Modalità di Proposta:**
  L'utente autorizzato seleziona il pulsante **PROPOSTA DI AGGIUDICAZIONE** per ogni
  lotto o per un range di lotti.

- **Finestra di Conferma:**
  Alla pressione del tasto, si apre una finestra con i pulsanti **ANNULLA** e
  CONFERMA.

  - Se confermata, la proposta viene registrata e l'operazione viene notificata.

  - Se annullata, il sistema ritorna alla pagina precedente senza modificare lo
    stato.

8.2 Aggiudicazione

L'operazione di **Aggiudicazione** viene eseguita solo dopo che la proposta di
aggiudicazione è stata approvata e lo specifico lotto risulta in stato idoneo.

- **Tipologie di Aggiudicazione:**

  - Aggiudicazione automatica a migliore offerta.

  - Aggiudicazione automatica a tutti i concorrenti del lotto.

  - Aggiudicazione mediante accesso alla graduatoria.

  - **Aggiudicazione mista, secondo le regole stabilite in fase di configurazione.**

- **Procedura Operativa:**

  - L'utente seleziona il tasto **AGGIUDICA**.

  - Si apre una finestra che mostra la data di aggiudicazione preimpostata (non
    modificabile) e i numeri dei lotti interessati.

  - Se l'operazione viene confermata, il sistema registra l'aggiudicazione e invia
    la segnalazione di operazione eseguita.

8.3 Stipula

La fase di **Stipula** consiste nella formalizzazione dell'accordo contrattuale per il lotto aggiudicato.

- **Modalità di Stipula:**
  L'utente seleziona la voce **Stipula** per il lotto o per il range di lotti, si apre una finestra con i pulsanti **ANNULLA** e **CONFERMA**.

    o La data di stipula viene preimpostata con la data odierna.

- **Revoca o Annullamento della Stipula:**
  La funzione consente anche l'annullamento o la revoca di una stipula già effettuata, secondo le regole di aggiudicazione impostate.

- **Conferma della Stipula:**
  Una volta confermata, l'operazione viene registrata e comunicata agli OE, con lo stato che passa a "Stipulato".

---

9. Modifica Date Gara

9.1 Funzionalità di Modifica Date

La funzione **Modifica Date Gara** consente di aggiornare le date e gli orari inseriti durante la configurazione dell'Appalto Specifico.

- **Date Modificabili:**

    o Termine Richiesta Chiarimenti

    o Termine Presentazione Offerte

    o Data Seduta Pubblica Telematica

- **Modalità di Attivazione:**
  La funzionalità è attivabile a partire dalla pubblicazione dell'AS e rimane disponibile fino all'apertura della Busta Amministrativa.

- **Procedura di Modifica:**
  L'utente seleziona la voce **Modifica Date Gara** e apporta le modifiche necessarie.

    o Il sistema genera automaticamente un nuovo Riepilogo d'Invito con le date aggiornate.

- o Tutte le modifiche vengono comunicate agli OE per garantire la massima trasparenza.

---

10. Sospensione e Revoca della Gara/Lotto

10.1 Sospensione Gara/Lotto

La funzione **Sospensione Gara/Lotto** permette di sospendere temporaneamente l'intera gara o uno o più lotti, impedendo l'invio di nuove offerte.

- **Modalità di Sospensione:**
  - o L'utente seleziona il pulsante **SOSPENSIONE** e specifica se la sospensione riguarda l'intera gara o solo determinati lotti.
  - o È necessario inserire una motivazione dettagliata e la data/ora in cui la sospensione entrerà in vigore.

- **Effetti della Sospensione:**
  Durante la sospensione, nessun OE può presentare nuove offerte per i lotti sospesi.

- **Annullamento della Sospensione:**
  La sospensione può essere revocata immediatamente tramite il pulsante **ANNULLA SOSPENSIONE**, ripristinando lo stato operativo della gara o dei lotti.

10.2 Revoca Gara/Lotto

La funzione **Revoca Gara/Lotto** consente di annullare definitivamente l'intera procedura o specifici lotti.

- **Modalità di Revoca:**
  - o L'utente inserisce le motivazioni della revoca e indica la data e l'ora in cui l'annullamento diventerà effettivo.
  - o Una volta revocato, lo stato della gara o dei lotti diventa definitivo e non è più possibile presentare offerte.

- **Implicazioni della Revoca:**
  La revoca interrompe ogni operazione e rende l'AS non più modificabile.

---

11. Esclusione e Riammissione dei Concorrenti

11.1 Funzione di Esclusione

La sezione **Esclusione/Riammissione** permette alla Stazione Appaltante di escludere temporaneamente o definitivamente un concorrente dalla gara.

- **Esclusione per Gara o per Lotto:**
    - L'utente può selezionare **ESCLUDI PER GARA** per escludere il concorrente da tutti i lotti oppure **ESCLUDI PER LOTTO** per escluderlo da un lotto specifico.
    - È necessario selezionare dal menu a tendina la **Tipologia di Esclusione** e, se necessario, inserire una nota di esclusione.

- **Salvataggio dell'Operazione:**
  Dopo aver inserito tutte le informazioni, l'utente clicca su **SALVA** per registrare l'esclusione.

- **Condizioni:**
  L'esclusione non è possibile se il lotto o la gara sono nello stato Revocato, Sospeso, Aggiudicato o Stipulato.

11.2 Funzione di Riammissione

- **Riammissione del Concorrente:**
  Se un concorrente escluso necessita di essere riamesso, l'utente può selezionare **RIAMMETTI PER GARA** o **RIAMMETTI PER LOTTO**.
    - Anche in questo caso, è possibile inserire una nota (facoltativa) e confermare l'operazione tramite il pulsante **SALVA**.

- **Limitazioni:**
  La riammissione non è consentita per gare o lotti che siano nello stato Revocato, Sospeso, Aggiudicato o Stipulato.

- **Storico delle Operazioni:**
  L'icona **FOGLIO** consente di visualizzare lo storico delle esclusioni e delle riammissioni effettuate per un determinato lotto.

---

12. Report Valutazione e Analisi dei Dati

12.1 Accesso ai Report di Valutazione

La sezione **Report Valutazione** fornisce strumenti di analisi per monitorare e valutare l'intero iter di gara.

- **Tipologie di Report:**

  - **Report Lotti senza Offerte:** Elenca i lotti che non hanno ricevuto alcuna offerta.

  - **Report Poteri Legali Rappresentanti:** Indica i poteri di firma dei Legali Rappresentanti che hanno firmato i documenti.

  - **Report Lotti con Offerte Escluse:** Elenca i lotti per cui sono state escluse le offerte.

  - **Report Totale Offerte Lotti:** Fornisce una graduatoria dettagliata delle offerte presentate per ogni lotto.

  - **Report Lotti con Anomalie:** Indica i lotti con offerte anomale e consente il ricalcolo della soglia di anomalia.

  - **Report Lotti Pari Merito:** Diviso in report per lotti con offerta minima e per quelli con offerta superiore, utile per gestire il rilancio.

  - **Report Graduatoria:** Riassume la classifica finale per ciascun lotto.

- **Utilizzo dei Report:**
  Questi report, aggiornati in tempo reale, consentono di individuare rapidamente le criticità, esaminare in dettaglio le offerte e prendere decisioni informate in merito all'aggiudicazione, al rilancio e ad eventuali esclusioni.

---

13. Dati di Offerta

13.1 Visualizzazione e Filtraggio

La funzione **Dati di Offerta** consente di accedere ai dettagli delle offerte presentate per ciascun lotto.

- **Informazioni Chiave:**
  Per ogni concorrente vengono visualizzati:

  - Numero di Graduatoria.

- o Denominazione del concorrente e Partita IVA.

- o Totale Offerta per il lotto.

- o Sconto % applicato sulla Base d'Asta.

- o Stato del concorrente (Ammesso, Aggiudicatario, Stipulante, ecc.).

- **Filtri di Ricerca:**
  L'utente può filtrare i dati per:

  - o Numero del lotto.

  - o Sub-lotto.

  - o Principio attivo.

  - o Codice ATC.

- **Dettaglio delle Offerte:**
  Cliccando sul pulsante **ESPANDI TUTTO**, il sistema mostra ulteriori informazioni relative a ciascun fornitore, quali il dettaglio dei sub-lotti, il nome commerciale, il codice AIC, l'unità per confezione, la classe di rimborsabilità, e i prezzi unitari e totali.

14. Seduta Pubblica: Gestione e Accesso

14.1 Introduzione alla Seduta Pubblica

La Seduta Pubblica è la fase finale di esame delle offerte e consente di verificare, in tempo reale, lo stato delle offerte e di eseguire operazioni quali rilancio, sorteggio e aggiudicazione.

- **Accesso:**
  L'accesso alla Seduta Pubblica è consentito solo agli utenti autorizzati, che devono possedere almeno un'autorizzazione in lettura su una Busta, nell'area di aggiudicazione o nella stipula.

- **Funzionalità Principali:**
  La Seduta Pubblica è composta da:

  - o **Stato Seduta Pubblica:** Mostra lo stato (Aperta/Chiusa) per ciascuna Busta.

- **Elenco Partecipanti:** Elenca i concorrenti abilitati ad accedere, inclusi quelli che hanno partecipato all'offerta.

- **Elenco Utenti Connessi:** Mostra l'ultimo accesso dei partecipanti.

- **Storico Connessioni:** Registra tutte le connessioni effettuate durante la seduta.

14.2 Generazione e Gestione delle Credenziali

- **Generazione delle Credenziali:**
  I Compilatori Attivi possono generare PIN e link di accesso per i soggetti esterni, abilitandoli alla seduta pubblica.

    - La funzione **Genera Credenziali** permette di visualizzare una tabella con i dati dei soggetti autorizzati e i relativi PIN.

    - È possibile disabilitare un utente o rigenerare il PIN mediante i pulsanti **RIMUOVI SELEZIONATI** e **RIGENERA PIN**.

- **Accesso per Soggetti Esterni:**
  I soggetti esterni devono autenticarsi inserendo il PIN, il loro ruolo (Legale Rappresentante o Collaboratore Delegato) e l'identificativo dell'OE.

14.3 Offerte Presentate in Seduta Pubblica

- **Visualizzazione delle Offerte:**
  Durante la seduta, l'utente può visualizzare l'elenco completo delle offerte presentate, con dati quali:

    - Denominazione del concorrente.

    - Forma di partecipazione.

    - Numero di lotti a cui ha partecipato.

    - Data e ora di presentazione dell'offerta.

- **Esportazione e Filtraggio:**
  È possibile esportare l'elenco in formato Excel e applicare filtri per analizzare l'andamento delle offerte.

14.4 Documentazione e Dati di Offerta

- **Consultazione della Documentazione:**
  Durante la seduta, gli utenti possono visualizzare le sezioni di Documentazione Amministrativa, Economica e Aggiuntiva, se presenti.

  - I documenti sono visualizzabili in modalità di sola consultazione, senza possibilità di download.

- **Dati di Offerta:**
  I dati economici e tecnici relativi alle offerte sono mostrati in dettaglio, con possibilità di filtrarli per lotto o per concorrente.

14.5 Sorteggio e Gestione delle Offerte Anomale

- **Sorteggio:**
  Nei casi di parità assoluta o offerte pari a 0,00001, il sistema attiva la funzione **Sorteggio Lotti Pari Merito** per determinare il vincitore mediante algoritmo casuale.

  - Esistono due tipologie di sorteggio: a offerta minima e a offerta superiore.

  - L'utente seleziona i lotti da sorteggiare e preme il pulsante **SORTEGGIA**, confermando l'operazione per registrare il vincitore.

- **Gestione delle Offerte Anomale:**
  La funzione **Gestione Anomalie Offerte** consente di identificare eventuali anomalie, come offerte troppo basse, e di ricalcolare la soglia di anomalia, se necessario.

---

15. Proposta di Aggiudicazione, Aggiudicazione e Stipula

15.1 Proposta di Aggiudicazione

- **Procedura di Proposta:**
  Una volta esaminate le offerte, il responsabile della valutazione può proporre l'aggiudicazione per i lotti.

  - L'utente seleziona il pulsante **PROPOSTA DI AGGIUDICAZIONE** e visualizza una finestra con le opzioni **ANNULLA** e **CONFERMA**.

  - In caso di range di lotti, vengono visualizzati solo i numeri dei lotti per i quali è possibile procedere.

- **Conferma e Notifica:**
  Se l'operazione viene confermata, il sistema registra la proposta e invia una notifica di operazione eseguita.

15.2 Aggiudicazione

- **Esecuzione dell'Aggiudicazione:**
  Dopo la proposta, l'operazione di aggiudicazione viene eseguita.

  - ○ L'utente seleziona il tasto **AGGIUDICA** e viene mostrata una finestra con la data di aggiudicazione preimpostata (non modificabile) e l'elenco dei lotti interessati.

  - ○ Confermando l'operazione, il sistema registra l'aggiudicazione e comunica l'operazione eseguita.

- **Modalità di Aggiudicazione:**
  L'operazione può essere eseguita seguendo diverse regole:

  - ○ Aggiudicazione automatica a migliore offerta.

  - ○ Aggiudicazione automatica a tutti i concorrenti del lotto.

  - ○ Aggiudicazione mediante accesso alla graduatoria.

  - ○ Aggiudicazione mista, secondo le regole definite in fase di configurazione.

15.3 Stipula

- **Procedura di Stipula:**
  La fase di stipula formalizza l'accordo contrattuale.

  - ○ L'utente seleziona **Stipula** e, nella finestra che appare, visualizza la data di stipula preimpostata con la data odierna.

  - ○ Con i tasti **ANNULLA** e **CONFERMA**, l'operazione viene completata.

- **Annullamento o Revoca della Stipula:**
  Se necessario, l'utente può procedere all'annullamento o alla revoca della stipula, a seconda della regola di aggiudicazione impostata.

- **Effetti della Stipula:**
  Una volta confermata, l'operazione viene comunicata a tutti gli OE e lo stato passa a "Stipulato".

16. Esclusione e Riammissione dei Concorrenti

16.1 Funzione di Esclusione

La sezione **Esclusione/Riammissione** consente di escludere un concorrente dalla gara, in base a criteri specifici.

- **Modalità di Esclusione:**

  - L'utente può selezionare **ESCLUDI PER GARA** per escludere il concorrente da tutti i lotti o **ESCLUDI PER LOTTO** per un'esclusione mirata.

  - È necessario selezionare la tipologia di esclusione dal menu a tendina e, se opportuno, inserire una nota.

  - La procedura viene confermata premendo il pulsante **SALVA**.

- **Condizioni di Esclusione:**
  L'esclusione non può essere applicata se il lotto o la gara sono nello stato Revocato, Sospeso, Aggiudicatario o Stipulato.

16.2 Funzione di Riammissione

- **Modalità di Riammissione:**
  Se un concorrente escluso necessita di essere riamesso, l'utente può selezionare **RIAMMETTI PER GARA** o **RIAMMETTI PER LOTTO**.

  - Dopo aver eventualmente inserito una nota, l'operazione viene confermata con **SALVA**.

- **Restrizioni:**
  La riammissione non è consentita se il lotto o la gara sono nello stato Revocato, Sospeso, Aggiudicatario o Stipulato.

- **Storico delle Operazioni:**
  Tramite l'icona **FOGLIO**, è possibile consultare lo storico delle esclusioni e riammissioni effettuate per ciascun lotto.

---

17. Gestione delle Autorizzazioni per il Gestore dei Permessi

17.1 Associazione del Ruolo e delle Sezioni

Dopo aver selezionato il gestore, l'utente deve associare obbligatoriamente il ruolo e la sezione da autorizzare.

- Ruoli Disponibili:

    o Responsabile del Procedimento

    o Presidente di Commissione

    o Membro di Commissione

- Sezioni da Autorizzare:

    I possibili valori per la sezione sono:

    o **Tutte le Sezioni:** Il sistema assegna automaticamente tutte le sezioni se il nuovo utente non dispone di autorizzazioni.

    o **Tutte le Buste:** Selezionando questa opzione, il sistema attribuisce l'autorizzazione a tutte le Buste predisposte durante la configurazione dell'AS.

    o **Singola Sezione:** È possibile autorizzare l'utente a una specifica sezione scelta da un elenco di valori predefiniti.

- Tipo di Autorizzazione:

    Dopo aver selezionato il ruolo e la sezione, è necessario indicare il tipo di autorizzazione che l'utente riceverà.

    o L'utente potrà attribuire privilegi specifici attivando il cursore "ON" per ogni azione della fase di Lotto.

    o Utilizzando l'icona **Matita**, il gestore può modificare il ruolo associato all'utente per ogni sezione.

- Conferma dei Privilegi:

    Una volta configurati il ruolo, la sezione e il tipo di autorizzazione, il gestore deve premere il pulsante AGGIUNGI PRIVILEGI per salvare le impostazioni.

17.2 Implicazioni Operative

- Controllo e Monitoraggio:

    Il sistema permette di monitorare in tempo reale le autorizzazioni assegnate e di modificarle se necessario, garantendo che ogni utente abbia accesso esclusivamente alle funzioni per cui è autorizzato.

- **Aggiornamento delle Autorizzazioni:**
  Le modifiche alle autorizzazioni possono essere effettuate in qualsiasi momento tramite la funzione di gestione dei permessi, assicurando che le responsabilità operative rimangano sempre allineate con le esigenze della gara.

18. Conclusioni e Considerazioni Finali

18.1 Riepilogo delle Funzioni Gestite

Questo capitolo ha illustrato in maniera esaustiva il processo di gestione dei permessi e delle comunicazioni nel Sistema Dinamico di Acquisizione Farmaci, coprendo:

- L'assegnazione obbligatoria dei ruoli (Responsabile del Procedimento, Presidente di Commissione, Membro di Commissione) e l'associazione delle sezioni da autorizzare.

- La configurazione e la conferma dei privilegi specifici per ogni fase, in particolare per la gestione della fase di Lotto.

- L'area Comunicazioni, che include l'invio di messaggi e notifiche, il rapporto di consegna e la comunicazione per l'inizio dei lavori o l'apertura della seduta pubblica.

- La gestione delle richieste di chiarimenti, l'accesso e la visualizzazione delle offerte presentate, nonché l'esame delle offerte tramite le Buste Amministrativa, Economica e Aggiuntiva.

- La consultazione dell'Area Documentale del Fornitore e l'utilizzo dei Report di Valutazione per facilitare l'analisi dei dati.

- La visualizzazione dettagliata dei Dati di Offerta e la gestione della Seduta Pubblica, comprensiva della generazione delle credenziali per i soggetti esterni.

- Le funzioni di gestione delle anomalie, del rilancio e del sorteggio, per assicurare un confronto concorrenziale equo e trasparente.

- Le operazioni di proposta di aggiudicazione, aggiudicazione e stipula, fondamentali per la definizione finale della gara.

- Le funzionalità di modifica delle date, sospensione, revoca, esclusione e riammissione, che offrono flessibilità operativa e garantiscono il rispetto dei tempi e delle condizioni normative.

18.2 Importanza della Trasparenza e della Conformità

L'intera gestione dei permessi e delle comunicazioni è studiata per garantire:

- **Trasparenza:**
  Ogni operazione, dalla gestione dei ruoli alle comunicazioni inviate, è tracciabile e documentata, offrendo un elevato livello di trasparenza per tutte le parti coinvolte.

- **Conformità Normativa:**
  Le procedure implementate rispettano le normative vigenti, assicurando che ogni fase della gara sia condotta in modo corretto e giustificabile.

- **Efficienza Operativa:**
  Grazie a un sistema centralizzato e a strumenti di gestione avanzati, le Pubbliche Amministrazioni possono monitorare e controllare ogni aspetto del processo, riducendo tempi e margini di errore.

18.3 Benefici per le Pubbliche Amministrazioni e per gli Operatori Economici

- **Per le Pubbliche Amministrazioni:**

  - Una gestione centralizzata dei permessi consente di assegnare responsabilità in modo mirato e di monitorare costantemente le operazioni.

  - Le comunicazioni automatizzate e la possibilità di gestire in tempo reale le richieste di chiarimenti migliorano la trasparenza e l'efficienza del processo di gara.

- **Per gli Operatori Economici:**

  - L'accesso a un sistema integrato consente di ricevere informazioni aggiornate, inviare richieste e monitorare lo stato della partecipazione in maniera autonoma.

- Le funzionalità di gestione dei documenti, delle anomalie e dei rilanci garantiscono che le offerte possano essere presentate in modo completo e conforme ai requisiti.

18.4 Sfide e Opportunità Future

- **Sfide Tecniche e Organizzative:**
  - L'implementazione di un sistema così complesso richiede un continuo aggiornamento delle competenze del personale e un costante supporto tecnico.
  - La gestione delle eccezioni, come anomalie nei dati o problemi tecnici, richiede procedure di intervento rapido e sistemi di reportistica efficaci.

- **Opportunità di Innovazione:**
  - L'evoluzione tecnologica e l'adozione di soluzioni digitali sempre più avanzate permetteranno di integrare nuove funzionalità, migliorare l'usabilità del sistema e ridurre ulteriormente i tempi di risposta.
  - La possibilità di migrare le negoziazioni in seguito a operazioni societarie rappresenta un vantaggio significativo per garantire la continuità operativa degli OE.

18.5 Conclusioni Finali

La gestione dei permessi e delle comunicazioni all'interno del SDA Farmaci costituisce una componente essenziale per la corretta esecuzione delle procedure di gara.

- **Iter Operativo:**
  Ogni fase, dalla selezione del gestore all'assegnazione dei ruoli, fino alla gestione delle comunicazioni e alla valutazione delle offerte, è studiata per garantire precisione, trasparenza e conformità alle normative.

- **Strumenti e Funzionalità:**
  Il sistema mette a disposizione strumenti avanzati per il monitoraggio, la modifica e la gestione in tempo reale di ogni operazione, facilitando la collaborazione tra le diverse figure coinvolte.

- **Impegno Continuo:**
  L'aggiornamento costante delle informazioni, la gestione delle autorizzazioni e la

possibilità di intervenire tempestivamente in caso di anomalie o modifiche sono elementi chiave per il successo dell'intera procedura di gara.

- **Prospettive Future:**
  L'evoluzione delle tecnologie digitali e l'adozione di standard sempre più elevati permetteranno di ottimizzare ulteriormente il processo, garantendo un ambiente di gara sempre più efficiente e trasparente, a vantaggio sia delle Pubbliche Amministrazioni che degli Operatori Economici.

In sintesi, il presente capitolo ha fornito una panoramica completa e dettagliata delle modalità operative per la gestione dei permessi e delle comunicazioni nel SDA Farmaci. Attraverso l'analisi dei processi di assegnazione dei ruoli, della configurazione delle autorizzazioni e della gestione delle comunicazioni – che includono messaggi, notifiche, richieste di chiarimenti e rapporti di consegna – si evidenzia come il sistema sia progettato per garantire trasparenza, efficienza e conformità normativa in ogni fase della procedura di gara. L'approccio modulare e integrato, unito a strumenti avanzati di monitoraggio e reportistica, consente di affrontare con successo le sfide del mondo degli appalti pubblici, assicurando che tutte le operazioni vengano eseguite nel rispetto dei requisiti tecnici e normativi.

Capitolo 27: Gara ASP al Minor Prezzo

Introduzione

Nel contesto della digitalizzazione degli acquisti pubblici, la procedura di Gara in modalità ASP (Application Service Provider) al Minor Prezzo rappresenta uno strumento fondamentale per l'acquisizione di forniture, servizi e lavori attraverso la piattaforma di e-Procurement. Questo capitolo si propone di illustrare in maniera dettagliata l'intero iter di configurazione e gestione di una Gara ASP al Minor Prezzo, fornendo linee guida chiare e complete per tutti gli operatori coinvolti. Verranno esaminati in profondità i vari step della procedura, dalla creazione e pubblicazione della Gara, passando per la gestione dei lotti e la definizione della Scheda di Offerta, fino alla gestione del CIG, all'invio degli inviti e alla pubblicazione finale.

Il capitolo si articola in più sezioni, ognuna delle quali affronta un aspetto specifico del processo. Queste sezioni sono studiate per offrire una panoramica esaustiva delle fasi operative, nonché per approfondire aspetti tecnici e normativi, garantendo che la procedura di Gara si svolga in conformità con le normative vigenti e con i requisiti di trasparenza ed efficienza richiesti dalla Pubblica Amministrazione.

Indice

1. **Fasi del Processo di Configurazione e Gestione della Gara**
   1.1 Fase 1: Creazione e Pubblicazione della Gara
   1.2 Fase 2: Esame delle Offerte
   1.3 Fase 3: Aggiudicazione della Gara e Gestione del Contratto

2. **Configurazione della Gara**
   2.1 Dati Principali
   2.2 Documentazione di Gara

3. Configurazione del Lotto – Minor Prezzo
   3.1 Gestione Lotti
   3.2 Gestione Scheda di Offerta – Minor Prezzo

4. Gestione CIG
   4.1 Gara che Non Necessita di Assegnazione CIG

5. Gestisci ANAC FORM e EFORM

6. Inviti

7. Riepilogo e Pubblicazione

---

1. Fasi del Processo di Configurazione e Gestione della Gara

1.1 Fase 1: Creazione e Pubblicazione della Gara

La prima fase del processo riguarda la creazione e la pubblicazione della Gara. Durante questa fase, la Pubblica Amministrazione imposta tutti i parametri fondamentali che definiranno l'iter procedurale.

- **Denominazione e Parametri della Gara:**
  L'utente inizia configurando il nome della Gara, che deve essere chiaro e rappresentativo dell'oggetto della procedura. È importante evitare caratteri speciali (ad es. ' " & < > ( ) % + \ / ;) per non incorrere in errori di sistema.

- **Scelta del Tipo di Contratto e Procedura:**
  Dal menu a tendina, si seleziona la tipologia di contratto – Lavori, Forniture o Servizi – e la tipologia di procedura. Le opzioni includono:

  - **Aperta:** per una gara a procedura aperta

  - **Negoziata:** per una procedura in cui vengono invitati fornitori specifici

  - **Ristretta Fase 1 o Fase 2:** per procedure ad invito, dove la fase 1 è la pre-selezione e la fase 2 la definizione degli inviti

- **Categorie Merceologiche e Lotti:**
  L'utente deve selezionare la categoria merceologica di riferimento e specificare se la Gara si articola in un unico Lotto o in più lotti. Questa scelta influirà sul modo in cui saranno gestite le offerte e sulla successiva fase di configurazione della Scheda di Offerta.

Una volta impostati questi parametri, si procede alla definizione dei documenti che verranno allegati alla procedura, nonché alle richieste che saranno rivolte ai partecipanti in sede di offerta.

- **Definizione dei Documenti e delle Richieste:**
  L'utente deve stabilire quali documenti obbligatori dovranno essere allegati dai partecipanti e, eventualmente, impostare delle richieste specifiche (ad esempio, allegati tecnici o amministrativi).

- **Invito dei Fornitori e Pubblicazione:**
  Nella stessa fase, qualora la procedura sia negoziata, l'utente seleziona gli Operatori Economici da invitare. Solo dopo aver verificato la correttezza di tutti i dati, la Gara viene pubblicata agli OE invitati.

1.2 Fase 2: Esame delle Offerte

Alla scadenza dei termini di presentazione delle offerte, il sistema apre le **Buste virtuali** contenenti la documentazione di offerta inviata dagli OE.

- **Apertura delle Buste:**
  Le Buste vengono aperte in modo automatico e il sistema permette agli utenti autorizzati di esaminare la documentazione presentata.

- **Valutazione e Graduatoria Automatica:**
  Durante l'esame, il sistema valuta le offerte in base ai criteri prestabiliti, generando una graduatoria automatica delle offerte ritenute valide.

- **Funzioni di Esame:**
  In questa fase, gli utenti possono verificare le informazioni inserite, esaminare le eventuali anomalie e, se necessario, richiedere chiarimenti ai partecipanti.

1.3 Fase 3: Aggiudicazione della Gara e Gestione del Contratto

Alla chiusura dell'esame delle offerte, si procede con l'aggiudicazione provvisoria, che verrà poi confermata in una successiva fase.

- **Aggiudicazione Provvisoria e Definitiva:**
  Il sistema consente di registrare un primo stato di aggiudicazione, che, se confermato, diventa definitivo.

- **Gestione del Contratto:**
  Dopo l'aggiudicazione, l'area Comunicazioni permette di gestire gli adempimenti necessari, come la stipula del contratto.

- **Caricamento del Contratto:**
  Il contratto, redatto in forma privata, può essere successivamente caricato nel sistema nell'area dedicata a Dati e Documenti di Stipula, e deve essere sottoscritto digitalmente dal Soggetto Aggiudicatore.

---

2. Configurazione della Gara

2.1 Accesso tramite il Cruscotto

Per predisporre una Gara smaterializzata, l'utente deve accedere al portale di e-Procurement tramite il Cruscotto, utilizzando le modalità di autenticazione previste.

- **Sezione Negoziazioni – Gare:**
  Dal Cruscotto, seleziona la voce "Gare" presente nella sezione Negoziazioni e clicca su **NUOVA GARA** per avviare la configurazione.

2.2 Creazione Nuova Gara

Nella pagina di Creazione Nuova Gara, l'utente compila tutti i campi richiesti per definire la struttura della procedura.

- **Nome Gara:**
  Inserisci il nome della procedura che sarà visibile agli OE. È importante che il titolo sia chiaro e rispetti le norme sulla formattazione (senza caratteri speciali non ammessi).

- **Tipologia di Contratto e Procedura:**
  Seleziona dal menu la tipologia di contratto (Lavori, Forniture o Servizi) e la tipologia di procedura (Aperta, Negoziata, Ristretta Fase 1 o Fase 2).

- **Categoria Merceologica e Lotti:**
  Definisci la categoria merceologica di riferimento e specifica se la Gara prevede un unico Lotto o più lotti.

- **Criterio di Aggiudicazione:**
  Scegli il criterio di aggiudicazione (Minor Prezzo o Miglior Rapporto Qualità-Prezzo).

  - Se scegli **Minor Prezzo**, specifica la modalità di espressione del ribasso: in valore assoluto oppure in percentuale.

  - Se scegli **Miglior Rapporto Qualità-Prezzo**, configura i punteggi tecnici e la ripartizione dei punteggi tra l'Offerta Tecnica e l'Offerta Economica.

2.3 Dati Principali della Gara

Una volta definiti i parametri iniziali, l'utente accede alla pagina **Dati Principali**, dove vengono visualizzate le informazioni fondamentali della procedura.

- **Numero Gara:**
  Il sistema assegna automaticamente un numero Gara, un codice identificativo univoco che permette di identificare la procedura in ogni momento.

- **Opzioni Avanzate:**
  Se necessario, l'utente può accedere alla funzione **Opzioni Avanzate** per modificare il numero e l'ordine di apertura delle Buste. Questa funzione è particolarmente utile in caso di inversione procedimentale, come disciplinato dall'art. 36, comma 5 del Codice dei Contratti Pubblici.

- **Configurazione delle Buste:**
  Tramite il pulsante **Gestione delle Buste**, è possibile impostare il numero e l'ordine di apertura delle Buste, che determineranno l'iter di valutazione delle offerte.

2.4 Descrizione e Responsabilità

- **Descrizione della Gara:**
  Inserisci una descrizione dettagliata della Gara, che possa chiarire l'oggetto della procedura e fornire informazioni aggiuntive utili agli OE.

- **Responsabile del Procedimento (RdP):**
  Specifica i dati del RdP, inclusi nome, cognome, ente di appartenenza e altri dati rilevanti. Il RdP verrà associato alla procedura e potrà essere cercato e selezionato tramite il pulsante **Cerca**.

- **Ente Committente:**
  Indica se l'Ente Committente coincide con la Stazione Appaltante. In caso contrario, definisci l'Ente Committente tramite le funzioni **Cerca** e **Inserisci**.

- **Date della Gara:**
  Definisci le date chiave:

  - **Data di inizio:** Data a partire dalla quale gli OE possono avviare la procedura.

  - **Data fine:** Termine ultimo per l'invio delle offerte.

  - **Termine richiesta chiarimenti:** Data entro la quale gli OE possono inviare richieste di chiarimento. Questa data ha carattere informativo, poiché il sistema consente comunque l'invio di richieste fino alla scadenza delle offerte.

2.5 Documentazione di Gara

Una volta configurati i Dati Principali, l'utente passa alla sezione **Documentazione di Gara**.

- **Accettazione del Disclaimer:**
  Seleziona **Accetta** nel disclaimer per procedere all'inserimento della documentazione.

- **Caricamento dei Documenti:**
  Attraverso la funzione **Inserisci file**, l'utente carica i documenti relativi alla Gara. È possibile selezionare il pulsante **Sfoglia** per scegliere il file dal proprio PC, inserire una breve descrizione e confermare con il pulsante **Aggiungi**.

- **Inserimento di URL:**
  In alternativa, è possibile inserire un URL che rimandi a una pagina web contenente la documentazione, seguendo il formato http:// o https:// e fornendo una descrizione.

---

3. Configurazione del Lotto – Minor Prezzo

3.1 Dettaglio della Gara e Gestione dei Lotti

Dal menu laterale, l'utente seleziona la voce **Dettaglio Gara** e poi **Lotti** per configurare le informazioni relative ai lotti della Gara.

- **Modifica del Lotto:**
  Cliccando sull'icona della **Matita**, è possibile modificare il nome del Lotto e inserire una descrizione specifica che identifichi l'oggetto del Lotto.

- **Aggiunta di Nuovi Lotti:**
  Tramite il pulsante **Aggiungi Lotto**, l'utente può creare ulteriori lotti, se la Gara è strutturata in più parti.

- **Gestione Dati Lotto:**
  Cliccando sul pulsante freccia relativo al Lotto, si accede alla pagina di gestione dei dati del Lotto, dove è possibile configurare:

  - **Numero Lotto:** Assegnato automaticamente dal sistema.

  - **Nome Lotto:** Una breve descrizione del Lotto.

  - **Durata del Contratto:** Espressa in mesi.

  - **Categoria Merceologica e CUP:** Se applicabile, inserisci il Codice Unico di Progetto (CUP) e seleziona la categoria merceologica di riferimento.

  - **CPV:** Inserisci il codice CPV relativo al lotto, selezionando dal menu a tendina il codice desiderato. Il primo CPV inserito diventa quello prevalente.

  - **Valore di Riferimento:** Specifica se il valore della Gara è definito come "Base d'Asta" o come "Valore Lotto", inserendo il valore in euro (IVA esclusa). Questo valore costituirà il riferimento per la richiesta del CIG.

3.2 Gestione Scheda di Offerta – Minor Prezzo

La Scheda di Offerta rappresenta il documento che il concorrente utilizzerà per compilare la propria offerta.

- **Accesso alla Scheda di Offerta:**
  Seleziona la voce **Scheda di Offerta** per configurare la scheda associata al Lotto.

- **Modalità di Creazione:**
  L'utente può scegliere se:

- Creare una Nuova Scheda di Offerta, inserendo un nome identificativo che segua le indicazioni del disciplinare di Gara.

- Utilizzare una Scheda di Offerta Preesistente, selezionandola da un elenco.

- **Gestione della Scheda di Offerta:**
  Una volta creata o selezionata la Scheda, il sistema permette di configurare le caratteristiche economiche e di valutazione della stessa.

  - **Gestione Caratteristiche:**
    Attraverso il pulsante **Gestisci**, l'utente accede alla pagina di configurazione dove è possibile definire:

    - **Nome della Caratteristica:** Un nome chiaro e descrittivo per l'elemento dell'offerta.

    - **Regola di Ammissione:** Imposta la regola che il sistema utilizzerà per valutare il valore presentato dal fornitore.

    - **Regola di Valutazione e Controllo:** Definisci le regole che permetteranno di attribuire un punteggio al valore offerto, specificando eventuali regole aggiuntive.

    - **Parametri Aggiuntivi:** Se la caratteristica è numerica, definisci il numero massimo di decimali, se la compilazione è obbligatoria e se il campo è visibile nel documento finale.

  - **Criteri per la Classifica:**
    L'utente deve scegliere il criterio con cui verrà elaborata la classifica delle offerte, ad esempio:

    - **Miglior Valore Offerto:** Per esprimere il ribasso in termini assoluti.

    - **Miglior Percentuale di Sconto Offerta:** Per ribassi espressi in percentuale.

    - **Miglior Punteggio Ottenuto:** Se la valutazione si basa su un sistema di punteggi.

Una volta configurati tutti i parametri, l'utente deve selezionare **SALVA** per memorizzare le impostazioni e quindi tornare alla pagina di gestione dei lotti.

4. Gestione CIG

4.1 Richiesta del CIG

Il CIG (Codice Identificativo Gara) è un elemento fondamentale per identificare in maniera univoca la Gara.

- **Modalità di Gestione del CIG:**
  Dal menu laterale, seleziona la voce **GESTISCI CIG**.

  - Tramite il menu a tendina, l'utente può scegliere la Modalità di Assegnazione CIG tra:

    - **Procedura Ordinaria (CIG):** In cui il sistema richiede il CIG in maniera automatica.

    - **Gara che Non Necessita di Assegnazione CIG:** Se si decide di esonerare la Gara dalla richiesta del CIG.

- **Implicazioni della Scelta:**
  Se si sceglie di non utilizzare il CIG, tale scelta è irreversibile e la Gara verrà esonerata dalla richiesta di CIG e SmartCIG.

- **Integrazione con ANAC:**
  Se la modalità di assegnazione automatica viene scelta, il sistema attiva la sezione **GESTISCI ANAC FORM E EFORM**, tramite la quale il Responsabile Unico di Progetto (RUP) potrà gestire la comunicazione con ANAC per il rilascio del CIG.

4.2 Gara Senza CIG

- **Opzione "La Gara non necessita di assegnazione CIG":**
  Se selezionata, il sistema informa l'utente dell'esonero della Gara dalla richiesta del CIG, e il valore 0 viene visualizzato nella sezione **GESTISCI CIG**.

- **Conferma dell'Esclusione:**
  Alla pressione del pulsante **Conferma**, viene visualizzato un pop-up per confermare la scelta, la quale è definitiva.

---

5. Gestisci ANAC FORM e EFORM

5.1 Accesso e Funzioni

La sezione **GESTISCI ANAC FORM E EFORM** è riservata al Responsabile Unico di Progetto (RUP), che ha il compito di gestire la comunicazione con ANAC.

- **Requisiti di Accesso:**
  Il RUP deve essere registrato non solo su Acquistinretepa, ma anche censito sui sistemi ANAC. Tramite il menu "I tuoi ruoli nelle procedure di acquisto", il RUP accede alla procedura selezionando il ruolo "RUP" associato.

- **Moduli Disponibili:**
  La sezione è suddivisa in vari moduli:

  - **Nomina Ruoli:** Imposta il nominativo del RUP e dei soggetti autorizzati a gestire dati ANAC, TED ed ESPD.

  - **Scelta Scheda ANAC:** Seleziona la scheda più opportuna da inviare ad ANAC, scegliendo tra quelle suggerite dal sistema o dalla lista completa.

  - **ANACFORM:** Compila i campi necessari in base alla scheda ANAC selezionata.

  - **EFORM:** Predisponi i dati della Gara da inviare al TED per la pubblicazione sulla GUUE.

  - **ESPD/DGUE:** Consente il caricamento o la creazione di un file XML per la procedura di partecipazione.

  - **COMUNICA CON PCP:** Tramite questa funzione, il RUP potrà richiedere il CIG ed eventualmente procedere alla pubblicazione della Gara sulla Piattaforma dei Contratti Pubblici di ANAC.

- **Conferma e Salvataggio:**
  Al termine della compilazione, il RUP salva i dati e attiva il modulo per inviare la richiesta ad ANAC.

---

6. Inviti

6.1 Funzione Inviti nella Procedura di Gara

La fase degli **Inviti** è cruciale nelle procedure negoziate o nella Ristretta – Fase 2.

- **Inserimento degli OE da Invitare:**
  L'utente deve inserire i dati degli OE (Partita IVA e Ragione Sociale) che si desidera invitare alla Gara.

- **Download del Documento di Invito:**
  Il sistema consente di scaricare un documento di invito contenente il PIN di partecipazione, che deve essere trasmesso agli OE tramite Posta Elettronica Certificata (PEC) e firmato digitalmente.

- **OE Non Registrati:**
  Se un OE non è registrato al sistema, il gestore può inserirlo manualmente. L'OE dovrà poi completare la registrazione per poter partecipare alla Gara.

---

7. Riepilogo e Pubblicazione

7.1 Riepilogo della Configurazione

Prima della pubblicazione della Gara, l'utente deve verificare accuratamente tutte le informazioni inserite nella fase di configurazione.

- **Visualizzazione del Riepilogo:**
  Nella pagina di riepilogo vengono elencati tutti i dati della Gara, inclusi Dati Principali, Documentazione, e Dettaglio dei Lotti.

- **Riepilogo in Formato PDF e XLS:**
  È possibile scaricare un riepilogo completo della Gara in formato PDF e XLS, utile per la verifica e la condivisione delle informazioni.

- **Modifiche e Revisione:**
  Se sono necessarie modifiche, l'utente può selezionare il pulsante **Torna Indietro** per apportare le modifiche. Nel caso di una Gara configurata da un Punto Istruttore, il riepilogo sarà inviato per l'approvazione al Punto Ordinante.

7.2 Pubblicazione della Gara

Una volta verificati tutti i dati e ottenuto il CIG (se previsto), si procede alla pubblicazione della Gara.

- **Pubblicazione in Modalità PO e RUP Coincidenti:**
  Se il PO e il RUP coincidono, l'utente può tornare alla sezione Dati Principali e selezionare **PUBBLICA** direttamente.

- **Pubblicazione in Modalità PO e RUP Distinti:**
  Se il PO e il RUP non coincidono, il RUP richiede la pubblicazione alla Piattaforma dei Contratti Pubblici utilizzando il pulsante **INVIA A PCP** nella sezione **COMUNICA CON PCP**.

- **Conferma e Stato della Gara:**
  Dopo aver premuto il pulsante **PUBBLICA**, il sistema mostra un riepilogo della Gara e invia le notifiche ai partecipanti. La Gara diventa così visibile agli OE invitati e viene resa accessibile per l'avvio delle offerte.

Conclusioni e Considerazioni Finali

8.1 Riepilogo delle Fasi della Gara ASP al Minor Prezzo

Il processo di configurazione e gestione di una Gara ASP al Minor Prezzo si articola in tre fasi principali:

- **Fase 1 – Creazione e Pubblicazione della Gara:**
  Comprende la definizione dei parametri principali, l'inserimento dei dati di Gara, la gestione della documentazione e l'invito degli OE.

- **Fase 2 – Esame delle Offerte:**
  Dopo la scadenza del termine per la presentazione, vengono aperte le Buste virtuali e il sistema elabora la Graduatoria Automatica.

- **Fase 3 – Aggiudicazione e Gestione del Contratto:**
  Prevede la proposta di aggiudicazione, l'esecuzione dell'aggiudicazione e la stipula del contratto, con l'eventuale gestione di esclusioni, rilanci, sospensioni e revoche.

8.2 Importanza della Configurazione e del Monitoraggio

La corretta configurazione della Gara è essenziale per garantire:

- **Trasparenza e Conformità:**
  Ogni fase del processo è tracciabile e conforme alle normative vigenti, assicurando la massima trasparenza e legalità dell'iter procedurale.

- **Efficienza Operativa:**
  L'utilizzo di strumenti digitali e di funzionalità automatizzate consente di ridurre i tempi di configurazione, di esame e di aggiudicazione, migliorando l'efficienza dell'intero processo.

- **Gestione delle Criticità:**
  Funzioni come la gestione delle anomalie, il rilancio, il sorteggio e le modifiche delle date permettono di intervenire tempestivamente in caso di problematiche, garantendo il corretto svolgimento della procedura.

8.3 Benefici per la Pubblica Amministrazione e per gli Operatori Economici

- **Per la Pubblica Amministrazione:**
  - La possibilità di configurare gare in modalità ASP al Minor Prezzo permette di ottenere il miglior ribasso in termini economici, garantendo il risparmio di risorse pubbliche.
  - L'integrazione con la piattaforma di e-Procurement e la gestione automatizzata del CIG e della documentazione facilitano il controllo e la tracciabilità delle procedure.

- **Per gli Operatori Economici:**
  - L'accesso a un sistema trasparente e ben strutturato permette di preparare offerte complete e conformi ai requisiti richiesti, migliorando la competitività.
  - Le funzionalità di gestione dei documenti, dei lotti e delle comunicazioni consentono di monitorare in tempo reale lo stato della procedura e di intervenire prontamente in caso di necessità.

8.4 Sfide e Prospettive Future

- **Sfide Tecniche e Formative:**
  L'adozione di sistemi digitali complessi richiede una formazione continua del personale e un supporto tecnico costante per risolvere eventuali criticità operative e gestionali.

- **Innovazioni e Aggiornamenti:**
  Con l'evoluzione delle tecnologie digitali, il sistema di e-Procurement continuerà a integrarsi con nuovi strumenti e funzionalità, migliorando l'esperienza utente e la gestione delle procedure di gara.

- **Opportunità di Ottimizzazione:**
  La capacità di monitorare e analizzare i dati in tempo reale, grazie ai report di valutazione e alle funzioni di controllo, offre opportunità per ottimizzare ulteriormente le procedure e garantire il massimo risparmio economico per le Pubbliche Amministrazioni.

8.5 Conclusioni Finali

Il presente capitolo ha illustrato in maniera dettagliata il processo di configurazione e gestione di una Gara ASP al Minor Prezzo. Dalla creazione e pubblicazione della Gara, passando per la gestione dei lotti e la configurazione della Scheda di Offerta, fino alla gestione del CIG, degli inviti e alla pubblicazione finale, ogni fase è stata descritta con precisione per garantire la trasparenza e l'efficienza dell'intero iter procedurale.

L'approccio modulare adottato nel sistema di e-Procurement permette di intervenire in maniera tempestiva e flessibile, gestendo eventuali modifiche, anomalie e criticità senza compromettere la continuità della procedura. Le funzionalità avanzate, come la gestione dei privilegi, il monitoraggio delle comunicazioni, l'esame delle offerte e la generazione di report, offrono agli utenti tutti gli strumenti necessari per una valutazione accurata e trasparente delle proposte.

Inoltre, l'integrazione con sistemi esterni, come la piattaforma dei Contratti Pubblici di ANAC, e la possibilità di gestire in maniera automatica il CIG, rappresentano un valore aggiunto che semplifica notevolmente l'intero processo e riduce i margini di errore.

L'obiettivo finale di una Gara ASP al Minor Prezzo è ottenere il miglior ribasso possibile, garantendo al contempo la massima qualità e conformità delle offerte. La corretta configurazione della procedura, unita a un'attenta analisi delle offerte e a una gestione trasparente delle comunicazioni e delle autorizzazioni, costituisce la chiave per il successo dell'intero iter.

Conclusioni e Considerazioni Finali

Riepilogo dell'Iter Procedurale

Il processo di Gara ASP al Minor Prezzo si articola in numerose fasi, ciascuna delle quali è essenziale per garantire una procedura trasparente ed efficiente:

- **Fase di Creazione e Pubblicazione:**
  La configurazione iniziale della Gara, con l'inserimento dei dati principali, la gestione della documentazione, l'assegnazione dei criteri di aggiudicazione e l'invio degli inviti.

- **Fase di Esame delle Offerte:**
  L'apertura delle Buste virtuali e la valutazione automatica delle offerte presentate, che consentono di elaborare una graduatoria delle proposte.

- **Fase di Aggiudicazione e Gestione del Contratto:**
  La registrazione della proposta di aggiudicazione, l'esecuzione dell'aggiudicazione e la stipula del contratto, che sanciscono il termine dell'iter procedurale.

Importanza della Gestione dei Permessi e delle Comunicazioni

- **Gestione dei Permessi:**
  L'assegnazione dei ruoli e delle autorizzazioni, come Responsabile del Procedimento, Presidente di Commissione e Membro di Commissione, assicura che ogni utente abbia accesso esclusivamente alle funzionalità necessarie. La possibilità di configurare privilegi specifici per ogni sezione, tramite il cursore "ON" e l'icona **Matita**, consente un controllo dettagliato e personalizzato delle operazioni.

- **Comunicazioni:**
  L'area Comunicazioni, con la sua suddivisione in Messaggi e Notifiche, garantisce uno scambio informativo costante e tracciabile tra la Pubblica Amministrazione e gli OE. Il Rapporto di Consegna assicura che ogni comunicazione venga monitorata in termini di data, ora e stato di lettura, contribuendo a mantenere elevati livelli di trasparenza.

Benefici e Vantaggi per gli Stakeholder

- **Pubblica Amministrazione:**
  Grazie a un sistema centralizzato e automatizzato, la Pubblica Amministrazione può gestire le Gare in maniera efficiente, riducendo i tempi operativi e migliorando la tracciabilità delle procedure. L'uso di report dettagliati e la

possibilità di intervenire con funzioni di sospensione, revoca ed esclusione garantiscono il rispetto dei requisiti normativi e l'ottimizzazione degli acquisti.

- **Operatori Economici:**
  Gli OE traggono vantaggio dalla trasparenza e dalla standardizzazione del processo, che consente di preparare offerte conformi e di monitorare in tempo reale lo stato della propria partecipazione. Le funzionalità di gestione dei documenti e dei dati di offerta, unitamente alle opzioni di rilancio e sorteggio, offrono la possibilità di presentare proposte competitive e di rispondere in maniera dinamica alle esigenze della gara.

Sfide e Prospettive Future

Nonostante i numerosi vantaggi, il sistema presenta anche alcune sfide:

- **Formazione Continua:**
  È indispensabile che gli utenti della piattaforma ricevano formazione periodica per aggiornarsi sulle funzionalità e sulle modifiche normative.

- **Supporto Tecnico e Aggiornamenti:**
  Un supporto tecnico efficace è essenziale per risolvere tempestivamente eventuali criticità e per garantire che il sistema rimanga sempre aggiornato rispetto alle evoluzioni tecnologiche e normative.

- **Integrazione con Altri Sistemi:**
  L'integrazione con sistemi esterni, come quello dei Contratti Pubblici di ANAC, rappresenta una sfida tecnica ma anche un'opportunità per migliorare ulteriormente l'efficienza e la trasparenza delle procedure.

Conclusioni Finali

La procedura di Gara ASP al Minor Prezzo, con il suo iter articolato e le numerose funzionalità di gestione, rappresenta uno strumento essenziale per la Pubblica Amministrazione, in quanto consente di ottenere il miglior ribasso economico garantendo la massima trasparenza e conformità alle normative.

- **Iter Operativo Completo:**
  Dalla creazione e pubblicazione della Gara, passando per l'esame delle offerte, fino all'aggiudicazione e alla stipula del contratto, ogni fase è studiata per massimizzare l'efficienza e la correttezza dell'iter.

- **Gestione Dettagliata dei Permessi e delle Comunicazioni:**
  Il sistema offre una gestione avanzata dei permessi, garantendo che ogni utente acceda solo alle sezioni per le quali è autorizzato, e un'area comunicazioni che assicura un flusso informativo costante e verificabile.

- **Strumenti di Valutazione e Reportistica:**
  I report di valutazione, la gestione delle anomalie e le funzionalità di rilancio e sorteggio offrono strumenti preziosi per analizzare in dettaglio le offerte e per prendere decisioni informate sulla base dei dati raccolti.

- **Opportunità di Miglioramento Continuo:**
  L'evoluzione tecnologica e la formazione continua degli operatori permetteranno di affinare ulteriormente le procedure, riducendo tempi e costi, e aumentando la competitività degli acquisti pubblici.

In conclusione, la Gara ASP al Minor Prezzo si configura come una procedura complessa ma estremamente efficace, in grado di rispondere alle esigenze della Pubblica Amministrazione e di garantire il massimo risparmio economico. La corretta applicazione delle linee guida e l'utilizzo integrato delle funzionalità offerte dalla piattaforma di e-Procurement sono le chiavi per il successo della procedura, contribuendo a creare un ambiente di gara trasparente, efficiente e competitivo.

Capitolo 29: Esame delle Offerte di una Gara in ASP

Introduzione

Nel processo di gestione di una Gara in modalità ASP (Application Service Provider) sulla piattaforma di e-Procurement, l'esame delle offerte rappresenta una fase cruciale. Questo capitolo descrive in dettaglio tutte le attività e le procedure operative messe in atto dalle Pubbliche Amministrazioni per valutare le proposte ricevute dagli Operatori Economici (OE). L'obiettivo è garantire trasparenza, correttezza e completezza del processo valutativo, permettendo al Responsabile del Procedimento (RdP) e alla Commissione di Gara di prendere decisioni informate sulla base di dati e documentazione verificata.

Il capitolo si articola in varie sezioni che coprono le attività propedeutiche, la comunicazione e la verifica delle offerte, l'esame delle buste di gara (amministrativa, tecnica ed economica), la gestione delle anomalie, la formulazione della graduatoria provvisoria, le operazioni di esclusione o ammissione dei concorrenti e, infine, le fasi di aggiudicazione e stipula della Gara. Ogni sezione è illustrata nel dettaglio per fornire un quadro completo del procedimento.

Indice

1. Attività Propedeutiche ai Lavori di Commissione
   1.1 Accesso alla Sezione "Richiesta Chiarimenti"
   1.2 Accesso alla Sezione "Comunicazioni"

2. Comunicazione di Inizio Lavori

3. Verifica della Ricezione delle Offerte

4. Esame delle Buste di Gara
   4.1 Passo 1 – Esame della Documentazione Amministrativa
   4.2 Passo 2 – Esame della Documentazione Tecnica
   4.3 Passo 3 – Esame della Documentazione Economica

5. Gestione Offerte Anomale

6. Aggiudicazione Provvisoria e Graduatoria

7. Escludi/Ammetti Concorrenti

8. Aggiudicazione e Stipula della Gara

1. Attività Propedeutiche ai Lavori di Commissione

Prima di avviare il processo di valutazione delle offerte, è fondamentale preparare il terreno per un esame accurato e sistematico. Le attività propedeutiche includono la gestione dei ruoli e dei permessi, l'accesso alle funzionalità di richiesta chiarimenti e comunicazione, e la configurazione degli strumenti di supporto alla valutazione.

1.1 Accesso alla Sezione "Richiesta Chiarimenti"

- **Ruoli e Autorizzazioni:**
  Il Responsabile del Procedimento (RdP) e, eventualmente, il sostituto designato devono accedere al portale tramite il proprio profilo. Tramite la voce "I tuoi ruoli nelle procedure di acquisto", è possibile selezionare la specifica negoziazione di Gara su cui si intende lavorare.

- **Funzionalità di Visualizzazione:**
  Una volta entrati nella pagina della gara, il sistema consente di visualizzare le

richieste di chiarimenti inviate dai concorrenti. Queste richieste sono visualizzate in un formato sintetico che include:

- Nome del concorrente che ha inviato la richiesta.
- Numero di messaggi gestiti.
- Stato della comunicazione (ad esempio, "Ricevuta" o "Letta").
- Data di ricezione.

- **Navigazione e Gestione delle Richieste:**
  Selezionando la freccia associata ad ogni messaggio, il RdP accede alla pagina di dettaglio della richiesta, dove può leggere l'intera comunicazione e rispondere utilizzando un apposito box di risposta. La risposta, una volta inviata, viene memorizzata a sistema e sarà visibile esclusivamente al concorrente interessato.

1.2 Accesso alla Sezione "Comunicazioni"

- **Struttura dell'Area Comunicazioni:**
  L'area Comunicazioni è suddivisa in due sezioni principali:

  - **Messaggi:** Per l'invio di comunicazioni manuali, utili per chiarimenti o aggiornamenti personalizzati.
  - **Notifiche:** Per comunicazioni automatiche, generate dal sistema, che avvertono gli utenti di variazioni di stato, aggiornamenti o eventi rilevanti.

- **Gestione dei Privilegi:**
  Tramite la gestione dei permessi, il RdP può assegnare agli utenti autorizzati i privilegi necessari per accedere a queste funzionalità. Se un utente ha la sola autorizzazione in visualizzazione, potrà leggere e scaricare documenti, ma non modificare le impostazioni.

- **Interazione con i Concorrenti:**
  La funzione Comunicazioni si attiva quando la Gara raggiunge lo stato di scadenza per la presentazione delle offerte e permette di inviare messaggi diretti ai concorrenti, facilitando la gestione dei chiarimenti e il monitoraggio dello stato delle comunicazioni. Ogni messaggio è corredato da un Rapporto di Consegna che ne attesta l'invio e la ricezione.

2. Comunicazione di Inizio Lavori

Quando si avvia la fase finale della valutazione, il Presidente di Commissione ha il compito di inviare una comunicazione formale che annuncia l'inizio dei lavori, aprendo ufficialmente la seduta pubblica o la fase di aggiudicazione.

2.1 Preparazione della Comunicazione

- **Contenuto della Comunicazione:**
  Il messaggio deve includere:

  - La data e l'ora di inizio dei lavori o della seduta pubblica.

  - L'ente o il seggio che presiede la seduta (ad es., Ufficio, Seggio, Commissione).

  - Indicazioni sul canale di accesso al sistema per partecipare alla seduta.

- **Formato del Messaggio:**
  Il testo della comunicazione deve essere redatto in maniera chiara e formale.
  Esempio di testo:

Oggetto: Comunicazione di apertura della prima seduta pubblica
Con la presente si comunica l'apertura della prima seduta pubblica da parte del [Ufficio/Seggio/Commissione] il [gg/mm/aaaa] alle ore [hh:mm].
I concorrenti potranno accedere alla seduta tramite il sistema di e-Procurement.
Distinti Saluti.

2.2 Invio della Comunicazione

- **Accesso alla Sezione Comunicazioni:**
  L'utente si sposta nell'area Comunicazioni e seleziona l'opzione per creare una nuova comunicazione.

- **Aggiunta di Allegati:**
  Se necessario, si possono allegare file tramite il pulsante **SCEGLI FILE**. La dimensione massima per ogni comunicazione è di 6 MB; per file più grandi, è possibile inviare più comunicazioni.

- **Invio e Rapporto di Consegna:**
  Una volta completata la comunicazione, l'utente seleziona il pulsante **INVIA**

COMUNICAZIONE. Il sistema genera un Rapporto di Consegna che registra la data e l'ora di invio e, successivamente, lo stato di lettura da parte dei destinatari.

3. Verifica della Ricezione delle Offerte

Una fase fondamentale del processo di esame consiste nel verificare la ricezione delle offerte da parte degli OE.

3.1 Accesso all'Elenco delle Offerte

- **Navigazione alla Sezione Offerte Presentate:**
  Dal menu laterale della pagina di Dettaglio della Gara, seleziona la voce **OFFerte PRESENTATE**.

- **Visualizzazione dei Concorrenti:**
  L'utente visualizza un elenco di tutti i concorrenti che hanno presentato un'offerta, con informazioni essenziali come:

    o Denominazione del concorrente.

    o Forma di partecipazione (Singolo OE, Consorzio, RTI, ecc.).

    o Numero di lotti per i quali è stata presentata l'offerta.

    o Data e ora di presentazione dell'offerta.

3.2 Utilizzo dei Filtri

- **Filtraggio dell'Elenco:**
  L'utente può applicare filtri di ricerca per visualizzare le offerte in base a:

    o Denominazione del concorrente.

    o Forma di partecipazione.

    o Lotto specifico (ad es. "Tutti i lotti", "Lotto 1", "Lotto 2").

- **Selezione dei Risultati:**
  Dopo aver impostato il criterio di ricerca, clicca sul pulsante **FILTRA** per aggiornare l'elenco e visualizzare i risultati attesi.

4. Esame delle Buste di Gara

L'esame delle offerte è articolato in tre passaggi distinti, corrispondenti all'esame della Documentazione Amministrativa, Tecnica ed Economica.

4.1 Passo 1 – Esame della Documentazione Amministrativa

4.1.1 Apertura della Busta Amministrativa

- **Accesso alla Busta Amministrativa:**
  Dal menu di Dettaglio della Gara, seleziona la voce **ESAME OFFERTE** e poi la sottovoce **Busta Amministrativa**.

- **Modalità di Apertura:**
  In alcune procedure, in caso di inversione delle buste, la Busta Amministrativa potrebbe non essere la prima ad aprirsi; in tal caso, verrà richiesta una motivazione per l'apertura in deroga.

  - Nota: Per le gare pubblicate prima del 21 febbraio 2025, l'apertura in deroga non è possibile e le buste si apriranno seguendo l'ordine predefinito.

4.1.2 Esame della Documentazione

- **Verifica della Documentazione:**
  Accedi alla Busta Amministrativa, selezionando il pulsante **AVVIA ESAME**.

  - Il sistema mostra l'elenco dei documenti inviati da ciascun OE.

  - Per ogni OE, visualizza l'identità degli altri offerenti, incluse la data e l'ora di presentazione dell'offerta.

- **Dettaglio dei Documenti:**
  Seleziona la freccia associata al nome del concorrente per accedere al dettaglio dei documenti.

  - Le informazioni di dettaglio includono:

    - Nome e Cognome dell'OE che ha effettuato l'upload.

    - Data di caricamento.

    - Stato del caricamento.

    - Esito del controllo di validità della firma digitale.

- **Salvataggio e Comunicazione:**
  I documenti valutati possono essere salvati selezionando il nome del documento.
  In caso di discrepanze o per escludere un concorrente, utilizza la funzione
  ESCLUDI/AMMETTI CONCORRENTI, selezionando il nome del concorrente e
  specificando il motivo dell'esclusione.

- **Concludere la Valutazione:**
  Una volta completata la valutazione della documentazione, il RdP o il Presidente
  di Commissione può selezionare **TERMINA ESAME** per passare alla fase successiva.

4.2 Passo 2 – Esame della Documentazione Tecnica

4.2.1 Accesso alla Busta Tecnica

- **Apertura della Busta Tecnica:**
  Dal menu di Dettaglio della Gara, seleziona la voce **Busta Tecnica** per accedere
  alla Documentazione Tecnica.

  - Questa busta contiene la documentazione tecnica inviata dagli OE, che
    riguarda le specifiche tecniche del Lotto.

4.2.2 Analisi della Scheda di Offerta Tecnica

- **Visualizzazione della Scheda di Offerta:**
  Seleziona la voce **SCHEDA DI OFFERTA** per accedere al dettaglio dell'offerta
  tecnica del concorrente.

  - Qui vengono visualizzati tutti i valori offerti per ciascuna caratteristica
    tecnica e il punteggio tabellare attribuito automaticamente dal sistema.

- **Valutazione e Conferma:**
  Dopo aver esaminato i documenti tecnici e i punteggi associati, il RdP può
  utilizzare il pulsante **TORNA AL DETTAGLIO DELLA BUSTA** per tornare alla pagina
  principale di esame e procedere con ulteriori analisi.

- **Modifica dei Punteggi:**
  Se necessario, seleziona l'icona **matita** per modificare manualmente i punteggi
  assegnati dalla Commissione e conferma le modifiche con l'icona di spunta.

4.2.3 Esclusioni Tecniche

- **Funzione Escludi/Ammetti:**
  Utilizza la funzione ESCLUDI/AMMETTI CONCORRENTI per rimuovere un concorrente in caso di documentazione tecnica non conforme o non valida, specificando il motivo dell'esclusione per il singolo Lotto o per l'intera procedura.

4.3 Passo 3 – Esame della Documentazione Economica

4.3.1 Accesso alla Busta Economica

- **Apertura della Busta Economica:**
  Dal menu di Dettaglio della Gara, seleziona **Busta Economica** per accedere alla Documentazione Economica inviata dagli OE.

  - Questa sezione riporta la Scheda di Offerta Economica e la lista dei documenti economici presentati.

4.3.2 Analisi dei Documenti Economici

- **Verifica della Documentazione:**
  Seleziona la freccia corrispondente al nome del concorrente per accedere al dettaglio dei documenti economici.

  - Per ogni documento, vengono mostrati:

    - Nome e Cognome dell'OE.

    - Data di caricamento.

    - Stato del caricamento.

    - Esito del controllo della firma digitale.

- **Salvataggio e Conferma:**
  Dopo aver verificato la validità dei documenti, salva i documenti oggetto di valutazione selezionando il nome del documento.

4.3.3 Assegnazione dei Punteggi Economici

- **Gestione Punteggi:**
  Accedi alla funzione GESTIONE PUNTEGGI per il Lotto in esame.

  - Se il sistema attribuisce automaticamente i punteggi economici, seleziona l'opzione **AUTOMATICO** nella colonna PUNTEGGIO ECONOMICO e visualizza i dettagli.

- Se i punteggi devono essere assegnati manualmente, seleziona **ASSEGNA PUNTEGGI** e inserisci i punteggi economici da parte della Commissione.

- **Definizione dei Criteri di Valutazione:**
Se necessario, seleziona **DEFINISCI CRITERI** per inserire il nome del criterio oggetto di valutazione, assegna il punteggio discrezionale e conferma con **SALVA**.

  - Il sistema attribuisce a ogni criterio un codice identificativo univoco e, per ogni concorrente, vengono mostrati i punteggi associati.

4.3.4 Conclusione dell'Esame Economico

- **Terminare l'Esame:**
Dopo aver assegnato i punteggi e verificato la validità della documentazione, seleziona **TERMINA ESAME** per chiudere la fase di esame della Documentazione Economica.

  - La chiusura della busta economica rappresenta il passaggio alla fase di aggiudicazione.

---

5. Gestione Offerte Anomale

5.1 Calcolo e Verifica dell'Anomalia

La funzione **Gestione Offerte Anomale** consente di identificare eventuali offerte anomale per i lotti.

- **Metodo di Calcolo:**
Il calcolo dell'anomalia viene effettuato secondo i metodi previsti dal D.Lgs. 50/2016:

  - Per il PPB, si applica il METODO A dell'Allegato II.2 del D.Lgs. 36/2023.

  - Per l'OEPV, si applica il metodo dei 4/5.

- **Condizioni per il Calcolo:**
Il calcolo è disponibile solo se il valore dell'Importo Oggetto di Offerta è stato impostato come Base d'Asta. Se il valore è impostato come importo presunto, il calcolo non viene applicato.

- **Procedura di Calcolo:**
  Seleziona il Lotto di interesse e avvia il calcolo dell'anomalia tramite il pulsante **CALCOLA ANOMALIA**.

- **Visualizzazione dei Risultati:**
  Il sistema raccoglie i risultati in una tabella che segnala, nella colonna ANOMALIA, la presenza di eventuali offerte anomale.

  - Se necessario, il RdP può eseguire un ricalcolo selezionando il pulsante **EFFETTUA RICALCOLO**.

  - Il valore della soglia di anomalia verrà visualizzato e, se superato, l'OE dovrà essere gestito tramite le funzioni di esclusione.

---

6. Aggiudicazione Provvisoria e Graduatoria

6.1 Elaborazione della Graduatoria Provvisoria

Dopo l'esame completo delle offerte, il sistema consente di procedere con la formazione della graduatoria provvisoria.

- **Accesso alla Graduatoria:**
  Dal menu di Esame Offerte, seleziona il dot menu (l'icona con tre puntini verticali) e scegli la voce **GRADUATORIA** per accedere alla pagina della Graduatoria Provvisoria.

- **Visualizzazione della Graduatoria:**
  La pagina mostra l'elenco degli OE ammessi e il valore delle rispettive offerte economiche, espresso in termini di Valore Economico o Percentuale di Ribasso, a seconda della modalità configurata.

- **Proposta di Aggiudicazione Provvisoria:**
  Una volta verificata la graduatoria, il Presidente di Commissione può selezionare il pulsante **PROPONI AGGIUDICAZIONE**.

  - Se è necessario modificare la proposta, è possibile utilizzare il pulsante **RIMUOVI PROPOSTA** e successivamente proporre una nuova aggiudicazione.

- Conferma della Graduatoria:
  Selezionando **MOSTRA GRADUATORIA**, viene visualizzata una finestra di conferma con le offerte presentate, rendendo la graduatoria definitiva per tutti gli OE ammessi.

6.2 Esclusione e Ammissione dei Concorrenti

- Funzione Escludi/Ammetti:
  L'utente può accedere alla funzione **ESCLUDI/AMMETTI CONCORRENTI** per gestire le esclusioni e riammissioni.

  - Per escludere un concorrente, seleziona il nome dal menu a tendina e clicca su **ESCLUDI**, inserendo una motivazione specifica.

  - Per riammettere un concorrente escluso, seleziona il pulsante **RIAMMETTI** e conferma l'operazione.

- Effetti sulla Graduatoria:
  Le modifiche apportate, come l'esclusione o la riammissione, si riflettono immediatamente nella graduatoria, aggiornando lo stato dei concorrenti e garantendo una valutazione equa e trasparente.

---

7. Aggiudicazione e Stipula della Gara

7.1 Aggiudicazione

Dopo la formazione e la conferma della Graduatoria Provvisoria, si procede con l'aggiudicazione della Gara.

- Procedura di Aggiudicazione:
  Accedi alla pagina di Dettaglio della Gara e seleziona il Lotto da aggiudicare.

  - Clicca sui tre puntini associati al Lotto e seleziona **AGGIUDICA**.

  - Verrà visualizzata una finestra in cui compariranno il nome del concorrente designato e la data di aggiudicazione preimpostata (solitamente la data odierna, non modificabile).

- Conferma dell'Aggiudicazione:
  Seleziona il tasto **CONFERMA** per registrare l'aggiudicazione.

- È possibile aggiudicare più concorrenti per la stessa Gara, se previsto, selezionando l'opzione per più aggiudicatari.

- **Stato della Gara:**
  Una volta aggiudicata, la gara passa allo stato "Aggiudicatario" per ciascun Lotto. Questa operazione è irreversibile se non viene effettuata una successiva revoca.

7.2 Stipula

La stipula è la fase in cui il contratto viene formalmente redatto e sottoscritto.

- **Procedura di Stipula:**
  Dal menu di Dettaglio della Gara, seleziona la voce **STIPULA**.

  - Inserisci i dati richiesti, come la data di stipula e la data di attivazione del contratto.

  - Allega il Contratto firmato digitalmente dal concorrente aggiudicatario.

- **Operazioni di Annullamento e Revoca:**
  Se necessario, la stipula può essere annullata selezionando **ANNULLA STIPULA** oppure revocata tramite la funzione **REVOCA** presente nelle pagine di Aggiudicazione o di Stipula.

- **Effetti della Stipula:**
  Una volta confermata la stipula, lo stato dell'OE passa da "Aggiudicatario" a "Contraente". Tale modifica viene comunicata a tutti i partecipanti e registrata nel sistema.

7.3 Comunicazioni Post-Aggiudicazione

- **Invio di Notifiche:**
  Attraverso l'area Comunicazioni, la Stazione Appaltante può inviare notifiche agli OE aggiudicatari riguardanti l'avanzamento della Gara, la stipula del contratto e le fasi successive (affidamento ed esecuzione).

- **Gestione delle Schede Post-Pubblicazione:**
  Utilizza la sezione **GESTISCI ANAC FORM E EFORM** per comunicare ad ANAC l'avanzamento della Gara e per gestire le schede di post-pubblicazione.

Conclusioni e Considerazioni Finali

8.1 Riepilogo del Processo di Esame delle Offerte

Il processo di esame delle offerte in una Gara in modalità ASP è strutturato in più fasi, ognuna delle quali è fondamentale per garantire la trasparenza e la correttezza della valutazione. Le fasi principali comprendono:

- **Attività Propedeutiche:**
  Accesso alle funzioni "Richiesta Chiarimenti" e "Comunicazioni" per predisporre un ambiente di lavoro collaborativo e tracciabile.

- **Comunicazione di Inizio Lavori:**
  Invio formale di una comunicazione che annuncia l'apertura della seduta pubblica, fondamentale per informare i partecipanti e avviare il processo valutativo.

- **Verifica della Ricezione delle Offerte:**
  Monitoraggio e controllo dell'effettiva ricezione delle offerte tramite la funzione Offerte Presentate, con possibilità di applicare filtri di ricerca.

- **Esame delle Buste di Gara:**
  Suddiviso in tre passaggi (documentazione amministrativa, tecnica ed economica), l'esame delle offerte prevede:

  - L'apertura e la valutazione delle buste virtuali.

  - La verifica dettagliata di ogni documento, compreso il controllo delle firme digitali.

  - L'assegnazione dei punteggi, automatici o manuali, tramite la gestione dei criteri di valutazione.

- **Gestione delle Offerte Anomale:**
  Calcolo della soglia di anomalia e identificazione di eventuali offerte anomale, con la possibilità di ricalcolare e intervenire in caso di discrepanze.

- **Aggiudicazione Provvisoria e Graduatoria:**
  Formazione della graduatoria provvisoria e proposta di aggiudicazione, seguita dalla conferma definitiva da parte della Commissione.

- **Esclusione/Ammissione dei Concorrenti:**
  Funzioni specifiche per escludere o riammettere fornitori, garantendo che solo i concorrenti conformi ai requisiti possano procedere.

- **Aggiudicazione e Stipula:**
  Formalizzazione dell'aggiudicazione e successiva stipula del contratto, completando l'intero iter della procedura.

8.2 Importanza della Trasparenza e della Tracciabilità

- **Tracciabilità delle Operazioni:**
  Ogni fase del processo, dalla ricezione delle offerte alla stipula, viene registrata nel sistema. Ciò permette una completa tracciabilità delle operazioni, essenziale per eventuali controlli e audit.

- **Conformità Normativa:**
  Il processo di esame delle offerte è progettato per rispettare le normative vigenti, garantendo la corretta gestione delle procedure di gara in ambito pubblico.

- **Comunicazioni Efficienti:**
  L'area Comunicazioni, integrata con il Rapporto di Consegna, permette di monitorare in tempo reale lo stato delle comunicazioni, assicurando che ogni messaggio venga letto e che ogni richiesta di chiarimento riceva una risposta tempestiva.

8.3 Benefici per le Parti Coinvolte

- **Per la Pubblica Amministrazione:**
  - Un sistema di esame delle offerte ben strutturato consente di valutare in modo oggettivo e trasparente le proposte presentate dagli OE, garantendo la scelta dell'offerta più vantaggiosa in termini di qualità e prezzo.
  - L'utilizzo di report e strumenti di monitoraggio facilita il processo decisionale e migliora l'efficienza operativa.

- **Per gli Operatori Economici:**
  - La chiarezza dei criteri di valutazione e la possibilità di accedere a dettagliate informazioni sui punteggi assegnati permettono agli OE di comprendere meglio il processo di valutazione e di presentare offerte conformi ai requisiti richiesti.
  - La gestione trasparente delle comunicazioni e delle richieste di chiarimenti favorisce un dialogo costante con la Stazione Appaltante, migliorando la partecipazione e la competitività.

8.4 Sfide e Opportunità Future

- Aggiornamento e Formazione:

  - La complessità del sistema richiede una formazione continua per il personale coinvolto, sia della Pubblica Amministrazione che degli Operatori Economici.

  - È fondamentale mantenere il sistema aggiornato con le ultime normative e tecnologie per garantire un processo sempre efficiente.

- Integrazione di Nuove Funzionalità:

  - L'evoluzione tecnologica offre opportunità per integrare ulteriori funzionalità, come algoritmi di valutazione più sofisticati e strumenti di analisi dei dati, che potranno rendere il processo ancora più trasparente e accurato.

- Supporto Tecnico e Personalizzazione:

  - Un supporto tecnico continuo e la possibilità di personalizzare le funzionalità del sistema in base alle esigenze specifiche della procedura sono elementi chiave per superare eventuali criticità operative.

8.5 Conclusioni Finali

L'esame delle offerte in una Gara in modalità ASP rappresenta una fase estremamente delicata e determinante per il successo della procedura di acquisto pubblico. Attraverso un'analisi dettagliata delle buste di offerta – amministrativa, tecnica ed economica – il sistema garantisce che ogni proposta venga valutata in modo oggettivo, trasparente e conforme ai requisiti stabiliti dal disciplinare di Gara.

La gestione delle comunicazioni, delle richieste di chiarimenti, dell'esclusione e riammissione dei concorrenti, nonché la possibilità di intervenire con funzioni di rilancio, sorteggio e ricalcolo delle anomalie, offrono agli utenti strumenti avanzati per gestire il processo in modo dinamico e flessibile. Questi strumenti, uniti a una rigorosa reportistica e a una gestione centralizzata delle informazioni, consentono di prendere decisioni informate e di garantire il massimo beneficio economico e qualitativo per la Pubblica Amministrazione.

In conclusione, l'esame delle offerte di una Gara in ASP è il cuore del processo di valutazione e aggiudicazione. Una corretta applicazione di tutte le fasi descritte, supportata da strumenti digitali avanzati e da una formazione continua, rappresenta la chiave per il successo dell'intera procedura. La trasparenza, la tracciabilità e l'efficienza operative sono garantite grazie all'integrazione di funzionalità specifiche che permettono di gestire ogni aspetto dell'esame in modo dettagliato e personalizzato.

Il presente capitolo, grazie al suo approccio dettagliato e strutturato, intende essere un punto di riferimento imprescindibile per tutti i responsabili delle procedure di gara, fornendo loro gli strumenti e le informazioni necessarie per valutare in maniera accurata le offerte presentate e per procedere con l'aggiudicazione e la stipula in maniera trasparente e conforme alle normative vigenti.

Capitolo 30: Partecipazione ad una Gara

Introduzione

La partecipazione ad una Gara smaterializzata rappresenta una delle fasi più critiche e articolate del processo di acquisto pubblico. Essa coinvolge numerose figure – tra cui il Legale Rappresentante, i compilatori e gli operatori economici – e richiede la piena aderenza a procedure, regole e scadenze stabilite dalla Pubblica Amministrazione. Il presente capitolo è stato strutturato per fornire una guida esaustiva e dettagliata, con spiegazioni minuziose di ogni fase del procedimento di partecipazione, in modo che ogni operatore possa acquisire una conoscenza approfondita e operare in conformità alle normative vigenti.

Le informazioni contenute in questo capitolo si basano su procedure attualmente adottate nel Sistema di E-Procurement e riguardano non solo la partecipazione tecnica alla gara, ma anche gli aspetti organizzativi, la gestione della documentazione, la comunicazione con la Stazione Appaltante e la seduta pubblica di apertura delle offerte.

Il capitolo si articola in quattro macro sezioni principali, ciascuna delle quali approfondisce aspetti specifici del processo di partecipazione:

1. Partecipazione a una Gara smaterializzata e Ricerca dei Bandi.

2. Procedura di partecipazione.

3. Gestione delle Offerte e invio dell'Offerta.

4. Seduta pubblica.

Ogni sezione è ulteriormente suddivisa in sottosezioni che illustrano, passo dopo passo, le attività che l'Operatore Economico deve compiere per partecipare con successo alla gara. Di seguito, viene presentato l'indice seguito da una trattazione dettagliata di ogni argomento.

Indice

1. **Partecipazione a una Gara smaterializzata**
   1.1 Registrazione e requisiti per la partecipazione
   1.2 Vantaggi della partecipazione online
   1.3 Dotazione informatica e firma digitale

2. **Ricerca dei Bandi**
   2.1 Accesso al Sistema di e-Procurement
   2.2 Navigazione nelle sezioni "Convenzioni", "Accordi Quadro" e "Altri Bandi"
   2.3 Utilizzo dei filtri e della funzione "Cerca Gara"

3. **Procedura di Partecipazione**
   3.1 Compilatori
   3.1.1 Aggiunta di Compilatori
   3.1.2 Rimuovi/Modifica Compilatore
   3.2 Forma di Partecipazione
   3.2.1 Partecipazione come singolo Operatore Economico
   3.2.2 Partecipazione aggregata e aggregata complessa
   3.3 Scelta Lotti
   3.3.1 Struttura del raggruppamento

3.3.1.1 Valida struttura raggruppamento – Forma aggregata

3.3.1.2 Valida struttura raggruppamento – Forma aggregata complessa

3.3.1.3 Rimuovi/Modifica/Sposta elemento in un raggruppamento

3.3.1.4 Applica struttura raggruppamento a più Lotti

3.3.1.5 Gestione dei documenti firmati digitalmente

3.4 Documentazione Amministrativa

3.4.1 Documentazione per partecipazione come singolo Operatore Economico

3.4.2 Documentazione per partecipazione in forma aggregata

3.4.2.1 Documentazione Amministrativa degli Operatori Economici

3.4.2.2 Documentazione Amministrativa del concorrente

3.5 Offerte per i Lotti scelti

3.6 Riepilogo e invio Offerta

4. Seduta Pubblica

4.1 Modalità di accesso e gestione della seduta

4.2 Visualizzazione delle Offerte e delle comunicazioni

4.3 Funzionalità di interazione durante la seduta (es. generazione credenziali, accesso tramite PIN, monitoraggio delle connessioni)

1. Partecipazione a una Gara smaterializzata

1.1 Registrazione e Requisiti per la Partecipazione

Per partecipare ad una Gara smaterializzata, è necessario registrarsi al Sistema di e-Procurement. La registrazione può essere effettuata tramite due modalità:

- **Come Utente Registrato:**
  Qualsiasi utente registrato può accedere alle procedure di partecipazione e visualizzare il proprio profilo, che comprende tutte le informazioni necessarie per la compilazione dell'offerta.

- **Come Legale Rappresentante:**
  Il Legale Rappresentante dell'Impresa possiede tutti i poteri necessari per svolgere le attività di partecipazione, come rilasciare dichiarazioni, presentare autocertificazioni, inviare istanze e documenti, nonché negoziare e concludere contratti.

Requisiti Tecnici e Documentali

Per garantire una partecipazione efficace, è necessario che il Legale Rappresentante disponga dei seguenti strumenti:

- **Firma Digitale Qualificata:**
  Essenziale per la sottoscrizione dei documenti, la firma digitale deve essere acquistata presso un Prestatori di servizi fiduciari qualificati. È possibile verificare la validità della firma sul sito dell'AGID.

- **Posta Elettronica Certificata (PEC):**
  La comunicazione ufficiale e le notifiche verranno inviate tramite PEC.

- **Dotazione Informatico:**
  È fondamentale disporre di un computer con connessione internet e un browser compatibile (Microsoft Edge, Chrome, Firefox, ecc.) e di un software per la conversione dei documenti in formato PDF.

1.2 Vantaggi della Partecipazione Online

La partecipazione ad una Gara smaterializzata offre numerosi vantaggi:

- **Efficienza e Rapidità:**
  Grazie alla piattaforma digitale, tutte le fasi della gara possono essere gestite in modo rapido e senza la necessità di supporti cartacei.

- **Trasparenza:**
  Ogni operazione viene tracciata e documentata, garantendo la massima trasparenza e permettendo controlli in tempo reale.

- **Riduzione dei Costi:**
  La gestione elettronica riduce notevolmente i costi legati alla stampa, alla spedizione dei documenti e all'archiviazione fisica.

- **Accessibilità:**
  Gli operatori economici possono partecipare alle gare da qualsiasi luogo, purché dispongano di una connessione internet, rendendo il processo più inclusivo e competitivo.

1.3 Dotazione Informatica e Firma Digitale

È fondamentale che il Legale Rappresentante e gli altri soggetti abilitati dispongano degli strumenti tecnologici necessari:

- **Computer e Connessione Internet:**
  Un personal computer dotato di una connessione internet stabile è essenziale per l'accesso e la navigazione sulla piattaforma di e-Procurement.

- **Browser Compatibile:**
  Il sistema supporta browser moderni come Microsoft Edge, Chrome, Firefox e Internet Explorer 10 o superiore.

- **Software per PDF:**
  È richiesto un software che consenta la conversione dei documenti in formato PDF, poiché molti file dovranno essere caricati nel sistema in questo formato.

---

2. Ricerca dei Bandi

La ricerca dei bandi è il primo passo operativo per individuare le opportunità di gara.

2.1 Accesso al Sistema di e-Procurement

Una volta effettuata la registrazione, l'utente accede al Sistema di e-Procurement utilizzando le proprie credenziali. La piattaforma offre un'interfaccia intuitiva che permette di navigare tra le varie tipologie di gare.

2.2 Navigazione nelle Sezioni

Dalla home page, seleziona la voce **VENDI** e, dal menu, scegli una delle seguenti opzioni:

- Convenzioni

- Accordi Quadro

- Altri Bandi

Queste voci consentono di visualizzare l'elenco dei bandi attivi per la tipologia di gara di interesse.

2.3 Utilizzo dei Filtri e della Funzione "Cerca Gara"

La piattaforma permette di filtrare i bandi in base a:

- Titolo del Bando

- Area Merceologica

- Nome della Stazione Appaltante

- **Date:** Visualizza la data di pubblicazione ("Attivo dal") e la data di scadenza per la presentazione dell'offerta ("Scade il").

Inoltre, è possibile cercare una specifica gara digitando il numero della gara o utilizzando il campo di ricerca per area merceologica. Questi strumenti aiutano l'OE a individuare rapidamente i bandi che corrispondono alle proprie competenze e alle proprie esigenze operative.

---

3. Procedura di Partecipazione

La partecipazione ad una gara smaterializzata si articola in diverse fasi, ognuna delle quali è cruciale per garantire la corretta presentazione dell'offerta.

3.1 Compilatori

I compilatori sono gli utenti autorizzati a predisporre l'offerta. Il Legale Rappresentante ha il compito di nominare uno o più compilatori per l'operatività della procedura.

3.1.1 Aggiunta di Compilatori

- **Accesso alla Sezione "Compilatori":**
  Dalla pagina della procedura di partecipazione, seleziona la sezione COMPILATORI.

- **Aggiungi Nuovo Compilatore:**
  Clicca su **AGGIUNGI COMPILATORI** e inserisci il codice fiscale dell'utente da aggiungere.

  - I nuovi compilatori saranno inizialmente in stato "Non Attivo".

  - Una volta aggiunti, il Legale Rappresentante deve comunicare privatamente il PIN generato dal sistema.

- **Attivazione del Compilatore:**
  L'utente aggiunto deve accedere al sistema, selezionare la gara di interesse, e utilizzare la funzione **PARTECIPA TRAMITE PIN** per attivare il proprio stato.

3.1.2 Rimuovi/Modifica Compilatore

- **Modifica dei Dati del Compilatore:**
  Se necessario, il compilatore attivo può modificare la lista dei compilatori o

aggiornare i loro dati (ruolo, identificativo, ecc.) tramite la funzione RIMUOVI/MODIFICA COMPILATORE.

- **Procedura di Modifica:**
  Seleziona la freccia associata al nome del compilatore per accedere al dettaglio delle autorizzazioni e apportare le modifiche necessarie.

  - Le modifiche possono includere l'aggiornamento del ruolo (ad es. da "Compilatore" a "Legale Rappresentante") o l'abilitazione/disabilitazione dei privilegi di scrittura.

3.2 Forma di Partecipazione

La forma di partecipazione determina come l'OE parteciperà alla gara, sia in maniera individuale che aggregata.

3.2.1 Partecipazione come Singolo Operatore Economico

- **Selezione della Modalità Singola:**
  Nella sezione FORMA DI PARTECIPAZIONE, seleziona "Singolo Operatore Economico".

- **Dati Richiesti:**
  Inserisci i dati identificativi dell'OE, che includono:

  - **Partita IVA o Altro Identificativo:**
    Se l'impresa possiede la Partita IVA, inseriscila nel campo previsto; altrimenti, utilizza il campo "Altro Identificativo".

  - **Ragione Sociale:**
    Inserisci la denominazione ufficiale dell'impresa.

  - **Tipologia Societaria:**
    Specifica la forma giuridica dell'impresa (ad es. S.r.l., S.p.A., ecc.).

- **Salvataggio:**
  Dopo aver compilato i dati, seleziona SALVA.

  - Per modificare la forma di partecipazione, clicca su MODIFICA anche dopo il salvataggio.

3.2.2 Partecipazione Aggregata e Aggregata Complessa

- **Partecipazione Aggregata:**
  Se l'OE intende partecipare in forma aggregata, seleziona la voce corrispondente e inserisci la denominazione del raggruppamento.

  - *Esempio:* Se tre imprese partecipano come RTI costituendo, inserisci il nome del raggruppamento scelto per il RTI.

- **Struttura del Raggruppamento:**
  Dopo aver selezionato la forma aggregata, l'utente accede alla pagina **Struttura del Raggruppamento** dove:

  - È possibile aggiungere le imprese che compongono il raggruppamento tramite la funzione **AGGIUNGI IMPRESA**.

  - Inserisci i dati richiesti per ogni impresa (nome, codice fiscale, ruolo nel raggruppamento: ad es. "Mandante" o "Mandataria" per RTI, "Consorziata" per Consorzi, ecc.).

- **Forma Aggregata Complessa:**
  In casi in cui il raggruppamento abbia una struttura multilivello (ad esempio, un RTI con un consorzio interno), attiva l'opzione "Struttura Complessa".

  - In questo scenario, l'utente deve specificare sia i singoli OE che le strutture aggregate, definendo per ciascuno il ruolo e la partecipazione.

- **Validazione della Struttura:**
  Una volta inseriti tutti gli elementi, verifica la struttura e confermala.

  - Se la struttura del raggruppamento varia tra i lotti, è necessario definire la struttura per ogni Lotto interessato.

3.3 Scelta Lotti

La scelta dei lotti per i quali presentare l'offerta è un passaggio fondamentale.

3.3.1 Selezione dei Lotti

- **Accesso alla Sezione Scelta Lotti:**
  Dal menu principale della procedura di partecipazione, seleziona **SCELTA LOTTI**.

- **Selezione del Lotto:**
  Per ogni Lotto, il sistema mostra una lista con il numero e la descrizione del Lotto.

  - Seleziona il Lotto a cui intendi partecipare.

- Se desideri partecipare a più lotti, dovrai avviare una procedura di partecipazione per ognuno di essi.

3.3.2 Struttura del Raggruppamento

Quando si partecipa in forma aggregata, è necessario definire la struttura del raggruppamento per ogni Lotto.

3.3.2.1 Valida Struttura Raggruppamento – Forma Aggregata

- **Definizione degli Elementi:**
  Inserisci le singole imprese che compongono il raggruppamento, indicando per ciascuna il ruolo (ad es. "Mandataria" o "Mandante").

- **Validazione:**
  Conferma la struttura tramite il pulsante **VALIDA**. Il sistema visualizza una tabella che riepiloga gli elementi del raggruppamento.

3.3.2.2 Valida Struttura Raggruppamento – Forma Aggregata Complessa

- **Struttura Complessa:**
  Se la partecipazione aggregata è complessa, inserisci sia i singoli operatori economici che le strutture aggregate di livello inferiore.

    - Utilizza la funzione **AGGIUNGI NUOVO ELEMENTO** per ogni ulteriore livello.

- **Validazione Complessa:**
  Assicurati che la struttura complessa sia coerente e valida per tutti i lotti. Se la composizione varia tra i lotti, ogni Lotto dovrà avere una struttura definita individualmente.

3.3.2.3 Rimuovi/Modifica/Sposta Elemento in un Raggruppamento

- **Modifica degli Elementi:**
  Se necessario, utilizza l'icona **Matita** per modificare i dati di un elemento del raggruppamento.

- **Rimozione:**
  Per rimuovere un elemento, clicca sull'icona **Cestino** accanto al relativo elemento.

- **Spostamento:**
  Se devi spostare un elemento da un raggruppamento all'altro, seleziona l'opzione **SPOSTA** e scegli il nuovo raggruppamento di destinazione dalla lista.

3.3.2.4 Applica Struttura Raggruppamento a Più Lotti

- **Applicazione a Più Lotti:**
  Se la struttura del raggruppamento è identica per più lotti, utilizza la funzione **APPLICA STRUTTURA A...**

    - Seleziona i lotti desiderati e conferma l'applicazione con il pulsante **APPLICA**.

    - Dopo aver validato la struttura, torna alla pagina **SCELTA LOTTI** e salva le modifiche.

3.3.2.5 Gestione dei Documenti Firmati Digitalmente

- **Caricamento Documenti:**
  Durante la partecipazione, il sistema consente di allegare documenti firmati digitalmente (formato CAdES o PAdES).

- **Messaggio di Warning:**
  Se un file non è firmato in formato CAdES, il sistema visualizzerà un messaggio di attenzione, ma l'offerta potrà comunque essere presentata. La verifica della validità della firma verrà effettuata successivamente in fase di esame.

3.4 Documentazione Amministrativa

La documentazione amministrativa è fondamentale per attestare la conformità dei requisiti dell'OE.

3.4.1 Documentazione per Partecipazione come Singolo Operatore Economico

- **Caricamento dei Documenti:**
  Nella sezione **DOCUMENTAZIONE AMMINISTRATIVA** per il singolo OE, seleziona **AGGIUNGI DOCUMENTI**.

    - Scegli la tipologia di documentazione (es. DGUE, dichiarazioni sostitutive, autocertificazioni).

    - Clicca **SFOGLIA** per selezionare il file dal tuo PC e inserisci una breve descrizione.

    - Accetta il disclaimer e premi **ALLEGA** per completare il caricamento.

- **Verifica della Firma Digitale:**
  Assicurati che i documenti siano firmati digitalmente nel formato richiesto (CAdES).

  - Se necessario, seleziona l'opzione per visualizzare tutti i file tramite il pulsante "Tutti i File" nella finestra di popup del browser.

3.4.2 Documentazione per Partecipazione in Forma Aggregata

Quando la partecipazione avviene in forma aggregata, è necessario gestire due tipi di documentazione:

3.4.2.1 Documentazione Amministrativa degli Operatori Economici

- **Caricamento Individuale:**
  Ogni OE del raggruppamento deve caricare i propri documenti amministrativi, che vengono gestiti come "documentazione disgiunta".

  - Seleziona la voce **DOCUMENTAZIONE AMMINISTRATIVA DEGLI OPERATORI ECONOMICI** e, per ciascun OE, clicca su **INSERISCI DOCUMENTAZIONE**.

  - Segui la procedura standard di caricamento (scegli tipologia, carica file, inserisci descrizione, accetta il disclaimer e conferma con **ALLEGA**).

3.4.2.2 Documentazione Amministrativa del Concorrente

- **Caricamento della Documentazione Congiunta:**
  Per la partecipazione aggregata, oltre alla documentazione individuale, esiste una sezione per la documentazione congiunta del concorrente.

  - Seleziona **DOCUMENTAZIONE AMMINISTRATIVA DEL CONCORRENTE** e utilizza la funzione **AGGIUNGI DOCUMENTI** per inserire i documenti che rappresentano la documentazione congiunta dell'aggregato.

  - Assicurati che il documento, ad esempio per il DGUE, sia correttamente compilato e allegato.

  - Scarica il file Request.xml se richiesto e caricalo attraverso il sistema eDGUE.

3.5 Offerte per i Lotti Scelti

Una volta selezionati i lotti, l'OE procede alla compilazione delle offerte.

- **Accesso alla Sezione Offerte:**
  Dal menu laterale, seleziona OFFERTE PER I LOTTI SCELTI.

  - Qui viene visualizzato un riepilogo dei lotti, lo stato della Scheda di Offerta (compilata o meno) e il numero dei documenti caricati.

- **Dettaglio del Lotto:**
  Clicca sulla freccia accanto a un lotto per accedere ai dettagli e per compilare la Scheda di Offerta.

- **Compilazione della Scheda di Offerta:**
  Seleziona COMPILA per iniziare la compilazione.

  - Inserisci le informazioni richieste, sia tecniche che economiche.

  - Ricorda che i campi obbligatori sono contrassegnati da un asterisco e che alcune regole di compilazione sono indicate accanto ai campi.

  - Dopo aver inserito i dati, premi SALVA E VALIDA per far verificare al sistema la correttezza dei dati inseriti.

3.6 Riepilogo e Invio Offerta

Dopo aver compilato la Scheda di Offerta, l'OE deve procedere con il riepilogo e l'invio della propria offerta.

- **Accesso alla Sezione Riepilogo:**
  Dal menu laterale, seleziona RIEPILOGO E INVIO OFFERTA.

  - Qui vengono mostrati i dati inseriti, le schede compilate, la documentazione allegata e le eventuali modifiche apportate.

- **Verifica dei Dati:**
  L'OE deve controllare che tutte le informazioni siano corrette e conformi alle regole di ammissione configurate dalla Stazione Appaltante.

  - Se sono presenti errori, il sistema visualizza messaggi di errore specifici.

- **Invio dell'Offerta:**
  Una volta verificati i dati, seleziona il pulsante INVIA OFFERTA per trasmettere la partecipazione.

  - Dopo l'invio, la procedura appare nella sezione "Le tue procedure" con lo stato "Inviata".

- **Possibilità di Ritiro:**
  Se necessario, fino alla scadenza del termine, l'OE può ritirare l'offerta
  selezionando l'opzione **RITIRA OFFERTA** dal menu di azione.

4. Seduta Pubblica

La seduta pubblica è la fase in cui le offerte vengono aperte e valutate in presenza, in
modalità telematica.

4.1 Accesso alla Seduta Pubblica

- **Abilitazione all'Accesso:**
  Solo gli utenti autorizzati (Compilatori attivi e soggetti esterni abilitati tramite PIN)
  possono accedere alla seduta pubblica.

  - L'accesso avviene tramite il menu laterale, selezionando **SEDUTA PUBBLICA**.

- **Visualizzazione dello Stato:**
  La pagina di Seduta Pubblica è organizzata in diverse sezioni:

  - **Offerte Presentate:** Mostra l'elenco dei concorrenti che hanno inviato le
    proprie offerte.

  - **Esame Offerte:** Consente di accedere ai dettagli delle offerte per
    esaminarne la documentazione e i punteggi assegnati.

  - **Informazioni di Stato:** Vengono visualizzati lo stato della seduta
    (Aperta/Chiusa) e l'elenco degli utenti connessi.

4.2 Funzionalità della Seduta Pubblica

- **Generazione delle Credenziali per Soggetti Esterni:**
  I Compilatori attivi possono generare PIN e link di accesso per consentire ai
  soggetti esterni di partecipare alla seduta.

  - Utilizza il pulsante **GENERA CREDENZIALI** per visualizzare una tabella con i
    dati dei soggetti e i rispettivi PIN.

  - È possibile disabilitare o rigenerare i PIN tramite le funzioni **RIMUOVI
    SELEZIONATI** e **RIGENERA PIN**.

- **Monitoraggio delle Connessioni:**
  La sezione **Elenco Utenti Connessi** mostra in tempo reale i partecipanti con il dettaglio dell'ultimo accesso (data e ora).

- **Storico delle Connessioni:**
  Una sezione dedicata consente di visualizzare lo storico completo delle connessioni alla seduta pubblica.

4.3 Interazione durante la Seduta Pubblica

Durante la seduta pubblica, la Stazione Appaltante e la Commissione di Gara possono:

- **Verificare i Documenti:**
  Controllare in modo incrementale l'identità dei concorrenti, i documenti presentati e i punteggi assegnati, senza poter accedere al contenuto dei documenti.

- **Inviare Comunicazioni:**
  Tramite l'area Comunicazioni, inviare messaggi e notifiche ai partecipanti riguardo eventuali chiarimenti o aggiornamenti.

- **Gestire il Processo di Esame:**
  Accedere alla sezione **ESAME OFFERTE** per valutare le offerte in dettaglio, verificare eventuali anomalie e assegnare i punteggi finali.

Conclusioni e Considerazioni Finali

4.4 Sintesi del Processo di Partecipazione

La partecipazione ad una Gara smaterializzata attraverso la piattaforma di e-Procurement è un iter complesso e articolato che si articola in più fasi:

- **Registrazione e Ricerca dei Bandi:**
  L'OE si registra, accede al sistema e ricerca i bandi di interesse utilizzando strumenti di filtraggio avanzati.

- **Procedura di Partecipazione:**
  La procedura prevede l'assegnazione dei compilatori, la definizione della forma di partecipazione (singola o aggregata), la scelta dei lotti, il caricamento della

documentazione amministrativa e la compilazione delle offerte per i lotti selezionati.

- **Seduta Pubblica:**
  La fase finale prevede l'apertura e l'esame pubblico delle offerte, con possibilità di interazione e comunicazione tra la Pubblica Amministrazione e gli OE.

- **Valutazione e Aggiudicazione:**
  L'esame delle buste di gara (amministrativa, tecnica ed economica) e la successiva assegnazione dei punteggi determinano la graduatoria provvisoria, che porta alla proposta di aggiudicazione, all'aggiudicazione definitiva e alla stipula del contratto.

4.5 Importanza della Trasparenza e della Correttezza

La trasparenza e la tracciabilità sono elementi chiave per il successo della procedura:

- **Tracciabilità dei Dati:**
  Ogni fase del processo viene registrata e monitorata, consentendo di avere una visione completa e verificabile dell'intero iter.

- **Controllo delle Comunicazioni:**
  L'area Comunicazioni, integrata con il Rapporto di Consegna, garantisce che ogni messaggio venga inviato e letto, assicurando una comunicazione efficiente e tempestiva.

- **Verifica Documentale:**
  Le funzioni di caricamento e controllo dei documenti, unitamente alla gestione delle firme digitali, assicurano che solo la documentazione valida venga considerata durante l'esame delle offerte.

4.6 Benefici per la Pubblica Amministrazione e per gli Operatori Economici

- **Per la Pubblica Amministrazione:**
  - La gestione digitale delle gare consente di ridurre i tempi operativi e di garantire la massima trasparenza e controllo.
  - L'uso di report e funzioni di monitoraggio permette di intervenire tempestivamente in caso di anomalie, esclusioni o rilanci, assicurando il rispetto dei requisiti normativi.

- Per gli Operatori Economici:
    - La piattaforma offre un ambiente di partecipazione trasparente, che consente di presentare offerte conformi ai requisiti e di monitorare lo stato della propria partecipazione in tempo reale.
    - La possibilità di partecipare in forma aggregata consente di unire risorse e competenze per presentare proposte competitive.

4.7 Sfide e Prospettive Future

Nonostante i numerosi vantaggi, il processo di partecipazione ad una Gara smaterializzata comporta alcune sfide:

- **Formazione Continua:**
  È essenziale che il personale della Pubblica Amministrazione e gli operatori economici ricevano una formazione periodica per aggiornarsi sulle funzionalità del sistema e sulle normative vigenti.

- **Supporto Tecnico:**
  Un supporto tecnico costante è fondamentale per risolvere eventuali criticità e garantire la corretta esecuzione delle procedure.

- **Integrazione con Nuove Tecnologie:**
  L'evoluzione della tecnologia digitale offre l'opportunità di integrare nuove funzionalità e migliorare ulteriormente il sistema di e-Procurement, rendendo le gare sempre più efficienti e trasparenti.

4.8 Conclusioni Finali

La partecipazione ad una Gara smaterializzata è un processo complesso, che richiede precisione, trasparenza e conformità alle normative. Attraverso l'uso di strumenti digitali avanzati, la gestione integrata dei compilatori, la definizione accurata della forma di partecipazione, la scelta dei lotti, il caricamento della documentazione amministrativa e la compilazione delle offerte, il sistema consente di creare un ambiente di gara competitivo ed efficiente.

La fase di seduta pubblica, in cui le offerte vengono esaminate in tempo reale, rappresenta il culmine del processo, durante il quale vengono verificati i documenti, assegnati i punteggi e formata la graduatoria provvisoria. Le funzioni di esclusione e ammissione, insieme alla gestione delle anomalie e alla possibilità di rilancio, permettono di intervenire tempestivamente per garantire la correttezza e la trasparenza dell'intero iter valutativo.

Infine, la fase finale di aggiudicazione e stipula formalizza l'esito della gara, con la stipula del contratto che rappresenta l'impegno finale tra la Pubblica Amministrazione e il concorrente aggiudicatario. La gestione delle comunicazioni e dei report post-pubblicazione, insieme alla possibilità di interfacciarsi con sistemi esterni (come ANAC), garantisce che l'intero processo sia tracciabile e verificabile.

In conclusione, la partecipazione ad una Gara smaterializzata è un iter articolato che, se gestito correttamente, consente di ottenere il massimo beneficio economico e qualitativo, promuovendo la trasparenza e l'efficienza nelle procedure di acquisto pubblico. La corretta applicazione delle linee guida illustrate in questo capitolo è essenziale per il successo della partecipazione e per il rispetto dei principi di legalità e trasparenza che caratterizzano il Sistema di e-Procurement.

Capitolo 31: Gestione Iniziative Dedicate

Introduzione

La sezione "Iniziative dedicate" rappresenta uno strumento strategico e innovativo, concepito per consentire alla Stazione Appaltante – in qualità di Punto Ordinante – di attivare iniziative dedicate su cui altre Amministrazioni, selezionate puntualmente, possano effettuare acquisti e richiedere il CIG.
Attraverso questa funzionalità, la Stazione Appaltante può mettere a disposizione iniziative dedicate, basate su gare e contratti quadro, che spaziano da procedure ASP, gare su delega, Appalti Specifici (sia AQ che SDAPA, Farmaci e Non Farmaci) fino alle RDO MePA.
L'accesso a questa funzione è riservato esclusivamente ai Punti Ordinanti che abbiano già ottenuto almeno un Lotto in stato aggiudicato nelle procedure sopra citate – in particolare per le trattative dirette successive alla stipula della procedura.

È importante sottolineare che la funzionalità non può essere utilizzata per scopi diversi da quelli indicati.

Questo capitolo, estremamente dettagliato, si compone di più sezioni che illustrano l'intero iter di creazione, configurazione, gestione e monitoraggio di un'iniziativa dedicata, con particolare attenzione alla creazione degli ambienti d'acquisto, alla formazione dei gruppi di acquisto, alla validazione e alle eventuali operazioni di modifica, sospensione ed eliminazione. Inoltre, verranno descritte le modalità di gestione della documentazione e dei report, fondamentali per garantire la trasparenza e il controllo dell'iniziativa.

Indice

1. **Iniziative dedicate**
   1.1 Crea iniziativa – Gestisci una iniziativa dedicata
      1.1.1 Dettaglio iniziativa – Configurazione iniziativa dedicata
   1.2 Come creare e gestire l'ambiente d'acquisto
      1.2.1 Dettaglio ambiente
      1.2.2 Creazione singola
      1.2.3 Creazione massiva
   1.3 Creazione dei gruppi di acquisto
      1.3.1 Modifica dei gruppi di acquisto
      1.3.2 Gestione utenti dei gruppi di acquisto
      1.3.3 Gestione associazioni per gruppo di acquisto
   1.4 Validazione dell'ambiente d'acquisto
      1.4.1 Validazione singola
      1.4.2 Validazione massiva AS SDAPA Farmaci
   1.5 Modifica, sospendi ed elimina ambiente d'acquisto dedicato
      1.5.1 Modifica dell'ambiente d'acquisto
      1.5.2 Sospensione dell'ambiente d'acquisto
      1.5.3 Eliminazione dell'ambiente d'acquisto
   1.6 Documentazione iniziativa
   1.7 Creazione dell'iniziativa dedicata con riassegnazione
   1.8 Modifica, sospendi ed elimina iniziativa dedicata attiva
      1.8.1 Modifica iniziativa
      1.8.2 Sospensione iniziativa attiva

      1.8.3 Eliminazione iniziativa dedicata

1.9 Report iniziativa dedicata

1. Iniziative dedicate

1.1 Crea iniziativa – Gestisci una iniziativa dedicata

La funzione "Iniziative dedicate" consente alla Stazione Appaltante di attivare iniziative specifiche, che vengono rese disponibili ad altri PO/PI per effettuare acquisti.
Il punto di partenza è il cruscotto personale, accessibile tramite un profilo da PO o da PI, in cui l'utente deve selezionare **Iniziative dedicate > Gestione iniziative dedicate**.

1.1.1 Dettaglio iniziativa – Configurazione iniziativa dedicata

Una volta raggiunta la pagina di Gestione iniziative dedicate, il PO può:

- **Creare una Nuova Iniziativa:**
  Selezionando il pulsante **CREA INIZIATIVA**, il PO avvia il processo di configurazione.

- **Selezione della Gara di Partenza:**
  Il sistema permette di individuare la gara di riferimento (la negoziazione o l'affidamento già configurati) mediante l'utilizzo di filtri (numero di gara, nome della gara, stato dell'iniziativa).
  Se non esistono iniziative relative al bando, verrà visualizzato il messaggio "Nessun risultato trovato".

Una volta individuata la gara di partenza, il PO dovrà indicare se intende riassegnare l'iniziativa a un altro ente oppure gestirla per conto proprio.

- **Ente Proprietario:**
  Il sistema chiede di specificare l'Ente proprietario dell'iniziativa. Se si decide di riassegnare l'iniziativa a un altro ente, bisogna selezionare "Sì" e procedere con la riassegnazione; in caso contrario, selezionare "No" e proseguire cliccando **CREA**.

Dopo questa scelta, la pagina di dettaglio iniziativa mostra i dati principali ereditati dalla gara di riferimento e i campi da compilare obbligatoriamente, quali:

- **Nome dell'iniziativa:**
  Deve essere chiaro, descrittivo e coerente con l'oggetto dell'iniziativa dedicata.

- Descrizione dell'iniziativa:
  Fornisce una panoramica dettagliata dell'obiettivo e delle modalità operative dell'iniziativa.

Dopo aver completato la compilazione, il PO salva l'iniziativa e seleziona **ATTIVA** per procedere alla fase successiva di configurazione degli ambienti e dei gruppi di acquisto.

1.2 Come creare e gestire l'ambiente d'acquisto

L'ambiente d'acquisto è il luogo virtuale in cui le altre Amministrazioni potranno effettuare ordini sull'iniziativa dedicata. Ogni ambiente corrisponde tipicamente a un Lotto della gara di partenza, ma può essere configurato in maniera personalizzata.

1.2.1 Dettaglio ambiente

- Accesso alla Sezione Ambiente:
  Dal dettaglio dell'iniziativa dedicata, seleziona la voce **Gestione ambienti**.

- Dettaglio e Configurazione:
  L'ambiente visualizzato contiene informazioni precompilate ereditate dalla gara di riferimento (ad esempio, il nome del Lotto) e campi modificabili che permettono di definire:

  - Fornitore Contraente:
    Se il Lotto è aggiudicato a un unico fornitore, il campo sarà prepopolato; in caso di multi aggiudicazione, l'ambiente potrà essere duplicato per ogni fornitore.

  - Date di Apertura e Chiusura:
    Specifica il periodo durante il quale gli utenti autorizzati potranno effettuare ordini dedicati.

  - Modalità Ordini:
    Decidi se gli ordini saranno espressi in valore monetario (Euro) o in quantità.

1.2.2 Creazione singola

- **Creazione Singola di Ambiente:**
  Seleziona il pulsante **CREA** accanto al Lotto di riferimento per creare un ambiente dedicato.

  - Il nome dell'ambiente verrà precompilato con il nome del Lotto.

  - Se l'aggiudicatario del Lotto è unico, il fornitore contraente viene impostato automaticamente.

  - In caso di multi aggiudicazione, il PO dovrà creare ambienti separati per ciascun fornitore aggiudicatario.

- **Verifica e Salvataggio:**
  Dopo aver inserito tutte le informazioni obbligatorie (date, modalità di ordine, ecc.), seleziona **SALVA** per creare l'ambiente.
  L'ambiente resterà in stato "Bozza" fino alla sua validazione.

1.2.3 Creazione massiva

- **Creazione Massiva degli Ambienti:**
  Se la Gara prevede numerosi lotti e ambienti, il PO può utilizzare la funzione **CREA AMBIENTI** in modalità massiva.

  - Seleziona i lotti interessati tramite checkbox (fino a un massimo di 50 lotti contemporaneamente).

  - Clicca su **CREA AMBIENTI** e il sistema creerà automaticamente un ambiente per ciascun Lotto selezionato, replicando le impostazioni (date, modalità ordini) per tutti gli ambienti.

  - I nomi degli ambienti saranno formati dal nome del Lotto seguito da un numero progressivo, nel caso in cui vi siano più ambienti per lo stesso Lotto (in multi aggiudicazione).

- **Validazione degli Ambienti:**
  Una volta creati, ogni ambiente dovrà essere associato a un gruppo di acquisto e validato (vedi sezione 1.4).

1.3 Creazione dei gruppi di acquisto

I gruppi di acquisto permettono di definire quali PO o PI saranno autorizzati a effettuare ordini sull'iniziativa dedicata. Questa funzione consente al PO di limitare o estendere la partecipazione in base alle esigenze specifiche.

1.3.1 Modifica dei gruppi di acquisto

- **Creazione e Modifica:**
  Dalla sezione **Gruppi di acquisto** all'interno dell'iniziativa, il PO può creare un nuovo gruppo o modificare quelli esistenti.

  - Per creare un nuovo gruppo, clicca su **Crea nuovo gruppo** e inserisci il nome del gruppo.

  - Il sistema permetterà di selezionare le Amministrazioni che faranno parte del gruppo, utilizzando filtri di ricerca (ad esempio, per tipologia di amministrazione).

- **Riepilogo dei Gruppi:**
  Dopo aver creato il gruppo, potrai visualizzare un riepilogo con l'elenco delle Amministrazioni e degli utenti eventualmente già associati.

  - È possibile rimuovere o aggiungere ulteriori amministrazioni tramite le opzioni **Modifica gruppo**.

1.3.2 Gestione utenti dei gruppi di acquisto

- **Aggiunta di Utenti:**
  All'interno di un gruppo di acquisto, il PO può gestire singolarmente gli utenti autorizzati a effettuare ordini.

  - Seleziona **GESTISCI UTENTI** per visualizzare l'elenco attuale.

  - Clicca su **AGGIUNGI UTENTE** per cercare e aggiungere nuovi utenti al gruppo.

  - La ricerca avviene inserendo "Nome", "Cognome" o altri identificativi.

- **Rimozione di Utenti:**
  Per rimuovere un utente dal gruppo, seleziona l'icona **Cestino** accanto al nome dell'utente.

  - Gli utenti rimossi non avranno più la possibilità di effettuare ordini sull'iniziativa dedicata.

1.3.3 Gestione associazioni per gruppo di acquisto

- **Associazione degli Ambienti al Gruppo:**
  Dalla pagina **Gestisci Associazioni**, il PO può associare uno o più ambienti di acquisto a un gruppo specifico.

  - Seleziona **GESTISCI ASSOCIAZIONI** in corrispondenza del gruppo e visualizza l'elenco degli ambienti disponibili.

  - Utilizza i checkbox per selezionare gli ambienti a cui associare il gruppo e clicca su **ASSOCIA**.

- **Validazione e Conferma:**
  Dopo aver selezionato gli ambienti, conferma l'associazione digitando **CONFERMA**.

  - Se l'ambiente ha già un gruppo associato, il nuovo gruppo sostituirà quello esistente.

  - È possibile associare il gruppo a un range di ambienti, selezionando l'opzione **SELEZIONA RANGE** e inserendo il numero degli ambienti.

1.4 Validazione dell'ambiente d'acquisto

La validazione è il passaggio finale che consente di rendere operative le impostazioni degli ambienti d'acquisto, permettendo agli utenti autorizzati di effettuare ordini.

1.4.1 Validazione Singola

- **Procedura di Validazione Singola:**
  Per ogni ambiente creato in modalità singola, accedi alla pagina di dettaglio dell'ambiente e, dopo aver verificato che tutti i campi obbligatori siano compilati (incluso l'associazione del gruppo di acquisto), seleziona il pulsante **VALIDA**.

- **Stato dell'Ambiente:**
  Dopo la validazione, lo stato dell'ambiente passerà a "IN ATTIVAZIONE".

  - L'ambiente diventerà ATTIVO all'arrivo della data di inizio acquisti configurata e CHIUSO al raggiungimento della data di fine acquisti.

1.4.2 Validazione Massiva AS SDAPA Farmaci

- **Procedura di Validazione Massiva:**
  Per gli ambienti relativi ad AS SDAPA Farmaci, il sistema consente una validazione massiva degli ambienti.

    - Seleziona **VALIDA AMBIENTI** nella pagina di gestione degli ambienti.

    - Verifica che tutti gli ambienti selezionati abbiano un gruppo di acquisto assegnato e un fornitore contraente.

    - Il sistema effettuerà controlli di coerenza su date e valori.

- **Stato Finale:**
  Gli ambienti validati passeranno in stato VALIDATO e successivamente attiveranno lo stato ATTIVO o CHIUSO in base alle date configurate.

1.5 Modifica, Sospendi ed Elimina Ambiente d'acquisto dedicato

La gestione degli ambienti d'acquisto non si conclude con la loro validazione: possono essere oggetto di modifiche, sospensioni o eliminazioni in base alle esigenze operative.

1.5.1 Modifica dell'ambiente d'acquisto

- **Accesso alla Funzione di Modifica:**
  Per modificare un ambiente d'acquisto, accedi alla pagina di dettaglio dell'ambiente e seleziona **MODIFICA AMBIENTE** dal menu laterale.

- **Operazioni di Modifica:**
  Modifica i dati richiesti (date, fornitore contraente, modalità ordini, ecc.).

    - Al termine delle modifiche, seleziona **CONFERMA MODIFICHE**.

- **Comunicazione delle Modifiche:**
  Una volta confermate, il sistema invia notifiche ai PO associati, informandoli delle modifiche apportate.

1.5.2 Sospensione dell'ambiente d'acquisto

- **Sospensione:**
  Se è necessario interrompere temporaneamente gli ordini, seleziona **SOSPENDI AMBIENTE**.

- L'azione di sospensione inibisce l'invio di nuovi ordini dagli utenti del gruppo di acquisto.

- **Annullamento della Sospensione:**
  Per riattivare l'ambiente, seleziona **ANNULLA SOSPENSIONE**.

  - In entrambi i casi, il sistema invia comunicazioni ai PO per informarli dello stato dell'ambiente.

1.5.3 Eliminazione dell'ambiente d'acquisto

- **Eliminazione:**
  Se un ambiente non è più necessario, e se lo stato è ancora "Bozza", seleziona l'icona del **Cestino** per eliminarlo definitivamente.

  - L'eliminazione è possibile solo per ambienti non validati; una volta validato, l'ambiente non può essere eliminato senza procedere a operazioni di modifica o sospensione.

1.6 Documentazione Iniziativa

La documentazione relativa all'iniziativa dedicata è un elemento fondamentale per fornire informazioni dettagliate e supporto agli utenti che effettueranno ordini.

- **Caricamento Documenti:**
  Accedi alla sezione **DOCUMENTAZIONE** dell'iniziativa e seleziona **AGGIUNGI DOCUMENTAZIONE** dopo aver accettato il disclaimer.

  - Compila tutti i campi obbligatori (titolo, descrizione, tipo di documento) e carica i file tramite la funzione **SFOGLIA**.

  - I documenti caricati possono essere associati agli ambienti d'acquisto, in modo da renderli disponibili ai PO che effettueranno gli ordini.

- **Associazione Documentale:**
  Dopo il caricamento, è possibile associare la documentazione agli ambienti tramite l'opzione **ASSOCIA DOCUMENTAZIONE**.

1.7 Creazione dell'iniziativa dedicata con riassegnazione

Talvolta il PO che origina l'iniziativa dedicata decide di riassegnare la gestione dell'iniziativa ad un altro PO.

- **Procedura di Riassegnazione:**
  Dalla pagina di Gestione iniziative dedicate, utilizza i filtri di ricerca per individuare il PO a cui desideri riassegnare l'iniziativa.

  - Inserisci i parametri di ricerca (nome, cognome, ente) e clicca su **CERCA**.

  - Seleziona l'utente desiderato e clicca su **CLICCA E RIASSEGNA**.

- **Comunicazione della Riassegnazione:**
  Una volta riassegnata, il PO designato riceverà la nuova iniziativa in bozza e una comunicazione automatica (via e-mail, notifica in area messaggi e notifica sul Cruscotto).

- **Impossibilità di Recupero:**
  Una volta riassegnata, l'iniziativa non sarà più visibile sul cruscotto del PO originario, in quanto verrà gestita esclusivamente dal nuovo PO.

1.8 Modifica, Sospendi ed Elimina Iniziativa dedicata attiva

Una volta che l'iniziativa dedicata è stata attivata, il PO può apportare modifiche, sospendere temporaneamente o eliminare definitivamente l'iniziativa.

1.8.1 Modifica Iniziativa

- **Accesso alla Modifica:**
  Dalla pagina di Dettaglio iniziativa, seleziona **MODIFICA INIZIATIVA**.

- **Procedura di Modifica:**
  Modifica i dati dell'iniziativa (nome, descrizione, dati procedurali) e conferma le modifiche selezionando **CONFERMA MODIFICHE**.

- **Effetti:**
  Le modifiche apportate non influiranno sugli ordini già inviati; tuttavia, eventuali ordini in bozza potrebbero essere bloccati e dovranno essere ripresentati.

1.8.2 Sospensione Iniziativa Attiva

- **Sospensione dell'Iniziativa:**
  Per sospendere temporaneamente l'iniziativa, seleziona l'opzione SOSPENDI INIZIATIVA.

- **Comunicazione della Sospensione:**
  Durante il periodo di sospensione, i PO appartenenti al gruppo di acquisto non potranno effettuare ordini.

    o Il sistema invia notifiche ai PO per informarli della sospensione.

- **Annullamento della Sospensione:**
  Per riattivare l'iniziativa, seleziona **ANNULLA SOSPENSIONE**. L'iniziativa tornerà al suo stato operativo precedente.

1.8.3 Eliminazione Iniziativa dedicata

- **Eliminazione:**
  Se l'iniziativa è ancora in bozza o non è più necessaria, il PO può eliminarla selezionando l'icona del **Cestino** nella pagina di Gestione iniziative dedicate.

- **Attenzione:**
  L'eliminazione è irreversibile e comporta la cancellazione di tutte le informazioni relative all'iniziativa, pertanto va eseguita con cautela.

1.9 Report Iniziativa dedicata

I report rappresentano uno strumento essenziale per monitorare l'andamento e l'efficacia dell'iniziativa dedicata.

- **Generazione del Report:**
  Dalla pagina di Dettaglio iniziativa, seleziona la sezione **REPORT INIZIATIVA** e clicca su **GENERA** per creare un report degli acquisti effettuati sull'iniziativa.

- **Tipologie di Report:**
  Il report può essere visualizzato in diversi formati (ad esempio, PDF o XLS) e contiene:

    o Dati aggregati sugli ordini ricevuti.

    o Informazioni sui gruppi di acquisto e sugli ambienti associati.

- Statistiche relative all'andamento dell'iniziativa (volumi, importi, partecipazione degli utenti).

- **Download e Ricalcolo:**
  Dopo la generazione, il report può essere scaricato oppure rigenerato in caso di aggiornamenti, cliccando sul pulsante **RIGENERA**.

Conclusioni e Considerazioni Finali

Riepilogo dell'Iter Operativo

Il processo di gestione delle iniziative dedicate si configura come un iter complesso e modulare, che consente alla Stazione Appaltante di mettere a disposizione di altri PO/PI un ambiente d'acquisto dedicato.
L'intero procedimento si articola in fasi distinte:

- **Creazione dell'iniziativa dedicata:**
  Partendo da una gara di riferimento, il PO configura l'iniziativa, definendone il nome, la descrizione e i dati ereditati dalla procedura di gara originaria.

- **Configurazione degli ambienti d'acquisto:**
  Ogni ambiente, solitamente associato a un Lotto, viene creato in modalità singola o massiva, configurato con date, modalità di ordine (Euro o Quantità) e associato a gruppi di acquisto.

- **Formazione dei gruppi di acquisto:**
  Il PO definisce i gruppi, aggiunge le amministrazioni e gli utenti autorizzati, e li associa agli ambienti d'acquisto.

- **Validazione degli ambienti:**
  Ogni ambiente deve essere validato singolarmente o in modalità massiva per diventare operativo.

- **Gestione della documentazione:**
  Il PO carica e associa documenti utili per informare i PO che ordineranno, garantendo la trasparenza delle informazioni.

- **Riassegnazione e modifiche:**
  Se necessario, il PO può riassegnare l'iniziativa ad altri PO, modificare, sospendere o eliminare ambienti e l'iniziativa stessa.

- **Reportistica:**
  Infine, il PO può generare report dettagliati per monitorare l'andamento degli acquisti e valutare l'efficacia dell'iniziativa dedicata.

Importanza della Trasparenza e del Controllo

La gestione delle iniziative dedicate permette di:

- **Centralizzare le informazioni:**
  Tutte le fasi, dalla configurazione iniziale alla validazione degli ambienti, sono integrate in un'unica piattaforma, garantendo una gestione centralizzata e tracciabile.

- **Garantire la trasparenza:**
  La documentazione, i report e le notifiche inviate ai PO assicurano che ogni operazione sia visibile e verificabile.

- **Favorire il coordinamento tra PO:**
  Grazie alla creazione di gruppi di acquisto e alla possibilità di riassegnare l'iniziativa, diverse amministrazioni possono collaborare per ottenere condizioni di acquisto più vantaggiose.

Benefici per la Pubblica Amministrazione e gli Utenti

- **Per il Punto Ordinante (PO):**
  La possibilità di attivare iniziative dedicate consente al PO di sfruttare negoziazioni e affidamenti già configurati per offrire condizioni vantaggiose ad altri enti. Ciò porta a un notevole risparmio economico e a una maggiore efficienza nella gestione degli acquisti.

- **Per i PO/PI abilitati a ordinare:**
  L'ambiente d'acquisto dedicato, una volta validato, diventa il punto di riferimento per l'emissione degli ordini, garantendo che tutte le informazioni necessarie siano disponibili e che il processo di ordinazione sia fluido e coordinato.

- **Per il Sistema di e-Procurement:**
  L'integrazione di queste funzionalità consolida il ruolo della piattaforma come strumento indispensabile per la gestione centralizzata degli acquisti pubblici, migliorando l'efficienza, la trasparenza e la competitività del sistema.

Sfide e Prospettive Future

- **Formazione e Aggiornamento:**
  La complessità del sistema richiede una formazione continua per il personale della Pubblica Amministrazione e per gli utenti coinvolti. È necessario aggiornare periodicamente le linee guida e le procedure operative.

- **Supporto Tecnico e Personalizzazione:**
  Un supporto tecnico costante è fondamentale per risolvere eventuali criticità e per adattare il sistema alle specifiche esigenze operative delle diverse amministrazioni.

- **Evoluzione Normativa e Tecnologica:**
  Le normative sugli appalti pubblici e le tecnologie digitali sono in costante evoluzione. Il sistema deve essere flessibile e aggiornabile per integrarsi con nuove funzionalità e garantire la conformità a leggi e regolamenti.

Conclusioni Finali

La gestione delle iniziative dedicate rappresenta un pilastro fondamentale nell'ambito degli acquisti pubblici digitalizzati. Attraverso questo processo, il PO ha la possibilità di attivare iniziative specifiche che consentono ad altri enti di accedere a condizioni vantaggiose e di effettuare ordini in un ambiente controllato e trasparente.

Il procedimento, articolato in fasi che spaziano dalla creazione dell'iniziativa, alla configurazione degli ambienti d'acquisto, alla formazione dei gruppi di acquisto, fino alla validazione e alla gestione post-pubblicazione, offre numerosi vantaggi in termini di efficienza operativa e risparmio economico.

La possibilità di gestire in maniera centralizzata i documenti, di configurare i gruppi di acquisto e di associare ambienti a gruppi specifici garantisce un elevato livello di coordinamento tra le diverse amministrazioni, favorendo una gestione integrata e trasparente.

Inoltre, le funzioni di modifica, sospensione ed eliminazione consentono al PO di intervenire tempestivamente in caso di variazioni nelle esigenze o di anomalie operative, assicurando che l'iniziativa dedicata resti sempre aggiornata e in linea con gli obiettivi strategici dell'ente.

Infine, la reportistica avanzata permette di monitorare l'andamento degli acquisti, valutare la performance dell'iniziativa e adottare eventuali correttivi in tempo reale.

In sintesi, la gestione delle iniziative dedicate è un processo complesso ma essenziale per sfruttare al massimo le potenzialità del Sistema di e-Procurement, contribuendo a creare un ambiente di gara trasparente, efficiente e competitivo, a vantaggio sia della Pubblica Amministrazione che degli utenti finali.

Capitolo 32: Ordini iniziative dedicate

Indice

1. **Ordine iniziative dedicate**
   1.1 Come creare un ordine
   1.2 Compilazione ordine dedicato

2. **Area documentale**

3. **Area Messaggi**

4. **Salvataggio dell'ordine**

5. **Inviare l'ordine in approvazione al PO**
   5.1 Riassegnazione o Accettazione dell'ordine del PI

6. Validazione dell'ordine

7. Eliminazione dell'ordine

8. Generazione, riepilogo e invio dell'ordine
    8.1 Generazione dell'ordine
    8.2 Riepilogo dell'ordine
    8.3 Invio dell'ordine

9. Annullamento dell'ordine

10. Gestione contratto

11. Visualizzazione e accesso agli ordini dedicati

---

1. Ordine iniziative dedicate

Le iniziative di acquisto dedicate rappresentano uno strumento strategico attraverso il quale le Pubbliche Amministrazioni possono effettuare ordini su iniziative di acquisto già predisposte, sfruttando accordi, contratti quadro o negoziazioni già configurati. Questa sezione descrive in dettaglio come creare e gestire un ordine dedicato.

1.1 Come creare un ordine

Punto di Accesso

Per creare gli ordini di acquisto dedicati, l'utente abilitato (PO o PI) deve accedere al proprio Cruscotto personale e selezionare il percorso: **Iniziative dedicate > Ordini**. Questa sezione è il punto di partenza per l'intero iter di ordine dedicato, in cui verranno poi gestiti tutti i passaggi successivi, dalla compilazione dei dati fino all'invio in approvazione.

Pagina di Ricerca Ordini

Dopo aver selezionato **Ordini** dal Cruscotto, l'utente accede a una pagina di ricerca in cui sono elencate tutte le iniziative dedicate disponibili.
In questa pagina, tramite appositi filtri (ad esempio, per stato, numero d'ordine o nome dell'iniziativa), l'utente può individuare la specifica iniziativa dedicata su cui intende operare.

Creazione dell'Ordine

Per creare un nuovo ordine, l'utente deve selezionare il pulsante **CREA ORDINE**.

- **Selezione dell'ambiente d'acquisto:**
  Viene visualizzato un elenco degli ambienti attivi relativi all'iniziativa. L'utente può usare la funzione di ricerca (icona della lente di ingrandimento) per visualizzare tutti gli ambienti disponibili.

- **Scelta dell'ambiente:**
  Dopo aver individuato l'ambiente d'interesse, l'utente seleziona l'ambiente per il quale desidera creare l'ordine, cliccando sul relativo pulsante **CREA ORDINE**.

1.2 Compilazione ordine dedicato

Una volta selezionato l'ambiente d'acquisto, l'utente viene reindirizzato alla pagina di Dettaglio dell'ordine, dove deve procedere alla compilazione.

Dettaglio ordine in Bozza

La pagina di Dettaglio dell'ordine in bozza consente di inserire e modificare tutte le informazioni necessarie per l'ordine.
I campi principali includono:

- **Titolo dell'Ordine:**
  Inserire un titolo chiaro e descrittivo che rappresenti l'oggetto dell'ordine.

- **Descrizione dell'Ordine:**
  Una descrizione dettagliata che spiega l'oggetto, le modalità e le specifiche dell'ordine.

- **Dati dell'Amministrazione:**
  Visualizza automaticamente i dati dell'amministrazione del PO, insieme ai dati generali dell'ufficio responsabile.

- **Dati Economici:**
  Inserire il totale dell'ordine, specificando se il valore è in euro oppure la quantità richiesta.

  - **Importo/Quantità:**
    Se l'ordine è espresso in euro, inserisci il totale comprensivo di IVA, oppure, se espresso in quantità, specifica il numero totale di unità.

- IVA:
  Calcola l'IVA sul totale dell'ordine e assicurati che il calcolo sia eseguito correttamente.

Allegati

Per dettagliare meglio l'oggetto dell'ordine, l'utente può allegare documenti nella sezione **Allegati**.

- **Funzionalità di Caricamento:**

  - Seleziona **SFOGLIA** per cercare e caricare i file dal computer.

  - Inserisci una breve descrizione per ogni allegato.

  - Premi **AGGIUNGI** per confermare il caricamento.

  - È possibile caricare più allegati, che saranno poi disponibili per la consultazione nell'Area documentale.

---

2. Area documentale

L'Area documentale fornisce un repository centralizzato di tutti i documenti relativi all'ordine dedicato, permettendo ai PO e ai PI di consultare e scaricare i file allegati durante il processo di ordine.

Accesso all'Area Documentale

- **Percorso di Accesso:**
  Dal Cruscotto, il PO o il PI accede a **Iniziative dedicate > Ordini > Dettaglio ordine** e quindi seleziona la scheda **Area documentale**.

Funzionalità

- **Visualizzazione dei Documenti:**
  L'utente può visualizzare l'elenco dei documenti caricati, con informazioni quali il nome del documento, la descrizione e la data di caricamento.

- **Download:**
  Cliccando sul nome dell'allegato, l'utente può scaricare il file per una consultazione offline.

---

3. Area Messaggi

L'Area Messaggi consente di gestire le comunicazioni tra il PO/PI e il fornitore aggiudicatario, favorendo la chiarezza e la trasparenza del processo prima dell'invio definitivo dell'ordine.

Funzionalità dell'Area Messaggi

- **Accesso alla Sezione:**
  Dal menu di Dettaglio dell'ordine, seleziona **Area Messaggi**.

- **Creazione di Messaggi:**
  Una volta attivata la sezione, il PO/PI può inviare messaggi al fornitore.

  - È possibile inserire un testo fino a 4000 caratteri.

  - Si possono allegare file ai messaggi, seguendo la stessa procedura di caricamento (SFOGLIA, AGGIUNGI, ANNULLA).

- **Monitoraggio delle Comunicazioni:**
  I messaggi inviati e ricevuti sono tracciati, permettendo di verificare lo stato della comunicazione (letto/non letto) e la cronologia degli scambi.

---

4. Salvataggio dell'Ordine

Il salvataggio dell'ordine è un passaggio fondamentale per memorizzare in modo sicuro tutte le informazioni inserite prima di procedere con ulteriori operazioni.

4.1 Salvataggio da parte del PO

- **Procedura di Salvataggio:**
  Una volta completata la compilazione dell'ordine nella pagina di Dettaglio in bozza, il PO deve selezionare il pulsante **SALVA**.

  - Dopo il salvataggio, l'ordine rimane in stato "Bozza" e potrà essere ulteriormente modificato o validato.

4.2 Salvataggio da parte del PI

- **Ruolo del PI:**
  Anche il Procuratore (PI) può salvare l'ordine compilato. Tuttavia, a differenza del

PO, il PI non ha la facoltà di validare l'ordine in autonomia, ma può solo inviarlo in approvazione al PO.

- **Procedura:**
  Il PI deve compilare l'ordine e premere **SALVA**. In seguito, potrà inviare l'ordine in approvazione.

---

5. Inviare l'Ordine in Approvazione al PO

Il passo successivo dopo il salvataggio consiste nell'inviare l'ordine in approvazione, una procedura che varia a seconda del ruolo dell'utente che ha compilato l'ordine.

5.1 Invio in Approvazione da parte del PI

- **Invio al PO:**
  Il PI, una volta completata la compilazione e il salvataggio dell'ordine, deve selezionare il pulsante **INVIA IN APPROVAZIONE** per trasmettere la proposta al PO di riferimento.

- **Funzionalità di Approvazione:**
  L'ordine inviato dal PI verrà esaminato dal PO, il quale potrà:

  - **Accettare la Proposta:**
    Se l'ordine è conforme alle aspettative, il PO selezionerà **ACCETTA PROPOSTA ORDINE**.

  - **Riassegnare l'Ordine:**
    In alternativa, il PO può decidere di riassegnare l'ordine al PI, selezionando l'opzione **RIASSEGNA AL PI**, se ritiene necessario un ulteriore intervento o modifica.

5.2 Comunicazione al PI

Il PO, dopo aver esaminato l'ordine inviato, comunica la propria decisione tramite il sistema. In caso di riassegnazione, il PI riceverà una notifica e potrà procedere ad ulteriori modifiche.

---

6. Validazione dell'Ordine

La validazione è il passaggio cruciale che consente di rendere definitivo l'ordine, preparandolo per la generazione del riepilogo e l'invio finale al fornitore.

6.1 Procedura di Validazione

- **Accesso alla Validazione:**
  Dal Dettaglio ordine, il PO deve selezionare il pulsante **VALIDA**.

- **Verifica dei Dati:**
  Durante la validazione, il sistema controlla che:

  - Tutti i campi obbligatori siano stati compilati correttamente.

  - I dati economici (importo totale, IVA, ecc.) siano coerenti.

  - La documentazione allegata sia completa e correttamente formattata.

- **Richiesta del CIG:**
  Dopo la validazione, l'utente può procedere con la gestione del CIG attraverso la funzione **GESTISCI ANACFORM E EFORM**, se prevista.

- **Stato dell'Ordine Validato:**
  Una volta validato, l'ordine passa ad uno stato definitivo, pronto per la generazione del riepilogo.

7. Eliminazione dell'Ordine

Prima dell'invio finale, qualora l'ordine non risulti più necessario o debba essere rielaborato, è possibile eliminarlo.

7.1 Procedura di Eliminazione

- **Eliminazione in Bozza:**
  Se l'ordine è ancora in stato di bozza e non è stato inviato, l'utente può selezionare l'icona del **Cestino** per eliminare definitivamente l'ordine.

- **Eliminazione Post-Invio:**
  Una volta inviato, seppure in alcuni casi si possa procedere all'annullamento, l'eliminazione completa dell'ordine comporta la sua rimozione dal sistema e non sarà più possibile recuperarlo.

8. Generazione, Riepilogo e Invio dell'Ordine

Dopo la validazione, il passaggio successivo consiste nella generazione dell'ordine, nella revisione del riepilogo e nell'invio definitivo al fornitore.

8.1 Generazione dell'Ordine

- **Accesso alla Generazione:**
  Dal Dettaglio ordine validato, seleziona il pulsante **VAI AL RIEPILOGO**.

- **Generazione del PDF:**
  Il sistema genera automaticamente un documento PDF di riepilogo dell'ordine, che contiene tutte le informazioni inserite, i dati economici e la documentazione allegata.

- **Firma Digitale:**
  Il PDF deve essere scaricato, firmato digitalmente dal PO (o dal PI, se previsto) e successivamente ricaricato nella sezione apposita.

8.2 Riepilogo dell'Ordine

- **Verifica del Riepilogo:**
  Accedi alla pagina di riepilogo dell'ordine per verificare che tutte le informazioni siano corrette.

  - Il riepilogo include dati dell'amministrazione, descrizione dell'ordine, importi, allegati e altre informazioni rilevanti.

- **Download del PDF:**
  Una volta verificato, il PDF di riepilogo può essere scaricato, esaminato e archiviato.

8.3 Invio dell'Ordine

- **Caricamento del PDF Firmato:**
  Dopo la firma digitale, ricarica il file PDF nell'apposita sezione della pagina di riepilogo.

- **Invio Finale:**
  Seleziona il pulsante **INVIA** per trasmettere l'ordine all'Operatore Economico contraente.

- o Il sistema verifica che il file caricato sia firmato digitalmente; in caso contrario, l'ordine non potrà essere inviato.

- **Notifica di Invio:**
  Una volta inviato, l'ordine viene registrato come "Inviato" e il fornitore riceverà una notifica.

---

9. Annullamento dell'Ordine

In alcuni casi, anche dopo l'invio, può essere necessario annullare l'ordine.

9.1 Procedura di Annullamento

- **Accesso all'Annullamento:**
  Dalla pagina di Dettaglio ordine, prima dell'approvazione finale da parte del fornitore, seleziona il pulsante **ANNULLA**.

- **Comunicazione dell'Annullamento:**
  Il sistema invia automaticamente una notifica all'Operatore Economico, informandolo dell'annullamento dell'ordine.

- **Conseguenze:**
  Una volta annullato, l'ordine non potrà più essere modificato o inviato, e verrà registrato come annullato nel sistema.

---

10. Gestione Contratto

La gestione del contratto è una funzione facoltativa, che consente al PO di inviare e gestire il contratto relativo all'ordine dedicato.

10.1 Invio del Contratto

- **Accesso alla Funzione Contratto:**
  Dopo l'invio dell'ordine, dalla pagina di Dettaglio ordine, seleziona **GESTIONE CONTRATTO**.

- **Procedura di Invio:**
  - o Seleziona **INVIA CONTRATTO** per avviare il processo.

- o Allegare il contratto, che deve essere firmato digitalmente, utilizzando la funzione di caricamento file.

- o Inserisci eventualmente un messaggio descrittivo che accompagni il contratto.

- **Conferma:**
Una volta caricato il contratto, seleziona **INVIA** per trasmetterlo definitivamente all'Operatore Economico.

- **Monitoraggio:**
Il sistema registra l'avvenuto invio e permette di monitorare lo stato del contratto tramite report e notifiche.

---

11. Visualizzazione e Accesso agli Ordini Dedicati

La piattaforma consente ai PO e ai PI di accedere e monitorare tutti gli ordini dedicati inviati nell'ambito delle iniziative dedicate.

11.1 Ricerca degli Ordini

- **Funzionalità di Ricerca:**
Dal Cruscotto, seleziona **CERCA ORDINI E NEGOZIAZIONI** e inserisci il numero dell'ordine o altri filtri rilevanti.

- **Accesso al Dettaglio Ordine:**
Una volta individuato l'ordine, clicca sul relativo link per accedere alla pagina di dettaglio, dove sono visualizzate tutte le informazioni relative all'ordine, incluse le date, gli allegati e lo stato dell'ordine.

11.2 Monitoraggio dello Stato

- **Stato dell'Ordine:**
Gli ordini dedicati vengono visualizzati nel Cruscotto con stati diversi (ad esempio, "In Bozza", "Inviato", "Annullato", ecc.), permettendo agli utenti di monitorare facilmente l'iter dell'ordine.

- **Report degli Ordini:**
È possibile generare report specifici che mostrano l'andamento degli ordini dedicati, utilizzando la funzione **REPORT ORDINI**.

Conclusioni e Considerazioni Finali

Riepilogo dell'Iter Operativo

Il processo di gestione degli ordini per iniziative dedicate si articola in numerose fasi:

- **Creazione dell'ordine:**
  Il PO o il PI accede alla sezione Ordini dal Cruscotto, seleziona l'iniziativa dedicata e, partendo dall'ambiente d'acquisto, crea un nuovo ordine.

- **Compilazione e Allegazione:**
  L'ordine viene compilato inserendo titolo, descrizione, dati economici e allegati, garantendo così la completezza e la correttezza delle informazioni.

- **Salvataggio e Invio in Approvazione:**
  Dopo il salvataggio, il PI può inviare l'ordine in approvazione al PO, che a sua volta può accettare o riassegnare l'ordine.

- **Validazione e Generazione:**
  Una volta validato, l'ordine viene generato in formato PDF, firmato digitalmente e inviato definitivamente al fornitore.

- **Gestione Contrattuale e Reportistica:**
  Successivamente, se necessario, il contratto associato all'ordine viene gestito e inviata, e il sistema permette la generazione di report per monitorare lo stato degli ordini.

Importanza della Trasparenza e del Controllo

La gestione degli ordini dedicati si fonda su principi di trasparenza e controllo:

- **Tracciabilità:**
  Ogni fase – dalla compilazione all'invio, dalla validazione alla gestione contrattuale – è registrata e monitorata.

- **Notifiche e Comunicazioni:**
  Le notifiche automatiche e le comunicazioni tramite l'Area Messaggi garantiscono che ogni cambiamento di stato sia immediatamente visibile a tutte le parti interessate.

- **Verifica Documentale:**
  L'integrazione con l'Area documentale permette di verificare e scaricare in ogni momento la documentazione allegata, fondamentale per il controllo e l'audit della procedura.

Benefici per le Pubbliche Amministrazioni e per i PO/PI

- **Per la Pubblica Amministrazione:**
  L'uso delle iniziative dedicate permette di centralizzare le procedure d'acquisto e di ottenere condizioni vantaggiose attraverso negoziazioni già predisposte. Il monitoraggio continuo e la reportistica avanzata facilitano la gestione e l'ottimizzazione degli acquisti.

- **Per i PO/PI Abilitati:**
  L'accesso a ordini dedicati consente di emettere ordini in un ambiente strutturato e controllato, con la possibilità di consultare la documentazione e di interagire con i fornitori in modo diretto e trasparente.

Sfide e Prospettive Future

- **Formazione Continua e Supporto Tecnico:**
  La complessità delle procedure richiede una formazione continua per gli operatori e un supporto tecnico costante per risolvere eventuali criticità.

- **Evoluzione delle Funzionalità:**
  L'aggiornamento periodico del sistema, in linea con le evoluzioni normative e tecnologiche, è essenziale per mantenere alta l'efficienza e la trasparenza del processo.

- **Integrazione di Nuove Soluzioni Digitali:**
  L'adozione di nuove tecnologie e l'integrazione con sistemi esterni (ad esempio, ANAC) rappresentano una sfida e, al contempo, un'opportunità per migliorare ulteriormente il sistema di e-Procurement.

Conclusioni Finali

La gestione degli ordini per iniziative dedicate è un processo articolato e cruciale per il successo delle procedure di acquisto pubblico. Attraverso un iter ben strutturato – che va dalla creazione dell'ordine alla sua compilazione, validazione, invio in approvazione e successiva gestione contrattuale – il sistema consente di garantire una gestione trasparente, efficiente e conforme alle normative vigenti.

I PO e i PI, utilizzando le funzionalità messe a disposizione dalla piattaforma, possono non solo gestire in maniera centralizzata gli ordini, ma anche monitorare in tempo reale ogni fase del processo grazie alle aree documentale e messaggi, alla reportistica e alle notifiche automatiche.

La possibilità di annullare, modificare o eliminare gli ordini, se necessario, offre un ulteriore livello di flessibilità, mentre la gestione contrattuale permette di formalizzare in modo sicuro e digitale l'accordo tra le parti.

In conclusione, la corretta gestione degli ordini per iniziative dedicate rappresenta un elemento chiave per ottimizzare il processo di acquisto pubblico, garantendo che ogni ordine venga trattato con la massima attenzione e che tutte le fasi – dalla creazione all'invio, fino al monitoraggio post-invio – siano perfettamente integrate e tracciabili. Questa trasparenza e la capacità di controllo permettono di ottenere condizioni d'acquisto vantaggiose e di promuovere un ambiente di gara competitivo e collaborativo tra le Pubbliche Amministrazioni.

Capitolo 33: Gestione Ordini Iniziative Dedicate

Introduzione

La gestione degli ordini relativi alle iniziative dedicate rappresenta un passaggio strategico nel processo di acquisto pubblico, consentendo alle Pubbliche Amministrazioni di emettere ordini su iniziative d'acquisto predisposte da se stesse o da altre Stazioni Appaltanti. Questo capitolo, estremamente dettagliato, fornisce una guida completa per la gestione degli ordini in ambito iniziative dedicate, illustrando ogni fase del processo: dalla creazione dell'ordine, alla compilazione e invio, fino alla gestione delle comunicazioni, delle autorizzazioni, dei contratti e dei report.

La trattazione è strutturata in più sezioni e sottosezioni, seguendo un indice ben definito, che copre tutte le operazioni e le funzionalità disponibili sul Sistema. La guida è rivolta a PO (Punti Ordinanti), PI (Punti Istruttori) e ad altri utenti abilitati, che devono poter consultare, modificare e monitorare gli ordini dedicati, garantendo così trasparenza, controllo e massima efficienza nell'iter operativo.

Indice

1. **Come gestire gli ordini delle iniziative dedicate**
   1.1 Area Messaggi
   1.2 Dettaglio pre-Ordine
   1.3 Gestisci ordine ricevuto
   1.4 Accettare un ordine
   1.5 Rifiutare un ordine

2. **Gestire autorizzazioni su un ordine**

3. **Gestione contratto**

4. **Generazione report vendite**

5. **Visualizzazione e accesso agli ordini dedicati**

---

1. Come gestire gli ordini delle iniziative dedicate

La gestione degli ordini delle iniziative dedicate inizia dal cruscotto personale del PO o del PI abilitato, che può accedere all'area "Ordini iniziative dedicate" all'interno della sezione VENDITE del Sistema. In questa sezione, l'utente potrà eseguire tutte le operazioni necessarie per predisporre, compilare e monitorare un ordine.

1.1 Area Messaggi

L'**Area Messaggi** è fondamentale per la comunicazione diretta tra le Pubbliche Amministrazioni e il fornitore. Essa permette di gestire scambi di informazioni, chiarimenti e allegati in modo tracciabile e centralizzato.

- **Accesso e Visualizzazione:**
  Per accedere all'Area Messaggi, il PO o il PI deve selezionare la voce relativa al dettaglio dell'ordine. L'area si attiva non appena viene ricevuto il primo messaggio dalla PA.

- **Funzionalità:**
  L'utente può:

    o Visualizzare l'elenco dei messaggi ricevuti.

    o Rispondere ai messaggi inserendo il testo (fino a 4000 caratteri).

    o Allegare file utilizzando i pulsanti **SFOGLIA**, **AGGIUNGI** e, in caso di annullamento, **ANNULLA**.

- **Tracciabilità:**
  Ogni messaggio è associato ad un Rapporto di Consegna che indica la data e l'ora di invio e lo stato di lettura, garantendo così la completa trasparenza delle comunicazioni.

1.2 Dettaglio pre-Ordine

Il **Dettaglio pre-Ordine** è la schermata che permette di visualizzare le informazioni di un ordine ancora in stato di bozza (pre-ordine). Tale bozza viene resa visibile dopo che la PA ha inviato il primo messaggio relativo all'ordine.

- **Visualizzazione della Bozza:**
  Nella pagina "Ordini iniziative dedicate" del Cruscotto, gli ordini in bozza sono identificati dalla dicitura "Pre-ordine".

- **Dettagli Disponibili:**
  In questa schermata, l'utente può visualizzare:

    o I dati inseriti finora, come titolo, descrizione, dati economici e allegati.

    o Le eventuali comunicazioni ricevute dalla PA.

- **Funzioni di Modifica:**
  Il pre-ordine può essere ulteriormente modificato e completato prima dell'invio definitivo.

1.3 Gestisci ordine ricevuto

Una volta che un ordine dedicato viene formalmente inviato dalla PA, esso passa allo stato di "ordine ricevuto". L'utente, accedendo al dettaglio dell'ordine ricevuto, può consultare il riepilogo completo dell'ordine.

- **Accesso al Dettaglio:**
  Dalla pagina di Ricerca Ordini, l'utente seleziona l'icona corrispondente per accedere al **Dettaglio ordine ricevuto**.

- **Contenuto del Dettaglio:**
  Il riepilogo include:

    o Dati dell'amministrazione che ha inviato l'ordine.

    o Informazioni generali sull'ufficio e i dati economici dell'ordine.

    o Sezione dedicata agli allegati e alle comunicazioni già scambiate.

- **Azioni Disponibili:**
  Dal dettaglio, l'utente può scegliere di **Accettare** o **Rifiutare** l'ordine.

1.4 Accettare un ordine

L'azione di accettazione di un ordine è un passaggio critico che sancisce il consenso dell'OE a procedere con l'ordine inviato dalla PA.

- **Procedura di Accettazione:**
  Dal **Dettaglio ordine ricevuto**, seleziona il pulsante ACCETTA L'ORDINE.

- **Condizioni:**
  L'ordine può essere accettato fintantoché non è stato annullato dalla PA.

- **Conferma e Notifica:**
  Una volta accettato, il sistema invia una notifica automatica al PO che ha emesso l'ordine, aggiornando lo stato dell'ordine nel sistema (ad esempio, da "Ricevuto" a "Accettato").

1.5 Rifiutare un ordine

Nel caso in cui l'OE ritenga che l'ordine non soddisfi i requisiti o che vi siano altri motivi di rifiuto, è possibile procedere con il rifiuto dell'ordine.

- **Procedura di Rifiuto:**
  Dal **Dettaglio ordine ricevuto**, seleziona il pulsante RIFIUTA L'ORDINE.

- **Limitazioni:**
  Il rifiuto può essere eseguito solo se l'ordine non è stato precedentemente annullato dalla PA.

- **Comunicazione:**
  Dopo aver rifiutato l'ordine, il sistema invia una comunicazione al PO, informandolo del rifiuto e, possibilmente, richiedendo una motivazione dettagliata che sarà registrata a sistema.

---

2. Gestire autorizzazioni su un ordine

Il controllo delle autorizzazioni è fondamentale per garantire che solo gli utenti abilitati possano gestire e modificare gli ordini dedicati. Questa sezione descrive il processo di gestione delle autorizzazioni.

- **Accesso alla Gestione Autorizzazioni:**
  Dal Cruscotto, accedi alla sezione **Ordini iniziative dedicate** e seleziona GESTIONE AUTORIZZAZIONI.

- **Visualizzazione degli Ambienti:**
  La pagina mostrerà l'elenco degli ambienti d'acquisto su cui l'utente è autorizzato a ricevere ordini dedicati.

- **Aggiunta di Utenti:**
  Seleziona il pulsante **AGGIUNGI UTENTE** per autorizzare nuovi utenti.

  - Verrà aperta una modale in cui inserire il COGNOME o il CODICE FISCALE dell'utente (è obbligatorio popolare almeno uno di questi campi).

  - Dopo aver individuato l'utente, seleziona **AGGIUNGI**.

- **Modifica e Rimozione delle Autorizzazioni:**
  Ogni utente autorizzato apparirà in un elenco; per modificare i privilegi, seleziona l'icona **Matita** e apporta le modifiche desiderate.
  Per rimuovere un utente, utilizza l'icona **Cestino**.

- **Ruoli Specifici:**
  È possibile definire il ruolo dell'utente all'interno dell'ambiente (ad esempio, "Responsabile Ordini", "Collaboratore", ecc.) e associare ulteriori privilegi di scrittura o sola lettura.

3. Gestione Contratto

La gestione del contratto rappresenta una fase facoltativa, ma cruciale, che permette al PO di formalizzare il contratto relativo all'ordine dedicato una volta che quest'ultimo è stato accettato.

- **Accesso alla Funzione Contratto:**
  Nel dettaglio dell'ordine dedicato, trova la sezione GESTIONE CONTRATTO.

- **Invio del Contratto:**
  Dopo aver ricevuto il contratto firmato dalla PA, seleziona INVIA CONTRATTO.

- **Procedura di Invio:**

  - Verrà visualizzata una modale in cui puoi allegare il file del contratto (che deve essere firmato digitalmente) e, se necessario, scrivere un breve messaggio di accompagnamento.

  - Seleziona INVIA per completare il processo.

- **Monitoraggio:**
  Il sistema registrerà l'avvenuto invio e permetterà di verificare lo stato del contratto tramite report e notifiche.

4. Generazione Report Vendite

La generazione di report sulle vendite rappresenta un elemento fondamentale per monitorare l'andamento degli ordini e per analizzare i dati relativi agli acquisti effettuati tramite l'iniziativa dedicata.

- **Accesso alla Sezione Report:**
  Dal Cruscotto, accedi a **Ordini iniziative dedicate** e seleziona la sezione per i report.

- **Generazione del Report Vendite:**
  Utilizza il pulsante GENERA per avviare la generazione del report.

  - Il sistema procede in maniera asincrona, e puoi monitorare lo stato del report tramite l'icona di refresh.

- **Contenuto del Report:**
  Il report includerà:

    - Il numero totale degli ordini ricevuti.

    - I volumi e gli importi degli ordini.

    - Informazioni sui gruppi di acquisto e sugli ambienti associati.

    - Statistiche sulle performance dell'iniziativa.

- **Download e Rigenerazione:**
  Una volta generato, il report sarà disponibile per il download in formati PDF o XLS. Se necessario, puoi rigenerare il report cliccando su **RIGENERA**.

---

5. Visualizzazione e Accesso agli Ordini Dedicati

La piattaforma consente di accedere facilmente a tutti gli ordini dedicati, monitorando il loro stato e consultando i dettagli.

- **Ricerca degli Ordini:**
  Dal Cruscotto, accedi a **CERCA ORDINI E NEGOZIAZIONI** e inserisci il numero di ordine o altri filtri rilevanti (ad es. iniziativa, ambiente, stato dell'ordine).

- **Dettaglio Ordine:**

    - Se l'ordine è in bozza, in approvazione o validato, il sistema reindirizza al pre-ordine.

    - Se l'ordine è stato inviato, accettato o rifiutato, viene mostrato il dettaglio completo.

- **Monitoraggio dello Stato:**
  Gli ordini sono visualizzati con uno stato (ad esempio, "Pre-ordine", "In approvazione", "Accettato", "Rifiutato"), consentendo un monitoraggio accurato.

Conclusioni e Considerazioni Finali

Riepilogo del Processo

La gestione degli ordini per le iniziative dedicate è un iter complesso e articolato, che si compone di numerose fasi:

- **Creazione e Gestione dell'Ordine:**
  Il processo inizia con la creazione dell'ordine partendo dall'ambiente d'acquisto dedicato. Durante questa fase vengono inseriti titolo, descrizione, dati economici e allegati, garantendo che ogni informazione sia completa e corretta.

- **Salvataggio e Invio in Approvazione:**
  L'ordine viene salvato in stato bozza e, successivamente, inviato in approvazione dal PI al PO, che può accettare, riassegnare o richiedere ulteriori modifiche.

- **Validazione e Generazione del Riepilogo:**
  Dopo la validazione, l'ordine viene formalizzato con la generazione di un documento PDF di riepilogo, che deve essere firmato digitalmente e poi inviato definitivamente al fornitore.

- **Gestione Contrattuale e Reportistica:**
  La fase finale comprende la gestione del contratto e la generazione di report, che consentono di monitorare l'andamento degli ordini e garantire la trasparenza dell'intero processo.

Importanza della Trasparenza e del Controllo

La gestione degli ordini dedicati garantisce un elevato livello di trasparenza e controllo:

- **Tracciabilità:**
  Ogni operazione è registrata e monitorata, dal salvataggio dell'ordine al suo invio e alla gestione del contratto. Questo permette audit completi e verifiche in tempo reale.

- **Comunicazioni Efficienti:**
  L'Area Messaggi consente uno scambio continuo di informazioni tra il PO/PI e il fornitore, mentre le notifiche automatiche informano tempestivamente le parti su ogni modifica di stato.

- **Reportistica Avanzata:**
  I report vendite e i report degli ordini dedicati offrono una panoramica dettagliata dei dati, facilitando l'analisi delle performance e l'adozione di eventuali correttivi.

Benefici per le Pubbliche Amministrazioni e per gli Utenti

- Per la Pubblica Amministrazione:

  o La centralizzazione e la gestione digitale degli ordini permettono di ridurre tempi e costi, migliorando l'efficienza dei processi di acquisto.

  o La possibilità di monitorare in tempo reale l'andamento degli ordini e di intervenire tempestivamente in caso di criticità garantisce una gestione dinamica e trasparente.

- Per i PO/PI Abilitati:

  o Gli utenti possono accedere a un ambiente di gestione degli ordini strutturato e intuitivo, che permette loro di gestire in modo flessibile ogni aspetto dell'ordine, dalla compilazione alla validazione, fino all'invio definitivo.

  o La gestione delle autorizzazioni e l'area documentale offrono ulteriori livelli di controllo e supporto operativo.

Sfide e Prospettive Future

- **Formazione e Aggiornamento:**
  La complessità del sistema richiede una formazione continua per gli utenti, al fine di garantire un utilizzo corretto ed efficiente delle funzionalità.

- **Supporto Tecnico:**
  Un supporto tecnico costante è fondamentale per risolvere eventuali criticità e per garantire la stabilità e l'aggiornamento del sistema.

- **Evoluzione del Sistema:**
  L'integrazione di nuove tecnologie e l'aggiornamento periodico delle funzionalità consentiranno di migliorare ulteriormente la gestione degli ordini dedicati, aumentando la trasparenza e la competitività delle procedure di acquisto pubblico.

Conclusioni Finali

La gestione degli ordini nelle iniziative dedicate costituisce un elemento chiave per l'ottimizzazione dei processi di acquisto pubblico. Attraverso un iter ben strutturato, che va dalla creazione dell'ordine fino all'invio, passando per la gestione delle comunicazioni, delle autorizzazioni, e la validazione dei dati, il sistema garantisce la massima trasparenza, efficienza e controllo.

Le funzioni di gestione degli ordini dedicate permettono ai PO e ai PI di operare in un ambiente integrato e centralizzato, dove ogni fase del processo è tracciata e monitorata, offrendo così strumenti avanzati per la verifica e la reportistica.

In conclusione, la corretta gestione degli ordini dedicati consente di realizzare un processo d'acquisto digitale altamente efficiente e trasparente, in linea con le esigenze di modernizzazione della Pubblica Amministrazione. La capacità di gestire, modificare e monitorare gli ordini in tempo reale rappresenta un vantaggio competitivo per tutti gli enti coinvolti, contribuendo a garantire condizioni d'acquisto vantaggiose e a promuovere un ambiente di collaborazione tra le diverse amministrazioni.

Capitolo 34: Evoluzione di Acquisti in rete e integrazione con la Piattaforma Contratti Pubblici

Indice

1. L'integrazione con la Piattaforma Contratti Pubblici (PCP)
2. Il ruolo del RUP

3. Il modulo Anacform e eFORM
    3.1 Nomina ruoli
    3.2 Scheda ANAC
        3.2.1 Suggerimenti per la compilazione delle Schede
    3.3 Anacform
    3.4 eForm
    3.5 ESPD/DGUE
    3.6 Comunica con la piattaforma PCP e/o Richiedi CIG
        3.6.1 Richiesta CIG
        3.6.2 Verifica Richiesta CIG
        3.6.3 Cancella Appalto
        3.6.4 Modalità di Conferma
    3.7 Trasmissione PCP
        3.7.1 Dettaglio Gara e Riepilogo
        3.7.2 Cancella Avviso
        3.7.3 Cancellazione Avviso e Annullamento CIG
        3.7.4 Gestione della cancellazione di un avviso

4. Accesso alla Piattaforma Contratti Pubblici (PCP) per procedure di acquisto fuori Sistema

5. Gestione post pubblicazione
    5.1 Modifica Scheda di Indizione
    5.2 Crea Scheda post pubblicazione
    5.3 Compilazione ANACFORM
    5.4 Compilazione ESPD/DGUE
    5.5 Trasmissione

6. Comunicazioni e notifiche

7. Lista Schede

---

1. L'integrazione con la Piattaforma Contratti Pubblici (PCP)

Negli ultimi anni il Sistema di e-Procurement ha subito un'evoluzione significativa grazie all'integrazione con la Piattaforma Contratti Pubblici (PCP) di ANAC. Questa integrazione rappresenta una vera e propria rivoluzione nel modo in cui le Pubbliche Amministrazioni gestiscono le gare e i contratti pubblici, centralizzando al loro interno i servizi erogati precedentemente da diversi sistemi.

I principali servizi integrati includono:

- Il Servizio Contratti Pubblici (SCP);

- La Gazzetta Ufficiale (GURI);

- La pubblicità a livello comunitario (tramite eForm);

- La gestione dell'European Single Procurement Document (ESPD);

- SIMOG e SmartCIG, per l'erogazione del CIG e il monitoraggio del ciclo di vita dei contratti.

Questa integrazione consente di gestire direttamente su Acquisti in Rete attività quali:

- La **richiesta dei CIG**,

- La **pubblicazione di Gare e negoziazioni** sulla piattaforma per la pubblicità legale,

- La pubblicazione sulla **Gazzetta Ufficiale dell'Unione Europea**,

- La gestione delle fasi successive alla pubblicazione,

- La nomina di ulteriori utenti per supporto operativo,

- Le procedure di acquisto fuori sistema, integrando così i processi tradizionali con nuove modalità digitali.

L'adozione di questo modello integrato ha consentito alle Amministrazioni di ottenere una maggiore efficienza, ridurre i tempi di pubblicazione e garantire un elevato grado di trasparenza e tracciabilità, elementi fondamentali nel contesto degli appalti pubblici.

---

2. Il ruolo del RUP

Il Responsabile Unico del Progetto (RUP) gioca un ruolo centrale nell'interfaccia tra Acquisti in Rete e la Piattaforma Contratti Pubblici.

Il RUP, certificato dall'ANAC, ha il compito di gestire la comunicazione con i sistemi ANAC e di coordinare l'intero iter di pubblicazione e trasmissione dei dati relativi alla gara o all'appalto.

Funzioni principali del RUP

- Gestione della Comunicazione:
  Il RUP è l'interlocutore primario per la trasmissione dei dati a PCP, il che comprende la compilazione e l'invio dei moduli Anacform, eForm ed ESPD.

- Nomina dei Gestori:
  Il RUP può indicare e nominare ulteriori utenti (gestori ANACFORM, EFORM e TED) che supportino la compilazione dei dati necessari. Questo permette di suddividere il carico di lavoro e di garantire una gestione più efficiente.

- Scelta della Scheda ANAC:
  È compito del RUP scegliere, tra le diverse opzioni, la Scheda ANAC più adatta alla procedura in corso. Tale scelta determina quali sezioni saranno attive (ANACFORM, eForm, ESPD) e come dovranno essere compilate.

- Compilazione dei Moduli:
  Il RUP, o il gestore da lui nominato, deve procedere alla compilazione dei moduli necessari per la trasmissione dei dati, tra cui:

  - Il modulo **ANACFORM**, per la pubblicità legale a livello nazionale.

  - Il modulo **eForm**, per la pubblicazione sulla Gazzetta Ufficiale dell'Unione Europea.

  - Il modulo **ESPD/DGUE**, che attesta le capacità tecniche ed economiche dell'OE.

- Richiesta e Gestione del CIG:
  Il RUP è responsabile per l'invio della richiesta del CIG tramite il modulo "Comunica con la piattaforma PCP e/o Richiedi CIG". Solo dopo aver completato correttamente le sezioni precedenti il RUP può inviare la richiesta e monitorarne lo stato.

Importanza della registrazione del RUP

Per poter accedere alle funzionalità del modulo ANACFORM ed eForm, il RUP deve essere:

- Registrato su Acquisti in Rete.

- Censito sulla Piattaforma ANAC, per garantire che i dati siano correttamente associati all'ente e che la comunicazione avvenga in maniera sicura ed efficiente.

In alcune procedure, come nei casi di negoziazioni o ordini, il PO o il PI possono indicare se il RUP coincide con il PO stesso oppure designare un soggetto diverso, purché registrato e abilitato al sistema.

---

3. Il modulo Anacform e eFORM

Il modulo **Anacform e eForm** rappresenta il fulcro dell'integrazione tra Acquisti in Rete e la Piattaforma Contratti Pubblici. La sua struttura e le informazioni da compilare variano in base alla tipologia di procedura, ma alcune sezioni sono fisse e devono essere sempre completate.

3.1 Nomina ruoli

In questa sezione il RUP indica il Responsabile Unico di Progetto e gli eventuali altri utenti a cui delegare la gestione dei dati ANAC, TED e ESPD.

- **Indicazioni:**
  - Inserisci il Codice Fiscale dell'ente e seleziona il codice AUSA associato (il sistema fornisce suggerimenti in base all'anagrafica).
  - Se il RUP deve essere diverso dal RdP o dal PO, inserisci i dati dell'utente aggiuntivo (Nome, Cognome, Codice Fiscale).

- **Aggiunta di Gestori:**
  È possibile nominare fino a 10 gestori per supportare la compilazione delle sezioni ANACFORM ed eForm.

3.2 Scheda ANAC

La **Scheda ANAC** è selezionata in base alla specifica procedura e viene scelta tra le opzioni suggerite dal sistema oppure dalla lista completa disponibile tramite la funzione "INCLUDI TUTTE LE SCHEDE DISPONIBILI".
Questa scelta determina quali moduli saranno attivati (ANACFORM, eForm, ESPD).

3.2.1 Suggerimenti per la compilazione delle Schede

Per una compilazione corretta delle Schede ANAC, si raccomanda di:

- **Rimuovere Caratteri Speciali:**
  Assicurarsi che nei campi descrittivi non siano presenti caratteri speciali o lettere accentate.

- **Gestire il Campo ID Partecipante:**
  Per le procedure di affidamento diretto, utilizzare la funzione **GENERA UUID** per popolare automaticamente questo campo.

- **Compilare il Campo CCNL:**
  Se richiesto, inserire il valore corretto o "NON APPLICABILE" qualora non sia necessario.

- **Attenzione al CUP:**
  Per alcune schede, come la P7_2, il CUP è obbligatorio e deve essere inserito correttamente (15 caratteri alfanumerici).

3.3 Anacform

La sezione **ANACFORM** prevede la compilazione dei campi obbligatori per la pubblicità legale a livello nazionale.

- **Procedura:**
  - Seleziona **ANACFORM** dalla schermata principale del modulo.
  - Completa i campi richiesti, che variano a seconda della Scheda ANAC selezionata.
  - Il sistema indica con un badge verde le sezioni completate e con un badge rosso quelle mancanti.

- **Salvataggio e Trasmissione:**
  Dopo aver compilato correttamente tutte le sezioni, seleziona **SALVA** e poi **PRONTA PER LA TRASMISSIONE**.

3.4 eForm

La sezione **eForm** riguarda la pubblicazione dei dati sulla Gazzetta Ufficiale dell'Unione Europea.

- **Caricamento del File:**
  - Se la Scheda ANAC prevede l'invio dell'eForm, seleziona **UPLOAD eForm**.
  - Il formato ammesso è .xml. Se il file non è ancora generato, è possibile utilizzare la funzione "Carica da Sistema", che guida l'utente nella compilazione diretta.

- Salvataggio:
  Una volta caricato il file, premi **SALVA** e seleziona **PRONTA PER LA TRASMISSIONE**.

- Note Importanti:
  Eventuali modifiche apportate ad un eForm già compilato devono comportare la reinserimento di tutti i dati, poiché il sistema non mantiene versioni intermedie.

3.5 ESPD/DGUE

La sezione **ESPD/DGUE** consente la gestione del file XML relativo all'European Single Procurement Document (ESPD), fondamentale per attestare le capacità tecniche ed economiche dell'OE.

- Caricamento del File ESPD:

  - Seleziona **UPLOAD ESPD** e carica il file in formato .xml (dimensione massima 20 MB).

  - Se il file non è disponibile, è possibile compilare l'ESPD direttamente tramite il link dedicato.

- Salvataggio e Trasmissione:
  Dopo il caricamento, seleziona **SALVA** e poi **PRONTA PER LA TRASMISSIONE**.

  - Se l'ESPD è facoltativo, l'utente può scegliere di non caricare il file e procedere comunque.

3.6 Comunica con la piattaforma PCP e/o Richiedi CIG

Questa sezione permette al RUP di interagire direttamente con la Piattaforma Contratti Pubblici per richiedere il CIG e trasmettere i dati necessari.

3.6.1 Richiesta CIG

- Procedura di Richiesta:
  Dopo aver completato le sezioni precedenti (ANACFORM, eForm, ESPD), il RUP può selezionare il pulsante **RICHIEDI CIG**.

- Requisiti:
  È necessario che tutte le sezioni siano contrassegnate come **PRONTA PER LA TRASMISSIONE**.

- **Attenzione:**
  Una volta richiesta, la richiesta dei CIG non potrà più essere modificata e verrà visualizzata in sola lettura.

3.6.2 Verifica Richiesta CIG

- **Monitoraggio dello Stato:**
  Dopo l'invio, il sistema consente di monitorare lo stato della richiesta dei CIG. Gli stati possono essere:

  - **In errore:** se ANAC ha riscontrato errori;

  - **Ricezione dei CIG completata:** se la richiesta è stata elaborata con successo;

  - **In attesa CIG:** se la richiesta è ancora in elaborazione.

- **Funzione VERIFICA:**
  Utilizza il tasto **VERIFICA** per aggiornare lo stato della richiesta.

3.6.3 Cancella Appalto

- **Funzione di Cancellazione:**
  Se la richiesta di CIG è errata o se è necessario annullare il CIG ottenuto, il RUP può utilizzare la funzione **CANCELLA APPALTO**.

- **Condizioni:**
  Questa funzione è disponibile solo se la scheda ANAC prevede la pubblicazione a livello nazionale o europeo e se lo stato della richiesta è "Ricezione dei CIG completata".

- **Procedura:**
  Dopo aver selezionato **CANCELLA APPALTO**, il sistema inoltra una richiesta di cancellazione a ANAC. Una volta confermata, il CIG verrà annullato e non sarà più disponibile.

3.6.4 Modalità di Conferma

- **Conferma dell'Operazione:**
  Quando si attiva la funzione di cancellazione, il sistema mostrerà una modale di conferma.
  Se l'utente seleziona **OK**, la richiesta procede e il CIG assume lo stato di "CANCELLATO".

In caso di errori, il sistema visualizzerà lo stato "In errore di cancellazione", consentendo di riprovare.

3.7 Trasmissione PCP

Dopo aver completato le sezioni precedenti e aver ottenuto i CIG, il RUP procede alla trasmissione dei dati alla Piattaforma Contratti Pubblici (PCP).

3.7.1 Dettaglio Gara e Riepilogo

- **Visualizzazione del Riepilogo Gara:**
  Dopo la trasmissione, accedi alla sezione **DETTAGLIO GARA** per visualizzare il riepilogo completo della gara, comprensivo dei CIG assegnati per ciascun Lotto.

- **Conferma:**
  L'utente deve confermare che tutti i dati siano corretti prima di procedere alla trasmissione definitiva.

3.7.2 Cancella Avviso

- **Funzione di Cancellazione Avviso:**
  Per le procedure che prevedono la pubblicazione a livello europeo, il RUP può cancellare l'avviso di pubblicazione se necessario.

  - Questa funzione è disponibile solo se lo stato dell'avviso è "In attesa di pubblicazione".

- **Procedura:**
  Seleziona **CANCELLA AVVISO** e segui le istruzioni per richiedere la cancellazione.

3.7.3 Cancellazione Avviso e Annullamento CIG

- **Modale di Conferma per la Cancellazione:**
  Dopo aver attivato la funzione, il sistema mostrerà una modale in cui confermare la cancellazione dell'avviso e l'annullamento dei CIG associati.

- **Effetto:**
  Una volta confermato, lo stato dei CIG passa a "CANCELLATO" e nessuna ulteriore operazione sarà consentita per quell'avviso.

3.7.4 Gestione della Cancellazione di un Avviso

- **Monitoraggio dello Stato:**
  Il sistema aggiorna lo stato della cancellazione in modalità asincrona.

- Se lo stato è "In attesa cancellazione", utilizza il tasto **VERIFICA** per aggiornare il risultato.

- **Conseguenze:**
  La cancellazione di un avviso comporta la rimozione di tutti i CIG associati e l'impossibilità di eseguire ulteriori operazioni sulla pubblicazione.

4. Accesso alla Piattaforma Contratti Pubblici (PCP) per Procedure di Acquisto Fuori Sistema

Le procedure di acquisto fuori sistema consentono ad alcune Amministrazioni autorizzate di derogare all'uso degli strumenti telematici standard presenti su Acquisti in Rete PA.

- **Accesso Esclusivo:**
  L'accesso è riservato alle Amministrazioni che, per specifiche procedure d'acquisto, hanno l'autorizzazione di operare fuori dal sistema standard.

- **Procedura:**
  Dal Cruscotto, seleziona **PCP PER ACQUISTI FUORI SISTEMA**.

  - Visualizza il disclaimer informativo e, se accetti, seleziona **CONFERMA** per accedere.

- **Limitazioni:**
  Le procedure ammissibili sono quelle classificate nelle seguenti schede ANAC:

  - P_5, P1_18, P2_18, A3_6.
    L'uso del servizio è limitato a tali casistiche.

5. Gestione Post Pubblicazione

Una volta pubblicata la procedura e trasmessi i dati a PCP, si passa alla gestione post pubblicazione, che comprende la modifica delle schede, la creazione di schede post pubblicazione, la compilazione di moduli come ANACFORM ed ESPD/DGUE e la trasmissione finale dei dati.

5.1 Modifica Scheda di Indizione

- **Accesso alla Modifica:**
  Dal Dettaglio Gara, i soggetti autorizzati possono abilitare la modifica delle Schede di Indizione selezionando l'opzione CLICCA QUI PER ABILITARE LE SCHEDE.

- **Procedura:**
  Una volta abilitata, seleziona l'icona **Matita** per modificare i campi della Scheda di Indizione.

  - Le modifiche sono consentite fino allo scadere del termine di presentazione delle offerte.

- **Salvataggio:**
  Dopo le modifiche, seleziona **CONFERMA MODIFICHE** per salvare le modifiche apportate.

5.2 Crea Scheda Post Pubblicazione

- **Creazione della Scheda:**
  I soggetti autorizzati possono creare una nuova Scheda post pubblicazione selezionando una tra quelle già trasmesse in cronologia.

  - Seleziona la tipologia di scheda desiderata e il sistema genererà una nuova istanza in stato "In lavorazione".

- **Modifica e Trasmissione:**
  Apporta le modifiche necessarie, salva e trasmetti la scheda aggiornata.

5.3 Compilazione ANACFORM

- **Accesso alla Sezione ANACFORM:**
  Dal menu GESTISCI ANAC FORM E EFORM, accedi alla pagina di Compilazione ANACFORM.

- **Struttura della Scheda:**
  La pagina è divisa in due sezioni:

  - Schede ANAC utilizzate (con elenco di ID scheda, Nome, Stato, CIG, Data invio, ecc.).

  - Campi della Scheda selezionata.

- **Compilazione:**
  Inserisci i dati richiesti; i campi completati saranno contrassegnati con un badge verde, mentre quelli incompleti con un badge rosso.

- **Trasmissione:**
  Dopo aver completato la compilazione, seleziona **SALVA** e poi **PRONTA PER LA TRASMISSIONE**.

5.4 Compilazione ESPD/DGUE

- **Accesso alla Sezione ESPD/DGUE:**
  Dal menu, seleziona **ESPD/DGUE** per accedere alla pagina di compilazione.

- **Caricamento del File XML:**
  Seleziona **UPLOAD ESPD** e carica il file XML (dimensione massima 20 MB).
  Se il file non è presente, utilizza il link per compilare l'ESPD direttamente.

- **Salvataggio e Trasmissione:**
  Dopo il caricamento, salva i dati e seleziona **PRONTA PER LA TRASMISSIONE**.

5.5 Trasmissione

- **Comunica con PCP:**
  Una volta che tutte le sezioni (ANACFORM, eForm, ESPD) sono completate e contrassegnate come pronte, il RUP può selezionare **TRASMETTI** per inviare i dati alla piattaforma PCP.

- **Stato di Trasmissione:**
  Il sistema aggiorna lo stato della richiesta, che può essere:

    - **In errore** (se ANAC ha riscontrato problemi),

    - **Pubblicato** (se la richiesta è stata accettata),

    - **In attesa di pubblicazione.**

- **Verifica:**
  Utilizza il tasto **VERIFICA** per monitorare l'esito della trasmissione.

---

6. Comunicazioni e Notifiche

La gestione delle comunicazioni e delle notifiche è fondamentale per garantire un flusso informativo continuo tra il RUP, il PO, i PI e gli altri soggetti coinvolti.

Le comunicazioni vengono generate automaticamente dal sistema in seguito a eventi critici e vengono inviate sia via email che come notifiche all'interno del cruscotto.

Tipologie di Comunicazioni

- **Scheda Pronta per la Trasmissione:**
  Una volta che tutte le sezioni della Scheda ANAC sono completate, il sistema invia una notifica che avvisa il RUP che la scheda è pronta per essere trasmessa.

- **Richiesta CIG:**
  Dopo che il RUP ha richiesto il CIG, il sistema notifica il creatore della negoziazione (PO/PI) dell'avvenuta richiesta.

- **Verifica CIG:**
  Al termine del processo di verifica, il sistema comunica se la richiesta dei CIG è andata a buon fine o se vi sono errori (stato "In errore" o "Ricezione dei CIG completata").

- **Invia a PCP:**
  Quando il RUP invia i dati alla piattaforma PCP, il creatore della negoziazione viene avvisato dell'avvenuta trasmissione.

- **Ordine Inviato:**
  Dopo l'invio dell'ordine, viene generata una notifica che informa il RUP che può procedere con la trasmissione dei dati.

- **Conferma Modifiche:**
  Dopo la pubblicazione della negoziazione, una comunicazione conferma le eventuali modifiche apportate ai dati della gara.

7. Lista Schede

La **Lista Schede** è un elenco riepilogativo delle Schede ANAC che sono state utilizzate per la trasmissione dei dati alla Piattaforma Contratti Pubblici.

- **Visualizzazione:**
  Dal modulo GESTISCI ANAC FORM E EFORM, è possibile accedere alla lista delle schede, che mostra:

        o ID Scheda, Nome, Stato, CIG, ID Contratto e Data di Invio.

- **Consultazione:**
  La lista consente di verificare quale scheda è stata trasmessa, quali sono in stato "In lavorazione" e di selezionare eventuali schede post pubblicazione per ulteriori modifiche.

- **Utilizzo per la Trasmissione:**
  La selezione corretta della scheda ANAC è fondamentale per determinare l'accesso alle sezioni ANACFORM, eForm e ESPD e per la successiva trasmissione a PCP.

Conclusioni e Considerazioni Finali

Riepilogo del Processo di Integrazione

Il presente capitolo ha illustrato in modo dettagliato l'evoluzione del Sistema di Acquisti in Rete e la sua integrazione con la Piattaforma Contratti Pubblici di ANAC, evidenziando le seguenti fasi:

- **Integrazione PCP:**
  L'unificazione dei servizi (SCP, GURI, eForm, ESPD, SIMOG e SmartCIG) in un'unica piattaforma integrata che garantisce trasparenza e controllo in tutte le fasi degli appalti pubblici.

- **Ruolo del RUP:**
  Il RUP si configura come figura centrale per la gestione e la trasmissione dei dati, nonché per la nomina dei gestori e per la scelta della Scheda ANAC.

- **Modulo ANACFORM e eForm:**
  La struttura modulare, che comprende le sezioni fisse (Nomina ruoli, Scelta Scheda ANAC, Comunica con PCP) e quelle variabili (ANACFORM, eForm, ESPD), consente di gestire in maniera flessibile la richiesta del CIG e la pubblicazione delle gare.

- **Trasmissione e Verifica:**
  Le procedure di trasmissione a PCP, la verifica del CIG, la cancellazione di avvisi e la gestione delle notifiche rappresentano elementi fondamentali per garantire un processo di pubblicazione sicuro e conforme.

- **Gestione Post Pubblicazione:**
  La possibilità di modificare le schede di indizione e creare schede post pubblicazione offre ulteriori strumenti per l'aggiornamento e la correzione dei dati, assicurando la piena integrazione con i sistemi ANAC.

- **Comunicazioni e Report:**
  Le comunicazioni automatiche e la reportistica avanzata completano il quadro, consentendo il monitoraggio in tempo reale dell'intero iter procedurale.

Importanza della Trasparenza e dell'Innovazione

L'integrazione con la Piattaforma Contratti Pubblici rappresenta un passo fondamentale verso la modernizzazione degli acquisti pubblici, aumentando la trasparenza, la tracciabilità e l'efficienza dei processi.

- **Trasparenza:**
  Ogni fase del processo è tracciata e documentata, garantendo la piena visibilità dei dati e la possibilità di audit completi.

- **Efficienza:**
  L'automazione dei processi (richiesta CIG, trasmissione a PCP, reportistica) riduce notevolmente i tempi operativi e semplifica la gestione dei contratti.

- **Innovazione:**
  L'adozione di strumenti digitali avanzati e l'integrazione con piattaforme esterne (come ANAC) consentono alle Pubbliche Amministrazioni di affrontare in modo proattivo le sfide normative e tecnologiche, offrendo soluzioni sempre più innovative.

Benefici per le Parti Coinvolte

- **Per il RUP e il PO:**
  La possibilità di gestire in maniera centralizzata tutte le fasi della pubblicazione e trasmissione dei dati consente di ottenere risultati più rapidi e conformi alle normative.
  Inoltre, la gestione delle autorizzazioni e la possibilità di nominare ulteriori gestori permettono una suddivisione efficace delle responsabilità.

- **Per le Pubbliche Amministrazioni:**
  L'integrazione dei sistemi porta a una riduzione dei costi, a un aumento della trasparenza e a una maggiore efficienza nell'esecuzione dei contratti.

- **Per gli Operatori Economici:**
  La trasparenza dei dati e la chiarezza dei processi consentono agli OE di presentare offerte più conformi e competitive, aumentando il livello di fiducia nei confronti delle procedure d'appalto.

Sfide e Prospettive Future

Nonostante i notevoli progressi, il sistema è soggetto a continue evoluzioni:

- **Aggiornamento Normativo:**
  Le normative in materia di appalti pubblici sono in continua evoluzione e il sistema deve essere costantemente aggiornato per mantenere la conformità.

- **Formazione Continua:**
  È fondamentale che il personale della Pubblica Amministrazione e gli operatori economici ricevano una formazione costante sulle nuove funzionalità e sui processi integrati.

- **Supporto Tecnologico:**
  Un supporto tecnico continuo è essenziale per risolvere eventuali criticità e per integrare nuove tecnologie che possano ulteriormente semplificare il processo di gestione degli appalti.

- **Espansione delle Funzionalità:**
  Le future evoluzioni potrebbero includere l'adozione di algoritmi di intelligenza artificiale per la valutazione automatica delle offerte, una maggiore integrazione con sistemi esterni e soluzioni per il monitoraggio in tempo reale di tutte le fasi procedurali.

Conclusioni Finali

Il Capitolo 34 ha illustrato in modo esaustivo l'evoluzione degli Acquisti in Rete e l'integrazione con la Piattaforma Contratti Pubblici, evidenziando come questo modello integrato consenta una gestione più efficiente, trasparente e centralizzata delle procedure d'appalto.

Grazie all'adozione del modulo Anacform e eForm, il RUP può gestire in maniera completa e integrata la richiesta dei CIG, la pubblicazione delle gare e il monitoraggio dell'intero ciclo di vita dei contratti.

Le funzionalità di comunicazione, le notifiche automatiche, la gestione delle autorizzazioni e la reportistica avanzata offrono strumenti indispensabili per garantire che ogni fase del processo sia tracciata e verificabile, a beneficio sia delle Pubbliche Amministrazioni che degli Operatori Economici.

La trasparenza e l'efficienza ottenute da questo modello integrato rappresentano un significativo passo avanti nella modernizzazione degli acquisti pubblici, contribuendo a creare un ambiente di gara più competitivo, affidabile e conforme alle normative vigenti.

In sintesi, l'integrazione con la Piattaforma Contratti Pubblici non solo semplifica e accelera il processo di pubblicazione e gestione dei contratti, ma favorisce anche una maggiore collaborazione tra le varie entità pubbliche, con benefici tangibili in termini di risparmio economico e di efficienza operativa.

Capitolo 35: Documento di Gara Unico Europeo (DGUE)

Indice

1. Compilazione del DGUE da parte dell'Amministrazione Aggiudicatrice o dell'Ente Aggiudicatore

1.1 Parte 1: Avvio

1.2 Parte 2: Procedura

1.3 Parte 3: Esclusione

1.4 Parte 4: Selezione

1.5 Parte 5: Fine

2. Compilazione del DGUE da parte dell'Operatore Economico

2.1 Parte 1: Avvio

2.2 Parte 2: Procedura

2.3 Parte 3: Esclusione

2.4 Parte 4: Selezione

2.5 Parte 5: Fine

1. Compilazione del DGUE da parte dell'Amministrazione Aggiudicatrice o dell'Ente Aggiudicatore

La compilazione del Documento di Gara Unico Europeo da parte dell'Amministrazione Aggiudicatrice è una procedura fondamentale che consente di raccogliere e comunicare in modo standardizzato tutte le informazioni inerenti alla procedura di appalto. Questo modulo viene utilizzato per garantire la trasparenza e l'uniformità dei dati comunicati alle autorità di controllo e per permettere l'assegnazione dei Codici Identificativi di Gara (CIG).

1.1 Parte 1: Avvio

Avvio e Scelta dell'Operazione

- **Accesso e Selezione:**
  Dopo aver effettuato l'accesso al Cruscotto della piattaforma Acquisti in Rete, l'utente (sia esso appartenente all'amministrazione aggiudicatrice o a un ente aggiudicatore) deve selezionare il pulsante **eDGUE** posizionato nel menu laterale.

- **Chi Compila il DGUE:**
  Il sistema chiede di indicare se l'operazione verrà eseguita dall'amministrazione aggiudicatrice o dall'ente aggiudicatore.

  - Seleziona l'opzione appropriata, ad esempio "SONO UN'AMMINISTRAZIONE AGGIUDICATRICE O UN ENTE AGGIUDICATORE" e scegli l'operazione desiderata.

- Possibilità di riutilizzare un DGUE esistente: selezionando l'opzione **RIUTILIZZARE UN DGUE ESISTENTE** si apre la sezione per caricare il documento, mentre per visualizzare il file XML di risposta è possibile scegliere **VISUALIZZARE RESPONSE XML**.

- **Importante:** Il file caricato deve essere in formato xml; altri formati non sono accettati.

- **Creazione di un Nuovo DGUE:**
  Se si opta per creare un nuovo DGUE, il sistema chiede "DOVE SI TROVA L'AMMINISTRAZIONE O L'ENTE?"

  - Scegli il paese di riferimento e procedi selezionando **AVANTI**.

1.2 Parte 2: Procedura

Informazioni sulla Procedura di Appalto

- **Sezione Informazioni Generali:**
  Vengono visualizzate le informazioni precompilate riguardanti la procedura di appalto e i dati dell'amministrazione aggiudicatrice o dell'ente aggiudicatore.

- **Informazioni sulla Pubblicazione:**
  Compila i campi relativi alla pubblicazione del DGUE:

  - **Tipo di documento:** Seleziona il tipo di documento (ad es. "Documento di Gara Unico Europeo").

  - **Nome e Descrizione:** Inserisci il nome del documento e una descrizione dettagliata.

  - **Numero dell'avviso o bando ricevuto:** Indica il numero dell'avviso, che servirà da riferimento.

  - **URL dell'avviso:** Inserisci il link all'avviso, assicurandoti che il formato sia corretto (https://...).

Identità del Committente e Dati dell'Appalto

- **Identità del Committente:**
  Inserisci i dati dell'amministrazione, quali denominazione, codice fiscale, indirizzo completo, località e CAP.

- **Informazioni sull'Appalto:**
  Inserisci dettagli specifici sulla procedura di appalto, inclusi i dati relativi al RUP, e indica se la procedura riguarda un singolo Lotto o più Lotti.

  - Se il campo "NUMERO DI LOTTO" viene popolato con un valore maggiore di 1, il sistema attiverà la sezione "Informazioni sulla partecipazione ai Lotti".

  - Aggiungi eventuali codici CPV selezionando **AGGIUNGI CPV** e cercando i codici necessari.

- **Scelta delle Azioni:**
  Al termine della compilazione, il sistema offre la possibilità di tornare indietro, cancellare, procedere ad AVANTI o scaricare il file.

1.3 Parte 3: Esclusione

Definizione dei Motivi di Esclusione

- **Accesso alla Sezione Esclusione:**
  Nella sezione dedicata all'Esclusione, il sistema visualizza i motivi di esclusione conformi all'articolo 57 della direttiva 2014/24/UE.

- **Motivi di Esclusione:**
  Sono specificati vari motivi di esclusione, organizzati in categorie, ad esempio:

  - **Condanne Penali:**

    - Partecipazione ad organizzazione criminale

    - Corruzione

    - Frode

  - **Reati Terroristici e Riciclaggio:**

    - Reati terroristici o connessi

    - Riciclaggio dei proventi di attività criminose

  - **Lavoro Minorile e Tratta:**

    - Lavoro minorile e altre forme di tratta di esseri umani

  - **Pagamento di Imposte e Contributi:**

- Inadempienze relative al pagamento di imposte o contributi previdenziali

  o Insolvenza e Conflitti di Interesse:

    - Fallimento, liquidazione coatta, concordato preventivo

    - Gravi illeciti professionali

    - Conflitti di interesse, inclusa la partecipazione diretta o indiretta alla preparazione della procedura

  o Influenza Indebita:

    - Influenza indebita nel processo decisionale o vantaggi indebiti da informazioni riservate

  o Motivi di Esclusione Nazionali:

    - Motivi specifici previsti dalla legislazione nazionale dello Stato membro

- **Operazioni Finali:**
  Dopo aver definito i motivi di esclusione, il sistema offre le opzioni per tornare indietro, cancellare, proseguire con AVANTI o scaricare la documentazione.

1.4 Parte 4: Selezione

Criteri di Selezione per la Partecipazione

- **Visualizzazione dei Criteri:**
  Nella sezione Selezione, il sistema mostra i criteri di selezione richiesti per partecipare alla procedura di appalto.

- **Inserimento dei Requisiti:**
  Inserisci i requisiti richiesti per i partecipanti, che possono comprendere:

  o **Iscrizione in Registri Professionali e Commerciali:**

    - Iscrizione in un registro professionale pertinente

    - Iscrizione in un registro commerciale

  o **Autorizzazioni Specifiche per Appalti di Servizi:**

    - Necessità di autorizzazione particolare

- Obbligo di appartenenza a un'organizzazione specifica
  - Capacità Economico-Finanziaria:
    - Fatturato annuo generale, medio, specifico
  - Costituzione dell'Operatore Economico:
    - Data di costituzione o avvio attività
  - Copertura dei Rischi Professionali:
    - Informazioni relative alla copertura contro i rischi
  - Capacità Tecniche e Professionali:
    - Esperienza e capacità per l'esecuzione di lavori, fornitura o servizi specifici
    - Presenza di organismi tecnici per il controllo della qualità
  - Strutture Tecniche e Organico:
    - Disponibilità di strutture tecniche e attrezzature, numero di addetti e dirigenti
  - Certificazioni e Sistemi di Garanzia:
    - Certificazioni di qualità rilasciate da organismi indipendenti
    - Norme di gestione ambientale e sistemi di garanzia della qualità
- **Operazioni Finali:**
  Dopo aver inserito i requisiti, il sistema permette di tornare indietro, cancellare, procedere con AVANTI o scaricare la documentazione. Una volta completata, si passa alla parte finale.

1.5 Parte 5: Fine

Dichiarazioni Finali e Download del File

- **Dichiarazioni Finali:**
  Nella sezione finale, il compilatore deve completare le dichiarazioni finali, che includono tutte le informazioni e i dati verificati durante le fasi precedenti.

- **Quadro Generale:**
  Visualizza il quadro generale riepilogativo, che presenta tutte le sezioni compilate in modalità non editabile.

- **Download del File:**
  Il sistema consente il download del file **Response.xml** completo, che rappresenta il documento ufficiale da inviare.

  - Contestualmente, è possibile scaricare anche una versione pdf per agevolare la lettura, pur ricordando che il formato legalmente valido è quello xml.

- **Note Finali:**
  È fondamentale ricordare che il file Response.xml dovrà essere ricaricato nella sezione "documentazione da reinviare" per eventuali verifiche o per la trasmissione definitiva.

---

2. Compilazione del DGUE da parte dell'Operatore Economico

La compilazione del DGUE da parte dell'Operatore Economico segue un iter simile a quello dell'amministrazione, ma con alcune specificità legate alle informazioni da fornire da parte dell'OE.

2.1 Parte 1: Avvio

Accesso e Selezione dell'Operazione

- **Accesso al Cruscotto:**
  Dopo l'accesso al sistema, l'Operatore Economico deve selezionare il pulsante **eDGUE** dal Cruscotto.

- **Selezione dell'Operazione:**
  L'OE sceglie l'opzione "SONO UN OPERATORE ECONOMICO" e successivamente specifica l'operazione da eseguire, ad esempio **IMPORTARE UN DGUE**.

  - Seleziona **UPLOAD REQUEST/RESPONSE** per caricare il file xml.

- **Procedura:**
  Segui le istruzioni per il caricamento del file e procedi cliccando **AVANTI**.

2.2 Parte 2: Procedura

Visualizzazione delle Informazioni Precompilate

- **Informazioni Fornite dalla PA:**
  L'OE visualizza in sola lettura le informazioni relative alla procedura di appalto e all'identità del committente, fornite dalla Stazione Appaltante.

- **Sezione Procedura:**
  Le informazioni includono:

    ○ Dati sulla procedura d'appalto.

    ○ Identità del committente e dati generali.

- **Non Editabile:**
  Queste informazioni sono precompilate e non modificabili dall'OE.

2.3 Parte 3: Esclusione

Sezione Esclusione per l'OE

- **Accesso alla Sezione Esclusione:**
  L'Operatore Economico deve completare la sezione relativa ai motivi di esclusione, inserendo i motivi previsti per l'esclusione ai sensi dell'articolo 57 della direttiva 2014/24/UE.

- **Motivi di Esclusione:**
  Analogamente alla parte dell'amministrazione, l'OE deve verificare e compilare i motivi, che possono includere condanne penali, reati, insolvenza, conflitti di interesse e altri requisiti stabiliti dalla normativa nazionale.

- **Operazioni:**
  L'OE può decidere di tornare indietro, cancellare i dati o procedere con AVANTI.

2.4 Parte 4: Selezione

Inserimento dei Criteri di Selezione

- **Visualizzazione dei Criteri di Selezione:**
  L'OE deve visualizzare e, se richiesto, inserire i criteri per la partecipazione alla procedura, che comprendono requisiti di idoneità, capacità economico-finanziaria e tecnica.

- **Requisiti Specifici:**
  Le informazioni da compilare includono:

- o Iscrizione in registri professionali o commerciali.

- o Requisiti economici (fatturato, dimensioni, organico).

- o Capacità tecniche e misure per la qualità.

- o Certificazioni di qualità e gestione ambientale.

- **Operazioni Finali:**
  Dopo aver inserito i criteri, l'OE seleziona AVANTI per procedere.

2.5 Parte 5: Fine

Conclusione e Download del Documento

- **Schermata Finale:**
  L'OE visualizza la schermata finale in cui sono riportate tutte le sezioni compilate in modalità non editabile.

- **Download del File:**
  Seleziona **SCARICA** per ottenere il file **Response.xml**.

  - o È possibile anche scaricare una versione pdf per facilitare la lettura, ma il formato ufficiale e valido è l'xml.

- **Ricarica del Documento:**
  Il file xml scaricato dovrà essere ricaricato nella sezione "documentazione da reinviare" per completare l'iter di trasmissione.

Conclusioni

Il Documento di Gara Unico Europeo (DGUE) rappresenta uno strumento essenziale per la trasparenza e la standardizzazione delle informazioni relative alle procedure di appalto.
Sia l'Amministrazione Aggiudicatrice che l'Operatore Economico devono seguire iter ben definiti per la compilazione del DGUE, suddivisi in più parti (Avvio, Procedura, Esclusione, Selezione e Fine).
La corretta compilazione, nel formato xml, garantisce che tutte le informazioni siano legalmente valide e possano essere trasmesse ai sistemi ANAC e alla Piattaforma Contratti Pubblici per il monitoraggio e la pubblicazione ufficiale.

Le istruzioni dettagliate fornite in questo capitolo coprono ogni aspetto, dai dati generali sulla procedura e identità del committente, fino all'inserimento dei criteri di esclusione e selezione, fino alla generazione del file finale che deve essere scaricato e successivamente ricaricato nel sistema.

L'obiettivo è fornire un quadro completo e aggiornato che possa essere consultato quotidianamente da tutti gli operatori coinvolti nelle procedure di appalto, garantendo così la massima trasparenza, conformità normativa e efficienza operativa nel contesto degli appalti pubblici digitalizzati.

Nota: Questo capitolo è stato redatto per fornire una guida completa ed esaustiva sul DGUE. Le procedure, i moduli e i campi descritti sono soggetti a periodici aggiornamenti in base all'evoluzione normativa e alle innovazioni tecnologiche. Gli utenti sono invitati a consultare sempre la documentazione ufficiale e gli aggiornamenti rilasciati da ANAC per garantire la conformità della procedura.

Capitolo 36: Fascicolo di Gara

Indice

1. **Generazione, gestione e conservazione del Fascicolo di Gara**
   1.1 Modalità di accesso al Fascicolo di Gara

    1.2 Inserisci documento

    1.3 Modifica documento

    1.4 Elimina documento

    1.5 Richiesta Fascicolo di Gara

    1.6 Download Fascicolo

    1.7 Richiesta eliminazione Fascicolo

2. **Modalità di Accesso e Consultazione**

3. **Aspetti Operativi e Normativi**

4. **Integrazione con il Ciclo di Vita dei Contratti**

5. **Considerazioni Finali e Best Practices**

---

1. Generazione, gestione e conservazione del Fascicolo di Gara

Il Fascicolo di Gara è uno strumento digitale che raccoglie in modo centralizzato tutta la documentazione inerente a una procedura d'appalto. La sua gestione coinvolge diverse fasi operative che si sviluppano lungo il ciclo di vita della gara, dalla pubblicazione all'affidamento fino all'esecuzione dei contratti.

1.1 Modalità di accesso al Fascicolo di Gara

Accesso al Fascicolo dal Cruscotto

- **Accesso tramite Cruscotto:**
  Dopo aver effettuato l'accesso alla piattaforma Acquisti in Rete, tutti gli utenti abilitati (PO, PI, RdP, RUP) possono accedere al Fascicolo di Gara.

  - Per chi opera con il ruolo di RUP o RdP, è possibile recuperare il Fascicolo di Gara dalla sezione "I tuoi ruoli nelle procedure d'acquisto".

  - PO e PI, invece, possono accedere direttamente dal proprio Cruscotto selezionando l'iniziativa o la gara di interesse.

Dettaglio Gara e Sezione Fascicolo

- **Navigazione nel Fascicolo:**
  Dall'area di dettaglio della gara, selezionando il pulsante **DETTAGLIO GARA** (accessibile in particolare ai RUP), il sistema mostra diverse voci nel menu a sinistra:

- o RIEPILOGO GARA

- o FASCICOLO DI GARA

- o FASCICOLO VIRTUALE OPERATORE ECONOMICO

- **Visualizzazione dello Stato:**
  All'interno della sezione "Fascicolo di Gara" vengono visualizzate informazioni chiave quali lo stato del fascicolo, la data della richiesta e le azioni disponibili (ad esempio, inserimento, modifica, eliminazione, download).

1.2 Inserisci documento

Aggiunta di Nuova Documentazione

- **Procedura di Inserimento:**
  Per integrare il Fascicolo di Gara con documentazione aggiuntiva, la Stazione Appaltante deve selezionare il pulsante **AGGIUNGI DOCUMENTAZIONE**.

  - o Si apre una modale in cui il compilatore deve inserire:

    - **Descrizione:** Un testo descrittivo che spiega il contenuto e la rilevanza del documento.

    - **Fase del procedimento:** Seleziona la fase a cui il documento si riferisce (ad esempio, fase di pubblicazione, affidamento o esecuzione).

    - **Tipologia del documento:** Scegli tra le tipologie predefinite (ad es. Capitolato d'Oneri, Documentazione Tecnica, Documentazione Economica, ecc.).

    - **Numero di Lotto (opzionale):** Se il documento è riferito a un lotto specifico, indica il numero.

    - **File:** Carica il file corrispondente utilizzando il pulsante **SFOGLIA**.

  - o **Conferma:**
    Una volta inseriti tutti i dati, premi **CONFERMA** per integrare il documento nel Fascicolo di Gara.

- **Vincoli:**
  Se il campo "Numero di Lotto" non viene valorizzato, il documento si riferirà all'intera Gara.

Il file caricato deve essere conforme ai requisiti tecnici e di formato imposti dal sistema (ad es. dimensioni massime, formati accettati).

1.3 Modifica documento

Aggiornamento dei Metadati

- **Procedura di Modifica:**
  Per modificare i metadati di un documento già caricato, la Stazione Appaltante deve selezionare l'icona **MODIFICA** accanto al documento desiderato.

    o Verrà visualizzata la schermata **MODIFICA DOCUMENTO** in cui è possibile aggiornare:

      ▪ **Descrizione:** Aggiorna o correggi la descrizione del documento.

      ▪ **Fase del procedimento:** Modifica la fase di riferimento, se necessario.

      ▪ **Tipologia del documento:** Aggiorna la tipologia qualora ci fossero variazioni nei requisiti.

      ▪ **Numero di Lotto:** Se il documento era assegnato a un lotto specifico, è possibile modificare il numero.

    o Dopo aver apportato le modifiche, conferma selezionando **CONFERMA**.

- **Importanza della Modifica:**
  L'aggiornamento dei metadati consente di mantenere il Fascicolo di Gara aggiornato e conforme alle eventuali modifiche intervenute durante il ciclo di vita della gara.

1.4 Elimina documento

Rimozione di Documenti Obsoleti o Errati

- **Procedura di Eliminazione:**
  Se un documento integrativo deve essere rimosso, la Stazione Appaltante deve selezionare l'icona **ELIMINA** accanto al documento interessato.

    o Il sistema mostrerà una modale di conferma in cui si richiede di confermare l'eliminazione.

    o Una volta confermata, il documento e tutti i metadati associati verranno cancellati definitivamente dal Fascicolo di Gara.

- **Restrizioni:**
  L'eliminazione è una procedura irreversibile e può essere eseguita solo da utenti con adeguati privilegi (tipicamente il PO, il RUP o il RdP).

1.5 Richiesta Fascicolo di Gara

Generazione del Fascicolo

- **Richiesta di Generazione:**
  Dopo la pubblicazione della Gara, gli utenti con profilo PO, RUP o RdP possono richiedere la generazione del Fascicolo di Gara.

  - Se il Fascicolo non esiste, l'utente seleziona il pulsante **GENERA**.

  - Durante la richiesta, il sistema chiede di scegliere il formato del fascicolo attraverso un menu a tendina, con opzioni di formato (ad es. formato digitale xml e pdf).

- **Scelta del Formato:**
  Anche se il file pdf è utile per la lettura, il formato legalmente valido è il file **xml**.

  - Una volta scelta la tipologia, conferma la scelta.

- **Stato della Richiesta:**
  Il sistema aggiorna lo stato del Fascicolo da "Fascicolo non esiste" a "Fascicolo da elaborare", mostrando la data della richiesta e i dati dell'utente che l'ha inoltrata.

  - L'utente ha anche la possibilità di eliminare la richiesta se ritiene che ci siano errori o se desidera ricominciare.

1.6 Download Fascicolo

Procedura di Download del Fascicolo di Gara

- **Accesso al Download:**
  Una volta che il Fascicolo di Gara è stato elaborato e generato, l'utente può scaricarlo localmente.

  - Seleziona il pulsante **DOWNLOAD** per ottenere il file.

- **Formato del File:**
  Il Fascicolo viene scaricato in formato xml, che è l'unico formato legalmente valido, ma è possibile scaricare anche una versione pdf per agevolare la lettura.

- **Cancellazione dal Sistema:**
  Dopo il download, il file fisico del Fascicolo verrà rimosso dalla tabella dell'archivio documentale, mentre lo stato del Fascicolo verrà aggiornato (ad esempio, da "Elaborato" a "Fascicolo di Gara non esiste").

1.7 Richiesta eliminazione Fascicolo

Procedura per Richiedere l'Eliminazione del Fascicolo

- **Accesso alla Funzione di Eliminazione:**
  L'eliminazione del Fascicolo di Gara può essere richiesta esclusivamente dal RUP su esplicita richiesta.

  - Dal Cruscotto, seleziona la sezione del Fascicolo di Gara e utilizza l'opzione **RICHIEDI ELIMINAZIONE**.

- **Procedura di Eliminazione:**
  Il sistema invia una notifica al team di amministrazione del sistema, il quale procederà a cancellare il Fascicolo.

  - La comunicazione dell'esito dell'operazione verrà inviata via email.

  - Una volta eliminato, il Fascicolo non sarà più disponibile nel sistema, e questa operazione verrà registrata in conformità con le normative vigenti.

- **Conservazione:**
  Il Fascicolo di Gara, una volta generato, è soggetto a conservazione digitale per un periodo massimo di 5 anni dalla stipula dell'ultimo Lotto, salvo diversamente previsto dalla normativa.

---

2. Modalità di Accesso e Consultazione

Accesso al Fascicolo di Gara tramite i Ruoli

- **Ruoli Abilitati:**
  Il Fascicolo di Gara è accessibile a tutti gli utenti con i ruoli di Punto Ordinante (PO), Punto Istruttore (PI), Responsabile del Procedimento (RdP) e Responsabile Unico del Progetto (RUP).

- **Percorso di Navigazione:**

- Dal Cruscotto, accedi alla sezione **I tuoi ruoli nelle procedure d'acquisto** per i RUP e RdP, oppure direttamente seleziona l'iniziativa di tuo interesse se operi come PO o PI.

- Nel menu laterale della pagina di dettaglio della gara, seleziona **DETTAGLIO GARA** e poi **FASCICOLO DI GARA** per visualizzare il fascicolo.

Consultazione e Interazione

- **Visualizzazione dello Stato e dei Documenti:**
  All'interno del Fascicolo di Gara, il sistema mostra:

  - Lo stato attuale del fascicolo (ad es. "In elaborazione", "Validato", "Scaricabile").

  - La data della richiesta e l'utente che ha inoltrato la richiesta.

  - Le funzionalità per aggiungere, modificare o eliminare documenti integrativi.

- **Navigazione nelle Sezioni:**

  - Seleziona **TORNA INDIETRO** per ritornare alla schermata di consultazione iniziale della gara.

---

3. Aspetti Operativi e Normativi

Conformità e Durata

- **Validità Normativa:**
  Il Fascicolo di Gara è conforme alle normative vigenti in materia di contratti pubblici digitalizzati e deve essere gestito nel rispetto delle procedure di conservazione e trasmissione dei documenti.

- **Durata di Conservazione:**
  Il fascicolo è generabile e consultabile fino a 5 anni dalla stipula dell'ultimo Lotto della procedura, garantendo una tracciabilità completa nel tempo.

Fonti dei Documenti

- **Documenti Acquisiti:**
  Il Fascicolo di Gara si alimenta automaticamente con i documenti pubblicati dalla

Stazione Appaltante e quelli generati dal sistema durante le fasi di aggiudicazione e stipula.

- **Documenti Integrativi:**
  La Stazione Appaltante può integrare il fascicolo con documenti aggiuntivi (ad es. specifiche tecniche, allegati, comunicazioni ufficiali) attraverso le funzionalità di inserimento, modifica e eliminazione.

---

4. Integrazione con il Ciclo di Vita dei Contratti

Fasi del Ciclo di Vita

Il Fascicolo di Gara è parte integrante del ciclo di vita dei contratti pubblici e viene aggiornato in concomitanza con le fasi seguenti:

- **Pubblicazione:**
  Il fascicolo viene generato e reso disponibile al momento della pubblicazione della gara.

- **Affidamento:**
  Durante la fase di aggiudicazione e stipula, il fascicolo si arricchisce con la documentazione relativa all'affidamento, come le offerte presentate e i documenti di aggiudicazione.

- **Esecuzione:**
  Durante l'esecuzione del contratto, il fascicolo viene costantemente aggiornato con tutte le comunicazioni, modifiche contrattuali e altri documenti rilevanti.

Aggiornamenti Automatici

- **Caricamento dei Documenti:**
  Il sistema aggiorna automaticamente il fascicolo non appena la Stazione Appaltante carica nuovi documenti o quando si verificano eventi rilevanti (ad esempio, l'aggiudicazione di un lotto).

- **Consultazione e Scaricamento:**
  Il fascicolo può essere scaricato in locale per scopi di controllo e audit, garantendo così la trasparenza dell'intero iter procedurale.

---

5. Considerazioni Finali e Best Practices

Best Practices per la Gestione del Fascicolo di Gara

- **Precisione nella Compilazione:**
  Assicurarsi che ogni documento caricato sia corredato di una descrizione accurata, che indichi chiaramente la fase del procedimento e, se applicabile, il numero di lotto.

- **Controllo Periodico:**
  Effettuare controlli periodici sul Fascicolo di Gara per verificare che tutte le informazioni siano aggiornate e conformi alle normative vigenti.

- **Formazione e Aggiornamento:**
  Gli operatori coinvolti (PO, PI, RdP, RUP) devono essere costantemente formati sulle funzionalità del sistema e sulle procedure operative per garantire un utilizzo efficiente e conforme.

- **Utilizzo delle Funzioni di Modifica:**
  La possibilità di modificare i metadati dei documenti è fondamentale per correggere eventuali errori e aggiornare le informazioni. È importante utilizzare queste funzioni in modo tempestivo per mantenere il fascicolo aggiornato.

- **Gestione delle Richieste di Eliminazione:**
  L'eliminazione del Fascicolo di Gara è una procedura riservata e deve essere eseguita solo in casi particolari, su esplicita richiesta del RUP, seguendo la procedura ufficiale per garantire la corretta conservazione dei dati.

- **Integrazione con il Ciclo Contrattuale:**
  Il fascicolo deve essere considerato parte integrante del ciclo di vita del contratto. Ogni aggiornamento (aggiudicazione, stipula, modifiche contrattuali) deve essere riflesso immediatamente nel fascicolo.

Conclusioni

Il **Fascicolo di Gara** rappresenta uno strumento cruciale per la digitalizzazione e la trasparenza delle procedure d'appalto pubbliche. Attraverso la sua gestione integrata, le Pubbliche Amministrazioni possono:

- Centralizzare tutta la documentazione inerente alla procedura, garantendo una visione completa e aggiornata del processo.

- Assicurare la conformità alle normative vigenti, grazie alla gestione digitale dei documenti e alla conservazione per il periodo previsto.

- Migliorare la trasparenza e la tracciabilità, facilitando il controllo e l'audit delle procedure.

- Integrare in modo efficace il fascicolo nel ciclo di vita dei contratti pubblici, garantendo che ogni fase, dalla pubblicazione all'esecuzione, sia documentata e monitorata.

Le procedure descritte in questo capitolo offrono un quadro completo e aggiornato per la gestione del Fascicolo di Gara, consentendo agli operatori di operare in modo efficiente e conforme alle normative. L'utilizzo corretto delle funzionalità di inserimento, modifica, eliminazione, richiesta e download del fascicolo garantisce un processo di gestione documentale solido e trasparente, essenziale per il successo delle procedure d'appalto pubbliche digitalizzate.

Capitolo 37: Fascicolo Virtuale Operatore Economico

Il **Fascicolo Virtuale dell'Operatore Economico (FVOE)** rappresenta uno strumento innovativo e centrale per la digitalizzazione e la trasparenza delle procedure d'appalto. Esso consente di verificare l'assenza di cause di esclusione dalla partecipazione alle gare, raccogliendo e conservando in maniera centralizzata tutti i dati e i documenti relativi ai requisiti dichiarati dagli Operatori Economici (OE). In questo capitolo approfondiremo ogni aspetto del FVOE, illustrandone le funzionalità, il processo di accesso e consultazione, la gestione delle informazioni e le modalità per richiedere nuovi documenti. Il capitolo si propone di essere un punto di riferimento esaustivo per i Responsabili Unici del Progetto (RUP) e per gli altri operatori coinvolti, garantendo così la conformità alle normative e la massima efficienza nell'iter procedurale.

Nota importante: L'accesso al FVOE è riservato esclusivamente al RUP della Gara, il quale deve essere autenticato con un livello di garanzia elevato (LoA4) e abilitato presso i sistemi ANAC. A partire dal giorno successivo alla pubblicazione delle gare, il FVOE diventa consultabile e si integra automaticamente con i dati in ingresso provenienti dalle diverse fasi della procedura.

Indice

1. Fascicolo Virtuale dell'Operatore Economico

2. Funzionalità di accesso e consultazione del FVOE

3. FVOE: Gestione e Contenuti
   3.1 Lista Lotti
   3.2 Gestione FVOE
   3.3 Lista documenti FVOE
   3.4 Richiesta nuovo documento

---

1. Fascicolo Virtuale dell'Operatore Economico

Il **Fascicolo Virtuale dell'Operatore Economico (FVOE)** è un archivio digitale centralizzato che viene conservato nella banca dati nazionale dei contratti pubblici. Esso raccoglie, in maniera sistematica, tutte le informazioni e la documentazione necessaria per verificare la conformità dell'Operatore Economico ai requisiti richiesti per la partecipazione alle gare. Queste informazioni riguardano, ad esempio, la capacità economico-finanziaria, le competenze tecniche, le certificazioni di qualità e ogni altro dato rilevante che, insieme, costituiscono il profilo dell'OE.

Obiettivi del FVOE

- **Verifica delle Cause di Esclusione:**
  Il FVOE consente di accertare, in modo rapido e automatizzato, l'assenza di motivi

di esclusione (ad es. condanne penali, insolvenze, conflitti di interesse, ecc.) che potrebbero precludere la partecipazione alle gare.

- **Conservazione Documentale:**
Il fascicolo aggrega i dati dichiarati dagli Operatori Economici durante le procedure di ammissione e durante l'intero ciclo di vita dei contratti. Questi dati sono costantemente aggiornati in seguito alle fasi di affidamento ed esecuzione.

- **Trasparenza e Tracciabilità:**
Grazie all'integrazione con i sistemi ANAC, il FVOE assicura la trasparenza delle informazioni e permette controlli e audit completi sulle procedure d'appalto.

Caratteristiche Fondamentali

- **Accesso Esclusivo:**
L'accesso al FVOE è consentito solo ai RUP delle Gare pubblicate, che devono autenticarsi con un livello di sicurezza elevato. Ciò garantisce che solo personale autorizzato e qualificato possa consultare i dati sensibili relativi agli OE.

- **Aggiornamento Automatico:**
I dati e i documenti contenuti nel FVOE sono aggiornati automaticamente grazie all'interoperabilità tra la piattaforma Acquisti in Rete e i sistemi esterni come la banca dati ANAC.

- **Integrazione con il DGUE:**
A partire da giugno 2024, il FVOE si integrerà ulteriormente con il Documento di Gara Unico Europeo (DGUE), offrendo un quadro ancora più completo e integrato delle informazioni relative ai partecipanti.

---

2. Funzionalità di accesso e consultazione del FVOE

L'accesso al FVOE è un passaggio critico per i Responsabili Unici del Progetto, che devono poter consultare i dati e i documenti degli Operatori Economici partecipanti alla Gara.

Accesso e Autenticazione

- **Profilo Richiesto:**
Per accedere al FVOE, l'utente deve essere autenticato con un profilo registrato e

avere il ruolo di RUP. Solo questo ruolo è autorizzato ad accedere alle funzionalità di consultazione del Fascicolo Virtuale.

- **Livello di Garanzia:**
  È necessario autenticarsi con un livello di sicurezza elevato (Livello di Garanzia 4, LoA4) per accedere ai documenti giudiziari e alle informazioni riservate contenute nel fascicolo. Questa misura garantisce che solo personale verificato possa accedere ai dati sensibili.

Percorso di Navigazione

- **Dal Cruscotto:**
  Il RUP accede al Fascicolo Virtuale attraverso la sezione "I tuoi ruoli nelle procedure d'acquisto" presente nel Cruscotto della piattaforma Acquisti in Rete. Una volta selezionata la Gara di interesse, nel menu laterale apparirà la voce **DETTAGLIO GARA**.

- **Sezione Riepilogo:**
  All'interno della pagina di dettaglio della Gara, nella sezione Riepilogo, il RUP trova le seguenti voci:

  - **RIEPILOGO GARA**
  - **FASCICOLO DI GARA**
  - **FASCICOLO VIRTUALE OPERATORE ECONOMICO**

- **Accesso al FVOE:**
  Selezionando **FASCICOLO VIRTUALE OPERATORE ECONOMICO**, il RUP può consultare tutte le informazioni relative al Fascicolo Virtuale, comprese le richieste di accesso ai dati degli OE e la lista dei documenti associati.

Funzionalità di Consultazione

- **Verifica dello Stato:**
  Il fascicolo mostra lo stato attuale dei dati e dei documenti, evidenziando se la richiesta di accesso è in attesa, approvata o rifiutata.

- **Ricerca e Recupero Documenti:**
  È possibile cercare specifici documenti all'interno del FVOE, utilizzando filtri quali il numero del Lotto o il nome dell'Operatore Economico. Questo strumento

permette al RUP di recuperare rapidamente le informazioni necessarie per l'analisi e il controllo.

- **Interazione con i Dati:**
  Sebbene la consultazione avvenga in modalità di sola lettura, il RUP può richiedere ulteriori informazioni o aggiornamenti tramite le funzionalità previste nel sistema, garantendo così la costante aggiornamento dei dati.

3. FVOE: Gestione e Contenuti

Il Fascicolo Virtuale dell'Operatore Economico si compone di diverse sezioni che forniscono informazioni dettagliate sui lotti della Gara, sui documenti associati e sulle richieste di accesso da parte dei RUP. Le principali funzionalità comprendono la visualizzazione della lista dei lotti, la gestione del fascicolo, la consultazione dei documenti e la possibilità di richiedere nuovi documenti.

3.1 Lista Lotti

La **Lista Lotti** è la sezione in cui vengono elencati tutti i lotti di una Gara per i quali è possibile accedere al FVOE.

Funzionalità di Ricerca

- **Ricerca per Numero Lotto:**
  Il RUP può cercare e filtrare i lotti digitando il numero specifico o un range di lotti nel campo "CERCA PER NUMERO LOTTO". Questa funzione è particolarmente utile nelle gare multilotto, come quelle per AS SDAPA Farmaci, dove è fondamentale individuare rapidamente il lotto di interesse.

- **Visualizzazione Dettagliata:**
  Una volta individuato il lotto, il sistema mostra una panoramica dei dati relativi a quell'unità, inclusi:

  - o Il numero del lotto.

  - o Il CIG associato.

  - o Lo stato della partecipazione e dell'esame delle offerte per quel lotto.

  - o La documentazione collegata, se presente.

Vantaggi della Lista Lotti

- **Organizzazione:**
  La lista permette di organizzare in modo chiaro e ordinato i vari lotti della Gara, facilitando la gestione e il monitoraggio da parte del RUP.

- **Accesso Rapido:**
  Utilizzando i filtri, il RUP può accedere rapidamente alle informazioni specifiche di ciascun lotto, migliorando l'efficienza operativa.

3.2 Gestione FVOE

La sezione **Gestione FVOE** consente di controllare e monitorare le richieste di accesso ai dati degli Operatori Economici partecipanti alla Gara.

Funzionalità di Gestione

- **Richiesta Accesso:**
  Dal dettaglio del FVOE, il RUP può selezionare la funzione **RICHIEDI ACCESSO** per ottenere il fascicolo virtuale dei dati dell'Operatore Economico.

  - Il sistema mostrerà in alto la lista degli OE per cui non è ancora stata effettuata una richiesta e, in basso, quelli per cui la richiesta è stata già inoltrata.

- **Stato delle Richieste:**
  Per ogni richiesta, il sistema visualizza:

  - Il nome dell'Operatore Economico.

  - La data di richiesta.

  - Lo stato attuale (ad esempio, "In attesa", "Approvata" o "Rifiutata").

  - Un link per visualizzare il documento, disponibile solo se la richiesta è approvata.

- **Aggiornamento Automatico:**
  I dati del FVOE vengono aggiornati automaticamente in base all'interoperabilità con la banca dati nazionale dei contratti pubblici, garantendo che le informazioni siano sempre aggiornate e affidabili.

Benefici della Gestione FVOE

- **Controllo e Verifica:**
  Il RUP può verificare in tempo reale l'idoneità degli OE e accedere a informazioni essenziali per la valutazione delle offerte.

- **Automazione:**
  L'aggiornamento automatico dei dati riduce il carico amministrativo e migliora la precisione delle informazioni disponibili.

3.3 Lista documenti FVOE

La sezione **Lista documenti FVOE** permette di consultare l'elenco dei documenti che l'Operatore Economico ha autorizzato a essere inclusi nel Fascicolo Virtuale.

Funzionalità di Visualizzazione

- **Elenco Documenti:**
  La lista mostra per ogni documento:

  - Il titolo e la descrizione.

  - La data di caricamento.

  - Lo stato del documento (ad es. "In attesa di approvazione", "Approvato").

  - Eventuali note o metadati aggiuntivi.

- **Filtri di Ricerca:**
  È possibile utilizzare filtri per cercare documenti specifici in base alla tipologia, al numero del lotto associato o alla data di caricamento.

Vantaggi della Lista Documenti

- **Accessibilità:**
  La visualizzazione centralizzata di tutti i documenti consente una rapida consultazione da parte del RUP e facilita il reperimento delle informazioni necessarie.

- **Trasparenza:**
  La presenza di metadati e di uno stato aggiornato per ciascun documento garantisce la trasparenza del processo e consente di verificare la completezza della documentazione dell'OE.

3.4 Richiesta nuovo documento

Il sistema prevede una funzionalità avanzata che permette al RUP di richiedere l'aggiunta di un nuovo documento al Fascicolo Virtuale dell'Operatore Economico, qualora non sia presente nella banca dati.

Procedura per Richiedere un Nuovo Documento

- **Accesso alla Funzione:**
  Dal menu della sezione Lista documenti FVOE, seleziona il pulsante RICHIEDI NUOVO DOCUMENTO.

- **Selezione del Tipo di Documento:**
  Il sistema presenta un menu a tendina con l'elenco dei documenti messi a disposizione da ANAC, tra cui:

  - Certificato del casellario giudiziario (integrale)

  - Certificato dell'anagrafe delle sanzioni amministrative dipendenti da reato

  - Dati reddituali per società di persone o per impresa individuale

  - Consistenza media personale

  - Costo complessivo personale

  - Comunicazione antimafia

  - Documento generico OE

- **Compilazione della Richiesta:**
  Dopo aver scelto il documento di interesse, il sistema visualizza una schermata in cui il RUP deve:

  - Compilare i campi richiesti, che possono includere ulteriori dati identificativi o documentali.

  - Selezionare CONFERMA per inoltrare la richiesta.

- **Esito della Richiesta:**
  L'esito della richiesta sarà visualizzato nella sezione Lista richieste nuovi documenti, indicando se la richiesta è stata approvata o se sono necessarie ulteriori integrazioni.

Importanza della Funzionalità

- **Aggiornamento Continuo:**
  Questa funzione garantisce che il Fascicolo Virtuale sia sempre completo e aggiornato, consentendo di integrare documenti mancanti o di aggiornare quelli già presenti.

- **Controllo Normativo:**
  L'adeguata integrazione dei documenti richiesti permette al RUP di verificare che l'Operatore Economico soddisfi tutti i requisiti richiesti dalla normativa vigente per la partecipazione alle gare.

Conclusioni e Best Practices per il FVOE

Sintesi del Processo

Il **Fascicolo Virtuale dell'Operatore Economico (FVOE)** rappresenta uno strumento digitale essenziale per la gestione e la verifica dei requisiti degli Operatori Economici partecipanti alle gare. Attraverso il FVOE, il RUP può:

- **Consultare la Lista dei Lotti** della Gara per accedere ai dettagli di ciascun lotto e verificare le richieste di accesso.

- **Gestire il Fascicolo**, controllando e monitorando le richieste di accesso e lo stato dei dati dei singoli OE.

- **Visualizzare la Lista dei Documenti** associati al FVOE, garantendo una facile reperibilità e trasparenza.

- **Richiedere Nuovi Documenti** per integrare e aggiornare il fascicolo in caso di necessità, assicurando così la completezza delle informazioni.

Best Practices per la Gestione del FVOE

1. **Autenticazione e Sicurezza:**
   - Assicurarsi che l'accesso al FVOE sia sempre effettuato con un livello di garanzia elevato (LoA4) e che il RUP sia debitamente abilitato.
   - Verificare regolarmente la validità dei certificati digitali utilizzati per l'autenticazione.

2. **Aggiornamento Continuo dei Dati:**

- Monitorare costantemente lo stato del fascicolo e delle richieste di accesso ai documenti degli OE.

- Utilizzare le funzionalità di ricerca e filtri per mantenere il fascicolo aggiornato e per identificare eventuali lacune nella documentazione.

3. **Gestione Documentale:**

- Assicurarsi che ogni documento caricato nel FVOE sia corredato di una descrizione accurata, che indichi la fase di riferimento e, se applicabile, il numero del lotto.

- Utilizzare le funzioni di modifica e di eliminazione in maniera tempestiva per correggere errori o aggiornare le informazioni.

4. **Richiesta di Nuovi Documenti:**

- In caso di documentazione mancante o incompleta, utilizzare la funzione **RICHIEDI NUOVO DOCUMENTO** per integrare il fascicolo con i dati necessari.

- Controllare regolarmente lo stato delle richieste e verificare che ogni documento richiesto venga approvato e aggiornato secondo le normative.

5. **Integrazione con il DGUE:**

- Prepararsi all'integrazione del FVOE con il Documento di Gara Unico Europeo (DGUE), che migliorerà ulteriormente la gestione e la trasparenza dei dati.

- Monitorare le linee guida e le specifiche tecniche rilasciate dall'ANAC per garantire la compatibilità dei dati.

6. **Formazione e Supporto:**

- Partecipare a sessioni di formazione periodica per conoscere le nuove funzionalità e aggiornamenti del sistema.

- Collaborare con il supporto tecnico in caso di problematiche o difficoltà nella gestione del FVOE.

Conclusioni

Il **Fascicolo Virtuale dell'Operatore Economico (FVOE)** è un elemento fondamentale per il processo di appalto digitale, fornendo un archivio centralizzato e trasparente che raccoglie tutte le informazioni necessarie per verificare la conformità degli Operatori Economici. La sua gestione accurata e aggiornata è essenziale per garantire la trasparenza, l'efficienza e la correttezza delle procedure di affidamento ed esecuzione dei contratti pubblici.

Attraverso le funzionalità di accesso, consultazione, gestione e integrazione documentale, il FVOE rappresenta uno strumento chiave per il RUP e per le altre figure operative, consentendo di:

- **Monitorare in tempo reale** lo stato delle partecipazioni e dei requisiti degli OE.

- **Aggiornare automaticamente** i dati e la documentazione in base agli eventi della procedura.

- **Assicurare la trasparenza e la tracciabilità** delle informazioni, elemento fondamentale per il controllo e la verifica delle procedure d'appalto.

In conclusione, l'adozione e la gestione efficace del FVOE consentono alle Pubbliche Amministrazioni di affrontare con maggiore sicurezza e trasparenza le sfide legate alla digitalizzazione degli appalti, offrendo un sistema integrato e centralizzato che supporta l'intero ciclo di vita dei contratti pubblici, dalla fase di pubblicazione a quella di esecuzione e oltre.

Conclusioni Finali e Considerazioni

Il capitolo ha illustrato in dettaglio il funzionamento e la gestione del **Fascicolo Virtuale dell'Operatore Economico (FVOE)**, fornendo un quadro completo delle funzionalità di accesso, consultazione e gestione dei documenti. La capacità di verificare e aggiornare continuamente le informazioni degli Operatori Economici è fondamentale per assicurare il rispetto delle normative e la trasparenza nelle procedure d'appalto.

Le best practices descritte in questo capitolo mirano a guidare i responsabili (in particolare il RUP) nel mantenimento di un fascicolo sempre aggiornato e conforme, che rappresenta uno strumento essenziale non solo per la fase di esame delle offerte, ma anche per le fasi successive di affidamento ed esecuzione dei contratti pubblici.

Con l'integrazione automatica dei dati, la possibilità di richiedere nuovi documenti e l'accesso garantito solo ai soggetti autorizzati, il FVOE diventa un vero e proprio "portale unico" per la verifica e il controllo degli aspetti documentali degli appalti pubblici. Questo livello di centralizzazione e trasparenza non solo migliora l'efficienza operativa, ma contribuisce anche a rafforzare la fiducia nelle procedure d'appalto, elemento imprescindibile per una gestione pubblica moderna e responsabile.

Capitolo 38: Fatturazione Elettronica

La **fatturazione elettronica** rappresenta una componente fondamentale del moderno sistema di gestione amministrativa e fiscale per le Pubbliche Amministrazioni e per gli Operatori Economici. In questo capitolo approfondiremo, nei minimi dettagli, il funzionamento, le normative e le procedure operative relative alla generazione, trasmissione e conservazione delle fatture elettroniche, con particolare riferimento alle disposizioni emanate dall'Agenzia delle Entrate e allo standard europeo definito dall'Unione Europea a partire dal 18 aprile 2019.

Indice

1. Soggetti Interessati

2. Regole di Generazione e Trasmissione di una Fattura Elettronica

3. Il Servizio di Fatturazione Elettronica Offerto da Acquistinretepa

4. Procedura di Adesione al Servizio

   o 4.1 Passo 1 – Dati Identificativi dell'Impresa

   o 4.2 Passo 2 – Dichiarazione di Appartenenza alla Categoria delle PMI

   o 4.3 Passo 3 – Organizzazione

   o 4.4 Passo 4 – Imprese Collegate e/o Associate

   o 4.5 Passo 5 – Dati Iscrizione Albo (per Liberi Professionisti)

   o 4.6 Passo 6 – Condizioni

   o 4.7 Rinnovare, Modificare e Cancellare l'Adesione al Servizio

5. Gestione delle Fatture Elettroniche

   o 5.1 Creazione di un Nuovo Lotto di Fatture

      ▪ 5.1.1 Inserimento Manuale dei Dati delle Fatture

      ▪ 5.1.2 Dati Generali e Sezioni Facoltative

   o 5.2 Gestione delle Linee di Fattura

      ▪ 5.2.1 Dettaglio delle Linee di Fattura

   o 5.3 Generazione e Invio di un Lotto di Fatture Elettroniche

   o 5.4 Gestione dei Lotti e degli Archivi di Lotti in Lavorazione e Inviati

   o 5.5 Invio della Fattura al Sistema di Interscambio (SdI)

- 5.6 Notifiche del Sistema di Interscambio

6. Conservazione delle Fatture

  - 6.1 Adempimenti Relativi alla Conservazione

  - 6.2 Obblighi di Comunicazione del Luogo di Conservazione

  - 6.3 Esibizione a Norma

7. Controlli e Notifiche di Errore

  - 7.1 Controlli sui Dati Generali

  - 7.2 Controlli sulle Linee di Fattura

  - 7.3 Controlli sui Dati di Riepilogo

  - 7.4 Altri Controlli e Notifiche di Errore

8. Link Utili e Allegati

9. Note e Riferimenti Normativi

---

1. Soggetti Interessati

La **fatturazione elettronica** è obbligatoria per una vasta gamma di soggetti coinvolti nei processi di appalto e acquisto. In particolare:

- **Operatori Economici:**
  I fornitori di beni e servizi sono tenuti a emettere le fatture in formato elettronico, utilizzando il tracciato XML previsto dal formato FatturaPA oppure, per alcuni casi, il formato conforme allo standard europeo (UBL 2.1). Queste fatture devono essere trasmesse al Sistema di Interscambio (SdI) e, successivamente, all'Amministrazione destinataria.

- **Pubbliche Amministrazioni:**
  Gli Enti pubblici, inclusi Ministeri, Agenzie fiscali, Enti nazionali di previdenza e altri, non accettano più fatture emesse in forma cartacea. Tali fatture devono essere ricevute e gestite esclusivamente in formato elettronico, garantendo così una maggiore trasparenza e tracciabilità.

- Intermediari:
  Enti quali banche, Poste, commercialisti e società ICT svolgono un ruolo di supporto nella trasmissione, gestione e conservazione delle fatture elettroniche. Questi intermediari possono essere utilizzati sia dai fornitori che dalle Pubbliche Amministrazioni per agevolare l'intero processo.

---

2. Regole di Generazione e Trasmissione di una Fattura Elettronica

La **fattura elettronica** è un documento digitale strutturato in formato XML, che deve essere conforme alle specifiche tecniche previste dal tracciato FatturaPA in Italia o dallo standard europeo per le fatture (UBL 2.1). La sua corretta emissione prevede numerosi controlli e regole volte a garantire l'autenticità, l'integrità e la corretta trasmissione del documento.

Formato e Firma Digitale

- **Formato XML:**
  La fattura deve essere generata in formato XML. Nel formato FatturaPA, il file è strutturato in modo da contenere le informazioni del documento (dati generali, dati del cedente/prestatore, dati del cessionario/committente, dettaglio delle linee di fattura, ecc.). Per il formato UBL 2.1, invece, il file segue lo standard europeo, che prevede una struttura simile ma con alcune differenze nei nomi dei campi e nella gestione dei dati.

- **Firma Digitale:**
  L'autenticità dell'origine e l'integrità del contenuto del file XML sono garantite tramite la firma digitale dell'emittente. Questa firma si applica al file XML e consente di verificare che il documento non sia stato modificato dopo la sua emissione.

Nomenclatura del File

Il file XML deve seguire una specifica **nomenclatura**:

- **Codice Paese**: Indica il paese di emissione.

- **Identificativo Unico del Trasmittente**: Riferito all'ente emittente.

- **Progressivo Unico del File**: Numero che identifica in maniera univoca il documento.

Il sistema gestito su www.acquistinretepa.it genera automaticamente il nome del file secondo queste regole, utilizzando il codice trasmittente del MEF (Ministero dell'Economia e delle Finanze).

Canali di Trasmissione

La trasmissione della fattura elettronica avviene tramite il **Sistema di Interscambio (SdI)**, che svolge le seguenti funzioni:

- **Ricezione e Verifica:**
  Il SdI riceve il file XML, ne verifica la conformità al tracciato e ne controlla l'integrità e l'autenticità attraverso la firma digitale.

- **Inoltro:**
  Se il file supera tutti i controlli, il SdI lo inoltra all'Amministrazione destinataria. In caso contrario, invia notifiche di scarto al fornitore.

- **Notifiche:**
  Il SdI invia notifiche relative allo stato del file (scarto, mancata consegna, consegna, accettazione/rifiuto, ecc.), che vengono poi visualizzate dal fornitore sul portale.

Modalità di Invio

Le fatture possono essere trasmesse al SdI attraverso vari canali:

- **Posta Elettronica Certificata (PEC):**
  Se il fornitore possiede una casella PEC, può inviare il file XML allegato a una PEC.

- **Invio via Web:**
  Tramite un'interfaccia web, utilizzando credenziali Entratel, Fisconline o la Carta Nazionale dei Servizi (CNS).

- **Servizio SDICoop – Trasmissione:**
  Utilizzando web-services accreditati, ideali per l'invio di volumi elevati di fatture.

- **Servizio SDIFTP:**
  Tramite FTP, utilizzato per movimenti di grandi volumi.

- **Servizio SPCoop – Trasmissione:**
  Tramite il Sistema Pubblico di Connettività (SPC), secondo le modalità definite dall'Agenzia per l'Italia Digitale.

3. Il Servizio di Fatturazione Elettronica Offerto da Acquistinretepa

Il Ministero dell'Economia e delle Finanze, in collaborazione con l'Agenzia delle Entrate, mette a disposizione un servizio gratuito di **fatturazione elettronica** per le PMI abilitate al MePA che forniscono beni e servizi alle Pubbliche Amministrazioni. Il servizio offerto da www.acquistinretepa.it consente di:

- **Generare** la fattura elettronica in formato FatturaPA o in formato conforme allo standard europeo UBL 2.1.

- **Scaricare** il file XML della fattura.

- **Trasmettere** la fattura al SdI tramite una modalità integrata nel portale.

- **Gestire** gli archivi e i lotti di fatture, consentendo la gestione centralizzata dei documenti elettronici e il monitoraggio dei flussi informativi.

Questo servizio è erogato utilizzando il canale di **SDICoop – Trasmissione**, basato su web-services, che garantisce una trasmissione sicura e conforme alle normative vigenti.

4. Procedura di Adesione al Servizio

L'adesione al servizio di fatturazione elettronica è un passaggio essenziale per i fornitori che intendono emettere le proprie fatture in forma digitale. Di seguito vengono illustrati i passaggi operativi per aderire al servizio, dalla compilazione dei dati identificativi dell'impresa fino alla conferma finale dell'adesione.

4.1 Passo 1 – Dati Identificativi dell'Impresa

Alla prima fase della procedura di adesione, il fornitore, in qualità di Legale Rappresentante, deve accedere al Cruscotto e selezionare la voce **FATTURAZIONE ELETTRONICA**. Successivamente, scegliendo **ADESIONE AL SERVIZIO**, il sistema mostrerà automaticamente i dati identificativi dell'impresa, quali:

- Ragione Sociale

- Tipologia Societaria

- Partita IVA

- Codice Fiscale

- Sede Legale

- Contatti

Questi dati sono aggiornati in base all'ultima procedura di modifica o rinnovo dati dell'impresa. Se necessario, è possibile selezionare il pulsante **MODIFICA DATI IMPRESA** per aggiornare le informazioni prima di procedere. Inoltre, il fornitore deve indicare il **regime fiscale** applicabile, scegliendo la voce corretta dal menu a tendina.

4.2 Passo 2 – Dichiarazione di Appartenenza alla Categoria delle PMI

Il secondo passo prevede la dichiarazione, da parte dell'impresa, di essere una **Piccola/Media Impresa (PMI)**. Per questo, il fornitore dovrà:

- Confermare che il numero dei dipendenti non supera i 250.

- Dichiarare che il fatturato dell'ultimo bilancio chiuso non supera i 50 milioni di euro, oppure che il totale di bilancio (attivo patrimoniale) non supera i 43 milioni di euro.

Se l'impresa non rispetta uno di questi requisiti, non potrà procedere con l'adesione al servizio di fatturazione elettronica su www.acquistinretepa.it.

4.3 Passo 3 – Organizzazione

In questo passaggio, il fornitore deve specificare se l'organizzazione opera stabilmente presso lo stesso indirizzo della sede legale. Tale dichiarazione è fondamentale ai fini fiscali e per definire la posizione dell'Operatore Economico in relazione all'articolo 162 del TUIR (art.5 del Modello di Convenzione dell'OCSE).

- **Stabile Organizzazione:**
  Se l'impresa opera in maniera stabile nello stesso luogo, questa informazione deve essere confermata. La stabile organizzazione viene considerata come un'entità autonoma per fini fiscali, anche se non possiede personalità giuridica autonoma.

4.4 Passo 4 – Imprese Collegate e/o Associate

Il fornitore deve specificare se è controllato, associato o collegato a un'altra impresa. Queste informazioni sono fondamentali per la corretta valutazione della struttura del gruppo aziendale e per l'adempimento degli obblighi normativi.

- **Impresa Collegata:**
  Se l'impresa detiene la maggioranza dei diritti di voto o esercita un'influenza dominante.

- **Impresa Associata:**
  Se l'impresa, da sola o in gruppo, detiene almeno il 25% del capitale o dei diritti di voto di un'altra impresa.

È importante non includere le imprese che agiscono come controllanti, in quanto esse non devono essere indicate in questa fase.

4.5 Passo 5 – Dati Iscrizione Albo (solo per Liberi Professionisti)

I liberi professionisti che intendono aderire al servizio devono fornire i dati relativi all'iscrizione all'Albo o al Repertorio Economico e Amministrativo (REA). Sebbene questa sezione sia facoltativa ai fini dell'adesione, è obbligatoria per l'emissione delle fatture elettroniche.

4.6 Passo 6 – Condizioni

In questa fase, il fornitore deve leggere e accettare le condizioni di adesione al servizio. È fondamentale verificare che l'impresa sia abilitata a partecipare a almeno un bando del MePA, poiché questo rappresenta un requisito per l'attivazione del servizio di fatturazione elettronica.

4.7 Rinnovare, Modificare e Cancellare l'Adesione al Servizio

L'adesione al servizio di fatturazione elettronica ha una validità di 12 mesi. Prima della scadenza, il fornitore deve rinnovare le dichiarazioni rese, al fine di mantenere attiva l'adesione. Se necessario, è possibile modificare i dati dell'impresa o le condizioni di adesione attraverso la sezione FATTURAZIONE ELETTRONICA > ADESIONE AL SERVIZIO. Qualora il fornitore decida di non rinnovare, può annullare l'adesione selezionando CANCELLA ADESIONE e confermando la scelta.

5. Gestione delle Fatture Elettroniche

Una volta attivato il servizio di fatturazione elettronica, il fornitore potrà generare, gestire e trasmettere le proprie fatture direttamente tramite la piattaforma www.acquistinretepa.it. Questa sezione è suddivisa in diverse aree operative, che includono la creazione di lotti di fatture, la gestione delle linee di fattura, la generazione e il controllo del file XML, e l'invio al Sistema di Interscambio (SdI).

5.1 Creazione di un Nuovo Lotto di Fatture

Il processo di generazione delle fatture elettroniche parte dalla creazione di un **Lotto di Fatture**. Un lotto può contenere una o più fatture, che possono essere aggregate in un singolo file XML.

Modalità di Creazione

- **Inserimento Manuale dei Dati:**
  Il fornitore può compilare direttamente i campi necessari online, inserendo:
  - **Dati Generali della Fattura:**
    Informazioni quali il numero della fattura, la data, i dati del cedente/prestatore e del cessionario/committente.
  - **Linee di Fattura:**
    Dettagli relativi agli articoli o servizi forniti, comprensivi di descrizione, quantità, prezzo unitario, sconti, aliquote IVA e totale.

- **Upload di un File Excel:**
  È possibile utilizzare un template Excel predisposto dal sistema. Il fornitore scarica il file, lo compila con i dati richiesti (massimo 30 righe per lotto) e lo carica nuovamente nel portale. Il sistema esegue controlli di conformità formale e segnala eventuali errori di compilazione.

- **Upload di un File XML:**
  Se il fornitore dispone già di un file XML conforme allo standard europeo UBL2.1, può caricarlo direttamente. Il sistema verifica la validità e la conformità del file secondo le regole tecniche e di business.

Creazione del Lotto

Il fornitore deve procedere nel seguente modo:

1. **Crea Lotto di Fatture:**
   Seleziona l'opzione per generare un nuovo lotto e scegli il formato desiderato (FatturaPA o standard UBL2.1).

2. **Aggiungi Fatture al Lotto:**
   Inserisci una o più fatture, ciascuna con i propri dati generali e le relative linee.

3. **Inserisci Linee di Fattura:**
   Per ogni fattura, compila le linee che rappresentano le singole voci della fattura.

4. **Chiudi il Lotto e Genera il File XML:**
   Una volta completati i dati, il sistema genera il file XML corrispondente, che deve essere firmato digitalmente (se si usa il formato FatturaPA) prima di essere inviato al SdI.

5.2 Gestione delle Linee di Fattura

La sezione **Linee di Fattura** permette di inserire i dettagli di ciascuna voce contabile.
Le linee includono:

- **Descrizione dell'Articolo o Servizio**

- **Quantità**

- **Prezzo Unitario**

- **Sconti e Maggiorazioni** (se applicabili)

- **Aliquota IVA** (che deve rispettare i controlli previsti, ad esempio: se diversa da 0,00, deve essere maggiore o uguale a 1,00)

- **Codici di Classificazione:**
  Ad esempio, il Codice CPV o il codice identificativo dell'articolo, secondo le specifiche del tracciato XML.

Il sistema verifica automaticamente il **calcolo del prezzo totale** di ogni linea, applicando le formule predisposte, e segnala eventuali discrepanze.

5.3 Generazione e Invio di un Lotto di Fatture Elettroniche

Una volta compilato il lotto di fatture e tutte le linee di dettaglio, il fornitore procede alla generazione del file XML definitivo.

Passaggi Operativi

- **Genera XML:**
  Il sistema elabora i dati inseriti e genera il file XML secondo il tracciato FatturaPA o UBL2.1.

- **Firma Digitale:**
  Se il formato scelto è FatturaPA, il file XML deve essere firmato digitalmente per garantirne l'autenticità e l'integrità.

- **Invio al SdI:**
  Il file firmato viene inviato al Sistema di Interscambio tramite l'interfaccia web del portale. Il sistema mostra lo stato dell'invio e archivia il file nel proprio storico.

Notifiche di Invio

Dopo l'invio, il sistema fornisce:

- **Ricevuta di Consegna:**
  Conferma che il file è stato correttamente inoltrato al SdI.

- **Notifiche di Scarto o Mancata Consegna:**
  In caso di errori, il SdI invia una notifica di scarto con i dettagli degli errori (vedi sezione controlli).

5.4 Gestione dei Lotti e degli Archivi di Lotti in Lavorazione e Inviati

Il portale mette a disposizione due principali aree di gestione:

- **Fatture in Lavorazione:**
  Sezione dedicata alla gestione dei lotti che sono ancora in fase di compilazione o che non sono stati ancora inviati al SdI. Qui è possibile modificare i dati, rigenerare il file XML o effettuare altre correzioni.

- **Fatture Inviate:**
  Sezione dove vengono visualizzati i lotti già inviati al SdI, con lo storico degli stati (ad es. consegnato, scartato, in attesa, ecc.). È possibile scaricare copie di cortesia, visualizzare i file XML originali o firmati, e consultare i report relativi all'invio.

Inoltre, il fornitore può creare **archivi di lotti** per raggruppare più lotti in un unico pacchetto da inviare al SdI, utile per gestire volumi elevati di fatture.

5.5 Invio della Fattura al SdI

L'invio della fattura elettronica è il passaggio cruciale che collega la generazione del file XML al suo inoltro al Sistema di Interscambio.

Processo di Invio

1. **Preparazione del File XML:**
   Assicurarsi che il file XML sia stato generato correttamente e firmato digitalmente (se necessario).

2. **Upload del File:**
   Il fornitore carica il file XML sul portale, che lo trasmette al SdI.

3. **Verifica da Parte del SdI:**
   Il Sistema di Interscambio esegue una serie di controlli formali sul file (conformità al tracciato, firma digitale, integrità, ecc.).

4. **Ricezione e Notifica:**

   - In caso di esito positivo, il SdI invia la fattura all'Amministrazione destinataria e fornisce una **ricevuta di consegna**.

   - In caso di errori, viene inviata una **notifica di scarto** con il dettaglio degli errori riscontrati.

5. **Monitoraggio dello Stato:**
   Il fornitore può monitorare lo stato della trasmissione direttamente sul portale, verificando le notifiche ricevute (scarto, mancata consegna, accettazione/rifiuto, ecc.).

---

6. Conservazione delle Fatture

La **conservazione elettronica** delle fatture è un obbligo normativo che garantisce la tracciabilità e la validità fiscale dei documenti nel tempo.

6.1 Adempimenti Relativi alla Conservazione

- **Normativa di Riferimento:**
  Le fatture elettroniche devono essere conservate in formato digitale per un periodo che può arrivare fino a 10 anni, in conformità alle disposizioni del Codice dell'Amministrazione Digitale (CAD) e delle normative fiscali.

- **Ciclo di Vita del Documento:**
  Dalla generazione fino alla conservazione, il file XML della fattura (unitamente alle ricevute e alle notifiche inviate dal SdI) rappresenta la documentazione fiscale ufficiale.

6.2 Obblighi di Comunicazione del Luogo di Conservazione

- **Comunicazione al Fisco:**
  Il soggetto passivo, ovvero l'impresa, deve comunicare il luogo di conservazione elettronica dei propri documenti fiscali (scritture contabili, registri, ecc.) secondo le modalità previste (modelli AA7 e AA9).

- **Identificazione dei Server:**
  I dati relativi al luogo di conservazione includono i riferimenti identificativi dei server o degli archivi digitali dove sono custoditi i documenti. Ad esempio, l'indirizzo fisico del data center e i dati del responsabile della conservazione.

6.3 Esibizione a Norma

- **Richiesta di Esibizione:**
  Attraverso la funzionalità **ESIBIZIONE A NORMA** presente sul portale, il fornitore può richiedere la visualizzazione dei lotti di fatture conservate, con accesso allo storico dei documenti.

- **Certificazione e Conservazione:**
  La procedura di conservazione include l'apposizione di una marca temporale sul pacchetto di documenti, che garantisce l'integrità e la validità legale della conservazione nel tempo.

---

7. Controlli e Notifiche di Errore

Il Sistema di Interscambio (SdI) effettua numerosi controlli sul file XML della fattura per garantirne la conformità e l'integrità. In caso di errori, il sistema restituisce specifici codici di errore che consentono al fornitore di identificare e correggere le problematiche.

7.1 Controlli sui Dati Generali

I controlli sui **dati generali** riguardano la verifica dei seguenti aspetti:

- **Unicità della Fattura:**
  Il sistema verifica che non esista una fattura duplicata, sia a livello generale (errore 00404) che all'interno dello stesso lotto (errore 00409).

o Se il file presenta duplicazioni, il sistema visualizza un messaggio di errore e segnala la cella interessata in rosso, indicando che la fattura è duplicata.

- **Controllo dei Caratteri nel Numero della Fattura:**
È obbligatorio che il campo "Numero fattura" contenga almeno un carattere numerico (errore 00425).

  o In caso contrario, viene visualizzato il messaggio: "Numero fattura deve contenere almeno un carattere numerico."

7.2 Controlli sulle Linee di Fattura

I controlli relativi alle **linee di fattura** includono:

- **Verifica dell'Aliquota IVA:**
Il sistema controlla che, se l'aliquota IVA è diversa da 0,00, essa sia maggiore o uguale a 1,00 (errore 00424).

  o Se il valore inserito non rispetta questa regola, viene visualizzato un messaggio di errore e la cella corrispondente viene evidenziata in rosso.

- **Controllo della Coerenza tra Esigibilità IVA e Natura:**
I campi "Natura" ed "Esigibilità IVA" devono essere coerenti. Ad esempio, se è indicata la modalità di reverse charge, il campo "Natura" deve essere correttamente valorizzato (errore 00420).

7.3 Controlli sui Dati di Riepilogo

I dati di riepilogo devono rispecchiare in modo corretto il totale delle linee di fattura e l'applicazione delle aliquote IVA:

- **Controllo di Corrispondenza dei Dati di Riepilogo:**
Il sistema verifica che i dati riepilogativi siano coerenti con le aliquote e i calcoli delle linee di fattura (errore 00419).

- **Verifica del Calcolo dell'Imposta e dell'Imponibile:**
Il calcolo dell'imposta (errore 00421) e dell'imponibile (errore 00422) viene effettuato automaticamente dal sistema, applicando formule predeterminate. Ogni discrepanza nel calcolo provoca un messaggio di errore e la segnalazione del problema al fornitore.

7.4 Altri Controlli e Notifiche di Errore

Oltre ai controlli tecnici sopra descritti, il SdI esegue ulteriori verifiche sul contenuto economico e amministrativo della fattura:

- **Controlli Economici-Amministrativi:**
  Verifica, ad esempio, che se una riga contiene una ritenuta, il blocco dedicato (DatiRitenuta) sia presente e correttamente compilato (errori 00411 e 00415).

- **Verifica della Nomenclatura del File:**
  Il nome del file XML deve essere conforme alle specifiche previste e non deve essere già stato utilizzato. Il mancato rispetto di questa regola porta al rifiuto del file.

- **Controllo dell'Integrità del Documento:**
  Il SdI verifica che il documento non sia stato alterato dopo l'apposizione della firma digitale. Se il controllo di integrità fallisce, il documento viene rifiutato.

- **Verifica del Certificato di Firma:**
  Il sistema controlla che il certificato di firma digitale sia valido e non sia scaduto, revocato o sospeso. In caso contrario, vengono restituiti specifici codici di errore (ad es. 00100, 00101, 00104, 00107).

8. Link Utili e Allegati

Per ulteriori informazioni tecniche, normative e per accedere ai materiali di supporto, il fornitore e le Pubbliche Amministrazioni possono consultare i seguenti link:

- www.fatturapa.gov.it – Portale ufficiale dedicato alla fatturazione elettronica.

- Documentazione tecnica e guide operative rilasciate dall'Agenzia delle Entrate.

- Circolari e linee guida pubblicate dal Ministero dell'Economia e delle Finanze.

9. Note e Riferimenti Normativi

La fatturazione elettronica è regolata da una serie di norme e circolari che ne definiscono i requisiti tecnici e le modalità operative. Tra i riferimenti principali troviamo:

- **D.P.R. 633/1972 e successive modifiche:**
  Disposizioni relative all'IVA e alla fatturazione.

- **Decreto del Ministero dell'Economia e delle Finanze del 17 giugno 2014:**
  Modalità di assolvimento degli obblighi fiscali relativi ai documenti informatici.

- **Circolari dell'Agenzia delle Entrate:**
  In particolare la circolare n. 1/2013 e successive aggiornamenti che definiscono le specifiche operative del Sistema di Interscambio.

- **Standard europei UBL 2.1:**
  Il formato conforme allo standard europeo per la fatturazione elettronica.

Conclusioni

Il passaggio alla **fatturazione elettronica** rappresenta una rivoluzione sia dal punto di vista tecnico che amministrativo, in quanto permette di semplificare e standardizzare l'emissione, la trasmissione e la conservazione dei documenti fiscali. Attraverso l'adozione dei formati XML (FatturaPA e UBL 2.1), l'utilizzo di firme digitali e l'invio al Sistema di Interscambio, le Pubbliche Amministrazioni e gli Operatori Economici possono garantire la conformità alle normative, migliorare la trasparenza e ridurre il rischio di errori e frodi.

Le funzionalità offerte dalla piattaforma www.acquistinretepa.it, unite ai controlli automatizzati e alle notifiche dettagliate, consentono di gestire il ciclo di vita della fattura elettronica in maniera efficiente e sicura. Inoltre, l'obbligo di conservazione digitale e la possibilità di accedere in modalità di sola lettura agli archivi dei documenti assicurano che tutte le informazioni siano sempre reperibili per eventuali controlli fiscali o verifiche di conformità.

L'integrazione con il Sistema di Interscambio e il rigoroso sistema di controlli (con codici di errore specifici per ogni tipologia di problema) permettono di minimizzare gli errori e di garantire che ogni fattura emessa sia corretta e conforme alle normative vigenti. In caso di errori, il sistema fornisce indicazioni dettagliate per la correzione, migliorando così il processo complessivo di fatturazione e assicurando la qualità dei dati trasmessi.

Infine, il servizio di fatturazione elettronica offerto dalla piattaforma non solo supporta le esigenze operative quotidiane delle imprese, ma contribuisce anche a un sistema di monitoraggio della finanza pubblica più trasparente ed efficiente, in linea con le direttive europee e nazionali.

Conclusioni Finali

Il capitolo si propone di essere un punto di riferimento esaustivo per la gestione della **fatturazione elettronica**, illustrando in dettaglio tutte le fasi operative, dalle regole di generazione e trasmissione fino alla conservazione e ai controlli di qualità. È essenziale che ogni fornitore e ogni Pubblica Amministrazione si adegui a questi standard, non solo per rispettare la normativa, ma anche per contribuire a un sistema più efficiente, trasparente e sicuro.

Per approfondimenti e aggiornamenti, è sempre consigliabile consultare la documentazione ufficiale disponibile sul portale www.fatturapa.gov.it e partecipare a corsi di formazione periodici, in modo da rimanere al passo con le evoluzioni normative e tecniche che caratterizzano il mondo della fatturazione elettronica.

Capitolo 39: Formule della Piattaforma

Le formule della piattaforma rappresentano il cuore del sistema di valutazione utilizzato per analizzare sia gli elementi economici sia quelli tecnici delle negoziazioni, incluse Gare, Appalti Specifici e RdO. Queste formule consentono di attribuire punteggi alle offerte e, di conseguenza, di definire la graduatoria finale, integrando in modo trasparente e oggettivo i criteri di valutazione e confrontando le offerte dei concorrenti.

In questo capitolo approfondiremo nei minimi dettagli:

- I concetti chiave alla base delle formule: linearità e interdipendenza.

- Le modalità di applicazione delle formule in relazione al punteggio assoluto e interdipendente.

- Le specifiche formule disponibili per la valutazione degli elementi economici e tecnici.

- Le modalità di attribuzione del punteggio (al rialzo o al ribasso) e il riproporzionamento dei punteggi in caso di presenza simultanea di formule di tipo interdipendente e a punteggio assoluto.

---

1. Concetti Fondamentali

1.1 Linearità

Linearità indica come le formule determinano la distribuzione dei punteggi lungo una retta ideale. In altre parole, una formula lineare – che può essere semplice o spezzata – assegna i punteggi in modo proporzionale ai valori offerti, seguendo una progressione regolare. Le formule lineari sono caratterizzate da:

- **Progressione uniforme:** ogni variazione incrementale nel valore dell'offerta comporta un incremento costante (o proporzionale) del punteggio.

- **Intervalli definiti:** nel caso di una formula lineare spezzata, la scala dei punteggi può essere suddivisa in intervalli differenti, con diversi coefficienti di conversione, ma sempre mantenendo una relazione lineare all'interno di ciascun intervallo.

Ad esempio, se i punteggi sono attribuiti in modo lineare spezzato sulla media, si stabiliscono intervalli basati sui valori medi delle offerte, e ogni offerta viene valutata rispetto alla media stessa.

1.2 Interdipendenza

Interdipendenza indica che il punteggio attribuito a ciascuna offerta dipende anche dalle offerte presentate dagli altri concorrenti. In questo caso, il punteggio non può essere determinato a priori senza conoscere il contesto competitivo. Le formule interdipendenti possono essere suddivise in:

- **Interdipendenti relative (a punteggio relativo):** il punteggio di un'offerta viene calcolato in relazione ai punteggi delle altre offerte, garantendo che la migliore offerta ottenga sempre il punteggio massimo disponibile.

- **Interdipendenti a punteggio assoluto:** in questo caso, sebbene il calcolo dipenda dal confronto tra le offerte, il risultato finale viene poi riproporzionato in modo da assegnare un valore assoluto predefinito.

Questa caratteristica è fondamentale per situazioni in cui il miglior punteggio ottenibile è determinato dall'intero insieme delle offerte, come nel caso delle formule **lineare spezzata sulla media**, **lineare alla migliore offerta** e **lineare min-max**.

1.3 Punteggio Assoluto vs. Punteggio Interdipendente

Le formule possono essere:

- **A punteggio assoluto:** il punteggio assegnato all'offerta è determinato in base a criteri e intervalli predefiniti, indipendentemente dal confronto con le altre offerte. È possibile conoscere a priori il punteggio che si otterrà, a prescindere dalle offerte concorrenti. Un esempio di formula assoluta è la **lineare semplice**.

- **Interdipendenti (a punteggio relativo):** il punteggio di un'offerta viene calcolato in base alla distribuzione dei valori offerti dai concorrenti. In questo modo, il punteggio massimo viene sempre assegnato alla migliore offerta, e il valore del punteggio di ciascun concorrente è legato al contesto competitivo. Esempi includono la **lineare spezzata sulla media** e la **lineare alla migliore offerta**.

---

2. Modalità di Assegnazione dei Punteggi

Le formule della piattaforma sono applicate in due modalità principali:

2.1 ELENCO RANGE

Questa modalità si applica agli elementi valutabili tramite numeri. In base all'intervallo in cui il valore inserito cade, viene assegnato un punteggio predefinito. Ad esempio, se i valori ammessi per un parametro sono compresi tra 0 e 20, la suddivisione potrebbe essere:

- **Tra 0 e 5:** 2 punti

- **Da 5 a 10:** 4 punti

- **Da 10 a 15:** 6 punti

- **Oltre 15:** 8 punti

Con questa modalità, il punteggio è determinato esclusivamente in base all'intervallo numerico in cui si colloca l'offerta.

2.2 ELENCO SCELTE

Questa modalità si applica agli elementi valutabili tramite una lista di opzioni (testo). Il fornitore seleziona una scelta da un elenco predefinito, e a ciascuna scelta viene associato un punteggio fisso. In questo modo, il punteggio è attribuito in modo assoluto, senza dipendere dalle altre offerte.

3. Formule per il Punteggio dell'Offerta Economica

Nel contesto della valutazione economica, la piattaforma mette a disposizione diverse formule che possono essere scelte al Passo 2 di creazione della RDO (Lotto – Dati). Le formule disponibili includono:

3.1 Formule Interdipendenti

- **Lineare Spezzata sulla Media:**
  La formula confronta il valore dell'offerta con la media delle offerte. Gli intervalli di punteggio sono definiti in relazione alla media, e le variazioni oltre la media determinano incrementi proporzionali.
  Vantaggio: Adeguata a evidenziare la distribuzione delle offerte rispetto al valore medio.

- **Lineare alla Migliore Offerta:**
  Questa formula assegna il punteggio massimo alla migliore offerta e distribuisce gli altri punteggi in maniera lineare in base alla differenza dal valore migliore.
  Vantaggio: Garantisce che la migliore offerta ottenga il massimo punteggio disponibile, in modo competitivo.

- **Lineare Min-Max:**
  Definisce un intervallo minimo e massimo, e ogni offerta viene valutata in base

alla sua posizione all'interno di questo intervallo.

Vantaggio: Consente una valutazione normalizzata, particolarmente utile quando il range delle offerte è molto vario.

- **Proporzionalità Inversa:**
  In questa formula, il punteggio aumenta all'aumentare della differenza inversa rispetto agli altri concorrenti. È una formula interdipendente che premia chi offre valori significativamente migliori rispetto alla concorrenza, ma in modo inversamente proporzionale.
  Vantaggio: Incentiva offerte significativamente competitive.

3.2 Formule a Punteggio Assoluto

- **Lineare Semplice:**
  Assegna un punteggio in modo diretto, basato su intervalli predefiniti, senza alcuna considerazione per le offerte degli altri concorrenti.
  Vantaggio: Permette di calcolare il punteggio a priori, rendendo la valutazione indipendente dal contesto competitivo.

- **Non Lineare Concava:**
  Questa formula applica un andamento concavo al punteggio, ossia incrementi maggiori quando l'offerta si avvicina al valore massimo predefinito, ma con una curva che si appiattisce a valori estremi.
  Vantaggio: Può premiare in modo più marcato le offerte molto vicine al miglior valore consentito.

- **Non Lineare a "S":**
  Caratterizzata da una curva a forma di "S", questa formula combina una fase iniziale di incremento lento, seguita da una fase di rapido incremento e infine da una saturazione del punteggio, in cui ogni ulteriore miglioramento non aumenta il punteggio oltre un certo limite.
  Vantaggio: Offre una valutazione bilanciata e premia in modo proporzionale solo fino a un certo punto, oltre il quale il punteggio massimo viene assegnato.

---

4. Formule per il Punteggio dell'Offerta Tecnica

Nel caso dell'Offerta Tecnica, la piattaforma prevede formule simili a quelle economiche, ma con alcune differenze in base alla natura qualitativa degli elementi valutati.

4.1 Se gli Elementi Sono Valorizzati come NUMERO

Le stesse formule utilizzate per l'Offerta Economica possono essere applicate, in particolare:

- **Elenco Range (a punteggio assoluto):**
  Utilizzato per elementi numerici, dove il punteggio è assegnato in base a intervalli predefiniti.

- **Lineare Spezzata sulla Media (Interdipendente):**
  Calcola il punteggio in relazione alla media dei valori tecnici offerti dai concorrenti.

- **Concava alla Migliore Offerta (Interdipendente):**
  Assegna il massimo punteggio alla migliore offerta tecnica e riduce in modo lineare gli altri punteggi.

- **Lineare Min-Max (Interdipendente):**
  Valuta il punteggio in base a un intervallo minimo-massimo stabilito per il parametro tecnico.

- **Lineare Semplice (a punteggio assoluto):**
  Determina il punteggio basandosi su valori predefiniti, senza considerare il contesto competitivo.

- **Proporzionalità Inversa (Interdipendente):**
  Premia chi offre un valore tecnico inferiore (o migliore, a seconda della natura dell'elemento) in relazione agli altri concorrenti.

- **Non Lineare Concava e a "S" (a punteggio assoluto):**
  Utilizzate per applicare curve di valutazione non lineari agli elementi tecnici.

4.2 Se gli Elementi Sono Valorizzati come TESTO

Per gli elementi valutabili solo tramite scelta (TESTO), la piattaforma utilizza la modalità:

- **Elenco Scelte (a punteggio assoluto):**
  Il fornitore seleziona una o più opzioni da un elenco predefinito e ad ogni scelta è

associato un punteggio fisso.

Esempio: Per un parametro come "Qualità del servizio", le opzioni potrebbero essere: "Eccellente" (10 punti), "Buono" (7 punti), "Sufficiente" (4 punti), "Insufficiente" (0 punti).

---

5. Modalità al Rialzo o al Ribasso

Le formule possono essere applicate in due modalità, che non influenzano direttamente i punteggi ma determinano la logica di valutazione:

5.1 Al Rialzo

Questa modalità si applica quando l'offerta migliore è quella che presenta il valore più elevato. Nel contesto economico, ciò si traduce in:

- **Ribasso Percentuale (R):**
  La formula valuta il punteggio in funzione del ribasso offerto rispetto al prezzo di base d'asta. Il valore di ribasso è espresso in percentuale e, essendo compreso tra 0 e 1 (dove 1 equivale al 100%), più alta è la percentuale, migliore sarà il punteggio.

Esempio: Se il prezzo di base d'asta è 100€ e un concorrente offre uno sconto del 20% (0,20), il punteggio verrà calcolato in relazione a questo valore.

5.2 Al Ribasso

Questa modalità si applica quando l'offerta migliore è quella che presenta il valore più basso. In questo caso, il punteggio viene assegnato in funzione del prezzo offerto (P):

- **Prezzo Offerto (P):**
  Il punteggio viene calcolato confrontando il prezzo offerto dal concorrente con il prezzo di base d'asta, il quale funge da soglia.
  Nota: Il valore offerto deve essere inferiore o uguale al valore posto a base d'asta per essere considerato valido.

5.3 Valore Soglia (BA)

Il **valore soglia (BA)** rappresenta il prezzo di base d'asta, che può essere inteso in due modi:

- **Come il miglior offerta ammissibile:**
  Nessun concorrente può offrire un valore superiore a questa soglia.

- **Come valore oltre il quale viene assegnato il punteggio massimo:**
  Se un concorrente offre un valore pari o migliore rispetto a questo valore soglia, riceve il punteggio massimo previsto dalla formula.

Importante: Se la procedura consente valori migliori di quelli soglia, il punteggio non migliora ulteriormente: a tutti i valori pari o superiori alla soglia viene assegnato il massimo punteggio.

---

6. Riproporzionamento dei Punteggi

Quando in una stessa Gara vengono utilizzate formule interdipendenti e formule a punteggio assoluto, è necessario procedere al **riproporzionamento** dei punteggi assoluti. Questo perché i punteggi assoluti, calcolati in base a intervalli fissi, devono essere adattati al contesto competitivo per garantire una valutazione equa.

Esempio Pratico

Consideriamo un parametro economico con i seguenti intervalli:

- **Da 0 a 10:** 2 punti

- **Da 11 a 20:** 5 punti

- **Da 21 a 30:** 7 punti

- **Oltre 30:** 10 punti

Supponiamo che:

- Il concorrente A offra un valore pari a 15 (che rientra nell'intervallo 11-20 e riceverebbe 5 punti in modalità assoluta).

- Il concorrente B offra un valore pari a 25 (che rientra nell'intervallo 21-30 e riceverebbe 7 punti in modalità assoluta).

Poiché nessun concorrente ha raggiunto il massimo punteggio (10 punti), occorre riproporzionare i punteggi in modo che il miglior punteggio ottenuto diventi il massimo punteggio assoluto. In questo esempio, il punteggio di 7 (concorrenza B) diventa 10, e il punteggio di 5 (concorrenza A) viene riproporzionato in modo proporzionale. La proporzione può essere calcolata come segue:

$$57=X10\Rightarrow X=5\times 107\approx 7.14 \quad \frac{5}{7} = \frac{X}{10} \quad \Rightarrow \quad X = \frac{5 \times 10}{7} \approx 7.1475=10X\Rightarrow X=75\times 10\approx 7.14$$

Pertanto:

- Il concorrente A otterrà circa 7.14 punti.

- Il concorrente B otterrà 10 punti.

Questo meccanismo garantisce che i punteggi siano equamente riproporzionati in base al contesto delle offerte presentate.

---

7. Descrizioni delle Formule Disponibili

Di seguito vengono illustrati i principali modelli di formule che la piattaforma mette a disposizione per la valutazione degli elementi delle offerte:

7.1 Lineare Semplice a Punteggio Assoluto

Questa formula assegna il punteggio in modo diretto, basandosi su intervalli predefiniti e senza considerare le offerte degli altri concorrenti.
Caratteristiche principali:

- È semplice e prevedibile.

- Permette al concorrente di conoscere a priori il punteggio che otterrà in base al valore inserito.

7.2 Concava alla Migliore Offerta (Interdipendente)

Precedentemente nota come "Lineare alla Migliore Offerta", questa formula assegna il massimo punteggio alla migliore offerta e distribuisce in modo decrescente i punteggi alle altre offerte.
Caratteristiche principali:

- Il punteggio diminuisce in maniera non lineare al diminuire della competitività dell'offerta.

- È interdipendente: il punteggio di ciascun concorrente dipende anche dai valori offerti dagli altri.

7.3 Non Lineare Concava a Punteggio Assoluto

Questa formula adotta una curva concava, dove gli incrementi di punteggio aumentano in modo più marcato man mano che il valore offerto si avvicina al massimo punteggio, ma seguono una progressione non lineare.
Caratteristiche principali:

- Permette di premiare fortemente le offerte di alta qualità.

- Il punteggio è determinato da una funzione non lineare, indipendente dalle altre offerte.

7.4 Lineare Spezzata sulla Media (Interdipendente)

La formula confronta ogni offerta con la media delle offerte presentate.
Caratteristiche principali:

- Suddivide la scala dei punteggi in intervalli basati sulla media.

- È interdipendente: la valutazione è relativa alla distribuzione delle offerte.

7.5 Proporzionalità Inversa (Interdipendente)

Questa formula assegna un punteggio che cresce all'aumentare della differenza inversa rispetto alle altre offerte.
Caratteristiche principali:

- Premia chi offre valori significativamente migliori rispetto alla concorrenza.

- È particolarmente utile per evidenziare offerte competitive in modo relativo.

7.6 Lineare Min-Max (Interdipendente)

Definisce un intervallo minimo e massimo per l'offerta e assegna i punteggi in base alla posizione dell'offerta all'interno di questo intervallo.
Caratteristiche principali:

- Normalizza il punteggio in base a un range definito.

- È interdipendente: il punteggio è influenzato dalla distribuzione complessiva delle offerte.

7.7 Non Lineare a "S" a Punteggio Assoluto

Caratterizzata da una curva a forma di "S", questa formula prevede una fase iniziale di incremento lento, una fase centrale di rapido incremento e una saturazione finale.
Caratteristiche principali:

- Consente di premiare progressivamente solo fino a un certo limite.

- Oltre quel limite, ogni offerta riceve il punteggio massimo.

7.8 Lineare tra i Valori Minimo e Massimo (Interdipendente)

Questa formula valuta l'offerta confrontandola direttamente tra un valore minimo e uno massimo, distribuendo il punteggio in modo lineare rispetto a questi estremi.
Caratteristiche principali:

- È interdipendente: la valutazione tiene conto dei limiti minimo e massimo stabiliti.

- Permette una valutazione diretta e trasparente della posizione dell'offerta all'interno del range.

---

8. Considerazioni Finali e Riproporzionamento

Quando in una stessa procedura vengono applicate sia formule interdipendenti che formule a punteggio assoluto, si rende necessario un **riproporzionamento** dei punteggi assoluti. Ciò significa che i punteggi calcolati in modo assoluto vengono adeguati in base al miglior punteggio ottenibile tra le offerte interdipendenti, per garantire una coerenza complessiva nella graduatoria.

Esempio di Riproporzionamento

Supponiamo di avere due offerte valutate secondo una formula a punteggio assoluto con intervalli predefiniti:

- Intervallo per offerta tra 0 e 10: 2 punti

- Intervallo per offerta tra 11 e 20: 5 punti

- Intervallo per offerta tra 21 e 30: 7 punti

- Offerta superiore a 30: 10 punti

Se il concorrente A offre 15 (ottenendo 5 punti) e il concorrente B offre 25 (ottenendo 7 punti), ma nessuno raggiunge il massimo punteggio di 10, allora si applica il riproporzionamento. Poiché la migliore offerta ha ottenuto 7 punti, questo valore viene scalato a 10, e di conseguenza, gli altri punteggi vengono adattati proporzionalmente. In questo caso, il punteggio di 5 viene convertito in:

$$\frac{5}{7} \times 10 \approx 7.14 \quad \text{punti}$$

In tal modo, il concorrente B ottiene 10 punti (massimo) mentre il concorrente A ottiene 7.14 punti, garantendo così una graduatoria equa e trasparente.

Conclusioni

Le formule della piattaforma rappresentano un sofisticato strumento di valutazione che integra elementi di linearità e interdipendenza per garantire un'analisi equa e trasparente delle offerte presentate nelle procedure di acquisto. L'adozione di formule interdipendenti permette di confrontare direttamente le offerte dei concorrenti, mentre le formule a punteggio assoluto consentono di fissare criteri predeterminati, utili in contesti in cui è possibile valutare il punteggio a priori.

La combinazione di queste due modalità – unitamente alla possibilità di riproporzionamento – offre una flessibilità che permette di adattare il sistema di valutazione a differenti contesti negoziali, sia economici che tecnici. Le modalità al rialzo o al ribasso definiscono ulteriormente la logica di assegnazione, determinando se il miglior punteggio corrisponde a un valore più alto o a un valore più basso, a seconda del tipo di offerta e degli incentivi desiderati.

Questa articolata struttura di formule consente, quindi, di operare una valutazione dettagliata e personalizzata, in grado di riflettere le peculiarità di ogni procedura di gara, garantendo trasparenza, oggettività e conformità alle normative vigenti.

Conclusioni Finali

Il presente capitolo ha illustrato in maniera approfondita il funzionamento e le modalità applicative delle formule della piattaforma, fondamentali per la valutazione delle offerte in ambito economico e tecnico. Attraverso una combinazione di metodi lineari e non lineari, interdipendenti e a punteggio assoluto, il sistema consente di:

- Premiare in modo equo il miglior offerente.
- Integrare dinamicamente i punteggi in base al contesto competitivo.

- Garantire una trasparenza totale nel processo di valutazione delle offerte.

Per ulteriori approfondimenti, il fornitore e gli operatori delle Pubbliche Amministrazioni sono invitati a consultare la documentazione tecnica disponibile sul portale ufficiale e a partecipare a sessioni formative che illustrino le ultime novità e le best practice relative alle formule di valutazione.

Questo sistema di valutazione, basato su formule matematiche rigorose e controlli automatizzati, rappresenta un elemento essenziale per migliorare l'efficienza, la trasparenza e l'oggettività delle procedure di acquisto pubblico, contribuendo a un ambiente più competitivo e in linea con le direttive europee e nazionali.

Nota: Per una consultazione approfondita delle specifiche tecniche e dei modelli di calcolo, si raccomanda di fare riferimento alla documentazione tecnica ufficiale rilasciata dall'Agenzia delle Entrate e dal Ministero dell'Economia e delle Finanze, nonché al manuale operativo della piattaforma di e-Procurement.

Capitolo 40: Invio dei Flussi di Fatturato per le Transaction Fee e dei Flussi DATAMART a Carico dei Fornitori Aggiudicatari di Convenzioni e AQ

Questo capitolo descrive in maniera approfondita le nuove funzionalità e procedure relative all'invio dei flussi di fatturato – essenziali per il calcolo delle transaction fee – e dei flussi DATAMART, destinati al monitoraggio e alla rendicontazione dei dati dei fornitori aggiudicatari nelle iniziative di acquisto in Convenzioni e Accordi Quadro (AQ). Queste procedure, ormai attivate sul nuovo Sistema di e-Procurement, sono fondamentali per garantire la trasparenza, l'efficienza e la conformità normativa nell'ambito degli acquisti pubblici.

Nota Bene:

Per le iniziative di acquisto che sono ancora attive sull'ambiente precedente (non migrate sul nuovo sistema di e-Procurement), consultare la documentazione dedicata agli invii dei flussi fornitore e dei flussi di fatturato per le transaction fee specifica. Le procedure qui descritte sono applicabili esclusivamente alle iniziative attivate sul nuovo sistema.

Indice

1. Modalità di accesso ed autorizzazioni

2. Flussi Fornitore (DATAMART)
   2.1 Invii
   2.2 Scarti

3. Transaction Fee
   3.1 Avvio adempimento invio flussi
   3.2 Termine adempimento invio flussi
   3.3 Report mensili
   3.4 Report semestrali/integrativi

3.4.1 Semestrali

3.4.2 Integrativi

3.5 Flussi tardivi

3.6 Dichiarazioni in assenza di fatturato

4. Caricamento flussi in caso di malfunzionamenti o Sistema e-Procurement off-line

1. Modalità di accesso ed autorizzazioni

1.1 Accesso al Sistema e Selezione dell'Ambiente

Per accedere alle funzionalità relative all'invio dei flussi di fatturato e dei flussi DATAMART, l'utente deve autenticarsi nel proprio Cruscotto personale sul portale di Acquisti in Rete. Gli attori coinvolti in queste operazioni, tipicamente i Legali Rappresentanti (LR) e i Collaboratori abilitati, devono disporre delle necessarie autorizzazioni impostate nel momento della stipula del contratto relativo all'iniziativa di acquisto (Convenzioni o AQ).

Una volta autenticato, per accedere alla sezione dedicata si deve:

- Selezionare **"FLUSSI E TRANSACTION FEE"** dal menu laterale.

- Nella schermata successiva, utilizzare i filtri disponibili per individuare l'iniziativa o il Lotto di riferimento. È possibile filtrare per Numero Iniziativa, Nome Iniziativa o altre variabili specifiche, in modo da restringere l'elenco e selezionare l'ambiente su cui si intende operare.

1.2 Autorizzazioni

Il sistema richiede che l'utente sia preventivamente autorizzato a gestire i flussi. Nella sezione **"Autorizzazioni"** sono elencati tutti gli utenti abilitati a intervenire sull'ambiente selezionato. Le autorizzazioni possono riguardare le seguenti funzioni:

- **C (Catalogo):** Accesso e modifica del catalogo dei prodotti o servizi.

- **F (Flussi):** Gestione dei flussi di fatturato e dei flussi DATAMART.

- **O (Ordini):** Gestione degli ordini derivanti dalle iniziative.

- **T (Transaction Fee):** Gestione specifica delle transaction fee, relative al calcolo delle commissioni.

- **N (Negoziazioni):** Accesso alla sezione negoziazioni, in particolare per gli Appalti Specifici di Accordi Quadro.

Le autorizzazioni vengono configurate in fase di stipula del contratto e, in caso di variazioni, il referente di iniziativa deve essere contattato per aggiornamenti. Solo gli utenti autorizzati – tipicamente LR o collaboratori designati – possono eseguire operazioni critiche quali l'invio dei flussi e la gestione delle transaction fee.

---

2. Flussi Fornitore (DATAMART)

I flussi fornitore, noti anche come flussi DATAMART, rappresentano l'insieme dei dati che il fornitore deve trasmettere a Consip per il monitoraggio e la rendicontazione delle sue attività. Tali flussi includono informazioni sul fatturato, sulle transazioni e su altri elementi contrattuali rilevanti.

2.1 Invii

Nella sezione **"Flussi Fornitore"** è possibile:

- Visualizzare l'elenco delle dichiarazioni già inviate relative ai flussi fornitore.

- Inviare una nuova dichiarazione.

Procedura di Invio:

1. **Accesso alla Sezione Invii:**
   Dal menu laterale, selezionare la voce **"FLUSSI FORNITORE"** e quindi l'opzione **"INVII"**.

2. **Selezione del Documento da Caricare:**
   Il sistema mostra le tipologie di flussi configurati per l'iniziativa o il Lotto. Selezionare il tipo di flusso da inviare, ad esempio, il file contenente i dati di fatturato in formato compress (.zip) e assicurarsi che i documenti all'interno della cartella siano in formato .csv o .txt, conformi allo standard contrattuale.

3. **Caricamento del File:**
   Utilizzare il pulsante **"SFOGLIA"** per caricare il file dal proprio computer. Una volta selezionato il file, premere **"INVIA"** per trasmettere la dichiarazione.

4. **Conferma dell'Invio:**
   Dopo l'invio, il sistema aggiorna lo stato della dichiarazione e il file comparirà nella

lista degli invii. È possibile verificare lo stato di elaborazione del file direttamente dal Cruscotto.

2.2 Scarti

La sezione **"SCARTI"** consente di visualizzare i file che sono stati rifiutati dal sistema di elaborazione (SdI) a causa di errori formali o incongruenze nei dati.

Procedura per Gestire gli Scarti:

1. **Accesso alla Sezione Scarti:**
   Selezionare l'opzione **"SCARTI"** all'interno della sezione Flussi Fornitore.

2. **Download del Rapporto di Scarto:**
   Il sistema permette di scaricare il file di scarto che contiene il dettaglio degli errori rilevati durante il controllo. Utilizzare il pulsante **"SCARICA"** per ottenere il report in formato .csv o .txt.

3. **Analisi degli Errori:**
   Il rapporto conterrà informazioni dettagliate, quali il codice di errore, il campo interessato e una breve descrizione del problema.

4. **Correzione e Nuovo Invio:**
   Dopo aver analizzato e corretto gli errori, è possibile caricare nuovamente il file corretto seguendo la procedura di invio descritta in precedenza.

---

3. Transaction Fee

Le transaction fee rappresentano una commissione che i fornitori aggiudicatari devono versare a Consip S.p.A. per la gestione delle Convenzioni e degli Accordi Quadro (AQ). Ai sensi del D.M. del 23 novembre 2012, i fornitori aggiudicatari sono obbligati a trasmettere, con cadenza mensile e semestrale, una dichiarazione di fatturato che consenta il calcolo della commissione.

3.1 Avvio adempimento invio flussi

Il processo di adempimento per l'invio dei flussi di fatturato parte nel mese successivo agli eventi chiave:

- **Per Convenzioni:** Dal mese successivo all'accettazione – anche tacita – del primo Ordine Diretto di Acquisto (ODA).

- Per Accordi Quadro (AQ):

  o Se il quadro prevede solo Appalti Specifici (AS), dal mese successivo alla stipula del primo Appalto Specifico.

  o Se il quadro prevede sia AS che ODA, il flusso per i dati relativi agli AS parte dal mese successivo alla stipula, mentre per i dati degli ODA parte dal mese successivo all'accettazione del primo ODA.

Importante:

Il fornitore deve inviare due flussi distinti, ognuno secondo il formato previsto per la propria tipologia di contratto.

3.2 Termine adempimento invio flussi

Il fornitore è tenuto a comunicare, in base ai termini contrattuali, la data di emissione dell'ultima fattura e/o la cessazione degli effetti dell'ultimo contratto attuativo vigente. Tale comunicazione è essenziale per determinare il termine oltre il quale non sono più dovuti flussi di fatturato. La comunicazione deve essere redatta ai sensi del D.P.R. 445/2000, sottoscritta digitalmente dal Legale Rappresentante e trasmessa tramite il sistema.

3.3 Flussi Mensili

I flussi mensili devono essere inviati entro il 15 del mese successivo al periodo di riferimento, ad eccezione del mese di luglio, per il quale il report deve essere caricato entro 35 giorni solari dal termine del mese.

Procedura Mensile:

1. **Selezione del Mese di Riferimento:**
   Dal menu **"TRANSACTION FEE"**, selezionare l'opzione **"MENSILI"** e scegliere l'anno e il mese di riferimento.

2. **Generazione del Template Mensile:**
   Il sistema genera un file template (.xls) che il fornitore deve scaricare e compilare con i dati relativi alle fatture emesse nel periodo.

3. **Caricamento del File Compilato:**
   Una volta compilato, il file viene caricato sulla piattaforma tramite il pulsante **"CARICA"**.

4. **Scaricamento e Firma della Dichiarazione:**
   Dopo il caricamento, il sistema genera una dichiarazione in formato PDF, che deve essere scaricata, firmata digitalmente (in modalità CAdES o PAdES) e ricaricata.

5. **Completamento del Processo:**
   Una volta caricato il file firmato, il flusso mensile è considerato inviato. È possibile visualizzare i report mensili nella sezione dedicata per verificare lo stato dell'invio.

3.4 Flussi Semestrali/Integrativi

I flussi semestrali devono essere inviati entro 30 giorni solari dalla fine del semestre di riferimento. Questi report possono essere:

- **Semestrali:** Utilizzati per inviare la dichiarazione completa per il semestre.

- **Integrativi:** Utilizzati per rettificare eventuali errori o omissioni nei report semestrali già inviati.

Procedura Semestrale/Integrativa:

1. **Selezione del Semestre di Riferimento:**
   Dalla sezione **"TRANSACTION FEE"**, selezionare **"Semestrali/integrativi"** e scegliere il semestre di riferimento.

2. **Generazione del Template Semestrale:**
   Il sistema genera un file template specifico per il semestre.

3. **Caricamento del File:**
   Il file compilato viene caricato sulla piattaforma con la funzione **"CARICA"**.

4. **Firma Digitale e Conferma:**
   Dopo il caricamento, scaricare il file di dichiarazione, firmarlo digitalmente e ricaricarlo.

5. **Verifica e Download:**
   Una volta completato il processo, il report semestrale/integrativo è disponibile per il download, e i dati vengono aggregati per il calcolo della transaction fee.

Nota:

I flussi integrativi sono aggiuntivi e vanno a sommarsi a quelli già comunicati. Devono indicare esclusivamente il delta rispetto al report originario, evidenziando eventuali correzioni (fatture omesse, errori di imputazione, ecc.).

3.5 Flussi Tardivi

È prevista la possibilità di inviare flussi anche oltre i termini previsti:

- **Per i flussi mensili:** È possibile inviarli oltre il termine finché non viene caricato il report semestrale corrispondente.

- **Per i flussi semestrali:** È possibile inviare report semestrali tardivi per ogni periodo non ancora regolarmente comunicato.

In caso di ritardi, il sistema consente l'invio dei flussi tardivi, ma potrebbe essere applicata una penalità secondo le condizioni contrattuali.

3.6 Dichiarazioni in Assenza di Fatturato

Anche in assenza di fatturato, il fornitore è tenuto a inviare una dichiarazione di fatturato, dichiarando un valore pari a zero. Il report Excel deve essere compilato come se contenesse dati, ma i campi relativi al fatturato saranno vuoti. Questo permette al sistema di avere una tracciabilità completa e di applicare le eventuali penali o verifiche, anche quando non vi è alcuna transazione.

---

4. Caricamento Flussi in Caso di Malfunzionamenti o Sistema E-Proc Off-line

In situazioni in cui il sistema di e-Procurement non sia disponibile a causa di malfunzionamenti o manutenzioni programmate, i fornitori devono seguire queste procedure:

4.1 Segnalazione del Malfunzionamento

- **Contatto con il Contact Center:**
  In caso di impossibilità di caricare i flussi di fatturato o i flussi DATAMART, il fornitore deve contattare il Contact Center attraverso i numeri dedicati.

- **Apertura di un Ticket:**
  Aprire un ticket di malfunzionamento, il cui numero sarà fornito dal Contact Center. Questo numero deve essere conservato e potrà essere utilizzato come riferimento per eventuali contestazioni o verifiche da parte di Consip.

4.2 Attesa della Risoluzione

- **Monitoraggio delle Notifiche:**
  Durante il periodo di malfunzionamento, il fornitore deve monitorare la sezione

"Manutenzione e Segnalazioni" sul portale, dove verranno pubblicate le informazioni relative alle manutenzioni programmate e alle indisponibilità temporanee.

- **News e Aggiornamenti:**
  Il portale di Acquisti in Rete comunica tramite apposite News le chiusure per manutenzione, permettendo così ai fornitori di programmare il loro lavoro in base alle finestre di operatività del sistema.

4.3 Ripresa del Servizio

- **Caricamento Post-Malfunzionamento:**
  Una volta risolto il problema, il fornitore deve procedere al caricamento dei flussi a Sistema seguendo le procedure standard. Se necessario, i file già preparati possono essere ripresentati.

- **Verifica dei Dati:**
  Dopo il ripristino del servizio, il fornitore deve verificare che tutti i dati e i report siano stati caricati correttamente, controllando eventuali notifiche di scarto o messaggi di errore.

Considerazioni Finali

L'invio dei flussi di fatturato per le transaction fee e dei flussi DATAMART rappresenta un aspetto cruciale del monitoraggio economico e della rendicontazione nelle iniziative di acquisto, sia per le Convenzioni sia per gli Accordi Quadro. Grazie a queste funzionalità, Consip può calcolare con precisione le commissioni (transaction fee) e monitorare in tempo reale il fatturato dei fornitori aggiudicatari, garantendo così una maggiore trasparenza e controllo sui processi di acquisto.

Il nuovo sistema di e-Procurement ha introdotto metodologie aggiornate per la gestione di tali flussi, prevedendo frequenze di invio mensili e semestrali, modalità integrative per eventuali rettifiche, nonché procedure di invio anche in caso di ritardi. Queste misure, unitamente alle funzionalità di controllo e di verifica automatizzata, assicurano che ogni informazione venga trasmessa correttamente e che eventuali errori vengano prontamente segnalati e corretti.

La corretta gestione di questi flussi è fondamentale non solo per il rispetto degli obblighi contrattuali e normativi, ma anche per garantire il funzionamento efficiente del sistema di monitoraggio della finanza pubblica. Il sistema, infatti, è progettato per integrarsi perfettamente con la piattaforma dei Contratti Pubblici e con il Sistema di Interscambio, assicurando che ogni transazione sia tracciabile e che i dati economici siano aggiornati e facilmente consultabili.

Infine, in caso di malfunzionamenti o interruzioni del servizio, il fornitore dispone di procedure ben definite per la segnalazione e la risoluzione dei problemi, garantendo così la continuità operativa e il rispetto delle scadenze previste dai contratti.

Conclusioni

Il presente capitolo ha fornito una descrizione dettagliata delle modalità di invio dei flussi di fatturato e dei flussi DATAMART, coprendo tutti gli aspetti dalla fase di accesso e autorizzazione, alla gestione degli invii e degli scarti, fino alla procedura di invio dei report mensili, semestrali e integrativi. Sono stati illustrati i passaggi essenziali, le tempistiche contrattuali e le modalità di gestione in caso di malfunzionamenti, evidenziando l'importanza della precisione e della tempestività nella trasmissione dei dati.

Le nuove funzionalità introdotte nel nuovo sistema di e-Procurement permettono di:

- Garantire il rispetto dei termini contrattuali per l'invio dei flussi di fatturato;

- Assicurare la corretta trasmissione dei dati tramite controlli automatizzati e notifiche in caso di errori;

- Offrire strumenti di riproporzionamento e integrazione che consentono di correggere eventuali omissioni o errori nei report già inviati;

- Fornire una piattaforma integrata che facilita il monitoraggio e la rendicontazione dei dati economici da parte di Consip e delle Amministrazioni.

Grazie a questo sistema, i fornitori aggiudicatari di Convenzioni e Accordi Quadro potranno gestire in modo trasparente e conforme i loro flussi di fatturato, contribuendo così a un ambiente di acquisti pubblici sempre più digitale, efficiente e trasparente.

Per ulteriori dettagli tecnici, si consiglia di consultare la documentazione ufficiale disponibile sul portale www.acquistinretepa.it e le guide operative rilasciate da Consip

S.p.A. e dall'Agenzia delle Entrate, che illustrano nel dettaglio tutte le specifiche dei formati, dei tracciati e delle procedure di trasmissione.

Questa guida è stata redatta per fornire un quadro completo e approfondito delle nuove procedure di invio dei flussi e delle transaction fee, offrendo agli utenti strumenti e indicazioni pratiche per operare con successo all'interno del nuovo sistema di e-Procurement.

Nota: Il presente capitolo può essere soggetto ad aggiornamenti in seguito a eventuali modifiche normative o tecniche, pertanto è consigliabile consultare periodicamente il portale ufficiale per le ultime novità e indicazioni operative relative alla gestione dei flussi di fatturato e dei DATAMART.